ACIDENTES DE TRABALHO

RORY STEWART

ACIDENTES DE TRABALHO

Tradução de
S. DUARTE

EDITORA RECORD
RIO DE JANEIRO • SÃO PAULO
2008

CIP-Brasil. Catalogação-na-fonte
Sindicato Nacional dos Editores de Livros, RJ.

Stewart, Rory
S871a Acidentes de trabalho / Rory Stewart; [tradução S. Duarte]. – Rio de Janeiro: Record, 2008.

Tradução de: Occupational hazards
ISBN 978-85-01-08000-4

1. Stewart, Rory – Viagens – Iraque. 2. Iraque, Guerra do, 2003- – Narrativas pessoais inglesas. 3. Iraque – Descrições e viagens. I. Título.

08-4348 CDD – 956.704431
CDU – 94(567)"2003"

Título original em inglês:
OCCUPATIONAL HAZARDS

Direitos exclusivos de publicação em língua portuguesa para o Brasil adquiridos pela
EDITORA RECORD LTDA.
Rua Argentina 171 – Rio de Janeiro, RJ – 20921-380 – Tel.: 2585-2000
que se reserva a propriedade literária desta tradução

Impresso no Brasil

ISBN 978-85-01-08000-4

PEDIDOS PELO REEMBOLSO POSTAL
Caixa Postal 23.052
Rio de Janeiro, RJ – 20922-970

Para meu pai
grande homem, aliado fervoroso e amigo mais constante

Agradecimentos

O livro começou a ser escrito no Centro Carr para Direitos Humanos, da Escola de Governo John F. Kennedy da Universidade Harvard. Agradeço ao diretor, Michael Ignatieff, pela generosidade, pela paciência e pelos conselhos em relação ao livro, e a toda a equipe do Centro, especialmente Tiawan Gongloe, Samantha Power, Imran Qureshi, Fernande Raine, Matthias Risse e Sarah Sewall, com quem muito aprendi, e também a Greg Carr. Na comunidade mais ampla de Cambridge tive a sorte de poder debater idéias com Nassim Assefi, Noah Feldman, Emily Finer, Catherine Lu, Roy Mottahedeh, Jacqueline Newmyer, Jessica Olin, Roger Owen e Indrani Sen, e de contar com a ajuda infatigável e inteligente de Katie Paintin e Amy Rogers nas pesquisas.

Ao regressar à Escócia, Stephen Brown, Joy De Menil e Patrick Mackie passaram muitas horas transformando pacientemente em livro vários rascunhos do extenso manuscrito, e Leo Carey e Naomi Goulder me inspiraram a prosseguir. Sou grato a Catherine Day e Charlotte Morris pelos comentários sobre a Coalizão e a James Astill, Gillie Green, Fred Robarts, Jennifer Scott e Kate Steuart-Forthringham pelas penetrantes observações sobre o texto. Minha agente, Clare Alexander, Flip Brophy, Nicholas Blake e Jason Cooper, na editora Picador, Stacia Decker e Becky Salatan, na Harcourt, demonstraram paciência com meus atrasos e revisões e melhoraram muito o texto. Colin Thubron fez uma revisão final cuidadosa e inteligente.

Sumário

Prefácio

Este livro registra minhas experiências pessoais em duas províncias do Iraque. Não é uma história da Autoridade Provisória da Coalizão e tem limitações até mesmo como descrição de minha própria experiência. Trabalhávamos muitas horas por dia e manter um diário parecia ser um luxo. Eu tomava notas em todas as reuniões, mas há poucas transcrições completas das conversações e alguns dos cadernos de notas se perderam no cerco de Nassíria. Muita coisa, portanto, teve de ser escrita de memória. O Iraque continua a ser um lugar perigoso, e por isso, em alguns casos, foi necessário ocultar identidades. Também é um lugar difícil de compreender e, embora minha intenção seja deixar isso claro, certas vezes foi igualmente preciso simplificar longas narrativas.

Por narrar lembranças pessoais, o livro trata principalmente de minha própria atividade, o que é uma injustiça para com meus colegas, cujo trabalho freqüentemente foi mais importante do que o meu. Penso principalmente em Molly Phee, em Maysan, e em Bárbara Contini, em Dhi Qar. Ambas eram minhas superiores e eu agia sob suas ordens. Os projetos de desenvolvimento eram implementados por outros assessores civis e por equipes de divisões militares para assuntos civis. As forças armadas britânicas desempenhavam papel importante não apenas em questões de segurança, mas também em política. Stephen Anderson, Dominic Asquith, Andy Bearpark, Harry Boyle, Toby Bradley, Bruce Brearly, Antonio Burti, George Butler, France Corbani, Tash Coxen, Rachid Elbardi, Mark

Etherington, Jeremy Greenstock, Eric Gudenius, Ahmed Harazi, Samantha Jennings, Dick Jones, o general Lamb, Kyle Lang, Jay Lucas, Edward Melotte, Ginnie Mottram, Jeremy Nathan, Stefano Nigri, Patrick Nixon, Roberto Pedrale, David Richmond, o general Stewart, Hilary Synnott e Peter Williams, entre muitos outros, poderiam escrever relatos da ocupação que seriam bem diferentes do meu. Alguns já o fizeram.

Assim como deixei de assinalar algumas das realizações mais simples no Iraque, também não mencionei os fracassos nacionais de planejamento, formulação de política e administração, porque acredito que os resultados de nosso trabalho não decorreram dos grandes esquemas políticos, mas principalmente dos encontros individuais entre iraquianos e estrangeiros. Por isso concentrei-me nas complexas interações nas quais ambos os lados freqüentemente se mostram combativos, cômicos, confusos e hesitantes. Em outros contextos, as mesmas pessoas surgem como pacientes, prudentes, esclarecidas e generosas, e lamento haver dedicado menos espaço a essas virtudes. Dei mais realce ao lado negativo porque as suspeitas mútuas, e não as convergências, acabaram por ser decisivas.

Finalmente, registrei os aspectos políticos, os indivíduos e os relatos da história das províncias da maneira que as entendi, como estrangeiro. Amigos iraquianos já apontaram vários erros e omissões. Deve haver muitos mais.

Com as restrições acima mencionadas, parafraseio Rousseau dizendo que, embora nem sempre tenha registrado a verdade, procurei não reproduzir o que eu sabia ser falso.

Dramatis Personae

MAYSAN

Autoridade Provisória da Coalizão

Molly Phee — coordenadora da Governadoria de Maysan

Equipe de Assuntos Civis

Major Edward Melotte — representante do CPA
Major George Butler — chefe da equipe de assuntos civis
A. J. — encarregado de finanças
Charlie Morris — encarregado de assuntos sociais

Polícia iraquiana

Abu Rashid — chefe de polícia em Maysan
Brigadeiro Sabih — chefe de polícia em exercício
Xeque Seyyed Faqr — capelão da polícia
Nadhem — chefe de polícia em Amara

Árabes do pântano

Seyyed Issa — chefe do Conselho Distrital de Beni Hashim

"Classes progressistas"

Ali — jovem ativista
Asad — poeta de meia-idade
Hussein — diretor do Ministério das Finanças

Partidos políticos
"Partido do Príncipe"
Rural/tribal e relativamente secular
Karim Mahud Hattab — "Abu Hatim" — "O Príncipe dos Pântanos"
Riyad Mahud Hattab — irmão do príncipe — chefe da Comissão de Regeneração e candidato a governador

Partidos xiitas
Todos derivados do partido original Da'wa, fundado no final dos anos 1950 e liderado pelo aiatolá Bakr As Sadr (Sadr I), martirizado em 1980

Comissão Suprema para a Revolução Islâmica no Iraque (SCIRI)
(ligada ao Irã)
Formada pelo mártir aiatolá Muhammed Bakr Al-Hakim
Milícia — Brigadas Badr e Partido de Deus
Abu Ahmed — O SCIRI central — candidato a governador
Abu Miriam
Movimento do Partido de Deus
Abu Maytham — Brigadas Badr — candidato a chefe de polícia

Da'wa (ligado ao Irã)
Formado pelo mártir aiatolá Muhammed Bakr As-Sadr (Sadr I)
Abu Muslim — ex-religioso do movimento Da'wa
Abu Akil — chefe nacional da tendência iraquiana do Da'wa
Abu Mustafá — religioso — Da'wa independente
Xeque Rahim — religioso — Da'wa independente

Sadristas (Organização do mártir Sadr e Fodala)
Formado pelo mártir aiatolá Muhammed Sadeq As-Sadr (Sadr II) e agora dirigido por seu filho, Muqtada (Sadr III), e pelo chefe do Estado-Maior, Al-Yakubi
Milícia — Exército do Imã Mehdi
Seyyed Hassan — chefe do Partido Sadr

Seyyed Sattar — chefe do ramo Majar do Sadr
Hassan — chefe dos "conselhos alternativos"

Tribos

Albu Muhammad
Beni Lam
Al Azerj
Suwaad
Beni Kaab
Albu Deraaj
Abu Ali
Sudan
Saada
Bahadil

DHI QAR

Autoridade Provisória da Coalizão

John Bourne — coordenador de Governo, Dhi Qar
Barbara Contini — coordenadora de Governo, Dhi Qar
Jeremy Nathan — subcoordenador de Governo, Dhi Qar
Toby Bradley — encarregado de Assuntos Políticos, Dhi Qar
Franco Corbani — Projetos especiais, Dhi Qar

Sabri Badr Rumaiath — governador de Dhi Qar
Abbas — vice-governador, cidadão dinamarquês
Adnan Sherife — governador assistente
Abdul Amir Al-Hamdani — diretor de arqueologia

Sadristas

Xeque Aws Al-Khafagi — chefe do escritório
Xeque Ali Zeidi — líder em Al Rafai
Xeque Muwayad — líder em Nassíria
Asad Al-Ghuzzi — companheiro e aliado

Tribos de Al Rafai

Shweilat : Xeque Arkan Hairullah

Beni Rikaab: Shlage

Yunus, filho de Shlage

Ismail

Taleb

Cronologia

3000 a.C.	Fundação das primeiras civilizações sumérias no Eufrates inferior
c. 2600 a.C.	Enterro de Puabi, "governante" em Ur, no Eufrates inferior, próximo à atual Nassíria
2113 a.C.	Fundação da segunda dinastia de Ur por Ur-Nammu, estabelecimento do zigurate com seu filho Shulgi
c. 2000 a.C.	Destruição de Ur pela invasão dos elamitas, do território do Iraque moderno
c. 600	Término da construção de Ur sob o governo de Nabucodonosor II da Babilônia e seus sucessores
539 a.C.	Conquista da Babilônia e da Mesopotâmia pelo império persa
331 a.C.	Alexandre, o Grande, toma a Babilônia aos persas
129 a.C.	Os pártios (persas) retomam a Babilônia aos sucessores de Alexandre
224 d.C.	Sassânios (persas) na Mesopotâmia
637	Conquista da Mesopotâmia pelos árabes/muçulmanos
762	Fundação de Bagdá para capital da dinastia abássida
869-883	Revolta Zinj, liderada por escravos africanos concentrados nos pântanos
1258	Saqueio de Bagdá pelos mongóis
1534-1918	Governo otomano (turco) sobre as três províncias de Mosul, Bagdá e Basra (Iraque moderno)

1916 A Grã-Bretanha combate os otomanos para a conquista do sul do Iraque, toma Amara e Nassíria, conquista e depois perde Kut sob o comando do general Townsend

Philby e Leachman como funcionários em Amara, Dixon e Thomas em Nassíria e Satra.

1920-1936 Período do mandato britânico no Iraque

1920 Levante xiita contra a Grã-Bretanha

1936-1956 Monarquia sunita no Iraque

1952 Os viajantes britânicos Thesiger, Maxwell e Young visitam os pântanos em torno de Amara e Nassíria e escrevem a respeito

1958 Golpe de Abdul Karim Qasim (14 de julho) — morte do rei

Formação do partido Da'wa com M. Bakr As-Sadr (Sadr I)

1963 Primeiro golpe baathista — morte de Qasim

1968 Segundo golpe baathista (17 de julho) — Ahmad Hassan al-Bakr presidente e Saddam vice-presidente

1979 Saddam assume a presidência

1980 Filiação ao Da'wa punida com pena de morte, M. Bakr As-Sadr (Sadr I) é executado

1981 Fundação do SCIRI no Irã

1980-1988 Guerra Irã-Iraque

1990 Invasão do Kwait pelo Iraque

1991 Primeira Guerra do Golfo, levante xiita no sul reprimido brutalmente por Saddam

1991-2003 Sanções

1998 Assassinato do aiatolá M. Sadeq As-Sadr (Sadr II)

2003 *Março*. Invasão do Iraque pela coalizão, avançando para Bagdá através de Nassíria, Amara "liberta-se a si mesma" sob o comando do Príncipe dos Pântanos

2003 *7 de abril*. Tropas da coalizão entram no centro de Bagdá Saques generalizados

Assassinato do aiatolá Al-Khoi, possivelmente arquitetada por Muqtada As-Sadr (Sadr III).

2003 *Fim de abril.* Controle completo da coalizão em Amara

2003 *Maio.* Estabelecimento do CPA em Bremer.

2003 *Agosto.* Bombardeio da sede da ONU, assassinato do fundador da SCIRI, aiatólá M. Bakr Al-Hakim (visita do autor a Bagdá)

2003 *Setembro.* O autor no Iraque, inicialmente como coordenador da Governadoria em exercício em Maysan

2003 *Novembro.* Molly Phee assume a Coordenação da Governadoria. O autor se torna subchefe

2004 *Março.* O autor é designado conselheiro principal em Dhi Qar

2004 *Abril.* Fim da legislação administrativa de transição

2004 *Abril-setembro.* Insurgência contra a coalizão com Muqtada As-Sadr (Sadr III)

2004 *28 de junho.* Entrega da soberania pela Autoridade Provisória da Coalizão ao governo interino do Iraque

2005 *30 de janeiro.* Eleições para os conselhos transitórios do governo e das províncias

2005 *15 de dezembro.* Eleição da assembléia constituinte

TURQUIA
SÍRIA
IRÃ
Tigre
Eufrates
Fallujah
BAGDÁ
AL-ANBAR
KERBALA
WASIT
Tigre
Kut
MAYSAN
DHI QAR
AN NAJAF
Eufrates
Basra
Shatt al Arab
AL BASRAH
AL MUTHANNA
ARÁBIA SAUDITA
KUWAIT
200 quilômetros

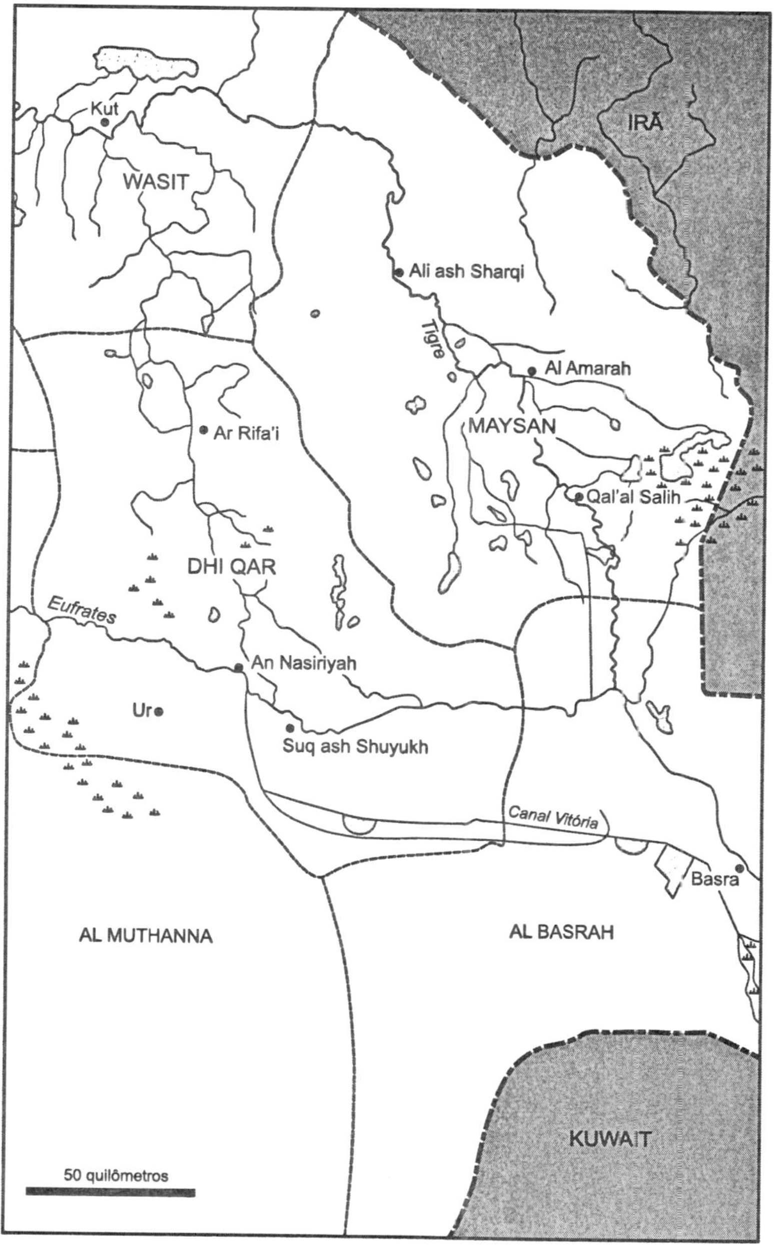

Kut
WASIT
IRÃ
Ali ash Sharqi
Tigre
Al Amarah
MAYSAN
Ar Rifa'i
Qal'al Salih
DHI QAR
Eufrates
An Nasiriyah
Ur
Suq ash Shuyukh
Canal Vitória
Basra
AL MUTHANNA
AL BASRAH
KUWAIT
50 quilômetros

Introdução

Meu novo reino e a dureza da realidade me obrigam a agir assim.
Res dura et regni novitas me talia cogunt

Virgílio, *Eneida*, Livro I: 563-4

Capitalista-Imperialista-Cruzado

> Bagdá era realmente uma cidade de palácios (...) e o cenário do rio era animado por milhares de gôndolas, enfeitadas de bandeirolas, que dançavam na água como raios de sol transportando de um lado a outro da cidade os habitantes de Bagdá em busca de diversão. Também havia em Bagdá numerosas instituições de ensino, hospitais e enfermarias para ambos os sexos, e asilos de loucos.[1]
>
> Yakut ibn 'Abdallah ur-Rumi, *Geography* c. 1224

Depois de passar vinte meses viajando pela Ásia, voltei do Afeganistão em abril de 2002 a minha casa nas Terras Altas da Escócia, a um quilômetro e meio da cidadezinha mais próxima, à beira de um bosque. Lá escrevi e plantei árvores: quatrocentas cerejeiras, sorveiras, pinho escocês, carvalho, arbustos e cedro indiano de Simla. Tinha pedido demissão da carreira diplomática, mas quando começou a invasão do Iraque, em março de 2003, mandei meu currículo. Não tive resposta. Em agosto, fui de táxi da Jordânia a Bagdá a fim de pedir emprego ao diretor de Operações.

Caminhei pela cidade guiado por um panfleto que tinha encontrado numa barraca de livros, entre um livro didático inglês sobre química, da década de 1950, e o terceiro volume de um almanaque

---

[1] Retirado de William Stearns Davis (org.) *Readings in Ancient History: Illustrative Extracts from the Sources*, 2 vols. (Boston: Allyn e Bacon, 1912-13), vol. II: *Rome and the West*, pp. 365-7

francês de 1983. Havia um forte aroma de *kebab* e água estagnada do rio. As ruas estavam repletas de carrinhos que vendiam roupas e material eletrônico. A julgar pelo que se via nos telhados das casas, metade da população era agora proprietária de antenas parabólicas, que tinham sido proibidas pelo governo anterior. Caminhei sozinho em meio a grupos de homens vestindo roupas ocidentais espalhafatosas e óculos escuros que eu já tinha visto nos Bálcãs — achei que provavelmente era lá que os ternos tinham sido feitos. Todos riam e gesticulavam de uma forma que para mim, recém-chegado, parecia teatral.

Visitei uma família de oito pessoas que morava em um único cômodo alugado, atrás do mercado ilegal de armas em Sadr City. O pai, empregado dos correios, trabalhava no Ministério do Petróleo, e a Coalizão tinha acabado de aumentar seu salário mensal de cinco para sessenta dólares, dos quais 55 eram gastos para alugar o televisor de trinta polegadas que ficava num canto do quarto. Por trás da tela, sobre um cobertor rasgado, estava o filho menor, de três meses de idade e que pesava 2,8 quilos. Havia três dias que a criança não se alimentava e a mãe achava que iria morrer em breve.

O panfleto me guiou passando por casas estreitas com sacadas de madeira que antes haviam pertencido a comerciantes judeus; antes, um terço da população de Bagdá era de judeus, mas agora não havia nenhum. Num canto de um estacionamento de automóveis encontrei a elegante arcada de uma mesquita demolida, decorada com estrelas, octógonos e trechos do Corão escritos sobre terracota do século XIV. Entre aqueles monumentos da "maior cidade do mundo medieval, capital de uma civilização que se estendia da Espanha à Índia", havia mesquitas cuja decoração era feita com ladrilhos comuns de banheiro e arcadas subterrâneas iluminadas por lâmpadas nuas que balançavam suspensas de fios elétricos desencapados.

Alguns poucos empresários haviam tentado iniciar uma indústria de turismo. Um egípcio transformara um caravançará em restaurante, fizera os garçons usarem trajes típicos e oferecia um banquete "Ali Babá" complementado com narguilés. No mercado coberto, as lojas exibiam pilhas de tapetes afegãos novos, contas de âmbar falsificado e imitações dos mosquetes e armaduras dos mamelucos. Nas paredes viam-se fotos Polaroid de mulheres ocidentais que sorriam ostensivamente, vestidas de blusas fartas e meias listradas, com os lenços de cabeça caídos para trás. Os cartões de visita pregados ao livro de registro de fregueses revelavam uma coletânea de funcionários das Nações Unidas e de missões diplomáticas e trabalhadores franceses na indústria do petróleo. Parecia, no entanto, que havia um mês ninguém ia às lojas.

Algumas pessoas cuspiam ou me empurravam quando eu passava. No velho café que os pintores costumavam freqüentar, um poeta me fez uma preleção sobre o que considerava a "ocupação do Iraque pelos capitalistas-imperialistas-cruzados". Num santuário junto às muralhas arruinadas da cidade, um velho insistiu para que eu entrasse em seu carro porque achou que o grupo de homens que se aproximava tinha notado que eu era estrangeiro e vinha me matar. Pode ter sido um excesso de cuidado, mas ele me depositou em segurança na mesquita central sunita, onde entrei. Ao sair, o porteiro pediu um donativo para ajudar os jovens iraquianos no *jihad* contra os soldados dos Estados Unidos e, ao me ver recusar, apresentou-me um livro que detalhava as atrocidades cometidas pelos norte-americanos, ilustrado com fotos de minaretes despedaçados pelas bombas dos EUA. Mesmo assim, lá pela terceira noite em Bagdá, em meu pequeno apartamento na parte sul da cidade, senti-me feliz como havia muito não me sentia.

Ao voltar para a Grã-Bretanha, o Ministério do Exterior me pediu que aceitasse ser vice-coordenador de governo em Maysan, que ficava na região de alagadiços ao norte do Jardim do Éden, ou pelo menos ao norte de uma tamareira morta e do estacionamento de automóveis que os iraquianos afirmam estar no lugar do antigo Paraíso. Freqüentemente os viajantes ocidentais haviam descrito os terrenos alagadiços de Maysan como se ainda preservassem algo da inocência de antes do pecado original. Em seus livros, falavam de revoadas de pássaros raros nos céus acima do brejo e de construções com amplos salões, feitas de caniços de junco numa arquitetura de mais de 5 mil anos atrás. Os habitantes, árabes dos pântanos, viviam com seus búfalos e moravam em palhoças de vime construídas sobre plataformas flutuantes de junco, numa vida que contrastava drasticamente com a de seus vizinhos nas tendas do deserto da Arábia. Os exploradores britânicos da década de 1950 haviam fotografado esses homens nus, de pé com seus tridentes contra o céu do pântano, fazendo, talvez intencionalmente, com que parecessem ser polinésios neolíticos num Éden intacto. Enquanto isso, os valores tradicionais dos árabes dos alagadiços desmoronavam, os jovens partiam para empregos mal-remunerados nas cidades, o poder das tribos declinava, os governos se intrometiam e os habitantes das aldeias se tornavam mais saudáveis. Na década de 1980, o território ficou na linha de frente da guerra Irã—Iraque; dezenas de milhares de pessoas fugiram para o Irã ou foram levadas para lá como prisioneiras de guerra; trincheiras, campos minados e ogivas não detonadas se espalharam na parte oriental do território, e os juncos escondiam desertores e guerrilheiros sustentados pelo Irã. A população era composta quase só de muçulmanos xiitas e muitos se juntaram ao levante dessa seita contra Saddam em 1991.

Em represália, Saddam Hussein drenou os pântanos e dispersou os habitantes. Mil e seiscentos quilômetros quadrados de alagadiços foram escoados por um fosso conhecido como canal da Vitória, de cerca de 3,2 quilômetros de largura e 80 de comprimento. Saddam negou tratamento médico aos árabes dos pântanos, bombardeou aldeias, incendiou casas, matou milhares de líderes tribais e religiosos e encheu de minas aquáticas as partes alagadas que restaram. Grande parte da província se transformou em deserto. Mais de 100 mil pessoas ficaram desabrigadas. Pequenos bolsões de contrabandistas e lutadores da resistência continuaram a escapar ao controle central, mas os pântanos jamais voltariam a hospedar muitos dos inimigos de Saddam. As antigas estruturas sociais tinham sido rompidas e substituídas pela organização do partido Baath. Tudo começou em Bagdá, passando pelas mãos da corrupta família do presidente e seu serviço secreto.

Agora, a invasão liderada pelos Estados Unidos destruíra o antigo regime. Os que estavam no poder fugiram, temendo a punição, levando consigo ou comprando os arquivos que não tinham sido destruídos pelos bombardeios e pilhagens. Funcionários de menor grau hierárquico viam-se na posição de diretores de repartições cobertas de documentos queimados e destituídas de escrivaninhas, telhas e fios elétricos. Os xeques trataram de reafirmar seu poder, mas as jovens elites urbanas os rejeitaram. Grupos da milícia islâmica começaram a acumular armamento e ocupar prédios; advogados se autonomeavam juízes; os guardas de trânsito desistiram de agir e assistiam, horrorizados, aos novos carros enchendo as ruas, em velocidades três vezes maiores do que o normal. Nos hiatos do frágil poder, os gângsteres e terroristas pululavam.

Jay Garner, o primeiro administrador norte-americano, defendera a idéia de deixar uma "leve marca", transferindo o poder imediatamente a um governo iraquiano e partindo rapidamente do país. Não desejava que a ocupação atolasse como acontecera com as Nações Unidas em Kosovo, administrando os mínimos detalhes durante anos, irritando os nacionalistas locais e impedindo que o governo nacional assumisse a responsabilidade. Mas as primeiras semanas tinham sido de tal forma anárquicas e o novo governo iraquiano improvisado tão incapaz de restabelecer a ordem, que a Coalizão resolveu passar a desempenhar papel mais ativo, talvez por ordem do secretário da Defesa Rumsfeld. Paul Bremer substituiu Garner em 15 de maio, o exército iraquiano de 400 mil homens foi desmobilizado e cerca de 40 mil funcionários pertencentes ao partido Baath foram demitidos. No dia seguinte foi constituída a Autoridade Provisória da Coalizão. Pouco depois, decidiu-se designar "coordenadores de governo" para cada província. O governador de Maysan, que era primo de Saddam e general antigo, tinha fugido. Enquanto não chegasse outro funcionário da Coalizão ou fosse nomeado um governador iraquiano, eu deveria substituí-lo, exercendo, na qualidade de representante do administrador norte-americano em Bagdá, toda a autoridade executiva, legislativa e judiciária na província.

O Ministério do Exterior disse que a posição me fora confiada devido à minha experiência de trabalho em outras situações de pós-conflito, ao fato de que falava um pouco da língua farsi e, portanto, poderia comunicar-me com refugiados iranianos, e por causa das quinhentas casas de aldeias nas quais eu tinha estado em minhas caminhadas pela Ásia, o que me permitia certo conhecimento íntimo da cultura rural islâmica. Alguém fez um gracejo porque meu avô tinha se mudado para a Índia no final do século XIX e meu pai tinha sido funcionário público na Malásia britânica e trabalhara na Ásia durante cinqüenta anos.

Eu falava um pouco de árabe e nunca tinha dirigido uma província devastada, instável e subdesenvolvida, com 850 mil habitantes. Suspeitei de que, na verdade, recebera aquele encargo porque a maioria dos funcionários do serviço exterior já estava envolvida em outras atividades e os que tinham família relutavam em ir para o Iraque, enquanto eu me mostrara interessado e estava disponível.

Sou escocês nascido em Hong Kong e criado na Malásia. Fui oficial de infantaria por pouco tempo, antes de entrar para o serviço diplomático, e já servira nas embaixadas na Indonésia e na Iugoslávia. Em 2000, tirei uma licença de vinte meses, a fim de atravessar o Irã, o Afeganistão, o Paquistão, a Índia e o Nepal. Tinha escrito livros sobre a vida rural no Afeganistão e trabalhara brevemente na reconstrução do país após a invasão.

Os dez anos que passei no mundo islâmico e em outros lugares que recentemente haviam experimentado conflitos tinham me deixado muito desconfiado em relação aos estrangeiros e às teorias produzidas às pressas nas capitais ocidentais. O melhor tipo de desenvolvimento internacional parecia ser realizado pelas pessoas que se deixavam absorver diretamente na cultura e na política das zonas rurais, que se concentravam nas estruturas tradicionais e compreendiam que as mudanças sempre ocorreriam muito lentamente. Achava que os políticos sempre se enganavam a si mesmos e aos demais quando iniciavam as guerras, e que havia motivos duvidosos para nossas invasões na Bósnia, em Kosovo e no Afeganistão. Mas, como já tinha vivido em países policiais, acreditava-me capaz de perceber o quanto os iraquianos desejavam livrar-se de Saddam e como era difícil depô-lo.

Nossa missão era criar "um Iraque democrático em paz consigo mesmo e com seus vizinhos" ou, no jargão usado em Bagdá, "um Estado multiétnico, descentralizado e próspero, baseado nos direitos humanos, com uma constituição justa, uma sociedade civil vibrante e sob o império da lei". As palavras pareciam superambiciosas, mas eu acreditava que ainda poderíamos ajudar a criar uma sociedade melhor: o tipo de sociedade que muitos iraquianos desejavam. Esperava aplicar o que tinha aprendido no Afeganistão, passar a maior parte do tempo possível nas zonas rurais e trabalhar com os líderes moderados. Achava que havia um limite real ao que eu, como estrangeiro, poderia realizar, e que a sociedade iraquiana permaneceria por algum tempo caótica, corrupta e confusa. Mas achava que não seria muito difícil ser mais competente do que Saddam.

Acordar morto

> Nunca foi menos perigoso descobrir novos métodos e instituições do que explorar oceanos e terras desconhecidas, porque os homens são mais rápidos para criticar do que para louvar os feitos alheios.
>
> Maquiavel, *Discursos*, Introdução*

28 DE SETEMBRO DE 2003

No final de setembro voei para assumir meu posto em Maysan, num Tri-Star alugado pelos militares porque os aviões comerciais ainda não tinham sido liberados. Todos os assentos tinham sido virados para a parte de trás do avião porque a Força Aérea Real chegara à conclusão de que em uma aterrissagem forçada estaríamos mais seguros se estivéssemos sentados desta forma. No terminal encontrei um soldado das forças especiais com quem eu trabalhara nos Bálcãs, mas ele tinha esquecido o passaporte e não foi autorizado a embarcar. Assim, a única pessoa que eu conhecia era Mark Etherington, que ia ser o coordenador do Governo da Coalizão em Kut, cidade que ficava rio acima em relação a Maysan. Tínhamos nos conhecido no mesmo curso preparatório organizado pelo exército na Grã-Bretanha, onde recebemos coletes à prova de balas, capacetes e toalhas ralas de cor verde. Fomos submetidos a exames médicos e

---

* Esta e todas as outras referências feitas à obra *Discursos* foram extraídas de Bondanella & Musa (orgs.), Viking Penguin, 1979.

observados arrastando-nos e apalpando cada centímetro do solo através de campos minados improvisados. No terceiro dia, um suboficial tinha nos dado algumas idéias sobre como devíamos nos comportar se fôssemos raptados por extremistas islâmicos. A recomendação que nos deu era procurar conversar com os captores: "Bem, como vão as negociações, rapazes?", ou "Posso beber um pouco de água?", porém evitar encolerizá-los ou atrair a atenção para si. "Como serão raptados por árabes, é provável que sejam estuprados. Lembrem-se de que como acontece em 75% dos casos de estupro masculino, vocês experimentarão uma ereção ou ejacularão. Não se preocupem com isso", prosseguiu, divertindo-se com o choque de seus ouvintes civis e acrescentando, com o melhor tom de sargento comandando ordem-unida: "Isso não significa que vocês sejam homossexuais."

O avião desceu rapidamente em direção a Basra, com as luzes nas pontas das asas apagadas porque pouco antes um rebelde tinha derrubado uma aeronave da empresa de correios DHL com um míssil terra-ar. Senti na escuridão a suave aceleração da longa descida, o repentino aumento da velocidade e em seguida o choque da pista contra o trem de aterrissagem. Saímos do avião para o que até pouco antes tinha sido um aeroporto civil, mas agora as instalações da imigração e alfândega estavam vazias. Juntamo-nos aos soldados e recebemos uma explicação apresentada em uma tela com PowerPoint que nos informava ser perigoso oferecer balas e doces às crianças iraquianas porque isso as estimularia a correr atrás dos automóveis e serem atropeladas, e também nos acautelava contra a exaustão provocada pelo calor.

— Outro dia um dos homens foi dormir em seu beliche sem ter prestado atenção à preleção e acordou morto.

Eram 2h30. Somente às 5h30 fui destinado a um dos alojamentos no corredor do quartel-general, que ocupava as salas anteriormente pertencentes às lojas de *duty-free* e ao refeitório. Soldados entravam e saíam do alojamento, acendendo e apagando as luzes, e três horas depois fui acordado por um homem que me mandou vestir-me imediatamente porque estava atrasado para uma reunião em Basra. Corri para fora num dia ensolarado, e já havia dois veículos

Land Cruiser blindados, com soldados armados de rifles automáticos e pistolas Glock no assento dianteiro. Dois carros blindados e quatro guarda-costas eram o mínimo necessário para transportar um civil em segurança ao sair do aeroporto. Cada veículo custava cerca de 170 mil dólares, e os homens ganhavam aproximadamente quinhentos dólares por dia.

Desta vez não se tratava de uma viagem de turismo. O aparelho de ar-condicionado do carro era gelado e ruidoso, barulho que se juntava à estática do rádio. Eu não sentia nenhum odor e quase não ouvia nada do que se passava do lado de fora; ao mesmo tempo, o vidro blindado e escuro de 2,5 centímetros de espessura distorcia a visão. Ao chegarmos aos arredores de Basra era possível perceber que havia gente nas ruas, mas não dava para saber como estavam os ânimos.

O chefe da equipe de proteção pessoal, sentado no banco da frente à direita, um escocês corpulento de mais de 50 anos que se apresentou com o nome de Willly, começou a usar palavras de baixo calão, falando com o segundo carro pelos vários aparelhos de rádio que tinha diante de si.

— Bloqueio, bloqueio, bloqueio, vejam aquele sujeito. Virem aqui.

Entramos em uma rua lateral, e o pesado carro que vinha atrás de nós acelerou para nos alcançar. Ficamos parados atrás de uma carroça puxada por um burro. Ali nos detivemos durante cinco segundos, enquanto Willy conferia o mapa e depois dava uma olhada rápida em volta.

— Certo. Passe para o outro lado da rua.

O motorista tentou cruzar o canteiro central, sem conseguir.

— Volte, volte. Tente outra vez. Vamos.

Desta vez, num ângulo mais agudo, com um solavanco e uma emissão do cano de escape, atravessamos o canteiro aos saltos e entramos na contramão. As pessoas gritavam e buzinavam, desviando-se de nós. Ultrapassamos carroça.

— OK, volte para o outro lado.

Passamos novamente por cima do canteiro e voltamos à rua na direção correta, mas o segundo carro, que deveria cobrir nosso flanco esquerdo, bloqueando o tráfego, não conseguiu voltar.

— Será que ele não está vendo? Entre na frente dele. Corte a passagem dele. Meu Deus, essa merda desse carro pesa duas toneladas, não se preocupe com um filho-da-puta de motocicleta. Bloqueio, bloqueio, bloqueio. Uma hora,[1] vem um carro rápido. Já passou.

Atravessamos aquela zona difícil, e Willy ficou calado.

— Você tem feito esse tipo de trabalho nos últimos tempos? — perguntei.

— Não.

— E há quanto tempo está no Iraque?

— Seis semanas.

— Os iraquianos parecem estar contentes aqui em Basra?

— Não posso dizer que tenha tido muito contato com o povo da terra.

— A eletricidade funciona?

— Não posso dizer que saiba a resposta para essa pergunta.

Fiquei com a impressão de que Willy confirmava a teoria corrente em Bagdá de que as equipes de guarda-costas eram mal-treinadas e super-remuneradas. Acabei por descobrir que estava enganado, pelo menos no que se referia a Willy. Ele tinha passado 22 anos nas forças armadas, fora instrutor de renome em um dos mais difíceis cursos do exército britânico, a instrução para sargentos em Brecon, e era respeitado por todos os que tinham trabalhado com ele. Era muito astuto e tinha aprendido muita coisa a respeito do Iraque, mas não queria compartilhar esse conhecimento comigo, um civil desconhecido.

O quartel-general em Basra era o antigo Departamento de Eletricidade, agora protegido por altos muros blindados, por uma entrada em ziguezague para bloquear caminhões carregados de explosivos, além de sentinelas *gurkhas*. Depois de bater em três portas, descobri que o oficial de administração me mandara para lá porque tinha recebido ordem de providenciar alojamento para mim. Eu não sabia bem por que ele tinha esperado seis horas depois que meu avião

---

[1] Indicação de direção baseada no posicionamento do ponteiro das horas de um relógio. (*N. do T.*)

aterrissou para mandar alguém me buscar, especialmente diante do fato de que houve uma reunião no aeroporto às 2 horas da manhã. Mas quem estava zangado era ele.

— Eu disse a eles que me avisassem com 72 horas de antecedência antes de mandar alguém para cá. Você não sabe a sorte que teve por eu conseguir arranjar uma cama aqui.

Expliquei que já tinha um alojamento no aeroporto e que precisava estar de volta lá às 2 horas. Impossível, foi a resposta. Todos os meios de transporte estavam ocupados. Eu teria de ficar até o dia seguinte. Finalmente a situação foi resolvida, e uma hora depois refiz a longa e dispendiosa viagem de volta ao aeroporto.

Lá conheci o major Melotte, oficial da Guarda irlandesa, de estatura elevada e cabelos cor de areia, que tinha governado a província antes de minha chegada.

— Bem-vindo, mufti de Maysan — disse ele.

Parecia muito tranqüilo. Estávamos na sala de espera do aeroporto, agora convertida em quartel-general regional. Havia centenas de soldados e eu era um dos poucos civis. Por trás de escrivaninhas com tabuletas indicando "SO2" ou "SO2 Jurídico" viam-se homens de uniformes camuflados e do outro lado de uma longa janela do que deveria ter sido a loja de lembranças estava o general comandante, sentado à sua mesa de trabalho. Um diplomata japonês passou pelo corredor com uma toalha enrolada na cintura. Mentalmente, fiz votos para que ele encontrasse o chuveiro.

O major Melotte planejava tirar uma licença para atravessar o Trecho Vazio, o deserto desabitado da Arábia Saudita. Tinha consigo os diários do bisavô, que estivera em Maysan em 1916, e me fez uma apresentação em PowerPoint, descrevendo longamente cada *slide*:

— Maysan libertou-se a si mesma antes da chegada da Coalizão. Grupos de milicianos a tomaram do Baath... Temos atualmente 72 guardas de fronteira para cobrir os 32 quilômetros da divisa com o Irã, mas precisaríamos ter 444. Nomeamos uma Comissão Supervisora composta de líderes locais.

Mostrou-me fotografias de vinte iraquianos. Um deles era um homem gordo vestido com roupa de explorador, ex-comandante de guerrilhas anti-Saddam. Três outros eram religiosos de longos mantos e volumosos turbantes, que tinham passado a maior parte dos vinte anos anteriores no Irã. Ainda outro pedia licença para instalar um posto de gasolina, e mais outro queria tratamento para impotência sexual. O critério de seleção dos "líderes locais" não era claro. Na fotografia, cada um segurava junto ao peito uma tabuleta com seu nome, o que os fazia parecer presidiários.

Amara era a cidade mais populosa de Maysan, com cerca de 400 mil habitantes, quase todos muçulmanos xiitas. Durante o primeiro mês após a queda de Saddam não tinha havido controle da Coalizão sobre a província, mas agora mais de mil soldados britânicos se encontravam no território. Dentro de um mês seriam substituídos por outro grupo de combatentes. Naquele período tinham surgido conselhos municipais alternativos, com os quais teríamos de tratar para que não causassem problemas. O major Melotte parecia ter ficado satisfeito com seu trabalho.

Projetou um *slide* com a palavra "Agrícola" marcada em amarelo.

— É basicamente uma província agrícola. Nosso abastecimento de água está prejudicado pela falta de eletricidade para as bombas. Esgotos: cerca de 60%.

Quereria dizer que o sistema de saneamento atingia 60% da população? Que funcionava durante 60% do tempo? Mas antes que eu pudesse perguntar, o major Melotte seguiu adiante.

— As escolas — continuou ele, mostrando o *slide* seguinte — foram destruídas na orgia de pilhagens após a libertação. Demos quinhentos dólares a cada escola. Há falta de leite, açúcar e arroz, que você terá de enfrentar. As despesas mensais com comunicações são de 30 a 50 mil dólares.

Aquilo continuou durante as duas horas seguintes, até que ele mostrou uma foto que havia tirado ao crepúsculo, no rio Tigre. Uma faixa de luz em forma de crescente, cor de beringela, subia da margem marrom. Um árabe dos pântanos, de pé numa canoa, atirava uma rede de pesca. Contra aquele pano de fundo sentimental, o major Melotte começou a relatar conversas com funcionários locais, nas quais ele aparecia de maneira enérgica, decidida e confiante.

— Eu disse à Comissão Supervisora que não se reunisse até minha volta... Mandei que os diretores dos ministérios se sentassem, deixei de lado a informação do Ministério das Finanças e só perguntei: "Bem, mas o que vocês querem? O que querem?" — Fez um gesto com a mão, cortando o ar. — Em termos gerais... OK, as verbas ficam distribuídas assim. Por que não fazem alguma coisa por vocês mesmos? Por que esperam que eu resolva tudo? — Sorriu e acrescentou: — E também há o Príncipe dos Pântanos...

Mordor

> Quanto a reformar todas essas instituições de uma única vez, quando todos chegaram à conclusão de que não são boas, deixem-me dizer que essa inutilidade, facilmente reconhecida, somente pode ser corrigida com grande dificuldade; pois para fazê-lo não basta empregar meios legais, porque nesse caso eles serão inúteis; é necessário recorrer a medidas extraordinárias, tais como a violência e as armas, e acima de tudo tornar-se o príncipe da cidade em apreço, a fim de ser capaz de lidar com ela da maneira desejada.
>
> Maquiavel, *Discursos,* livro 1, capítulo 18

O Príncipe dos Pântanos. Em minha primeira estada no Iraque, esse nome era famoso, até mesmo para os funcionários nomeados pelo Partido Republicano dos Estados Unidos, que usavam roupas cáqui e tinham sido freqüentadores da Casa Branca. Ficavam ilhados na Zona Verde sem ouvir falar da província de onde vinha o príncipe. Os xeques provinciais em geral eram homens idosos, que assistiam a reuniões públicas a fim de proclamar ansiosamente seu status, e nessas ocasiões ficavam em silêncio, envoltos em seus mantos formais e olhando friamente para a nova classe política através de óculos escuros de aros de ouro. Dentre os chefes mais jovens e mais ativos na vida pública, nenhum tinha a figura daquele Valentino mais rude, o mais alto líder da província de Maysan: "Abu Hatim"; Karim, filho de Mahud filho de Hattab, da tribo Albu Muhammad.

O Príncipe dos Pântanos passara 17 anos liderando guerrilhas em Maysan contra Saddam e agora estava disposto a lutar ao lado do novo Iraque da Coalizão. Não admira que tivesse sido imediatamente nomeado para o novo Conselho de Governo em Bagdá. Quando os jornalistas diziam que o novo governo iraquiano não tinha atrativo político e era composto de baathistas, islamitas, criminosos e milionários que não tinham pisado no Iraque durante vinte anos, eles eram lembrados do respeito e da afeição que o povo sentia por aquele líder rural rebelde e secular que jamais desertara do país. E quando, almoçando nas mesas de fórmica dos refeitórios, os administradores se sentiam tentados a amaldiçoar todos os políticos iraquianos por serem corruptos, incompetentes e politicamente suspeitos, alguém sempre evocava o Príncipe dos Pântanos.

Esse culto se desenvolveu, acredito, por causa da dúvida que principiava a infeccionar a ocupação. A fé no Príncipe dos Pântanos proporcionava certo alívio aos funcionários, que sentiam a erosão do apoio em suas capitais e que à noite, em seus alojamentos, começavam a questionar se teriam a perseverança, a habilidade ou os recursos necessários para criar um novo Iraque — e se os iraquianos desejavam que estivessem no país.

Eis, portanto, o Príncipe dos Pântanos: um dentre apenas 25 membros do novo Conselho de Governo, islâmico, mas não islamita, iraquiano e não iraniano, nacionalista e não agente estrangeiro. Pertencia à grande tribo Albu Muhammad dos alagadiços do Iraque meridional. Em prol do povo iraquiano e de sua luta pela liberdade, havia desertado do exército de Saddam e treinado junto com as guerrilhas curdas do norte, além de combater lado a lado com elas. Fora capturado e aprisionado em Abu Ghraib; suportara torturas e fora condenado à morte, mas escapara depois de seis anos e voltara aos pântanos, organizando seu próprio exército guerrilheiro e liderando-o contra Saddam. Um mês antes da chegada das forças da Coalizão, ele ressurgira para liberar o povo da província de Maysan.

O próprio título que havíamos dado a esse homem refletia nossa ansiedade. Alguns afirmavam que Bremer tinha sido o primeiro a apelidá-lo "Príncipe dos Pântanos". Mas parecia curioso que nosso administrador principal, diplomado pela Escola de Administração de Empresas de Harvard, tivesse desejado evocar a imagem do monarca daquela traiçoeira mescla de terra e água cortada por trilhas de contrabandistas e luzes de fogos-fátuos. Na verdade, mais tarde, no início do declínio do príncipe, Bremer negou que um dia tivesse usado o título. Mais provavelmente o apodo terá vindo de DVDs do *Senhor dos anéis* pirateados no Kuwait, que tanto civis quanto soldados assistiam em seus *laptops* depois de jantar nos refeitórios — um apelido para nosso aliado na guerra contra Mordor. Os jornalistas abraçaram o culto, e até mesmo no *Le Monde*, bom conhecedor das coisas do globo, apareceu em junho uma manchete afirmando que o "*'Seigneur des marais', héros de la résistance contre Saddam, aspire à la paix*". Mas ninguém estava de acordo sobre se ele seria de fato o rei, o príncipe ou, como uma espécie de sapo australiano, o lorde dos pântanos.

Na verdade, naturalmente, no Iraque já não havia mais príncipes, e sem dúvida muito poucos pântanos. Os últimos príncipes tinham sido assassinados nos degraus da cozinha do palácio em 1958 e estripados e mutilados nas ruas, com a multidão transformando em colares os intestinos do regente. Desde 1992 os pântanos tinham virado deserto seco. O príncipe nem sequer chefiava sua própria tribo, a Albu Muhammad. Talvez por isso a maioria dos iraquianos preferisse chamar aquele funcionário do governo municipal pelo nome de Abu Hatim, "pai de Hatim", muito embora ele tampouco tivesse um filho de nome Hatim.

Parte Um

O Príncipe dos Pântanos

Um Príncipe não pode evitar a ingratidão.
Maquiavel, *Discursos*, livro I, capítulo 29

O grupo britânico

AUTORIDADE PROVISÓRIA DA COALIZÃO
(IRAQUE)
REGULAMENTO NÚMERO 1

> No exercício de minhas atribuições de administrador da Autoridade Provisória da Coalizão (CPA), e de acordo com as resoluções aplicáveis do Conselho de Segurança das Nações Unidas, inclusive a Resolução 1.483 (2003), e as leis e convenções da guerra, por este meio promulgo o seguinte:
>
> A CPA fica investida de toda a autoridade executiva, legislativa e judicial necessária para realizar seus objetivos (...) Essa autoridade será exercida pelo administrador da CPA.

SEGUNDA-FEIRA, 6 DE OUTUBRO DE 2003

Durante a viagem terrestre de automóvel em direção ao norte a partir de Basra a fim de assumir meu cargo em Maysan, passei pelo território que o Príncipe dos Pântanos afirmava controlar. Vi o canal que Saddam mandara construir: juncos, pescadores em botes de metal e aves aquáticas. Na terra árida, estendiam-se longas linhas paralelas de vários quilômetros de extensão. Viam-se muito poucas pessoas: a maioria dos árabes da região dos alagadiços vivia agora em favelas na periferia das cidades. Os barcos já não eram o meio de transporte mais comum e as manadas de búfalos tinham desaparecido. As moitas de juncos de 1,80 metro de altura que antes haviam coberto 160 mil quilômetros quadrados tinham-se transformado em lama seca e estéril.

Saímos da estrada para entrar em uma avenida vigiada por dois tanques iranianos enferrujados, conservados como suvenires, um deles com a torre entortada. Passamos por prédios cujos tetos tinham desabado sob o impacto dos explosivos norte-americanos, subimos ao longo de uma muralha de fortaleza que servia de proteção contra carros-bomba e paramos na guarita do acampamento Abu Naji. Seis meses antes tinha sido ali a base de um grupo terrorista semimístico financiado por Saddam, o Mujahadin-el-Halq.

Um soldado do Grupamento Real Escocês de Fronteira aproximou-se do veículo, fez continência e levantou a barreira para que pudéssemos passar. De ambos os lados havia prédios toscos de concreto, rolos de arame farpado e ferro ondulado. Viam-se soldados nos telhados, presumivelmente dormindo ao ar livre porque não havia ar-condicionado nas tendas. Tirei minha bagagem do Land Rover e fui levado a um quarto.

Afastando a pesada cortina preta que servia de porta, levantei o mosquiteiro, coloquei meu saco de dormir na cama de campanha e tirei um pouco da areia que cobria a arca de metal. Os caixilhos das janelas eram cobertos de fita adesiva e a cortina da porta ia até o chão, mas, conforme eu iria perceber durante os seis meses que passei no acampamento, nada era capaz de deter a areia, que se acumulava numa espessa camada amarela no chão de cimento e na cadeira de lona.

Jantamos às 18h30. Na entrada da cozinha, um iraquiano vestido de guarda-pó azul derramava água engarrafada fervente em um grande caldeirão. Junto a ele estava um soldado, encarregado de assegurar que todos, oficiais e civis, lavassem as mãos na água para impedir que a diarréia se espalhasse.

Sentei-me com um grupo de oficiais jovens e o sacerdote do regimento.

— Vermelho ou verde? — gritou outro subalterno, depois voltou com copos de plástico cheios de suco da respectiva cor surpreendentemente intensa, obtida com aditivos químicos.

Aparentemente eu era o primeiro civil a hospedar-se no acampamento. O oficial à minha esquerda olhou-me e perguntou:

— Você trabalha no aeroporto?

Imaginava que eu fosse um soldado do quartel-general regional.

— Não. Sou o civil que vai instalar o escritório da Autoridade Provisória da Coalizão na província — respondi.

— O que é isso?

— É o novo governo civil.

— Graças a Deus você chegou; agora podemos ir todos para casa — disse ele, inclinando a cadeira para trás. — A vida vai melhorar muito.

Depois do jantar dei a volta no prédio dos alojamentos, atravessei uma extremidade da pista de aterrissagem e fui para trás dos hangares, a fim de tomar um banho de chuveiro. Ouvia-se o ronco dos geradores a diesel e o ruído dos rotores de um helicóptero Chinook na área de aterrissagem. Tive de usar uma lanterna para evitar os pedregulhos na areia irregular. Podia ver as estrelas num céu límpido e imaginar como seria o deserto além da cerca que rodeava o perímetro do acampamento.

Os chuveiros eram bem-iluminados. No chão havia uma camada espessa de lama escura que saíra das botas de combate e dos uniformes de camuflagem amontoados nos bancos de madeira. Enquanto alguém reclamava a falta de água quente, outros homens se enxugavam espalhafatosamente no centro da sala, falando sobre as patrulhas daquele dia, aparentemente sem dar atenção a duas oficiais femininas que escovavam os dentes com água mineral na pia.

Na manhã seguinte, às 8 horas, fui visitar o coronel do grupo de combate. Era um homem magro de pouco mais de 40 anos, com os cabelos grisalhos penteados severamente para trás, também vestido de camuflagem, como todos os demais. O gabinete era decorado com o padrão típico escocês de seu regimento. Apresentou-me à província com outra preleção com PowerPoint que ele parecia ter feito muitas vezes antes. Não me estimulou a fazer perguntas.

— Maysan — começou — é do tamanho da Irlanda do Norte, e nós a estamos governando com apenas mil homens.

Explicou que era um território muito volátil e que o batalhão tinha pouco equipamento e poucos recursos para o desenvolvimento. O quartel-general do exército iraquiano na região tinha sido saqueado e todas as armas estavam agora em mãos da população local. As duas artérias principais da província eram a Estrada 6, que ligava Basra a Bagdá, e o rio Tigre.

— Quanto a você, Rory — disse ele enquanto eu o olhava, já em meio a meu sexto pacote de biscoitos —, há muita expectativa aqui sobre o que os britânicos poderão realizar. Quando as coisas não acontecem, eles pensam que é porque estamos procurando retardar o futuro econômico e político do país propositalmente. Aqui não há possibilidade de um renascimento dos baathistas. É um território pequeno, e eles não poderiam vir para cá. Há um potencial de oposição xiita, ligada ao Irã e às quadrilhas criminosas. Acredito que a Comissão Supervisora que nomeamos seja relativamente representativa.

Abriu uma nova tela no monitor:

— Base Vital: nossa base vital é o conceito de regeneração.

O coronel parecia confiar em sua capacidade de manter a ordem. Já era comandante daquele regimento havia quase três anos e faltava um mês para terminar seu tempo em Maysan. Tinha absoluto controle sobre seus homens e armamento, viajava constantemente, e seu único superior era um general-de-brigada, a mais de 300 quilômetros de distância, em Basra. Conhecia a região suficientemente bem para atender aos pedidos detalhados dos prefeitos locais. Aproximara-se da tribo "aristocrática" Beni Lam que tempos atrás fora famosa por seus cavalos, mas seu principal relacionamento era com Abu Hatim, a quem ele considerava "nosso Robin Hood local, às vezes conhecido como Príncipe dos Pântanos". Os dois governavam a província juntos.

Não tive oportunidade de conversar sobre as informações que recebera em Londres e saí dali sem ter uma idéia clara de nosso relacionamento. Tinham me dito em Bagdá que, na qualidade de vice-coordenador do governo, eu seria "o subchefe e o *alter ego* do coordenador", dirigindo uma equipe civil de oito pessoas entre as quais haveria um encarregado de assuntos políticos e outro de projetos de desenvolvimento. Mas ainda não havia coordenador; uma funcionária do Departamento de Estado dos Estados Unidos deveria chegar dentro de algumas semanas para assumir o cargo. Tampouco havia encarregados de política e de desenvolvimento e nem um governador iraquiano em Maysan. Por enquanto, minha equipe era composta unicamente por mim, responsável pela supervisão de projetos de desenvolvimento e por organizar estruturas políticas iraquianas. Tinham-me dito que agisse como uma espécie de governador de fato da província.

O coronel recebera ordens do comandante-em-chefe para apoiarnos em nossas funções, mas tinha pouco interesse pela relação constitucional entre a CPA e as forças armadas. Criticava a CPA, que até então pouco fizera. Duvidava de que eu conseguisse realizar alguma coisa. Disse, porém, que os militares tinham sido obrigados a desempenhar funções que seriam mais bem executadas por civis e que era hora de que estes assumissem a responsabilidade. Sugeriu que eu poderia começar conseguindo recursos financeiros. Referia-se a si próprio como governador de fato da província.

Já fora do gabinete do coronel fui apresentado a um homem alto, de fartos cabelos negros, usando óculos escuros e um paletó de linho creme por cima de uma camisa engomada e quadriculada, com abotoaduras, calças e botas de camurça, conhecido como A. J., encarregado das finanças da CPA. Era oficial de cavalaria da reserva e o único homem do acampamento que usava roupas civis, além de mim mesmo. Para nossa ida à cidade, ofereceu-me um exemplar de sua coleção de armas confiscadas. Escolhi um Kalashnikov cromado porque era a única arma cujo uso eu recordava. A equipe de guarda-costas prometida pelo Ministério do Exterior ainda não havia chegado.

No caminho, em direção ao norte, ocupei o assento dianteiro direito, mantendo o rifle entre as pernas. Depois de uns 15 quilômetros, chegamos a uma povoação nos arredores de Amara, onde havia casas de alvenaria de construção inferior, com colunas novas e enfeitadas, feitas de concreto. Passamos por prédios de apartamentos deteriorados, mansões, um velho mercado coberto, uma alameda de salgueiros e uma ponte militar estendida sobre o rio Tigre. Na estrada principal vimos a fachada revestida de ladrilhos cor-de-rosa que abrigaria o Conselho Provincial iraquiano e o governador, caso ambos existissem. Paramos diante do edifício, que tinha pesados portões de metal na parede alta de concreto. Os portões se abriram, revelando soldados britânicos e homens vestidos com o uniforme da polícia iraquiana, um pátio poeirento do tamanho de um campo de futebol, uma piscina vazia e o casarão branco onde estava instalado o novo escritório da CPA. O Tigre, vagaroso e barrento, passava por dois lados do conjunto. Na margem oposta havia um grupo de tamareiras e uma pequena mesquita branca. Aquela diminuta instalação da CPA em uma península no coração da antiga cidade otomana de Amara, a 15 quilômetros da base militar britânica, estava rodeada por 300 mil iraquianos e protegida por uma guarda de trinta soldados.

Na porta estava um homem de uniforme camuflado bem-passado, boné azul-escuro de engenheiro, cabelos grisalhos, sobrancelhas escuras e um amplo sorriso. O distintivo que trazia ao peito o identificava com o nome de Butler. O major George Butler era o oficial comandante da equipe de assuntos civis. Tinha sido ele quem instalara o escritório, e já estava há quatro meses no Iraque. Era oficial da reserva, engenheiro hidráulico de ampla experiência na vida civil e tinha trabalhado no Egito. Em tom amistoso, explicou-me que já havia preparado meu gabinete de trabalho e me guiou na visita às instalações.

O casarão tinha pertencido anteriormente à jovem e mais nova esposa do grande xeque da tribo Albu Muhammad, Majid bin Khalife. Ela fora assassinada ali no início da década de 1950 pelo filho adotivo, que, por sua vez, fora morto em meio às tamareiras do outro lado do rio, provavelmente pelo próprio pai. Posteriormente, a casa foi transformada em residência para o governador iraquiano, que acrescentara um bangalô envidraçado na parte que dava para o rio. Já não havia mais eletricidade e nem mobília, pois a mansão tinha sido saqueada antes de nossa chegada, e contava somente com dois banheiros pequenos. O major Butler estava tentando economizar as verbas a fim de pintar as paredes, instalar um gerador e poder ter água quente. Nas capitais das diversas províncias do Iraque existiam escritórios como aquele, instalados pelas equipes militares de assuntos civis. Durante os primeiros cinco meses de sua existência, a CPA não havia destacado funcionários para as províncias. Em Maysan, a equipe do major Butler havia assumido o papel que cabia à CPA, e sua atividade passara da gerência de pequenos projetos populares de engenharia a proporcionar apoio a vinte ministérios iraquianos.

Eu era o primeiro administrador civil em Amara e fazia parte do grupo inicial de gestores britânicos da CPA em todo o país; simultaneamente à minha chegada a Amara, Mark Etherington, que viajara comigo para o Iraque, assumira seu posto rio acima, em Kut, e um veterinário que falava árabe fluentemente acabara de instalar-se em nossa província gêmea de Nassíria, às margens do Tigre.

Fui levado a uma grande sala de reuniões cheia de sofás com pesadas almofadas amarelas e roxas e decorada com coloridas pinturas de árabes dos pântanos, produzidas localmente. Nos sofás estavam sentados dezenas de homens e mulheres jovens e queimados pelo sol, pertencentes à equipe militar britânica de assuntos civis. A eletricidade tinha pifado e com ela o ar-condicionado. Viam-se manchas de suor nos uniformes de camuflagem.

Na maioria eram reservistas ou militares reformados que haviam sido chamados da vida civil para servir no Iraque. O major A. J., o oficial de finanças de paletó de linho, era bancário; a soldado Charlotte Morris, encarregada de assuntos sociais, tinha 25 anos e estivera dirigindo um projeto para crianças de rua no Egito. Dispunham apenas de uma licença de uma semana no serviço de seis meses de duração no Iraque e ocupavam dormitórios coletivos. Os banheiros eram cubículos portáteis de plástico verde, uma inovação. Antes havia longos bancos com buracos, onde os homens podiam conversar olhando de frente uns para os outros enquanto faziam suas necessidades. As mulheres tinham de esperar até tarde da noite e cobrir-se com folhas de jornal. Havia moscas por toda parte. A capitã que tratava de reivindicações pessoais havia acabado de receber o resultado positivo de um exame de malária, e apesar da obrigatoriedade de lavar as mãos, muitos homens, a começar pelo coronel, sofriam de diarréia e vomitavam freqüentemente, o que tornava as latrinas ainda mais desagradáveis, especialmente durante o calor do dia. Havia um boato de que um soldado morrera de insolação sentado em um dos cubículos. Empreiteiros em Basra chegavam a ganhar mil dólares por dia; a soldado Morris gerenciava projetos no valor de centenas de milhares de dólares e ganhava menos de cinqüenta diários.

Embora eu estivesse ansioso por nomear um novo governo para a província, desenvolver as necessárias relações com os iraquianos e com a Coalizão, conseguir novos recursos e implementar novos projetos, passei os primeiros dias obtendo informações com a equipe de assuntos civis. Cada vez que passava pelo espaço aberto no piso térreo de nosso prédio, via grupos que se juntavam em diferentes partes, cada qual composto por um encarregado de assuntos civis que se esforçava por ser paciente, um jovem intérprete iraquiano que lutava para traduzir termos técnicos e um par de funcionários públicos iraquianos sorrindo educadamente. Espalhados pelas mesas havia informações sobre as quatrocentas escolas da província, planos, documentos sobre licitações e sacos de *kebab* esperando ser abertos para o almoço. Cerca de cinqüenta projetos aguardavam recursos de Basra, e cada encarregado produzia uma contínua torrente de propostas e idéias. Além dos 500 mil dólares em sementes de trigo e centeio solicitados pelo diretor de Agricultura, o especialista em prisões tentava conseguir 400 mil para construir uma nova penitenciária, enquanto um encarregado de assuntos civis pretendia reformar o mercado. Cerca de metade das escolas da província já tinha sido objeto de reparos, assim como a maior parte dos prédios dos principais ministérios. Muitos desses projetos eram executados mediante alocação de fundos a uma ou outra das cerca de meia dúzia de ONGs da província, que faziam a gestão e a supervisão das atividades.

Os encarregados de assuntos civis demonstravam conhecer as necessidades de Amara e as tratavam com certa ironia rude, mas a temperavam com uma medida adequada de simpatia e determinação. Após um estudo, o encarregado da saúde havia chegado à conclusão de que não seria necessário construir novos hospitais e clínicas: a verdadeira prioridade era o treinamento e a higiene nas instalações existentes. Todos estavam aprendendo a língua árabe e todos gostavam de tratar com os iraquianos.

No entanto, apesar da energia e competência da equipe de assuntos civis e das centenas de projetos produtivos, as realizações não estavam sendo comunicadas adequadamente aos iraquianos. Isso poderia ser conseqüência da modéstia dos soldados, de uma falta de gosto para a política ou de falta de compreensão das expectativas dos iraquianos. Qualquer que fosse a explicação, o povo local desconfiava de nossas motivações e se mostrava desapontado e muitas vezes desdenhoso em relação ao desempenho.

Todos os dias um comboio partia para o escritório às 8 horas da manhã, a equipe de assuntos civis se reunia às 8h30, e durante o resto do dia ou eu tratava com funcionários iraquianos ou me dedicava aos problemas burocráticos e políticos. Todas as noites voltava à base no acampamento e corria sem camisa no surpreendente calor. Depois do jantar, visitava o coronel. Ia dormir com a mente cheia de fragmentos de língua árabe, sem ouvir mais o ronco dos geradores, e freqüentemente acordava repetindo os mesmos fragmentos.

De um lado, eu havia adquirido autoridade quase absoluta sobre 850 mil pessoas. Em teoria, o posto de coordenador de governo da CPA correspondia a um general-de-brigada, e a principal missão do tenente-coronel que comandava o batalhão era apoiar a CPA mediante a manutenção da segurança. Por outro lado, eu era quase impotente. O Estado iraquiano era vasto e funcionava, embora com deficiências. Eu estava limitado pela Convenção de Genebra e pelos regulamentos. O batalhão não era subordinado a mim. Até mesmo o soldado mais novato fazia parte de um exército de 150 mil homens e linhas claras de comando. Eu era um estrangeiro solitário, que não comandava ninguém Se os iraquianos ou os britânicos resolvessem ignorar-me, eu não poderia fazer grande coisa.

Regeneração

> Todos sabem que é muito louvável que um governante cumpra suas promessas (...) No entanto, a experiência mostra que em nosso tempo os governantes que realizaram grandes coisas são aqueles que não se preocuparam em cumprir a palavra dada e, ao contrário, enganaram engenhosa e astutamente os homens.
>
> Maquiavel, *O príncipe*, capítulo 18*

QUINTA-FEIRA, 9 DE OUTUBRO

Na manhã do terceiro dia alguém bateu à porta de meu gabinete e apareceu um homem alto, de óculos de aros grossos e cabeça calva, com uma barba de dois dias.

— Alô, sou seu intérprete-chefe — disse ele, acentuando a palavra "chefe".

Convidei-o a sentar-se.

— Não é adequado que eu me sente no gabinete do governador — respondeu ele. Explicou que durante o regime anterior tinha sido professor de inglês. Perguntei o que achava da situação.

— Gente sem instrução, populações tribais que não sabem ler nem escrever estão agora na cidade. Isso é muito ruim. Esses ho-

* Esta e todas as demais referências a esta obra são de Maquiavel, *The Prince*, Skinner e Price (orgs.), 1988, CUP.

mens não têm cultura. Não sabem o que é governo. Isso porque não sabem o que é religião. Deixe-me perguntar, o que é a religião?

Respondi que não sabia.

— Não sabe? — tornou ele, com grande surpresa. — A religião trata do respeito para com o próximo. Cada um de nós é criado por um único Deus. Cada um de nós é respeitado. Isso é religião. Até mesmo a religião judaica. Mas esses homens não se respeitam entre si. As coisas vão muito mal atualmente.

— E o que devemos fazer?

— O senhor já sabe. Nós não somos ignorantes. Sabemos os truques que seu governo está fazendo aqui com o petróleo e com Israel. Mas, por favor, lembre-se de uma coisa. Nós, iraquianos, admiramos os homens fortes. Somos cabeças-duras. O senhor tem de ser um líder forte. Sim, como Abdul Karim Qasim. Já conhece Abdul Karim Qasim?

Assenti com a cabeça, embora não soubesse muita coisa a respeito do homem que chefiara o golpe de 1958.

— Os soldados britânicos aqui — continuou ele — são fracos. São cautelosos demais. Não fazem promessas. Não estão mantendo a segurança e tratam com as pessoas erradas. É preciso usar a gente instruída. A corrupção é grande e nada está progredindo em matéria de desenvolvimento. O senhor precisa fazer com que o povo iraquiano acredite que as coisas vão melhorar.

Agradeci a ele.

— Não precisa me agradecer. Nós é que temos de agradecer ao senhor.

Quando o tradutor saiu, juntei-me à equipe de assuntos civis que me esperava do lado de fora da porta. Com exceção de A. J., todos estavam vestidos de camuflagem para o deserto, com armamento e proteção, isto é, um pequeno colete à prova de balas que cobria o peito e as costas. A. J. vestia a armadura por cima das calças amarelas, mas descartara o Kalashinikov cromado. Notei que Charlie Morris tinha conseguido ocultar a maior parte da cabeleira loura por baixo do capacete. Íamos ao principal acontecimento da semana: a reunião com os diretores dos ministérios. Seria minha estréia pública como governador em exercício.

— Não faça promessas — advertiu-me o major Butler quando nos preparávamos para partir.

— Mostre a eles quem é que manda — sussurrou o intérprete. — O senhor é jovem e tem de mostrar que é forte. Diga que com o senhor as coisas vão mudar.

Caminhamos pela trilha ao lado do rio até os muros do recinto de nossas instalações. Os policiais abriram os portões de metal e saímos ao sol forte, atravessando a estrada principal e retribuindo os sorrisos dos iraquianos. Passamos pela sentinela do portão do prédio de ladrilhos cor-de-rosa do Conselho Provincial, pela multidão de suplicantes que se aglomeravam no pátio e subimos as escadarias até uma sala escura, onde os diretores dos ministérios se levantaram para nos receber.

Fui de um em um, apertando mãos e retribuindo abraços.

— *Salaam aleikum*. A paz esteja contigo.

— *Alaikum Assalam*. E contigo também.

— *Ahlan wa-sahlan*. Bem-vindo

— *Ahlan*.

— *Shlon hadartak*? Como vai aquele a quem respeitamos?

— *Al hamdulillah*. Deus seja louvado.

Quase todos os britânicos em funções de coordenadores do governo falavam fluentemente o árabe ou o idioma curdo, e no Iraque havia dezenas de especialistas do Ministério do Exterior em assuntos do mundo árabe. Mas eu sabia pouco árabe, e tinha aprendido o que sabia por intermédio de outras línguas islâmicas: alguns floreios decorativos — arabescos — usados em todo o mundo muçulmano, como *yanni, methelan* e *taqriban*, que equivalem a "isto é", "bem, mais ou menos" e "por exemplo"; sabia repetir algumas idéias teológicas comuns, algumas referências piedosas a Deus, termos da lei islâmica ou de cidades medievais: *Haram, mas-allah, hokum, hamam*. Outras palavras em árabe — *dunia* (mundo) e *istirihat* (descanso), por exemplo, haviam penetrado em outras línguas que eu falava, como o farsi e o indonésio. Com isso e algumas aulas, eu era capaz de mostrar polidez, mas para um trabalho mais sério precisaria de intérprete.

Sentei-me à cabeceira da mesa, ao lado do homem que eu sabia ser irmão do Príncipe dos Pântanos. Riyadh Mahud Hattab era atarracado, de grosso bigode preto e cabelos compridos também pretos. Quando me sentei, ele sorriu com ar fatigado e encolheu os ombros. Já tinha visto muitos estrangeiros sentados junto a si nos meses seguintes à invasão, e achei que estava cansado deles. O terno preto e folgado parecia refletir sua condição de árabe modernista que passara vinte anos na função de engenheiro do Ministério de Estradas e Pontes. Era agora o presidente-coordenador da Comissão de Regeneração, que tinha a tarefa de resolver os problemas interministeriais.

Diante de nós havia mais de oitenta outros diretores, todos homens de meia-idade, alguns com roupas de explorador, alguns de terno. A maioria tinha canetas de ouro no bolso de cima do paletó, relógios de pulso brilhantes e usava perfumes fortes. Pertenciam a 26 ministérios diferentes que tratavam de todos os assuntos, da eletricidade até a saúde. Desde a invasão, as comunicações com Bagdá tinham se tornado precárias e os escritórios dos ministérios haviam sido saqueados. Muitos daqueles homens eram novatos em suas funções porque seus antecessores tinham sido demitidos por serem baathistas.

George Butler sentou-se à minha esquerda, ligeiramente recuado; o tradutor ficou à direita. Riyadh iniciou os trabalhos, sem preâmbulo.

— Esta reunião começa às 10 horas, e não dez minutos depois das 10. Pediria a todos que no futuro sejam pontuais. E noto que o diretor de Agricultura e o diretor de Geração de Eletricidade não compareceram. Espero que hoje à tarde expliquem suas ausências. — Fez uma pausa e continuou: — A segurança na província se deteriorou, e eu tomarei medidas para resolver a situação — embora a função dele nada tivesse a ver com segurança. Em seguida perguntou ao diretor da fábrica de fibra de celulose por que as instalações não estavam funcionando. O funcionário respondeu que o abastecimento de água tinha sido cortado. O diretor de Águas explicou que isso tinha ocorrido por causa da insuficiência de eletricidade. Riyad fez com que o diretor de Distribuição de Eletricidade assegurasse determinada quantidade de energia ao departamento de Águas. Em seguida, ofereceu a palavra a quem quisesse se manifestar.

O primeiro a levantar-se foi um homem de meia-idade sentado na primeira fila.

— Esse é o Sr. Laith, diretor de Educação — sussurrou George.

— Seyyed Rory, bem-vindo — começou ele. — Agora que o senhor chegou, vou pedir-lhe que faça o que a Coalizão prometeu, mas não cumpriu, isto é, expulsar os partidos políticos da principal instalação esportiva escolar de Amara.

O homem sentou-se novamente.

Um jovem levantou-se.

— Diretor de Fornecimento de Sementes Agrícolas — murmurou George.

— Seyyed Rory, bem-vindo. Por que não temos sementes de centeio nem de trigo, agora que está começando a temporada de plantio?

À medida que cada um falava, George sussurrava para mim os antecedentes do caso. O gerente dos cartões de racionamento perguntou se tínhamos conseguido alimentos para bebês e o diretor do Instituto de Aposentadorias quis saber por que seu gabinete ainda não tinha sido reformado. Alguns diretores se queixaram de que a Coalizão tomava decisões sem consultá-los. Outros protestaram que muitas construções tinham sido prometidas, mas até aquele momento o dinheiro não tinha aparecido.

Aqueles homens esperavam grandes coisas de mim. Eu não queria que trabalhássemos com estruturas paralelas. Estava decidido a apoiar e fortalecer os ministérios, envolvendo os diretores e cidadãos nas decisões sobre o destino dos gastos. Sabia que era arriscado fazer promessas, que as verbas eram incertas, que a política de Bagdá podia mudar e que os programas podiam ser prejudicados pelos rebeldes. Mas em uma organização *ad hoc* em zona de guerra, o maior poder é a demonstração de poder.

Não é suficiente fazer; é preciso que as realizações sejam vistas. Eu tinha de prometer mudanças, a fim de que os iraquianos acreditassem um pouco em nós e no futuro. Tinha de assumir a autoridade e blefar para que os demais colaborassem. Tinha de responder a indagações sobre programas a respeito dos quais pouco sabia, tinha de elevar as expectativas e aceitar o risco de que as pessoas pudessem decepcionar-se.

Respondi ao diretor de Educação que mandaria retirar os partidos do complexo esportivo; disse que compraríamos as sementes e que examinaríamos a questão do leite para as crianças. Não prometi reformar o gabinete do diretor do Instituto de Aposentadorias, mas disse que ele poderia discutir o caso com o encarregado desse tema na equipe de assuntos civis. Afirmei que estava muito contente por ter assumido meu cargo e que tencionava desbloquear todos os contratos em atraso, trazer 500 mil dólares naquele fim de semana e depois trazer muito mais. Anunciei que haveria um novo procedimento para licitações e contratos, deixando aos ministérios a decisão sobre a forma de utilizar os recursos; que de agora em diante nossos orçamentos seriam transparentes e que haveria reuniões semanais entre os ministérios e os conselhos municipais, nos quais os cidadãos poderiam apresentar reivindicações.

Senti que ao meu lado George se preocupava. Sabia que, como cauteloso engenheiro e funcionário público, ele achava que eu estava me comportando como político e prometendo mais do que podia realizar.

Naquela tarde, saí pela primeira vez de nossas instalações sem ser notado, com surpreendente facilidade. Eu esperava ser detido pelos guardas no portão, mas os sorrisos deles deixaram claro que seu trabalho era impedir que outras pessoas entrassem. Ainda não tinha havido ataques nem seqüestros em Amara, e muita gente saía para fazer compras no mercado, embora isso fosse contra as regras de segurança. Minha intenção era ver a cidade antes que as pessoas me reconhecessem como vice-governador e antes que ficasse aprisionado pela equipe de guarda-costas, que deveria chegar no dia seguinte.

Era uma tarde morna, e por um instante fiquei ofuscado pelo sol brilhante. Estava usando uma camisa branca, calças escuras e sapatos de couro, e com meus cabelos negros achei que poderia ser razoavelmente tomado por iraquiano, pelo menos a distância. Havia muito poucos carros; do outro lado da rua, um grupo de mulheres vestidas de *abayas* negras caminhava vagarosamente, segurando pelas mãos crianças pequenas, de roupas coloridas. Abaixo da camada onipresente de areia amarela, o pavimento era um mosaico de ladrilhos cor-de-rosa. Os prédios de ambos os lados da rua Tigris eram feitos de blocos de cimento aparente, e os letreiros de plástico não estavam iluminados por causa da falta de eletricidade. Era hora da sesta da tarde.

Cheguei a um carrinho de mão de madeira ao lado do qual havia um gerador que fornecia energia para um aparelho de TV em preto-e-branco. O carrinho estava cheio de CDs e pôsteres de líderes religiosos islâmicos, e na tela o mártir aiatolá Al-Sadr II falava de um púlpito aos gritos a uma grande multidão. Um pequeno grupo de jovens rodeava o carrinho — todos de pé e com as mãos para trás. Tinham sandálias de plástico nos pés e as calças estavam empoeiradas e puídas. Pareciam absorvidos pela TV e não olharam para mim. O pregador na tela bradou raivosamente algo sobre "Estados Unidos" e "Grã-Bretanha".

Pouco adiante, meu olhar encontrou o de um menino pequeno e sorri para ele. Junto com o menino havia muitos outros, que perceberam que eu era estrangeiro. Gritaram: *England vellygood* e saíram correndo pela rua. Juntou-se uma pequena multidão, e eu sorri, apertando algumas mãos. Os homens retribuíram com largos sorrisos e alguns me convidaram a tomar chá em suas lojas. Desculpei-me por não ter tempo para aceitar os convites. Para minha surpresa, ninguém me seguiu, e eu prossegui meu caminho, procurando imitar a ginga lenta e um tanto adernada das pessoas à minha volta, ocupadas com suas compras.

Cheguei a um depósito abandonado numa rua de terra cortada por profundas valas. As crianças que vi na esquina pareciam mais franzinas e mais pobres do que as que tinha acabado de ver. Transbordava água de um esgoto aberto. Pela porta de um pátio vi um pequeno jardim, um prédio sem enfeites, de muros altos, e uma gruta de pedras redondas com uma imagem da Virgem Maria. Um jovem veio a meu encontro para saudar-me.

— Cristão? — perguntou, e ao ver-me assentir, fez-me passar pela grande porta de madeira. Havia bancos de igreja, um calendário com uma figura de Moisés entre os juncos e um quadro da glória de Cristo atrás do altar. Nada havia no restante das paredes e o reboco estava deteriorado em várias partes.

— Quantos são os cristãos nesta cidade? — perguntei.

— Quinze famílias. — Foi a resposta.

— Como cristãos, o que são vocês?

Surgiu um homem por trás do rapaz e disse vagarosamente, em inglês:

— Somos católicos caldeus; fazemos nossos cultos religiosos em língua aramaica. — Fez uma pausa e prosseguiu, à maneira tradicional islâmica: — *Asalaam aleikum, ahlan wa-sahlan* — convidando-me a entrar em um pequeno escritório junto à igreja. Ofereceu-me água e doces cozidos enquanto falava rapidamente com o outro homem em árabe coloquial. — Nossa ocupação tradicional como cristãos, como sabe, era vender bebidas alcoólicas — disse ele, voltando a falar inglês. — No tempo de Saddam não havia problema, mas agora os fundamentalistas vêm do Irã e atacam todos os vendedores de bebidas. A polícia não nos defende. Eles ameaçam nossos filhos. Agora nossas filhas têm de usar véu quando vão à escola. Muita gente já se mudou para Bagdá. Nós todos acabaremos indo também. Então esta igreja ficará abandonada, como aquela do outro lado do muro.

Apontou para o prédio grande, com os vidros das janelas quebrados, que eu tinha pensado ser um depósito abandonado.

Ao voltar, atravessando o mercado coberto, vi quatro jovens barbados e de roupas pretas, um dos quais levava uma arma. Empertigaram-se quando me aproximei e murmuraram alguma coisa. Sorri para eles, mas os rapazes mantiveram os olhos fixos em mim, os rostos inexpressivos. A trilha era estreita, mas eles não demonstraram disposição de dar-me passagem. Quando me esgueirei entre eles, um cuspiu no chão. Em seguida afastaram-se juntos. Voltei-me e vi que muita gente do mercado tinha observado a cena. Um dos lojistas me chamou com um gesto e disse:

— Aquela gente é da milícia iraniana. São pagos pelo governo do Irã. Não gostam de estrangeiros e também não gostam de gente como eu. — Mostrou a tabuleta de sua loja. Era uma barbearia. — Também não gostam disto — completou, passando a mão pelo rosto barbeado.

Numa das principais encruzilhadas, montado em uma moldura de concreto, havia um gigantesco pôster do aiatolá Al-Sadr II, que eu tinha visto na TV do carrinho de mão. Provavelmente os partidários de Muqtada, filho do aiatolá, o tinham colocado sobre a figura de Saddam. Mais adiante vi outras duas figuras do aiatolá, e já tinha contado uma dúzia ao longo da estrada entre o escritório e o acampamento. Tudo o que antes tinha o nome de Saddam tinha sido rebatizado com o de Sadr, exceto, talvez, a própria Sadr City. Disseram-me que em Amara havia mais retratos dele do que em qualquer outro lugar do Iraque. Mas enquanto Saddam geralmente era retratado vestido de terno, roupas de xeque ou uniforme militar, segurando as contas do rosário, um chapéu, um charuto cubano ou um rifle de caça, o aiatolá Al-Sadr sempre aparecia com seu hábito negro, pregando.

Os sadristas que tinham colocado os pôsteres também formavam milícias e partidos em nome do falecido aiatolá e se recusavam a tratar com as forças de ocupação, as quais consideravam colonialistas infiéis. Exigiam nossa imediata retirada e ameaçavam resistência armada. Quantas pessoas os apoiariam?

Voltando na direção do portão, notei nossa vulnerabilidade a um ataque externo com mísseis. O portão se abriu. Parei na soleira e saudei um grupo de jovens que se aproximava.

— A paz esteja convosco — disse eu.

Eles nada disseram até que chegaram bem perto de mim, então um deles respondeu:

— E contigo também. Que a graça de Alá te acompanhe.

Sexta-feira, 10 de outubro

> Não quero deixar de recordar a qualquer governante que tenha chegado recentemente ao poder... que deve ter perfeita consciência dos motivos pelos quais aqueles que o ajudaram a ascender ao poder agiram dessa forma. Se não tiver sido por causa de uma afeição natural para com ele, mas sim por estarem descontentes com o governo anterior... ele não será capaz de contentá-los.
>
> Maquiavel, *O príncipe,* capítulo 20

O clima estava ficando mais fresco e, apesar das moscas que infestavam meu gabinete e a cozinha, eu estava começando a compreender por que Alexandre, o Grande, tinha resolvido retirar-se para o Iraque. Desde minha chegada o céu se mantinha azul-claro. Eu estava no terraço do lado de fora do gabinete, sentado numa cadeira de plástico com o espaldar quebrado, vendo o Tigre que fluía lento e as tamareiras na margem oposta oscilando ao vento seco. Um homem e um menino passaram em um barco de madeira, debruçados na borda, com fios ligados a uma velha bateria de automóvel a fim de matar peixes com choques elétricos.

O verão na região dos pântanos é tão quente que a gente se sente como se estivesse na atmosfera de um planeta estranho na qual todos os sons ficam distorcidos pelo calor, mas o inverno é mais moderado do que nas montanhas e o final do outono é seco, fresco e ensolarado. A antiga corte persa passava os invernos em

Susa, 160 quilômetros a leste de Amara, mais próxima do que Basra. Alexandre passara ali um inverno, em 331, e outra vez sete anos depois, quando regressava da Índia. Nessa ocasião ele organizou a cerimônia de casamento de 10 mil de seus companheiros com 10 mil persas, com a intenção de que a procriação produzisse os novos governantes híbridos de seu império. Dali seguiu para a Babilônia, por um caminho que o levou até perto da Amara moderna, e morreu um ano mais tarde de uma febre dos pântanos, provavelmente contraída neste lugar.

Alguém veio do gabinete ao terraço para me dizer que o general tinha chegado e que iríamos juntos visitar o Príncipe dos Pântanos. Como eu estava procurando fazer com que os iraquianos participassem mais da escolha de empreiteiros e projetos e da supervisão de sua implementação, na suposição de que teriam mais interesse em conservar essa orientação, já havia começado a procurar os líderes locais. No entanto ainda não tinha conhecido o príncipe.

O general tinha pertencido a um regimento escocês das Terras Altas e comandava as tropas britânicas em Basra. Eu também tinha servido brevemente num regimento das Terras Altas, e o general resumia tudo o que eu admirava naquela gente. Outros generais tinham tendência a comportar-se como chefes burocratas: falavam suavemente e vestiam uniformes camuflados bem-passados porque não esperavam precisar combater, e muitas vezes pareciam ter comido em demasia nas cantinas de oficiais. Mas aquele homem era esbelto, forte e queimado do sol, usava uma jaqueta camuflada que já estava desbotada e tinha uma cor arroxeada pálida. Tinha passado a maior parte da carreira nas forças especiais, e suspeitei de que a jaqueta era do tempo da primeira Guerra do Golfo. As botas para o deserto, longas e finas, não eram equipamento britânico, mas sim norte-americano. Tinha atitude direta, embora mais tarde eu descobrisse que nas reuniões políticas mostrava-se polido e competentemente diplomático.

— Bom dia, bom dia — disse o general. — Prazer em vê-lo, mas não espere que possa lembrar-me de seu nome. Quanto tempo vai durar sua missão?

— Um ano, senhor.

— Um ano? Agradeça a Deus por isso. Todos os outros diplomatas vêm por períodos de seis semanas. O que se pode fazer em seis semanas? É uma merda.

Houve um silêncio momentâneo, e então ele continuou:

— O que você estava fazendo antes?

Murmurei alguma coisa sobre o fato de ter passado dez anos em países islâmicos e depois perguntei se estava gostando de sua missão.

— Pelo menos gosto de patinar — respondeu. Todas as tardes ele patinava na pista do aeroporto de Basra com short de *lycra* e sem camisa. — Mas vou lhe dizer. Essa sua função é a melhor de todas. Esta província é a mais divertida do Iraque. Já leu Gavin Maxwell e Gavin Young sobre os pântanos daqui? É melhor do que ler Thesiger.

Respondi que tinha procurado conversar sobre os livros com um dos principais civis de Bagdá, mas que ele não tinha idéia do que eu estava dizendo. Perguntei a opinião dele sobre aquele funcionário.

— Se eu puder chegar perto dele com um rifle, sou capaz de abatê-lo a 60 metros.

O general insistiu para que eu fosse com ele no comboio de Land Rovers, e continuamos a conversa no trajeto.

— A verdade é que queremos sair desta merda o mais depressa possível. Nossa função é combater em guerras. Agora é a vez dos civis, e por isso farei com prazer tudo o que puder para ajudar você e que sirva para antecipar nossa partida. Basta pedir.

Respondi que precisava de meio batalhão de soldados, a fim de garantir proteção à equipe de assuntos civis, de modo a podermos dar mais apoio aos ministérios.

— Meu Deus, você não tem andado muito por aí, não é? Só um grupinho de soldados? Bem, verei o que posso fazer.

A grande mansão branca do Príncipe dos Pântanos ficava na margem do Tigre e até pouco antes havia sido a moradia ou o escritório de algum funcionário graduado do partido Baath. Ninguém questionava a maneira pela qual o príncipe passara a ocupá-la. Até então, nossa política tinha sido apoiá-lo contra seus inimigos, prender as pessoas que ele queria que fossem presas, empregar a gente de sua tribo e seguir seus conselhos.

O príncipe estava de pé na soleira da porta. Era moreno, tinha mais de um metro e oitenta e ombros largos, parecendo mais jovem e mais forte do que seus 45 anos fariam crer. O queixo, um tanto recuado, ficava escondido por uma barba bem aparada. Embora fosse um dos poucos na região que tivesse estado em tantos combates quanto o general, sua vestimenta não o dava a perceber. Vestia roupas castanho-escuras e um manto de tom mais claro, com alamares dourados ao estilo do Kuwait com fios vermelhos entremeados nas tiras de seis carreiras. Na cabeça tinha um adereço branco preso com uma faixa preta e seu calçado era tipo chinelo, com fivelas douradas. Sorriu amplamente e apertou a mão do general, iniciando as saudações por meio do intérprete. Também estendi minha mão, e ele a apertou brevemente, virando depois as costas. Claramente não tinha interesse em mim, nem no general-de-brigada, no coronel, nos comandantes de companhias e nos conselheiros políticos. Entrou em seu gabinete e convidou o general a sentar-se ao seu lado. Eu e os demais nos instalamos nas outras cadeiras.

— Como vai, general? — perguntou o príncipe.

— Muito bem; e você, Abu Hatim? Está tudo em ordem?

— Deus seja louvado. Acabo de regressar de uma caçada aos porcos-do-mato.

— Onde?

O príncipe se dirigiu a um mapa que havia trazido da pilhagem da base do Quarto Corpo do exército de Saddam e que indicava regimentos da Guarda Republicana, agora inexistentes, espalhados por toda a província. Apontou uma região no sudeste.

— São muito rápidos. Muito raivosos. Muito perigosos — disse ele.

— Nós gostamos de caçar porcos-do-mato. Wilfred Thesiger, de quem você se lembra, costumava caçar aqui cinqüenta anos atrás. Quando vai nos levar com você?

Um dos outros oficiais britânicos, que tinha servido na cavalaria, curvou-se para a frente e disse:

— Sabe, Abu Hatim, nós os caçávamos a cavalo, com lanças. Chamávamos a isso de "espetar os porcos".

— Não, não. Não se pode fazer isso. São muito rápidos. Muito perigosos — replicou o príncipe.

— Sim, compreendo, mas...

Interrompi-o:

— Acredito, Abu Hatim, que o oficial está dizendo que faziam isso antigamente, na história, e não agora.

— Não — disse o príncipe —, vocês deviam usar um helicóptero. Atirar do helicóptero.

— Bem, parece uma boa idéia — murmurou o general, voltando-se para o ordenança. — Há algum problema em levá-lo para um passeio de helicóptero?

— Não, senhor.

— Por que não vem comigo num helicóptero, Abu Hatim, e fazemos a caçada juntos?

O príncipe assentiu, vagamente.

— Na próxima semana, quarta-feira, está bem? — O general olhou novamente para o ordenança, que concordou.

— *Inshallah* — disse Abu Hatim, que não parecia muito interessado.

— O senhor vai levar alguém mais dos nossos, general? — perguntou o oficial de cavalaria.

— Absolutamente não. Vocês têm mais o que fazer para estarem passeando numa coisa daquelas. Mas para mim seria diferente... Um trabalho de reconhecimento aéreo. Mas talvez leve o major Johnny. Não posso deixar a cavalaria de fora.

— E eu, general? — perguntei.

— Que diabo vai ser isso, Rory, um descanso carregando pedras? Quem, afinal, manda aqui? Abu Hatim, quero que conheça este homem aqui. — O general apontou para mim. — Este é o Sr. Stewart. Já esteve por toda parte e vai ficar aqui mais ou menos um ano. Quero que cuide dele para mim.

Abu Hatim me encarou rapidamente e depois desviou o olhar.

— Com prazer — respondeu.

Fiquei pensando que ele talvez me achasse muito jovem, civil e nem sequer norte-americano — em suma, alguém com quem não valia a pena perder tempo. Sorrindo amplamente para o general, disse:

— Bem, então vamos todos encontrar os xeques?

As minhas simpatias, assim como as de meus colegas, não iam muito além das fronteiras da província. Em minha opinião, as duas grandes tribos de Maysan, a Beni Lam e a Albu Muhammad, eram as mais famosas e poderosas de todo o Iraque; eu achava que a nossa região era a parte mais pobre, mais remota e mais rebelde do país, a mais perseguida por Saddam e a mais ameaçada pelo Irã e pelos sadristas. Conhecia pouco a sofisticada cultura urbana de Bagdá; não tinha idéia de que o príncipe de Rabia, em Kut, era uma figura nacional muito mais importante do que os nossos xeques; de que Samawah era mais pobre e Anbar, mais perigosa. Levei vários meses para perceber que muitos iraquianos consideravam Maysan ou um covil de analfabetos sujos e supersticiosos ou, na opinião de um amigo em Bagdá, um lugar aborrecido e sem importância.

— Fui a Amara uma vez — disse ele. — Não há nada lá. A única coisa que fiz foi jogar sinuca enquanto esperava o próximo ônibus para voltar.

Em termos geográficos, Maysan era quase gêmea de sua vizinha, a província de Dhi Qar. Eram regiões contíguas de terreno plano de aluvião no delta entre o Tigre e o Eufrates, cuja parte norte era constituída de campos de pastagens enquanto o sul, mais próximo da confluência dos dois rios, já tinha sido coberto de alagadiços. Amara ficava do lado leste, no braço do Tigre; e Nassíria a oeste, no braço do Eufrates.

No século XIX praticamente não existiam cidades no delta. A confederação tribal Muntafiq, no Eufrates, era governada pela família Saadun. As regiões do Tigre em nossa província eram controladas pela tribo Beni Lam, de plantadores de trigo e criadores de cavalos das pradarias do norte, e pela Albu Muhammad dos pântanos meridionais, de criadores de búfalos. Ambas viviam em guerra. Em ambas as províncias, as tribos suplementavam seus rendimentos assaltando os carregamentos que subiam o rio Tigre vindo da cidade costeira de Basra para Bagdá, ou os viajantes que subiam o Eufrates levando cadáveres e peregrinos para as cidades-santuário xiitas de Najaf e Kerbala.

Assim como a maioria do povo do Irã, quase todos os habitantes dessas províncias eram muçulmanos xiitas. A classe dominante em Bagdá, porém, era constituída de sunitas que, na melhor das hipóteses, consideravam os xiitas atrasados e supersticiosos, e, na pior, hereges. Achavam que os gemidos e a autoflagelação nas procissões xiitas e os pequenos discos de argila que colocavam sob a fronte quando rezavam eram mostras de superstição. Acreditavam que a reverência dos xiitas para com os santuários e as figuras representando a família do Profeta, além do respeito pelos 12 imãs, ou líderes, se aproximavam da idolatria.

Na segunda metade do século XIX, os otomanos finalmente voltaram suas atenções para ambas as províncias e construíram a cidade de Amara às margens do Tigre, na fronteira entre as terras das tribos Beni Lam e Albu Muhammad e a cidade de Nassíria no Eufrates, após derrotarem e exilarem a família Saadun. Transformaram os xeques tribais em proprietários rurais, obrigaram-nos a pagar tributos e estabeleceram pequenas guarnições militares e governadores nas novas cidades.

Quando os britânicos conquistaram as províncias aos otomanos, em 1916, destacando funcionários políticos para administrar as cidades do distrito, Amara ganhou um clube ao estilo inglês e passou a contar com uma partida semanal de hóquei entre os soldados britânicos e os indianos. Mas quando o Iraque foi transformado em território sob tutela da Liga das Nações em 1919, a maioria desses funcionários foi trazida às províncias para torna-se conselheiros em Bagdá. Tal como tinham feito os otomanos e Saddam, os britânicos continuaram a apoiar-se na minoria sunita, que era mais instruída e mais rica, fazendo dela a classe governante. Em parte por isso, houve um violento levante contra os britânicos em 1920, centrado nas regiões xiitas, no qual muitos iraquianos e britânicos morreram; em 1932, cumprindo as obrigações contraídas com a Liga das Nações, a Grã-Bretanha transferiu o poder a um governo chefiado pelo novo rei sunita e os britânicos partiram. A monarquia não satisfez os nacionalistas árabes, especialmente os militares, e em 1958 o rei e seus principais funcionários foram mortos num golpe de Estado triunfante liderado por um general nacionalista. Em 1968, outro golpe levou ao poder o partido Baath, com Saddam na qualidade de vice-presidente, aos 28 anos de idade. Ele assumiu o poder de fato e em 1978 tornou-se presidente.

Quando ocorreu a invasão, em abril de 2003, a maioria dos baathistas fugiu de Amara, abandonando as mansões à beira do rio em uma noite de desespero. Em Maysan não ficou nenhum dos magistrados do judiciário. Surgiu uma nova classe política. Nas reuniões políticas, as gravatas e as roupas estilo safári foram substituídas por mantos e turbantes. Os antigos chefes de polícia e de muitos ministérios desapareceram, e os partidos políticos, as milícias e os refugiados ocuparam rapidamente as mansões vazias. Em poucas semanas os quartos de hóspedes se encheram de arquivos, caixas de munição e fogões a querosene de famílias que acabavam de regressar do Irã; o sistema hidráulico deixou de funcionar e as buganvílias murcharam por falta de jardineiros.

Otomanos, britânicos e membros do Baath pensavam haver construído em Amara um Estado moderno, que emergia do caos tribal. Somente alguns fragmentos de cerâmica nas ilhas dos pântanos revelavam que aquela região antigamente havia sido o próprio centro da civilização, o coração do fértil crescente da Suméria.

Comentaristas estrangeiros lamentaram que a Coalizão não respeitasse a história antiga. Diziam que havíamos ignorado importantes lições do pós-guerra da Alemanha e do Japão e do Iraque da década de 1920, mas a história proporciona poucas lições claras. Muitos de meus colegas eram respeitados estudiosos da civilização árabe com longa experiência de reconstrução pós-conflitos, mas nenhum deles era capaz de aquilatar com exatidão o efeito exato de uma invasão estrangeira, da derrubada do presidente e de uma sociedade virada de cabeça para baixo. Nenhuma biblioteca dispunha de material sobre o Príncipe dos Pântanos, não existiam pesquisas de opinião que mostrassem sua popularidade e nem antecedentes para testar sua força. Continuei a estudar a história do Iraque e visitei coordenadores da governadoria em quatro províncias xiitas. Mas o que realmente importava eram os detalhes locais, os encontros quotidianos com homens e mulheres dos quais pouco sabíamos e a respeito dos quais os iraquianos sabiam um pouco mais.

Na tarde de meu encontro com o príncipe, por exemplo, observei um homem idoso que entrou no recinto. Ele não subornou a sentinela e nem mostrou uma carta; portanto, o guarda devia conhecê-lo. Foi revistado pela polícia iraquiana e depois pela britânica, entregando uma pistola em troca de um recibo. Isso mostrava que não era policial e nem membro da Comissão de Supervisão, pois estes tinham permissão para entrar armados, e, se fossem policiais, poderiam conservar as armas carregadas. Mandaram-no ficar sentado durante dez minutos numa velha cadeira de vime na calçada. Alguns xeques iraquianos que passavam o cumprimentavam. Provavelmente era um tanto embaraçoso ficar esperando ao sol, mas todos se abraçavam calorosamente. O homem sorriu delicadamente quando chegou um tradutor para falar-lhe, e após uma breve conversação acompanhou-o pelo caminho que levava à recepção.

Ali, na sala de espera, em sofás de cor roxa e amarela, havia outros oito iraquianos: dois de ternos folgados, levando rifles; três vestidos de calças rasgadas de flanela, sujas de lama endurecida, olhando para pôsteres em árabe que, a julgar por suas expressões vazias, eram incapazes de ler; dois com trajes típicos de xeques tribais e um jovem religioso de turbante negro. Os xeques imediatamente se levantaram para saudar o recém-chegado, os operários os imitaram rapidamente e até mesmo os que vestiam terno se ergueram, embora fossem gordos e sentissem calor. O religioso fez um gesto com a mão e fez menção de levantar-se da cadeira. O visitante retribuiu essa última saudação, abraçou e beijou os que vestiam roupas tribais, perguntando como estavam com grande ternura, apertou as mãos dos de terno e desejou paz aos operários, colocando a mão no peito.

Todos lhe ofereceram lugar no sofá. Após sugerir polidamente que algum dos outros se sentasse, ele próprio ocupou o lugar e começou a correr os dedos pelo rosário. O grupo ficou sentado em silêncio durante meia hora até que entrou um tradutor e levou o novo visitante a meu gabinete. O homem disse, ao entrar:

— *Ya Allah.*

Beijei-o em ambas as faces — ele usava uma água-de-colônia com perfume de rosas — e respondi:

— *Asalaam aleikum.* A paz esteja contigo.

— *Waleikum asalaam wa ramatullah wa barakatu.* Que a paz esteja contigo e também a misercórdia divina — respondeu ele com um sorriso, como se estivesse se divertindo ao ver-me imitar a saudação islâmica.

— *Ahlan wa-sahlan.* Seja bem-vindo.

— *Ahlan wa-sahlan bik.* Seja bem-vindo, honrado senhor.

— *Shlon hadartak*? Como está o respeitável senhor?

— *Al hamdullilah. Shlon hadartak*? Deus seja louvado.

— *Al hamdullilah. Shlonak*? *Shlon saha*? Como está? Como está sua saúde?

— *Al hamdullilah. Shlonak*?

— *Al hamdullilah. Shlon umur*? Como está a sua vida?

— *Al hamdullilah. Wa enta*? E a sua?

— *Al hamdullilah. Min fadhlak.* O senhor, por favor.

— *Min fadhlak.*

Fiz um gesto, indicando uma cadeira.

— *La, la, habibi enta min fadhlak.* Não, não, meu caro, depois do senhor.

— *Tfadle.* O senhor primeiro.

Dei um sorriso.

— *Shukran.* Obrigado.

Meu visitante fez menção de levantar-se. Tomei-lhe o braço e o fiz sentar-se novamente. Ambos sorrimos. Era a primeira vez que nos víamos, e eu não tinha idéia de quem podia ser aquele homem.

Levantei-me para pedir café. Até aquele momento minha única inovação visível tinha sido a de receber os visitantes com mais hospitalidade. A equipe de assuntos civis não costumava gastar dinheiro com frivolidades: não havia verba para isso, e creio que não pensassem que aquelas demonstrações fossem importantes. Nenhum funcionário iraquiano, no entanto, receberia um visitante sem oferecer-lhe algo para beber. As saudações e os rituais de hospitalidade eram uma necessidade social que parecia ser quase obrigatória. Uma xícara de café oferecida da maneira correta poderia ganhar novas amizades mais do que uma nova escola, e não havia dinheiro suficiente para apagar um insulto. Eu esperava que ao tratar as pessoas com sofisticada cortesia conseguiria consenso para decisões impopulares. Para isso contratara Karim, que fazia o café árabe tradicional equilibrando um bule em cima de uma torradeira elétrica.

Meu visitante vestia uma camisa de mangas curtas, tinha os cabelos penteados para trás e o bigode virado ligeiramente para cima nas pontas, à maneira de um general turco da Primeira Guerra Mundial. Não era um dos líderes de partidos islamitas, porque em geral estes tinham barbas longas e os iranianos exigiam que os homens cobrissem os braços. Pela maneira como se portava e pela forma como fora recebido pelos demais, poderia ser um professor ou um homem de negócios importante. Mas enquanto a maioria dessas pessoas usava jaquetas cáqui tipo safári ou camisas brancas, a dele era de *chiffon* brilhante e refletia a luz em tons de cinza e azul metálico. A pulseira do relógio era de couro, quando a maioria preferia correntes de ouro. Além disso, deixara que os cabelos encanecessem, em vez de tingi-los de preto.

Voltei com Ali, o intérprete. Karim entrou com uma xícara de porcelana chinesa sem alça que fazia barulho contra a cafeteira de latão com bico. O visitante não se levantou, mas tomou o café espesso, estendeu a xícara para que fosse novamente enchida e em seguida agitou-a para mostrar que terminara de beber.

— Seyyed Rory — disse ele —, meu nome é Hussein Suwaadi. — Depois, abandonando o inglês e passando a falar árabe, disse ser o encarregado do Ministério das Finanças na província, ou pelo menos foi isso o que o intérprete afirmou. Este último, porém, não conhecia a estrutura do ministério e, talvez propositalmente, o homem usava palavras vagas em árabe. Eu o ouvira dizer que era um *mudhir*, um diretor. O que significaria aquilo, exatamente?

— Ali, por favor, pergunte a Sua Excelência Hussein se ele é diretor de uma seção, chefe de um departamento ou o diretor-geral do Ministério na Província, que controla todos os departamentos.

— Ele é o diretor-geral do ministério e chefia todos os departamentos — disse Ali.

— Ali, não perguntei a você, pedi que você perguntasse a ele.

— O senhor é o *mudhir* do Ministério das Finanças? — perguntou Ali.

— Sim, sou o *mudhir* do Ministério das Finanças — respondeu Hussein, sorrindo pacientemente, sem esclarecer coisa alguma.

— E o que está acontecendo? — perguntei, usando uma fórmula geral adequada, como forma de fazer-nos passar a assuntos substantivos. Era falta de educação perguntar diretamente a alguém o motivo da visita, e fiz uma careta ao ouvir Ali traduzir:

— Qual é o seu problema?

— Vim pedir seu auxílio para poder liberar nosso orçamento de custeio deste mês. O tesoureiro não quer liberá-lo. — Fez uma pausa. — Ele diz que não tem os documentos e nem a permissão necessária. Não podemos fazer nada sem o orçamento de custeio. Meu gabinete está desmoronando, precisamos repará-lo e trazer de volta os funcionários. — Era um problema muito comum. O tesoureiro quase nunca liberava os orçamentos, qualquer que fosse a documentação enviada por Bagdá. — Acho que ele é baathista — continuou o diretor. — Por isso não quer liberar o dinheiro; está tentando sabotar os ministérios.

Assenti polidamente com a cabeça e fingi tomar nota do que ele havia dito. Imaginava que a maioria dos que estavam sendo acusados de serem sabotadores baathistas não o eram mais do que seus acusadores; a acusação era apenas uma forma conveniente de livrar-se de rivais.

— E quanto é sua verba para este mês?

— Para o mês corrente deveríamos receber duzentos milhões de dinares iraquianos.

— Duzentos milhões de dinares iraquianos? — Parecia uma quantia incrível, cerca de 150 mil dólares.

— Sim.

— Para tudo? Salários, despesas de capital e de custeio?

— Não, somente custeio. — Ele se curvou para a frente, e senti novamente o aroma da água-de-colônia misturado com o que parecia ter sido um almoço de peixe, e exibiu uma folha com algarismos.

— Mas quanto teve para o orçamento de custeio no ano passado?

— Isso foi no sistema do regime anterior.

Concordei com a cabeça e procurei outro caminho.

— Quanto foi o orçamento do último mês de julho?

— Um milhão e 300 mil dinares. — Eram cerca de mil dólares.

— Por que houve um aumento de 200%?

— Por que aumentaram vinte vezes? — perguntou o tradutor. Eu o corrigi.

— É o novo sistema — respondeu Hussein.

— Mas qual é a justificativa?

— Não sei — disse ele, sorrindo.

Arrisquei um palpite.

— Talvez não seja só para o senhor, mas sim para todos os departamentos de seu ministério?

— Claro — foi a resposta. — Reuni todos, e concordamos em dividir em partes iguais, 20 milhões de dinares para cada um.

— Mas o que vão fazer com tanto dinheiro?

— Computadores, aparelhos de ar-condicionado, sofás e automóveis. Nenhum de nós tem carro oficial. Basta que o senhor assine este papel, e nós faremos o resto.

Meu telefone tocou. Era a sentinela do portão, para avisar que tinha chegado um visitante importante. Levantei-me, agradeci a Hussein pela visita e disse que voltaria a falar no assunto no dia seguinte, depois de consultar Bagdá. Ele sorriu. Ao acompanhá-lo até a porta, Hussein me disse que era o principal xeque da tribo Suwaad e que deveria ser escolhido para governador da província, porque conhecia todo mundo. Sabia que seríamos bons amigos, assegurou-me ele, e prometeu ajudar-me em tudo o que eu precisasse.

Quando ele atravessou a sala de espera, todos se levantaram para cumprimentá-lo novamente, menos o religioso, e fiquei pensando que aqueles senhores feudais e pequenos empreiteiros compreendiam a vida pública de meu visitante melhor do que eu jamais seria capaz. Tinham estado com ele em casamentos, enterros e nas reuniões tribais, sabiam quando estava sendo engraçado ou pomposo, enganador ou respeitoso, sábio ou simplesmente oblíquo. Sabiam que tipo de obrigações poderiam esperar que ele cumprisse; sabiam quando as promessas eram sinceras; quando ele faria tudo o que pudesse e quando não o faria.

Mais tarde descobri que aqueles homens também sabiam que o pai de Hussein se chamava Saad e que seu avô Sehud era irmão de um dos principais xeques da tribo Suwaad, mas que na atualidade o mais poderoso xeque da tribo era Muhajjer Ali Shiah, e não Hussein. Sabiam que dois irmãos e um tio de Hussein tinham sido mortos por ordem de Saddam devido à sua participação no levante de 1991; que Hussein tinha tentado assumir o controle da província nas semanas imediatamente seguintes à libertação, mas fora derrotado pelo Príncipe dos Pântanos; que tinha uma suntuosa mansão, parcialmente financiada por meio de corrupção; que seu empreiteiro preferido era Asad Ahmed, o qual superfaturara em 1.000% a construção de um complexo escolar numa província do norte. Eu não sabia nada disso. Talvez somente o religioso, que tinha pouco mais de 20 anos e tinha passado os últimos 15 em Najaf, fosse tão ignorante quanto eu.

Assuntos Civis

> Quem desejar estabelecer uma república hoje em dia, verá que é mais fácil fazê-lo entre montanheses, onde não há cultura, do que entre homens acostumados a viver em cidades, onde a cultura está corrompida; da mesma forma, um escultor terá mais facilidade em talhar uma bela estátua de um bloco rude de mármore do que de outro mal-trabalhado por outrem.
>
> Maquiavel, *Discursos*, livro 1, capítulo 11

OUTUBRO

Dezenas de milhares de funcionários públicos como Hussein se encontravam em suas repartições; as escolas e clínicas estavam funcionando, metade da população tinha água corrente e esgotos e havia eletricidade durante seis horas por dia, mas os serviços ainda não tinham voltado ao nível de antes da guerra. A culpa não era apenas da Coalizão. Após uma década de sanções, os sistemas estavam em situação precária: havia funcionários que danificavam o equipamento a fim de roubar o dinheiro fornecido pelos norte-americanos para os reparos, e a grande extensão desses serviços tornava difícil a supervisão para evitar corrupção. A demanda por eletricidade crescera à medida que as fronteiras foram abertas ao comércio e todos puderam comprar novos televisores e aparelhos de ar-condicionado. O Iraque produzia somente metade da energia elétrica necessária. Seriam precisos quatro anos e bilhões de dólares para construir usinas geradoras a fim de atender às novas exigências. O único vizinho capaz de fornecer grandes quantidades de energia era o Irã, e havia motivos estratégicos para impedir que o Iraque se tornasse dependente do Irã.

Era difícil proteger os oleodutos e as linhas de transmissão, porque atravessavam grandes extensões de desertos desabitados. Os rebeldes dinamitavam os oleodutos. Em Maysan, as torres de transmissão de energia eram derrubadas com tratores e, em geral, cada torre que caía arrastava uma dezena de outras. Os fios de cobre eram cortados, derretidos e vendidos no Irã. Oito torres rendiam 10 mil dólares, enquanto os reparos custavam 10 milhões. É muito difícil fazer funcionar os serviços básicos em países estrangeiros. Quatro anos depois da invasão de Kosovo e dois anos depois da do Afeganistão, a comunidade internacional ainda não tinha conseguido restaurar o fornecimento adequado de energia em Prístina e Cabul.

No Iraque, porém, essa deficiência tinha mais impacto do que em um país como o Afeganistão, onde o Talibã pouco proporcionava à população. Eu tinha feito uma caminhada de 900 quilômetros atravessando as montanhas do país e não vira nenhuma aldeia que dispusesse de energia elétrica e tampouco encontrara um só funcionário público que recebesse salário. No Afeganistão ou em Serra Leoa, onde tinha havido décadas de guerra civil e o Estado não funcionava, era mais fácil a uma Coalizão melhorar a situação. Mas a grande burocracia centralizada de Saddam havia comandado quase todos os aspectos da sociedade e da economia. Era difícil manter, reproduzir ou substituir um sistema como aquele. Os iraquianos acreditavam que a Coalizão e a tecnologia ocidental eram capazes de criar melhorias imediatas em suas vidas. Isso não era verdade.

Nem todos, no entanto, haviam tido vidas prósperas no regime de Saddam. Pouco depois de minha chegada, acompanhei a encarregada de assuntos sociais a um conjunto de moradias a 16 quilômetros de Amara, numa região de pântanos já secos. Paramos os veículos diante de uma casa baixa de barro, defronte da qual havia um pátio cheio de moscas negras. Um homem estava recostado contra uma coluna de madeira. Tinha uma das pernas intacta e um único calçado. O restante de seu corpo, no entanto, parecia uma estátua de gesso que tivesse ficado por muito tempo exposta ao tempo. O sangue coagulado em torno dos pulsos mostrava que lhe faltavam dois dedos em cada mão. Três dedos dos pés já não existiam, e onde deveria estar o nariz havia uma massa lívida de carne. Ao seu lado, uma mulher se esforçava por nos saudar à maneira tradicional — um som ululante que subia debilmente a escala. Os olhos remelentos estavam inchados, do tamanho de maçãs raquíticas. As pupilas, enevoadas pela catarata, flutuavam inutilmente na superfície, e moscas cobriam o lugar onde anteriormente estavam as pestanas. Charlie Morris adiantou-se para abraçá-la, e eu, meio sem jeito, tomei o pulso do homem. Não conseguia pensar em nada para dizer ou fazer, a não ser afastar-me dali para que a equipe de guarda-costas não me visse chorar.

Nos seis meses seguintes que passei em Amara nunca ouvi de um iraquiano qualquer menção à existência daquele lugar. Os dez leprosos que o habitavam disseram que certa vez tinham estado em um hospital em Amara, mas por causa de alguma mudança — como sempre considerada culpa de Uday, o filho de Saddam — tinham sido expulsos da cidade e mandados para lá. Somente uma mulher idosa não era doente de lepra; ela tinha sido a enfermeira que cuidava deles. Ao tentar regressar para sua casa, porém, tinha sido expulsa a pedradas.

No Afeganistão eu não tinha visto nada assim. Aqueles seres humanos praticamente nada podiam fazer por si mesmos. A metade deles estava cega, todos já tinham perdido vários dedos e tinham dificuldade para caminhar. As famílias não queriam saber deles. Se ainda estavam vivos, era porque o povo das aldeias de vez em quando deixava alguns restos de comida na margem da estrada, a 300 metros das casas.

De volta ao escritório, pedi a Charlie Morris que preparasse um projeto de construção de novas casas para os leprosos, com gerador e água corrente. Charlie deu algumas sugestões para ligar a comunidade aos serviços médicos e sociais iraquianos e ofereceu-se para conseguir roupas e remédios. Mas o chefe militar dela foi contra o projeto. A missão do comandante da Coalizão era ajudar os ministérios e realizar projetos de reconstrução em grande escala. Disse que não estávamos ali para auxiliar comunidades de apenas dez pessoas, por mais tristes que fossem as circunstâncias. Compreendi a lógica do oficial, mas usei minha posição na CPA para autorizar e proporcionar recursos para o projeto.

Naquela noite, fiquei até mais tarde no gabinete, a fim de tomar um drinque com a equipe de assuntos civis. Embora nós nos reuníssemos todas as manhãs e eu os visse durante o dia, meu relacionamento com eles era formal, com exceção do especialista em agricultura, capitão de infantaria, que corria comigo no final das tardes e me chamava de "chefe", "governador" e às vezes, ao que me disseram, "pernas de galinha".

O álcool tinha sido proibido na base principal antes da minha chegada. Contaram-me que essa medida fora tomada porque certa noite dois soldados iniciaram uma luta de boxe na pista do aeródromo, impedindo a aterrissagem de um helicóptero, e um policial militar tinha enfiado uma arma na boca enquanto o oficial desabava ao chão completamente embriagado ao procurar "convencê-lo a não fazer aquilo". Havia apenas duas exceções à proibição: as unidades especiais, que tomavam cerveja assistindo a filmes pornográficos que eles próprios tinham filmado usando o equipamento de visão noturna com aumento da intensidade da imagem quando trouxeram uma das três mulheres do acampamento ao quarto que ocupavam; e nossa própria equipe, cujas funções eram diametralmente opostas em relação às operações militares.

Junto à margem do rio, expus a George meu plano de transformar o prédio mais próximo da água em um refeitório. Ele concordou. Falamos em encher a piscina para podermos nadar e ele me advertiu de possíveis problemas de responsabilidade caso alguém se machucasse. Mesmo assim, estimulei-o a levar a idéia adiante. Depois falei em reestruturar as operações. Eu me preocupava porque não estávamos dando responsabilidades suficientes aos iraquianos e tínhamos deixado de lado religiosos e políticos importantes. Ele me ouviu com uma expressão metade sorriso e metade careta.

— Rory, você vai ter de ir mais devagar — disse. — Você só está aqui há poucos dias. Não se apresse.

Não respondi, e ao entrarmos fui até um grupo que ouvia as palavras de um visitante vestido de *jeans* e um casaco com etiqueta da marca North Face. Tinha 1,90 metro de altura e o peito tão largo que inicialmente pensei que estivesse usando colete à prova de balas por baixo da camisa de gola olímpica. Estava de pé, com as pernas bem abertas e uma lata de cerveja em uma das mãos, e falava inglês com um sotaque que às vezes lembrava o de Yorkshire e outras vezes parecia a maneira típica das classes mais elevadas.

— É isso mesmo, estou indo agora para Majar — dizia ele, falando de uma cidade 32 quilômetros ao sul, onde três meses antes seis homens da Real Polícia Militar tinham sido executados. — Vou cuidar disso pessoalmente. Basta levar um M-4, uma Glock, um M72A2, um L2 e um *Minimi*. — Todos assentiram ao ouvir essa lista de armas, embora poucos dentre nós as tivéssemos usado. — Entendo toda essa merda de argumentos políticos, mas precisamos entrar lá e botar alguns deles para dormir.

Alguns dos ouvintes riram. A equipe de assuntos civis tinha mais contato com iraquianos do que os demais, devido às obras que realizavam, mas muitos tinham saudade da atividade militar. Nosso conselheiro agrícola aproveitava todas as oportunidades para comandar patrulhas nas ruas, equipado com óculos escuros e visor. Mais tarde, quando nossas instalações finalmente foram atacadas, os membros da equipe competiam para ver quem ficava no telhado operando as metralhadoras pesadas.

O visitante tinha estado em Majar na mais recente operação que visava capturar os assassinos dos policiais militares (RMPs). Não tinha dado certo. Perguntei o que tinha acontecido.

— Já viu o filme *Falcão Negro em perigo*? Era como entrar no mercado de Katanga. Achei que ia sair da cidade só com dois tiros em minha Glock, um para mim e o outro para o último árabe que tentasse chegar perto. Foi no verão, todo mundo estava dormindo nos telhados. E nós não tínhamos como não ser vistos. Entrei com o veículo em uma praça central, cercada de todos os lados. Um dos caras disse: "Escute, este não é o prédio que queremos, é o outro." Mas parecia estar dizendo: "Esta é mesmo a porra do prédio." Afinal, só tínhamos recebido instruções naquela manhã e ele já estava trabalhando no caso havia muito tempo, por isso entramos com ele. Entramos, éramos vinte lá dentro. Eu apontava minha arma para eles — imitou a ação com gestos — e os iluminava com a lanterna no cano. Fiquei pensando: isto não está certo, o assassino deve ter perdido alguns dentes. Foi só isso. Missão terminada. Não achamos o homem. Temos de voltar lá e fazer o serviço.

— O momento para outra incursão devia ter sido logo depois — observei. — Nesse caso Majar poderia compreender o que estávamos fazendo.

— É verdade. Não se pode mostrar fraqueza. Eles são assim. Primeiro nos deixam mandar alguns homens da Real Polícia e depois é um vale-tudo. O árabes respeitam os homens fortes, poderosos. Sei que me respeitam porque estão tratando com um homem grande e forte.

— Mas agora é um pouco tarde — insisti.

— Tarde? Os policiais tinham mulheres, filhos.

— E cada um tinha três namoradas — acrescentou alguém.

— E isso agora é crime? Temos de entrar lá — retorquiu ele.

— Se fizermos isso, vamos incendiar a província — disse eu.

— E quem se importa? Nós não estamos aqui para ficar. Os americanos entrariam lá. Eles não escapariam dos americanos. Qual é o nosso problema? Francamente, o problema é que os oficiais só pensam em suas carreiras. Por isso não deviam chegar perto dessa questão... Precisamos de algumas idéias alternativas. E a maioria deles não seria capaz de acertar a bunda de uma vaca com um banjo.

Argumentei que estava justamente lendo Bertram Thomas, que tinha sido encarregado de assuntos políticos em Nassíria nos anos 1920. Ele dizia uma coisa assim: "Os árabes respeitam três coisas em um governo: poder, a disposição de usá-lo e uma preocupação genuína com o bem-estar do povo."

— Acertou — disse o grandalhão. — Pelo menos nas duas primeiras coisas. Não me importo nem um pouco com o bem-estar deles.

— Acho que se importa, sim — disse eu.

— Porra nenhuma. Você vai ver.

Pérsia

> Percebendo que os súditos (...) iriam armar-se de qualquer maneira, escolheu o curso de ação mais honrado e resolveu que o que precisava ser feito seria feito melhor com sua permissão...
>
> Maquiavel, *Discursos*, livro 1, capítulo 38

DOMINGO, 12 DE OUTUBRO

Paul Bremer, chefe de nosso governo em Bagdá, tinha um plano de sete pontos para o Iraque — sete passos para o paraíso. Já tinha nomeado um Conselho de Governo composto de 25 membros (inclusive o príncipe); o Conselho, por sua vez, formou uma Comissão Preparatória da Constituição e escolheu ministros. Em seguida, seria redigida uma Constituição, haveria um plebiscito para referendá-la, depois uma eleição geral e então nosso escritório na CPA seria dissolvido. Eu tinha pouco a ver com aquilo. Passei as primeiras semanas em Maysan resolvendo a forma de arbitrar uma disputa entre tribos, ou tratando de uma enchente, ou regulamentando os autoflageladores religiosos, ou dando sugestões sobre a arquitetura do mercado, resolvendo uma cisão num partido político, inaugurando um canal de TV, organizando uma eleição e equipando a polícia com armas de fogo. Eu funcionava num nível que nada tinha a ver com novas constituições. Minha intenção era criar um lugar mais seguro, com algum crescimento econômico, capaz de corresponder às necessidades dos cidadãos. Na maior parte das vezes, eu ainda quase nada sabia sobre as pessoas que vinham me visitar.

Certa manhã o tradutor anunciou a chegada de três dos homens mais poderosos da província. Disse que se chamavam Abu Miriam, Abu Ahmed e Abu Maytham. Mas esses não eram seus nomes verdadeiros, e sim pseudônimos, nomes de guerra.

Perguntei ao tradutor o que sabia a respeito deles.

— Nenhum de nós sabe nada sobre eles.

— Mas são originários de Maysan.

— Talvez. Não sei.

Por ser o mais velho, Abu Miriam entrou primeiro. Era baixo e parecia franzino, de barba branca grisalha e olhos cansados por trás dos óculos. O seguinte foi Abu Ahmed, atarracado e de sorriso largo. Até mesmo os pobres de Maysan em geral prestavam atenção em engraxar os sapatos e pentear os cabelos, mas ele tinha o cinto solto, a camisa bege fora das calças, o paletó amarrotado e os calçados rotos. Os cabelos, normalmente puxados para um lado, estavam desalinhados, revelando uma parte calva. Parecia ter 50 anos, embora tivesse pouco mais de 30. Abu Maythan, de 40 anos, entrou por último. Era alto e tinha ombros largos.

Cada qual se apresentou como líder de um partido político diferente, embora eu soubesse que todos três faziam parte das brigadas Badr, ligadas ao Irã.[1] Perguntei a Abu Miriam quantos filiados tinha seu partido, esperando ouvir "dezenas de milhares" em resposta, como todos me diziam.

— Mil cento e trinta e quatro — disse ele.

— Como sabe com tanta exatidão?

— Porque eu mesmo entreguei um Kalashnikov a cada um — replicou Abu Miriam.

Mais tarde fiquei sabendo que para o Príncipe dos Pântanos aqueles três representavam tudo o que havia de pior na provín-

---

[1] Abu Miriam chefiava uma organização chamada Movimento do Partido de Deus. Abu Ahmed representava a Comissão Suprema para a Revolução Islâmica no Iraque. Abu Maytham disse ser comandante do Movimento Badr.

cia. Descrevia-os como agentes secretos iranianos cujo objetivo era colonizar o Iraque. Era verdade que, embora tivessem nascido no Iraque, tinham vivido no Irã durante décadas, e suas famílias ainda estavam lá. Tinham sido pagos e sustentados pelo governo iraniano, e os principais oficiais de suas milícias tinham participado da Guarda Revolucionária do Irã. Na guerra Irã—Iraque tinham lutado do lado do Irã, e há muito seu objetivo era a criação de um único Estado teocrático que englobaria o Irã e o Iraque, sob a chefia de um grande aiatolá iraniano. Tinham atravessado a fronteira pouco depois da invasão e, junto com a milícia do príncipe (não-iraniana), tomaram a maior parte das cidades do distrito e estabeleceram seu próprio dispositivo de segurança, que era praticamente a única presença efetiva na província. Agora, centenas de seus seguidores haviam se alistado na polícia. Os homens vestidos de preto que tinham me encarado e cuspido no chão quando passei no mercado eram adeptos deles. Por isso o príncipe dizia que "um terço da polícia é de agentes do Irã".

Se esses grupos ainda tencionassem transformar o Iraque em algo parecido com o Irã, como afirmava o príncipe, isso era muito preocupante. Naturalmente, o Irã tinha passado por períodos de certo liberalismo: as mulheres na capital às vezes deixavam aparecer os cabelos por baixo dos lenços de cabeça e cortavam os casacos para ficarem mais curtos, enquanto a elite encontrava maneiras de permitir que homens dançassem com mulheres e contrabandeassem álcool. Não se tratava simplesmente de uma teocracia medieval. Os iranianos eram altamente instruídos, havia espaço para divergência e alguns dos filmes que produziam eram extraordinários.

Mas eu não tinha visto nada disso nos três meses que passara caminhando pelas províncias rurais do Irã. Os filmes que ganhavam prêmios nos festivais de Cannes raramente eram exibidos nas cidades das províncias, cujo menu cinematográfico em geral era composto de filmes de *kung fu* com vilões israelenses e mocinhos iranianos. Nas províncias, as mulheres usavam somente as *abayas* pretas e o Estado iraniano era onipresente, desde a polícia uniformizada ou à paisana até militares, serviços de segurança, de inteligência e a Guarda Revolucionária. Em todas as aldeias havia uma célula da milícia Bassij, e em Hamadan fui parado por meninos de 12 anos que empunhavam rifles.

Nós, da Coalizão, tínhamos bons motivos para temer o influxo desses grupos formados no Irã. O governo iraniano ainda chamava os Estados Unidos de "Grande Satã" e a Grã-Bretanha de "Pequeno Satã", tinha decretado sentenças religiosas de morte (*fatwas*) contra escritores britânicos e fundado grupos terroristas no Oriente Médio. Era um governo rico, agressivo e, aparentemente, iniciara um programa nuclear. Washington queria que o Iraque servisse de contrapeso ao Irã, e não entregá-lo a Teerã. Dentro do Irã, jornais eram fechados e intelectuais e dissidentes eram assassinados. Não era esse o tipo de sociedade que queríamos criar no Iraque. Tampouco achávamos que esse era o tipo de sociedade desejado pelos iraquianos.

O Príncipe dos Pântanos afirmava que o Irã usava líderes políticos, como meus visitantes, para fomentar instabilidade no Iraque e que eles eram os responsáveis pelos ataques terroristas e pelas demonstrações, numa estratégia de manter-nos ocupados para dissuadir-nos de invadir o Irã mais tarde.

O idoso Abu Miriam começou exigindo que eu mandasse soltar um de seus lugares-tenentes, que havíamos detido "injustamente". Na verdade, ele tinha sido o principal autor de seqüestros de veículos e raptos nas regiões do norte. Fora preso pelas forças armadas britânicas e seus adeptos tinham atacado a unidade ao se afastarem, matando um soldado inglês. Portanto, os militares tinham motivos para hesitar em soltá-lo. Por outro lado, não tinham provas conclusivas contra ele, o que significava que sua soltura era apenas uma questão de tempo. Prometi que levantaria o assunto junto às forças armadas.

Abu Maytham, comandante do Badr, afirmou que o expurgo dos elementos do Baath ainda era insuficiente. No Ocidente, a opinião dos comentaristas era de que as ações para desmobilizar o Baath haviam sido excessivas — muito mais, diziam eles, do que na Alemanha ou no Japão do pós-guerra — e que em decorrência disso havíamos demitido todos os funcionários eficientes e criado inimizades desnecessárias. Em Amara, no entanto, poucos tinham sido demitidos dos ministérios, e eu já tinha encontrado muita gente que partilhava da opinião do comandante do Badr e pedia mais demissões de baathistas.

— Muitos *fedayin* e baathistas estão se infiltrando na província — disse o comandante.

— Por favor, diga os nomes deles — disse eu —, e nós tomaremos providências.

— Já lhes demos os nomes de pessoas tementes a Deus, mas vocês não os aceitaram. Preferem traidores corruptos.

Imaginei que ele estivesse se referindo ao Príncipe dos Pântanos e aos diretores dos ministérios.

— Quanto mais informações nos derem, melhor poderemos tratar com essas pessoas — repeti.

— Ouvimos isso muitas vezes — atalhou o comandante do Badr —, mas não vimos nenhum dos baathistas ser demitido. Eles estão se reorganizando.

Abu Ahmed, o malvestido e roto comandante da Comissão Suprema para a Revolução Islâmica no Iraque (SCIRI), que de certa forma era uma organização superior a todos aqueles grupos, começou a falar com voz tímida. Disse ter participado ativamente da resistência contra Saddam durante 13 anos. Tinha passado grande parte daquele tempo no Irã — não revelou quanto — e em seguida regressara a Maysan como chefe da milícia da SCIRI, pouco depois da invasão.

— Porém — fez questão de dizer — nossos grupos não se comportaram mal. Nosso líder, o mártir Seyyed Muhammed Baqr Al-Hakim, nos deu permissão para tratar com a Coalizão para o bem do Iraque. Vocês não são nossos inimigos, mas sim Saddam e os baathistas.

Agradeci. Imaginei que tivesse preparado aquelas palavras por instrução de Bagdá, pois dizia-se que seu partido concedia pouca autonomia às figuras locais.

— Viemos agora pedir a manutenção da segurança nesta província — prosseguiu. — Não temos medo. Não nos importamos com as tribos e com os criminosos. Somente pensamos em nossa honra.

Falava com voz suave, que destoava um pouco das palavras heróicas, e coçou os cabelos da nuca enquanto continuava.

— Antes de mais nada, estamos prontos para o sacrifício islâmico, e em segundo lugar servimos a nosso país. Seria muito melhor que vocês cooperassem com gente instruída como nós, de maneira científica. Queremos transformar Amara em uma sociedade moderna, afastando-a da influência das tribos. Não é verdade que as tribos sejam controladas por seus chefes. É um erro atribuir a eles alguma função. Al-Sadr é um homem perigoso, capaz de convocar multidões raivosas às ruas. Embora a existência da Coalizão não seja legal, colaboraremos para manter a paz nas ruas.

Essa aparente sinceridade me agradou, mas fiquei impressionado com o que aquelas palavras, cuidadosamente preparadas e ditas com tanta fluência que quase parecia terem sido decoradas, davam a entender sobre a opinião de seu partido em relação à Coalizão. Ele parecia presumir que eu — assim como muitos iraquianos de classe média — desconfiava instintivamente das tribos e das massas pouco instruídas e não afeitas às ciências e admirava os que se dispunham a sacrificar-se pelo Islã, além de confiar em seus códigos de honra. Ele não tinha dúvidas sobre a ilegalidade da ocupação e não conseguia compreender que existia muito pouca relação entre sua proposta de permitir que vigilantes islamitas cuidassem da segurança e as idéias da Coalizão sobre Estado de Direito e democracia. Era, porém, inteligente e articulado. Fiquei pensando que talvez simplesmente soubesse coisas que eu ignorava.

— E, no momento, quem está causando problemas? — perguntei.

— Todos, inclusive o Irã — foi a resposta. — Queremos um governo nacional para o Iraque.

Isso representava uma mudança num partido que anteriormente tinha o objetivo de incluir o Iraque num super-Estado subordinado ao líder iraniano Khomeini.

— E que tipo de governo desejam estabelecer?

— *Wilayat-e-faqih* — replicou ele, sorrindo.

Um governo de juristas — isto é, uma teocracia islâmica dirigida por um aiatolá respeitado: o sistema de governo do Irã. Ninguém na Coalizão desejava instaurar uma teocracia ao estilo iraniano, e era claro, mesmo nos poucos dias em que eu já estava na província, que os próprios iraquianos não tinham grande entusiasmo por esse objetivo. Seria aquele homem um ingênuo ou estaria alguns passos adiante de mim?

O príncipe estava equivocado. Aqueles homens não eram simplesmente espiões iranianos que tencionavam destruir a Coalizão. Tinham estado estreitamente ligados ao Irã, mas eram também políticos ambiciosos em busca de poder; eram muçulmanos xiitas, que pretendiam dar à religião uma função importante no governo, e eram nacionalistas, que desejavam um Iraque seguro e forte. E, talvez devido ao que tinham sofrido durante uma década ou mais na resistência, eram também dignos e sinceros. Que parcela de poder deveriam ter no novo Conselho da Província? Eram apoiados por 3 mil homens armados; mas teriam votos?

Nos muros começaram a aparecer pichações: "Rejeitamos a ocupação". Os novos políticos faziam declarações contra nós e se apresentavam com suas milícias. Havia muitos pobres e desempregados em Amara, e nossos visitantes argumentavam em favor do fortalecimento da situação econômica como o caminho para a paz. Um dos primeiros a dizer-me isso foi o xeque Ismail, da tribo Bahadil, que começou afirmando:

— Nunca esqueceremos Mr. Grimley.

— Mr. Grimley? — perguntei.

— Mr. Grimley, seu antecessor britânico aqui na década de 1940. Irrigou os campos e trabalhou em favor do povo iraquiano. Trouxe prosperidade. O canal Grimley. Ah, Mr. Grimley. Esses jovens lá fora não sabem de nada. Estão entediados, os religiosos mentem para eles. É muito fácil tratar com eles. Se lhes dermos trabalho, ficarão ocupados e não criarão problemas. Na verdade, ninguém aqui apóia esses radicais. Somos uma sociedade tranqüila, rural e tribal, que respeita os mais velhos. Seriam suficientes alguns empregos simples: um dólar por dia para limpar as ruas e um pouco de ajuda para a irrigação. Lembre-se de Mr. Grimley.

Estávamos cercados por uma história semi-esquecida. Na Grã-Bretanha, eu tinha encontrado pessoas que ainda recordavam encarregados britânicos de assuntos políticos que haviam servido no Iraque entre 1916 e 1958. St John Philby ficou famoso. Antes de ser nomeado encarregado de Assuntos Políticos em Amara em 1917 e de conceber seu filho Kim, que foi agente britânico de inteligência e agente duplo da KGB, tinha servido como funcionário público no Punjab. O representante britânico em Basra se lembrava de Dugald Stewart, egresso da escola de elite em Eton, que foi cônsul em Amara e que contava ter viajado dessa cidade a Basra em 1952 em seu carro esporte de dois lugares a fim de comparecer a um jantar a rigor com o cônsul-geral. Mas ninguém tinham falado de Grimley.[2]

Mas, na verdade, Grimley era quem tinha deixado marcas na lembrança do velho xeque e perpetuara seu nome na fisionomia da região. Certamente não tinha sido ele quem custeara o canal, pois a repartição consular britânica na década de 1940 ficara famosa pela falta de recursos. Tampouco poderia ter dado ordens para sua construção, pois naquela época já fazia vinte anos que o Iraque deixara de ser protetorado britânico. Talvez tivesse utilizado o cargo para defender o projeto junto ao governo iraquiano em Bagdá. O xeque Ismail se lembrava de que Grimley vinha semanalmente inspecionar o avanço das obras, entrando no fosso e dando instruções sobre a escavação. Ismail deixou que os outros tirassem suas conclusões, e eles o fizeram, provocando-nos em infindáveis reuniões: "O que foi que a Coalizão fez por nós? O que ficará para que vocês sejam lembrados? Nada."

---

[2] Inicialmente pensei que ele tivesse sido engenheiro do Departamento de Obras Públicas e não encarregado de Assuntos Políticos. Na época colonial, estes últimos tendiam a imaginar que fossem as principais figuras locais e desprezavam os colegas dos ramos mais técnicos, mas em geral quem ficava na memória do povo eram aqueles do Departamento de Florestas, do Departamento de Irrigação e do Departamento de Obras Públicas. Há uma breve referência em Thesiger que dá a entender que Grimley foi encarregado de Assuntos Políticos durante a guerra.

Não que nos faltassem recursos e poder. Possuíamos ambas as coisas muito mais do que Mr. Grimley. Nada era eterno e tudo tinha sido inventado recentemente, inclusive nossas funções. Com um pouco de confiança e de encenação seria possível expandir nossas atribuições, obter milhões de dólares e fazer muita coisa. Mas para isso era preciso manipular pessoas — não apenas iraquianos, mas também nossos próprios colegas civis e militares.

Nossa posição lembrava o colonialismo, mas não éramos funcionários coloniais. Na Índia, os funcionários britânicos serviam durante quarenta anos, falavam fluentemente as línguas locais e arriscavam a vida e a saúde, ministrando justiça e coletando rendas em pequenos distritos, protegidos somente por um modesto destacamento de recrutas. Freqüentemente governavam indiretamente, "aconselhando" régulos, tolerando as falhas de seus governos e derrubando-os somente quando ameaçavam gravemente a segurança do Estado. Davam grande importância ao conhecimento do local, à coragem, à iniciativa e à probidade, mas eram implacáveis no controle das dissensões e receosos de mudanças políticas.

Já os nossos governos, assim como as Nações Unidas, nos contratavam por períodos curtos e nos impediam de viajar para regiões perigosas ou isoladas. Davam-nos pouco tempo para que desenvolvêssemos conhecimentos mais profundos sobre o local e consideravam inaceitável o governo indireto por meio das elites locais. Não tinham um comprometimento de longo prazo com a atividade de governar o país. Seu objetivo era transferir o poder a um governo iraquiano eleito. Os britânicos queriam fazê-lo imediatamente. Bremer achava que isso levaria alguns anos.

Sorvete

> Nunca procures inventar um novo mundo e nem desfazer a própria constituição e instituições da cavalaria andante.
>
> Cervantes, *Conselhos de D. Quixote,* livro 2, capítulo 2

SÁBADO, 11 DE OUTUBRO

No dia anterior ao de meu encontro com os três comandantes de milícia ligados ao Irã, fui de carro com George Butler à reunião regional de finanças em Basra, onde iríamos encontrar as demais equipes de governo da Coalizão. Ainda havia somente cinco civis britânicos contratados para trabalhar nos escritórios do governo fora de Bagdá e Basra; além de Mark Etherington, em Kut, e de John Bourne, em Nassíria, os governadores em exercício nas regiões curdas no norte eram agora Liane Saunders e Emma Sky. Os 18 cargos de governador restantes eram exercidos por norte-americanos, a maior parte dos quais funcionários do Departamento de Estado com experiência profissional no Oriente Médio.

Sentei-me diante de John Bourne, que era veterinário. Sabia que ele tinha saído do Ministério do Exterior para trabalhar no de Agricultura e tinha ouvido dizer que freqüentara a universidade em Eton, mas não era soberbo. Era um homem pequeno, nervoso, de quem se dizia ser capaz de trabalhar 16 horas por dia, sem pensar em férias ou descanso. Ninguém conhecia tantos xeques tribais quanto ele, e poucos compreendiam tão bem as nuances das estruturas sociais e partidos políticos locais. Todos os dias ele se dirigia às regiões remotas e voltava tarde. Seus guarda-costas muitas vezes eram obrigados a entrar em aldeias de bandidos sem ter podido fazer um reconhecimento e sem almoçar ou jantar. Os guarda-costas passaram a se precaver levando rações militares. Aparentemente, John raramente se alimentava.

Em Maysan, o batalhão britânico fazia questão de administrar a província, e o grupo de assuntos civis gostava de trabalhar comigo. John, no entanto, praticamente não recebia apoio de sua equipe militar italiana, mas tinha profundas convicções sobre a forma pela qual o governo deveria funcionar e gastava toda a sua considerável energia e coragem na prática dessas convicções. Não gostava dos subterfúgios, manipulações e comprometimentos de grande parte da política administrativa da Coalizão. Achava, com razão, que os escritórios centrais em Bagdá e Londres pouco entendiam da situação no campo e que as regras de contratação e financiamento eram absurdas.

Durante a viagem de carro ensaiei com o major George Butler o que iria dizer, o que me permitiu fazer uma apresentação bem estruturada e salpicada de estatísticas na reunião em Basra. Pintei um quadro sombrio da pobreza em nossa província, mas mostrei-me otimista quanto à nossa capacidade. Disse que com nossa equipe de assuntos civis e com as ONGs locais como "multiplicadoras" seríamos capazes de administrar centenas de projetos. Pedi uma equipe mais numerosa, mais segurança e mais recursos financeiros.

Em seguida John Bourne fez um longo e irônico relato sobre as complexidades de Nassíria, as debilidades dos italianos e as peculiaridades do sistema agrícola. Depois da reunião visitei os principais funcionários em seus gabinetes, reiterando nossas necessidades e capacidades. Minha alocução preparada foi recompensada com 250 mil dólares em dinheiro. John saiu sem nada.

Enquanto caminhávamos de volta aos veículos, John me disse estar esperando a chegada de um encarregado de projetos antes de começar a pedir recursos para desenvolvimento. Ofereci-me para mostrar como eu tinha feito para driblar as regras, mas ele recusou, por não aprovar minha indiferença aos ritos de procedimento. Não tinha autorização para despender fundos e pretendia agir da maneira correta. Um mês depois, quando em Amara nós já tínhamos conseguido obter quase 2 milhões de dólares, ele ainda não conseguira recursos para a sua província.

Enquanto isso, em parte devido às boas relações com os militares britânicos, eu arranjara muito mais dinheiro do que podia gastar.[1] O problema era ter em que gastar. Bagdá se concentrava em eletricidade e petróleo. Já tinham sido empregados bilhões de dólares em estudos, reequipamento e construção, mas o fornecimento de eletricidade continuava deficiente e a produção iraquiana de petróleo declinou.

Durante os seis meses seguintes, nossa equipe de assuntos civis implementou 224 projetos, no valor de 6,5 milhões de dólares, na construção de clínicas, escolas, programas hidráulicos e reforma de instalações de ministérios, sempre usando empreiteiros iraquianos e freqüentemente em parceria com ONGs estrangeiras. Mas esses projetos muitas vezes eram dispendiosos e complexos e exigiam impenetráveis sistemas de contratos, faturas e recibos.

Tendo de reequipar quase quatrocentas escolas, eu preferia entregar aos habitantes das aldeias ou ao diretor do estabelecimento uma pequena quantia, para que eles próprios consertassem as portas e janelas. O resultado era que o dinheiro não desaparecia nos bolsos de ricos empreiteiros ou altos funcionários dos ministérios. Se havia alguma perda, pelo menos era no nível mais local. Mais tarde vim a saber que um antecessor militar meu havia utilizado com sucesso um critério semelhante.

Cada novo projeto representava mais problemas. Os oito membros da equipe de assuntos civis, ainda com considerável ajuda

---

[1] Em maio, fui estimulado a despender 10 milhões de dólares em um mês, quase sem restrições. Os sistemas de auditoria eram primitivos e o dinheiro chegava em maços de notas empacotados a vácuo, cada qual com um milhão de dólares. Recebíamos tanto dinheiro que era impossível gastá-lo de forma judiciosa. Em Nassíria, os projetos que podiam ser terminados nos prazos estipulados não eram suficientemente numerosos, e tive de devolver 1,5 milhão.

das ONGs, não conseguiam acompanhar e gerir completamente os duzentos projetos de reconstrução. Havia um constante risco de ineficiência e corrupção. Chamei a atenção de Andy Bearpark, diretor de Operações britânico, quando ele veio de Bagdá em uma grande Mercedes blindada e seguido por dois jipes trazendo sua equipe sul-africana de guarda-costas. Vestia um terno preto e camisa aberta e estava acompanhado por uma conselheira política de 30 anos com grandes brincos de ouro e por um guarda-costas bósnio que trabalhara com ele em Kosovo e conseguia as melhores mesas nas boates da máfia em Belgrado. Andy havia me recomendado para aquela posição e eu devia meu emprego a ele.

— Rory — disse Andy —, você não veio para cá a fim de gerenciar uma operação de desenvolvimento. Sua equipe não vai aumentar, mas sim reduzir-se. Seus recursos vão diminuir. É melhor você se adaptar a isso. Sei que você quer fazer desenvolvimento sustentável. Mas não é para isso que está aqui.

— Bem, então o que devo fazer com o dinheiro?

— Você só vai ter o suficiente para construir uma clínica ou uma escola de vez em quando, e pode relacioná-las com seus objetivos e programas políticos da maneira que quiser. Seu orçamento é para apoiar o trabalho político e não para fornecer a base de uma operação de desenvolvimento em grande escala. Concentre-se em fazer amigos. É disso que precisamos.

— E qual vai ser minha missão... como é que você vai me avaliar no fim do ano?

Andy tossiu e apagou o cigarro Benson & Hedges na latinha de pêssegos que servia de cinzeiro.

— Ficarei satisfeito se voltar daqui a um ano e verificar que a província está relativamente calma e não descambou para a anarquia... e se você conseguir dar-me um sorvete razoável para tomar.

Quarta-feira, 15 de outubro

> No tempo antigo, o povo das regiões de alagadiços acreditava fervorosamente neste "Rei do Pântano" que muitos afirmavam ter visto: segundo alguns, um negro gigantesco; para outros, uma sombra com rosto brilhante que rugia, apagando as estrelas.
>
> Gavin Young, *Return to the Marshes*

> Não se pode dizer que uma cidade seja livre se nela residir um cidadão temido pelos magistrados...
>
> Maquiavel, *Discursos,* livro 1, capítulo 29

Para que a província permanecesse razoavelmente tranqüila, eu acreditava que eu precisaria estabelecer um relacionamento estreito com o Príncipe dos Pântanos, e, como não o havia impressionado na casa dele, convidei-o a vir ao meu gabinete. Ele veio dirigindo seu pequeno carro japonês e entrou no pátio (ninguém ousou revistá-lo), parou ao lado de um veículo militar blindado, retribuiu a continência do policial e caminhou pela alameda, levantando o fino manto bordado a ouro para que não ficasse sujo de poeira.

Senti-me nervoso. Fui à cozinha e mandei Karim fazer café. Dei ao copeiro dez dólares de meu bolso e mandei-o correndo ao mercado para comprar 2 quilos de baclavá. Depois voltei ao meu gabinete, lamentando não ter usado inseticida, porque já não dava mais tempo de espalhar e deixá-lo dissipar-se. Voltei com uma escova de dentes e pasta, peguei um pouco de água na cozinha porque a do banheiro vinha misturada com a dos esgotos, escovei os dentes, pus uma gravata e, voltando ao gabinete, juntei os papéis que estavam sobre a escrivaninha e coloquei-os numa caixa de papelão, que escondi embaixo da mesa, tirei alguns livros da mala e arrumei-os numa prateleira, coloquei na escrivaninha meu *laptop* e o telefone por satélite e depois, achando que daria impressão de mais importância caso a escrivaninha estivesse vazia, retirei-os novamente antes de ir até a porta principal para receber meu convidado.

— *Salaam aleikum* — disse eu.

— *Aalaeikum assalam.*

— *Ahlan wa-sahlan.*

— *Shukran.*

Passando por mim, ele entrou na sala de reuniões, e todos os que ali estavam esperando se levantaram. O príncipe, no entanto, não parou para apertar mãos nem perguntar pela saúde de ninguém. Fez simplesmente um cumprimento com a cabeça e passou pelo arco da porta em direção ao corredor da cozinha sem me esperar.

Diante da porta de meu gabinete, ele disse: "*Ya Allah*", e entrou. Por trás dele, indiquei uma cadeira e ele se sentou. Sorri para ele. O príncipe não sorriu. Ficou imóvel, com os ombros para trás, as mãos muito firmes no colo e o queixo levemente inclinado, como se posasse para um escultor. Movia apenas os olhos estreitos, olhando para mim, para o chão, para a escrivaninha e novamente para mim quando comecei a fazer as saudações formais. Ele agradeceu rapidamente e de imediato perguntou:

— Qual é a sua posição aqui? — Nesse momento, Karim entrou com o café.

O príncipe recusou o café. Isso teria sido uma descortesia se eu fosse árabe. Achei que era descortês mesmo eu não sendo árabe. Mandei Karim trazer Coca-cola da geladeira. Ele aceitou e agradeceu, mas não abriu a lata. Chegou Ahmed, funcionário do setor de desenvolvimento, que gentilmente concordara em servir de intérprete. O príncipe não confiava nos tradutores locais.

— Por favor, aceite um baclavá — disse eu, com um gesto para a bandeja onde o açúcar se derramava do doce sobre o prato de porcelana.

Ele olhou para o prato.

— Não, obrigado. Isso não faz bem à saúde. Os alimentos doces produzem aumento de peso e isso acaba bloqueando as artérias e sobrecarregando o coração. Eu não como nada açucarado. Faço exercícios constantemente. Procuro evitar os resfriados. Talvez possa mandar alguns de meus remédios de ervas para você.

Agradeci. Sabia, no entanto, que em certas circunstâncias ele havia arriscado bastante a saúde. Dizia-se que cinco anos antes, quando a equipe de segurança de Saddam o havia visto num restaurante e quisera prendê-lo, ele tirara uma granada do bolso e ameaçara explodir a si próprio e a todos os que estavam na sala. Os policiais saíram correndo e o príncipe voltou a sentar-se para acabar a refeição, provavelmente sem gorduras.

— Qual é a sua posição aqui? — perguntou ele, novamente. O general já o tinha informado a meu respeito.

Fiquei sem saber o que responder. Era o governador em exercício e em breve seria vice-governador; tinha pouco poder e precisava ser levado a sério.

Respondi com solenidade, acentuando a grande honra que ele me dava com sua visita.

— Sou diplomata britânico. Passei os últimos nove anos no mundo islâmico. Antes de vir para cá estive na Indonésia e na Bósnia e depois no Irã, no Paquistão e no Afeganistão. Agora sou o governador em exercício e chefe desta repartição. Represento o embaixador Bremer. Vou ficar aqui um ano.

— O que aconteceu ao major Edward? Você trabalha para ele?

— Não. O major Edward vai trabalhar para mim.

— Então você trabalha para o coronel Mark?

— Não. Agora o governo daqui é civil. Os militares, assim como o coronel Mark, estão aqui para dar apoio a minha função, que é da Autoridade Provisória da Coalizão.

Isso era verdade, ao menos teoricamente. Uma das duas funções formais das forças armadas era apoiar a CPA. Mas devido à minha breve passagem pelo exército, eu sabia que dificilmente o coronel me consultaria e muito menos aceitaria receber ordens de um civil.

O Príncipe dos Pântanos não se mostrou impressionado.

— E o que aconteceu com a americana? — perguntou. — Pensei que íamos ter uma governadora norte-americana.

— Não sei. Acho que ainda está em Nova York.

— Sim, é uma mulher americana muito importante, Molly Phee. Sei tudo sobre ela. Tem muito bons contatos no governo. A Coalizão nada fez pelo povo daqui. Não há construções, não há empregos. A economia precisa prosperar. O povo da província é pobre e está zangado. Molly precisa chegar depressa. Ela conseguirá dinheiro para a província.

— Bem, eu pretendo começar a conseguir dinheiro para a província. O senhor verá, agora que estou aqui, que os recursos prometidos para o desenvolvimento vão chegar. Tenho muito bons contatos...

— Não, você não. Precisamos de um norte-americano. Os britânicos não podem fazer nada por nós.

Em Bagdá ele tinha notado que os Estados Unidos não apenas gastavam 90% dos recursos e sofriam 90% das baixas em combate, mas também tomavam 99% das decisões.

— Acho que o senhor verá...

— Quando é que Molly vai chegar?

— Dentro de um mês. Mas eu estou aqui e ficarei durante um ano, enquanto...

— É preciso que ela venha mais depressa. Vou dizer ao embaixador Bremer que ela precisa vir logo.

Concordei com a cabeça, e ficamos em silêncio por alguns momentos. Fiz um gesto em direção à lata de Coca-cola, que ele abriu e bebeu um pouco, para meu alívio.

— Abu Hatim — disse eu —, uma de minhas tarefas é reformar o Conselho da Província para torná-lo mais representativo e depois escolher um governador iraquiano. Pelo que sei, parece haver três grupos políticos poderosos em Maysan.

Eram o grupo dele, os partidos políticos islamitas e os sadristas.

— O primeiro é um grupo mais secular e independente — prossegui —, apoiado pelas tribos e pela população mais instruída. — Ele concordou com a cabeça diante dessa descrição de seu grupo, que era considerado pelos demais como um conjunto de brutamontes tribais criminosos e analfabetos. — No segundo grupo, alguns têm ligação com o Irã. — Eu estava falando dos três comandantes de milícia que tinham vindo nos visitar.

— Todos eles têm ligação com o Irã — interrompeu ele. — Recebem ordens do serviço secreto iraniano.

— E o terceiro é o grupo ligado a Muqtada Al-Sadr.

— Esqueça. São analfabetos desempregados que gostam de fazer arruaças.

— Compreendo que alguns desses grupos são melhores do que outros, mas é preciso que todos tenham voz e posição no Conselho da Província. Queremos que estejam do lado de dentro. Queremos que discutam dentro da sala de reuniões, e não nas ruas. Senão, haverá uma guerra civil.

— Não — disse ele, com firmeza. — Não vai haver guerra civil. Feche os outros grupos. Eles não têm apoio e se criarem problemas nós os mataremos todos juntos.

Dei uma risada.

— Compreendo o que está dizendo, mas eles diriam a mesma coisa sobre o seu grupo...

— Está me comparando com eles? — exclamou o príncipe, indignado. — Sabe quanto poder eu tenho nesta província? Já perguntou às pessoas nas ruas de que lado estão? O que são esses partidos políticos? Sabe quantos filiados eles têm? Três, cada um. Esqueça os partidos políticos. Podemos governar muito melhor sem eles.

— Abu Hatim, compreendo perfeitamente — disse eu, surpreendido com a veemência dele —, mas, como sabe, estamos caminhando para uma democracia neste país e em última análise precisamos tratar com partidos políticos. Precisamos instruí-los, dar-lhes voz, ampará-los a fim de que se preparem para uma eleição.

— Políticos? — exclamou ele. — Detesto os políticos, e o povo também os detesta. E eu? Você fala de mim como se eu fosse um dos políticos. Quero voltar à vida privada. Não estou interessado no poder.

— Respeito suas palavras e também ao senhor, assim como todos. Mas acho que essas mudanças terão de acontecer. Não temos outra escolha; são as instruções de Bremer.

— Vou falar com Bremer.

— E são as instruções de nossos governos, em Washington e Londres.

Esperei uma resposta, mas ele nada disse. Continuei:

— Minha segunda tarefa é escolher um governador para Amara. Somos a única província que não tem governador e por isso eu, um estrangeiro, estou servindo de governador.

— Seria melhor se você ficasse sendo o governador. O povo preferiria. Não confiariam num governador iraquiano.

— O que eu ia sugerir é que o Conselho da Província elegesse o governador.

— *La, la* — protestou ele, zangado. — Isso não pode ser. Absolutamente, não. O governador iraquiano será nomeado pelo Conselho de Governo em Bagdá. Já combinamos isso na capital com Bremer.

Essa não era a impressão que eu havia tido nas reuniões que tivera, mas como recebíamos muito pouca informação de Bagdá, era difícil discordar.

— Em sua opinião, quais são as qualidades que um governador deveria ter? — perguntei.

— Deve ser um homem instruído e independente — respondeu o príncipe, sem fazer pausas, quase como se recitasse —, de opiniões firmes, de boa reputação, sem conexões políticas, porém experiente em matéria de burocracia. Talvez um engenheiro.

O único homem da província que poderia se ajustar a essa descrição era seu irmão Riyadh, que tinha presidido a reunião do ministério. Observei isso a ele.

Abu Hatim reagiu imediatamente.

— Eu não quis dizer que meu irmão deveria ser nomeado.

— Não concordaria com a nomeação dele?

— Isso nada tem a ver comigo. Seria uma decisão do Conselho de Governo.

O príncipe era o único representante de Maysan no Conselho e teria influência decisiva na nomeação. Era quase certo que procuraria nomear o irmão.

A conversa foi ficando mais rara e ofereci o baclavá a meu hóspede, que novamente recusou. O intérprete pegou outro, lambendo os dedos, e deu uma risadinha quando Abu Hatim lhe disse que se continuasse a comer os doces teria um ataque cardíaco.

Procurei fazer algumas perguntas sobre a vida dele. A maioria dos grupos xiitas de resistência estava ligada ao Irã, mas ele afirmava que, embora tivesse passado algum tempo no Kuwait e na Arábia Saudita e conhecesse bem os serviços de inteligência desses países, além de ter contatos regulares com os norte-americanos, odiava os iranianos e nunca tinha trabalhado com eles. Perguntei qual tinha sido exatamente o papel de seu grupo na resistência. Algumas pessoas diziam que somente tinham assassinado funcionários baathistas locais.

— Lutamos contra o antigo regime — disse ele. Não consegui obter mais nenhuma informação. Indaguei sobre o contrabando. O príncipe respondeu que ainda havia comércio ilegal nos pântanos e mostrou uma ampla região no mapa, mas afirmou não ter maiores detalhes. Depois disse que precisava ir-se. Agradeci e acompanhei-o até fora do prédio. Ao chegarmos ao carro, ele observou que estávamos relativamente protegidos de morteiros se fossem disparados do norte, mas que poderíamos ser facilmente atingidos por franco-atiradores na margem oeste do Tigre.

Pagode

> O povo sempre deseja duas coisas: a primeira é vingar-se daqueles que causaram sua escravização; a segunda é recuperar a liberdade (...) uma pequena parte deles deseja libertar-se a fim de comandar; mas todos os demais, a imensa maioria, deseja a liberdade a fim de viver em segurança.
>
> Maquiavel, *Discursos,* livro 1, capítulo 16

SEXTA-FEIRA, 17 DE OUTUBRO

"*Amin masdar quwwat lel ferd we el mujtema*", dissera Abu Mustafá em minha primeira reunião com a Comissão Supervisora de líderes locais, nomeada pelos militares britânicos: a segurança é a base do poder do indivíduo e da comunidade. Todos sorriram, reconhecendo a paráfrase do aforismo predileto de Saddam. Ele o havia copiado de um grande aiatolá xiita, mas o que ambos tinham dito era: "A democracia é a base do poder."[1] As prioridades tinham mudado.

Nunca acreditei que a humanidade descambasse inevitavelmente para o caos violento, a menos que fosse dominada por um governo forte. Achava que as sociedades eram ordeiras porque as culturas humanas eram ordeiras. As leis escritas e a polícia desempenhavam

---

[1] Muhammad Baqr As-Sadr (Sadr I) tinha declarado: "*Dimmuqrattia masdar quwwat lel ferd we el mujtema*" — A democracia é a base do poder do indivíduo e da comunidade.

apenas um papel secundário. Mas Maysan me fez reconsiderar. Um governo seguro e eficaz não estava surgindo por si mesmo, e os iraquianos continuavam a dizer que somente um Estado policial seria capaz de restaurar a segurança.

Na Zona Verde, a CPA queria construir o novo Estado apressadamente e de uma só vez. Em lugar de começar pela segurança e pelas necessidades básicas, deixando as coisas mais complexas para depois, implementávamos simultaneamente programas de direitos humanos, livre mercado, feminismo, federalismo e reforma constitucional. Agíamos como se não pudesse haver tensões entre os diferentes programas, nenhuma necessidade de pensar em seqüências e oportunidades. Mas o povo de Maysan quase não falava dessas coisas. Falava de segurança.

— O chefe de polícia é um idiota — rosnou o xeque Rahim. — Desde junho estamos pedindo para governar esta província, já que vocês não conseguem. — A voz dele subiu um tom. — Nas cidades do sul, como Al-Qala, os Conselhos Distritais nada fazem. A estrada para Basra não é segura, parentes nossos têm sido seqüestrados e nossas linhas de transmissão de energia vêm sendo saqueadas. Agentes secretos iranianos andam livremente pela província e nos transformamos em uma auto-estrada para as drogas do Afeganistão e do Irã. Com Saddam não era assim.

Eu achava difícil discordar. Maysan tinha sido relativamente segura no tempo de Saddam.[2] A paz era mantida pelos oficiais das unidades especiais do exército, pelo partido Baath, pelo serviço especial de segurança e pelo serviço de inteligência, com armamento pesado e pontos de checagem de poucos em poucos metros, com vigilância secreta, prisões arbitrárias em massa, chantagem, tortura e execuções. Alguns elementos da Coalizão — entre os quais aparentemente membros do 320º Batalhão de Polícia Militar, que haviam assumido o controle de Abu Ghraib uma semana antes — pareciam acreditar que os métodos de Saddam ainda eram necessários. Para eles e para

---

[2] Embora nem ele próprio jamais tivesse conseguido controlar as zonas tribais.

muitos iraquianos, como o xeque Rahim, tratava-se de um país teimoso, que só podia ser governado de maneira brutal.

A maioria dos formuladores de política da Coalizão, no entanto, achava que o Iraque poderia ser ao mesmo tempo seguro e democrático. Argumentavam que não havia conexão necessária entre ordem e brutalidade ou entre verdade e sofrimento. Achavam que a polícia secreta era desnecessária e perigosa, que a tortura era contraproducente, que era possível controlar multidões de maneira eficiente porém humana e que forças de segurança antiquadas, excessivas e impopulares poderiam ser substituídas por um Serviço de Polícia pouco numeroso, bem treinado, com armamento leve e disposição amistosa para com os cidadãos.

Em parte por esse motivo a Coalizão desmobilizara o exército, demitira os principais funcionários baathistas e extinguira os serviços de segurança e de inteligência. Proibira o emprego de armas pesadas e a organização de unidades secretas na polícia. Os britânicos, encarregados do treinamento das forças policiais, falavam em estimular uma cultura de serviço público, e um deles debateu comigo a possibilidade de utilizar testes psicométricos para os principais dirigentes e de ministrar palestras sobre a importância da igualdade entre homens e mulheres.

Mas a polícia era fraca e incompetente, e os policiais comuns pouco mais possuíam do que os punhos, ou uma arma, caso a tivessem. A maioria não tinha armamento e nem uniformes, veículos e rádio. Os procedimentos se baseavam em burocracia legalista e brutalidade ilegal; somente os policiais tinham direito a incriminar os suspeitos, fazer relatórios e empreender buscas. A maioria dos líderes do antigo aparelho de segurança era inimiga. Tínhamos muito poucas informações sobre quadrilhas de criminosos ou rebeldes. A polícia não prendia os membros de partidos políticos e das milícias islamitas com medo das represálias e também não se metia com as tribos, receando combates sangrentos. Na verdade, ninguém temia a polícia, e esta tinha medo praticamente de todos. Muitos policiais não trabalhavam porque estavam feridos, em licença ou mortos, mas os salários continuavam a ser pagos e eram recebidos por parentes, viúvas ou por seus superiores.

Evidentemente, era necessário fazer uma reforma. O coronel britânico em Maysan introduziu diversas inovações. Por exemplo, nomeou um homem de proveniência obscura, chamado Seyyed Faqr, para o cargo de capelão islâmico da polícia. Tal cargo nunca havia existido, mas ele estava certo de que era uma boa idéia, porque "todos os regimentos britânicos tinham um sacerdote". Também fez uma longa pesquisa procurando um chefe de polícia que tivesse "qualidades reais de liderança, coragem e carisma". Não encontrou nenhum candidato entre os policiais de carreira e acabou nomeando Abu Rashid, um xeque do clã de contrabandistas Nowaffel e comandante da milícia que protegia seu parente, o Príncipe dos Pântanos. Abu Rashid tinha sido guerrilheiro durante 15 anos e nunca fora policial, mas tinha fama de corajoso.

A maior parte das forças da Coalizão ficava fixa em suas posições, patrulhando regiões específicas da província; não era possível destacar muitos soldados para o treinamento de policiais, e, além disso, eles não eram profissionais de polícia. A Associação Britânica de Polícia chegou à conclusão de que o Iraque era perigoso demais para que fosse possível mandar guardas para o país, e o principal encarregado britânico de assuntos de polícia recebeu somente uma dúzia dos muitos milhares de policiais que tinham sido prometidos.

Precisávamos de segurança antes que pudéssemos criar qualquer governo que funcionasse. Eu podia ajudar com projetos de desenvolvimento e reformas políticas, mas a realização de todos os nossos planos dependia de que as leis fossem obedecidas.

Minha primeira conversa com o chefe de polícia Abu Rashid ocorreu em 17 de outubro, em companhia do general e do coronel, no acampamento militar. Ele chegou envergando seu novo uniforme, que acabara de vestir em vez do *dishdash*[3] em que eu o vira uma hora antes. As dragonas com as estrelas de general-de-brigada ultrapassavam um pouco a linha dos ombros, e ele sem dúvida tinha

[3] Vestimenta árabe típica, espécie de manto com mangas compridas que vai até os pés, em geral feito de algodão (*N. do T.*)

se esforçado para conseguir abotoar a túnica por cima do estômago saliente. Tirou da pasta um bloco de notas de capa de couro, colocou-o sobre a mesa e olhou para o peito da camisa. A barba negra e o tórax de urso certamente lhe davam um porte amedrontador, mas naquela ocasião ele dava mais a impressão de ter chegado a uma festa vestido de maneira imprópria.

Começou falando muito rapidamente.

— General, coronel, Seyyed Rory. Missão: minha principal missão é manter a segurança na província de Maysan. Em nosso apoio temos os chefes de tribos, os líderes religiosos, os partidos políticos e personalidades independentes. Esta é a nossa província e temos de assumir a responsabilidade.

Todos nos curvamos para a frente, sacudindo energicamente a cabeça em sinal de aprovação.

— Eis um plano para efetuar uma mudança na polícia em 120 dias, com objetivos específicos. Estamos atualmente pagando — olhou rapidamente o bloco de notas — 4 mil policiais regulares, dos quais um quarto está em Al Amara; 450 policiais de tráfego; quinhentos bombeiros; quatrocentos da diretoria de guardas e 320 policiais rodoviários. — Olhou novamente o bloco. — Orçamento: precisamos ter acesso a nosso orçamento de operações e treinar contadores para geri-lo.

— Sim, sabemos disso e já levamos o assunto a Bagdá — disse o coronel.

— Estrutura: pretendo dividir e integrar as Brigadas de Emergência 1, 2 e 3 em diferentes partes da força policial.

Todos o encaramos. Era uma decisão importante e arriscada. As Brigadas de Emergência eram grupos de milicianos fortemente armados que haviam assumido o controle da província entre a queda de Saddam e a chegada das forças armadas britânicas. A Brigada 1 era composta dos adeptos do Príncipe dos Pântanos, na maioria gente analfabeta da tribo Albu Muhammad. Tinham lutado com ele contra Saddam e eram responsáveis por grande parte dos saques e do contrabando na província. As Brigadas 2 e 3 — do Badr e do Movimento do Partido de Deus — eram as milícias cujos comandantes tinham ido me visitar alguns dias antes.

Juntos, esses grupos contavam com milhares de homens. Eram os únicos que haviam protegido os prédios do governo no mês da libertação. No entanto também estavam envolvidos em quadrilhas que vendiam proteção e freqüentemente ameaçavam lutar entre si ou contra a polícia. Com apenas mil homens em toda a província, nós não tínhamos poderio para enfrentá-los ou desarmá-los. O coronel britânico havia, portanto, resolvido transformar os integrantes das Brigadas de Emergência em policiais. Isso significava que quase todas as milícias fortemente armadas agora faziam parte das estruturas oficiais. Somente um grupo de milicianos permanecia de fora: a de Muqtada As-Sadr, explicitamente anti-Coalizão, que se autodenominava Exército do Imã Redentor e continuava a reunir-se nas ruelas de Amara, recrutando jovens capazes de formar grupos de agitação, executar assassinatos simples, bombardear prédios com coquetéis molotov e fabricar explosivos.

As milícias oficiais dominavam os pontos de checagem e o departamento de Investigações Criminais. A brigada do Príncipe dos Pântanos, da qual Abu Rashid tinha sido comandante, funcionava em grande parte de maneira independente, em um prédio que pertencera ao partido Baath e que a brigada ocupara ilegalmente, próximo à residência do príncipe. A lealdade e disciplina de todas essas unidades eram questionáveis. Dividi-las e integrá-las mais profundamente na polícia, como propunha o chefe, seria tarefa difícil e impopular.

— Tratar com baathistas e maus policiais — continuou Abu Rashid. Fez uma pausa e consultou o bloco de notas. Muita gente em Amara, desgostosa porque havíamos escolhido para chefe de polícia um guerrilheiro árabe dos pântanos sem experiência do assunto, afirmava que Abu Rashid era analfabeto, mas isso não parecia ser verdade. — Direi aos policiais que terão de manter certos padrões. Terão de vir trabalhar. Terão de fazer patrulhas. Terão de capturar criminosos. E se não o fizerem, eu os castigarei. E também vou investigar para saber quais são os baathistas e os expulsarei. Treinamento: a Coalizão concordou em estabelecer um curso de treinamento para policiais na Jordânia e também em Basra.

Todos assentimos.

— Vou selecionar aqueles que devem freqüentar o treinamento. Preparei uma série de critérios, ao todo quarenta, que terão de ser observados ao longo dos próximos 120 dias. No fim desse período, verei se nós os teremos preenchido. — Abu Rashid olhou para o coronel.

Suas palavras pareciam muito curiosas. Em minha curta experiência em Maysan, as pessoas que eu conhecera tinham uma reação idêntica diante dos problemas de segurança: multiplicar por cinco o número de policiais; conseguir armamento mais pesado; impor toque de recolher; armar postos de controle nas ruas; organizar serviços secretos para obter informação; ser mais brutais; fechar as fronteiras. Em suma, restabelecer em parte o Estado policial de Saddam. Ninguém na burocracia iraquiana, nem mesmo no Ministério das Finanças, falava em missão, em objetivos e em planos de 120 dias. Nem mesmo os civis estrangeiros pensavam assim. Tanto quanto eu sabia, os únicos que usavam essa linguagem eram os militares.

Ao mesmo tempo fiquei impressionado, ainda que um tanto confuso. Somente agora, ao registrar a conversa, é que percebo que Abu Rashid deve ter escrito aquela proposta para o general com considerável ajuda do coronel que o nomeara. Era a última semana de estada do coronel no Iraque — o Real Regimento Escocês de Fronteira estava regressando à pátria e sendo substituído pelo de Infantaria Ligeira. Aquela seria a última ocasião em que ele estaria com o general.

Este elogiou as idéias de Abu Rashid e perguntou se ele se sentia à vontade em suas novas funções. Houve uma pausa. Tratei de reconciliar a retórica com as histórias que conhecia sobre as ações policiais em Maysan. Abu Rashid havia incorporado à polícia centenas de seus companheiros de tribo que pertenciam à milícia do príncipe, alguns dos quais meninos de 12 anos muito pouco instruídos. Eu tinha ouvido dizer que na véspera alguns desses meninos tinham sacado as armas porque a mãe de Abu Rashid tivera de entrar numa fila para atendimento no hospital. Eles ameaçaram matar o médico se este não a atendesse imediatamente.

— Desculpem, general, coronel, mas posso fazer uma pergunta? — disse eu. — General Abu Rashid, ouvi dizer que seus milicianos andaram atacando pessoas no hospital. Isso é verdade?

O chefe de polícia pareceu confuso por um instante.

— Não, não é verdade.

— Então, que histórias são essas que andam circulando?

— O problema é que o hospital está empregando membros das milícias islamitas iranianas para a segurança e discriminando as pessoas que procuram tratamento. Nós estávamos simplesmente mantendo a ordem — disse ele, sorrindo.

— O senhor compreende que a polícia tem de ser completamente imparcial.

— Naturalmente.

Aquela foi a primeira vez em que ouvi falar de mais um grupo de milicianos, desta vez ligado ao hospital. Sentindo que minha indagação ia perdendo fôlego, tentei outro caminho.

— Todos na polícia têm qualificações adequadas?

— Estou investigando isso agora.

Enquanto eu falava, ele olhava para o coronel, como se estivesse surpreso de me ver agir daquela maneira. Percebendo o tom da conversa, embora sem compreender o motivo, o general interrompeu:

— General, o senhor tem o que necessita para cumprir sua missão?

— Não — respondeu Abu Rashid. — Sessenta oficiais superiores têm pistolas, cerca de 25% dos outros policiais têm fuzis AK47 e o restante está desarmado. Temos somente 12 veículos... cabines duplas de segunda mão... para atender a quase 6 mil pessoas. Não temos verba para a gasolina. Não há munição suficiente e a que existe...

Tirou do bolso dois pentes de balas e entregou-os a mim. Uma das balas estava torta e outra, enferrujada.

— Não temos equipamento de comunicação.

O coronel, que já devia ter ouvido aquilo muitas vezes, interveio.

— O senhor sabe que estamos conseguindo todo o material. Já compramos quatro veículos e entregamos alguns Kalashnikovs. Dentro de duas ou três semanas inauguraremos um novo sistema nacional de comunicações: o sistema *Luz Azul*. Não faz sentido comprar outro sistema se Bagdá vai substituí-lo muito em breve.

— General — disse eu, passando a apoiar o coronel —, praticamente todos os homens da província têm uma arma em casa. Se a polícia operar em três turnos, bastarão mil armas para cada turno. Se as armas forem compartilhadas e o uso de armas particulares for permitido, elas serão suficientes.

Meu comentário foi recebido com silêncio, e achei que já tinha falado demais para uma só reunião.

— O que me disseram — continuou Abu Rashid — foi que devíamos usar o dinheiro destinado à polícia no orçamento do Ministério do Interior para comprar equipamento. Mas o tesoureiro só libera mil dólares de cada vez... e diz que o material mais urgente não está autorizado no orçamento. Os recursos para todos os setores da polícia não passam de 800 mil dólares, e seriam necessários 2 milhões.

— E que me diz do contrabando? — perguntou o general, mudando propositalmente de assunto.

— Estou organizando uma força-tarefa para cuidar disso.

— Onde é que existe contrabando?

— Em toda parte.

Tanto quanto eu sabia, a principal atividade de contrabando ocorria no distrito natal de Abu Rashid e era gerido por seus primos do clã Nowaffel. Mas valeria a pena insinuar que nosso novo chefe de polícia era nepotista, parcial, violento e semicriminoso? Eu não tinha nenhuma idéia de outra pessoa que pudesse exercer a função. E se quiséssemos que o chefe de polícia se desempenhasse bem, era preciso que ele se sentisse confiante e apoiado.

— O que está acontecendo aqui entre a organização Sadr e o Exército do Imã Redentor? — perguntou o general.

Tínhamos recebido informações no sentido de que eles estavam planejando grandes demonstrações e greves contra a ocupação.

— Como sabem, estou procurando contatos em todas as comunidades. Sou imparcial — disse o chefe, novamente tranqüilo e sorrindo amplamente. — Todos aqui me conhecem e gostam de mim. Já fiz alguns favores à organização Sadr. Eles me convidaram para freqüentar o culto das sextas-feiras em sua mesquita. Se quiserem, posso comparecer na próxima semana e relatar o que eles estão dizendo.

— Faça isso, por favor — dissemos nós, e com essas palavras a reunião terminou.

Eu havia instituído um feriado obrigatório às sextas-feiras para a equipe de assuntos civis, porque percebi que estavam exaustos, trabalhando sete dias por semana, e resolvi aproveitar o dia de folga para visitar a cidade meridional de Al Qala, que ficava na região da tribo Albu Muhammad, a do príncipe. Eu tinha passado as primeiras duas semanas quase inteiramente em meu gabinete ou no acampamento e estava ansioso por visitar aldeias da zona rural, que, segundo me diziam, eram bastiões de corrupção, ineficiência e tensão política. Muitos dos problemas pareciam estar ligados aos Conselhos Distritais. Todos os relatos informavam que Al Qala era um lugar tipicamente sem lei, com uma força policial inativa, e achei que era necessário reformá-lo com uma combinação de projetos de desenvolvimento e acertos políticos. Até então, segundo nossos registros, tínhamos recuperado três escolas e uma clínica do distrito, além de criar trezentos postos de trabalho.

Al Qala possuía alguns quarteirões de casas de cimento dos dois lados do Tigre, rodeados por terras férteis para agricultura. Grande parte das terras tinha sido anteriormente composta por alagadiços. Ao contrário de muitas outras comunidades, a aldeia havia se beneficiado com o esgotamento das águas do pântano feito por Saddam, e os habitantes se opunham veementemente a que as terras fossem novamente inundadas. Havia uma ponte militar ligando os dois lados da cidade e um pequeno mercado ao ar livre na margem direita. Verificou-se que em al Qala não havia apenas um Conselho Distrital, mas sim dois, um na margem oeste e outro na margem leste do Tigre, a 50 metros de distância. Os dois não se comunicavam entre si. O tradutor iraquiano que me acompanhava explicou que, após o colapso das forças de Saddam e antes da chegada da Coalizão, a milícia do príncipe havia dividido os assentos no Conselho com os grupos apoiados pelo Irã. Os militares britânicos mantiveram esse arranjo. Mas os sadristas, sentindo-se excluídos, formaram um conselho alternativo, que competia com o oficial. Ambos viviam em eterna disputa. Algumas pessoas achavam que ia haver uma guerra civil.

Eu já tinha conhecido o xeque Raisan, a figura mais poderosa do Conselho oficial. Sua família, a Beit Feisal, um dos clãs da tribo Albu Muhammad, havia controlado a região durante mais de um século, e seu trisavô era irmão do bisavô do Príncipe dos Pântanos. Outros membros vinham de partidos islamitas e tinham estado no Irã e em movimentos de resistência contra Saddam. Recebiam salários do governo central quando os tesoureiros vinham fazer os pagamentos e supervisionavam projetos municipais em aldeias vizinhas. Dizia-se que vendiam equipamento e veículos do governo, aceitavam suborno e roubavam dinheiro do orçamento. Fui visitar primeiro o Conselho oficial e encontrei somente uma pessoa no escritório, o vice-prefeito.

— Vocês não restauraram nenhuma escola neste distrito — começou ele.

— Reparamos três — disse eu, dando os nomes.

— Eu quis dizer que nenhuma escola secundária foi restaurada — disse ele. — E não há empregos.

— Mas nós acabamos de criar trezentos postos de trabalho em Al Qala.

— Eu quis dizer empregos para os formados na escola. O Exército de Salvação tem dialogado com o Conselho "ilegal" do outro lado do rio. Esse Conselho é controlado por sadristas adversários da Coalizão que cobram impostos dos ministérios locais, emitem permissões para viagens, intimidam as pessoas que violam os códigos islâmicos de comportamento e roubam querosene. Isso é apenas a calmaria antes da tempestade. O governo e a polícia ainda não receberam pagamento. Basta uma pequena coisa para instigar as tribos contra os iranianos e os sadristas e aí teremos uma guerra civil. Você precisa me dar licença para porte de armas e nos dar o controle da força policial local.

Eu não sabia por que ele precisava de licença de porte de armas, mas respondi que devia requerê-la aos militares, e não a mim. Mais tarde me disseram que ele era o chefe da quadrilha que contrabandeava óleo diesel.

Depois atravessei o rio para conhecer o Conselho alternativo. Embora o escritório do Conselho oficial estivesse vazio, este outro, em uma sala da escola, tinha mais de cem jovens que, a julgar pelas roupas, deviam ser quase todos pobres. Apresentei-me e depois me sentei e fiquei ouvindo. O debate era dominado pela retórica religiosa.

Nas paredes havia muitas imagens de Sadr II, o que confirmava que aqueles jovens eram adeptos do carismático pregador que durante a década de 1990 falara dos males da decadência ocidental, profetizara a volta do Imã oculto — o Messias dos xiitas — e anunciara um novo líder para o mundo muçulmano, que cada vez mais se parecia com ele próprio. Por toda parte eram distribuídos vídeos clandestinos desses sermões, como o que eu tinha visto no mercado. Ele tinha se aproximado dos pobres por meio de uma fundação de caridade de ampla penetração e bem provida de recursos financeiros. O principal líder dos xiitas iraquianos ainda era o aiatolá Sistani, intelectual muito mais erudito, mas ele era iraniano e não fazia sermões públicos — alguns diziam que era porque não queria que o ouvissem falar árabe com sotaque do Irã. Às vezes os jovens zombavam dele às escondidas, chamando-o de "líder silencioso", e eram devotos do insuspeito árabe Sadr II. Dezenas de milhares de moços, principalmente de famílias humildes, freqüentavam as mesquitas onde os jovens discípulos de Sadr faziam seus sermões.

Após o término do debate religioso, um dos rapazes perguntou se eu poderia entrar em contato com a represa de Kut para aumentar o fluxo de água no Tigre. Outro me disse que eu devia falar com os turcos para que liberassem mais água de sua represa. Ainda outros fizeram perguntas práticas sobre restauração de prédios. Prometi ali mesmo reequipar a escola secundária de Al Qala e criar mais trezentos postos de trabalho na cidade. Depois da reunião, um homem me chamou de lado. Era o líder da estrutura alternativa do Conselho de Al Amara. Vestia terno, falava bem inglês e tinha fisionomia bondosa. Representantes das ONGs o haviam elogiado pelo trabalho realizado na distribuição de rações e de empregos;

outros me disseram que era um perigoso revolucionário ligado ao escritório de Sadr.

Ele queria que o Conselho oficial fosse substituído pelo alternativo. Afirmou que o Conselho oficial era constituído de criminosos que tinham roubado 40 mil dólares. Em seguida queixou-se do Príncipe dos Pântanos.

— O parente dele, o novo chefe de polícia, é um gângster; seus seguidores da tribo Albu Muhammad, árabes dos pântanos, saquearam a província e aterrorizaram o povo. Ninguém apóia o príncipe, e fico surpreso ao ver que a Coalizão continua a tratar com ele. É apenas uma questão de tempo para que os muçulmanos desempregados e frustrados tomem decisões drásticas.

Os sadristas não eram amigos da Coalizão, mas tinham muitos adeptos em Al Qala, e eu achava que se não começássemos a incluí-los e dar-lhes representação, eles recorreriam à violência. Prometi que voltaria a conversar com ele para tratar dos dois Conselhos concorrentes. Na verdade, eu estava tentado a juntá-los, mas queria discutir essa idéia com a Comissão Supervisora na capital antes de anunciá-la.

Terminei a visita a Al Qala vistoriando algumas das obras em curso nos prédios. No centro da cidade, o hospital local estava sendo restaurado e reequipado, e havia cabanas de junco em construção, destinadas a servir como moradia de emergência para refugiados. Surpreendeu-me ver tabuletas de metal informando que muitos desses projetos tinham sido iniciados por ONGs internacionais. O Iraque não era como Kosovo, onde havia engarrafamentos de tráfego com Land Cruisers identificados com "Ajuda de Emergência do Kuwait" ou "Palhaços sem Fronteiras". Esta guerra era perigosa e impopular, e poucas eram as entidades que vinham ali. Durante o tempo que passei no Iraque, a Tanzânia recebeu a visita de mil missões de doadores, e Maysan apenas uma dúzia.

A clínica de Al Qala estava sendo reequipada por Gordon, um nova-iorquino de 34 anos. Sua agência, o Corpo de Misericórdia, era sustentada pelo governo dos Estados Unidos, mas recusava-se a realizar projetos conjuntos com a Coalizão; antes de vir ao Iraque, ele havia organizado grandes manifestações em sua terra natal contra a guerra. Desejava sair do Iraque e abrir um café de frente para o mar. Gostei de Gordon. Naquela noite fui à casa dele para um jantar de lentilhas com curry compartilhado com jovens tchecos de uma ONG chamada Pessoas Necessitadas, um dos quais eu encontrara anteriormente numa pequena aldeia do Afeganistão. Depois do jantar ele tocou pistom e Gordon, trombone; um colega pegou a guitarra e eu e outros tocamos tambores locais, feitos de cerâmica com uma pele de peixe esticada. Era cada vez mais difícil encontrar instrumentos musicais, porque os partidos islamitas haviam atacado a maioria das lojas, aparentemente por considerar que a música era contrária ao Islã. Mais tarde a banda veio tocar em nosso escritório, mas um fuzileiro naval bêbado deu um soco no guitarrista tcheco e eles não voltaram mais.

As cabanas de junco para os refugiados estavam sendo construídas pelo Exército de Salvação. Muitos dos funcionários eram sacerdotes em seus países. Não recebiam salários e não participavam de nossa banda de música. Pareceria que uma organização cristã que se intitulava exército e operava no sul xiita do Iraque estivesse fadada ao desastre, mas provavelmente o Exército de Salvação era a ONG mais bem-sucedida e mais popular na província. Nosso escritório local custeava muitos projetos deles, desde o treinamento em computadores até a construção de parques para crianças. Tinham iniciado uma escola de corte e costura dirigida por uma moça muito retraída, chamada Muna. Seu pai tinha morrido, e ela sustentava sozinha cinco irmãos e cinco irmãs, as quais usavam tranças e aventais verdes e roxos feitos por ela. Até mesmo os pais mais conservadores gostavam de mandar as filhas às aulas dela. Quando Muna falava de seu trabalho, a solenidade desaparecia, e ela sorria como as irmãs menores, dizendo:

— Sou muito agradecida, mais do que as palavras podem expressar, porque o Exército da Salvação me deu esta oportunidade, esta esperança, quando antes eu não tinha esperança.

Verifiquei que a escola secundária na parte norte da cidade não dispunha de aquecimento, nem de água e eletricidade. Nenhuma janela tinha vidraças, e a escola era rodeada por um fosso de esgoto aberto. As salas de aula não tinham portas e cada uma estava ocupada por uma família de retornados do Irã, acocorados em volta de um fogareiro de querosene. Dois jovens me falaram por alguns minutos em língua farsi, parecendo aliviados por finalmente encontrarem alguém que conhecia alguma coisa sobre o Irã.

— Veja as condições em que vivemos. Não temos trabalho, não temos casa. Foi para isso que voltamos? Estamos pensando em voltar ao Irã.

Na viagem de volta a Amara, vi alguns prédios no fim de uma estradinha de terra, saindo da rota principal, e resolvi fazer uma visita ao que parecia ser uma fazenda típica. O fazendeiro pareceu contente em receber um visitante a quem podia mostrar seus implementos enferrujados e os carneiros que procuravam grama no solo arenoso. Perguntei como iam as coisas. Ele respondeu:

— Olhe em volta. Sou rico. Tenho um trator, sete filhos, trezentos carneiros e todas as terras que você está vendo são minhas. Não posso querer mais do que isto.

Quando parti, perguntei o que achava que eu poderia fazer.

— Não confie no chefe de polícia — disse ele. — É um gângster. Não confie em ninguém que more ao sul de Al Amara. São todos ladrões e bandidos.

— Mas você mora ao sul de Al Amara — protestei.

— Não confie em mim tampouco — foi a resposta.

Quando saí, ele me deu de presente uma galinha-d'angola viva.

Ao chegar a Amara, redigi uma proposta para que o Exército da Salvação reformasse a escola secundária. O projeto foi aprovado. Com recursos próprios, o Exército da Salvação construiu mais cabanas tradicionais de junco para moradia de emergência na parte sul da cidade e abrigou nelas os refugiados alojados na escola. Conseguimos encontrar trabalho para os homens que falavam farsi. Seis semanas depois, a escola estava completamente reformada e cheia de professores e crianças.

Nunca mais vi o fazendeiro, embora tenha procurado entrar em contato. Talvez ele não desejasse perder tempo com um agente da Coalizão. A galinha-d'angola recebeu o nome de Larry e foi solta no jardim de nosso escritório. Mais tarde Tommy Smith, nosso novo encarregado de agricultura, verificou que era fêmea e arranjou-lhe dois companheiros. Eles fizeram seu ninho no pátio central e eram tão barulhentos que era preciso fazer uma pausa nas reuniões quando eles gritavam.

Nas ruas ainda apareciam milicianos mal-encarados portando armas, e muitas vezes mostravam distintivos da polícia quando os britânicos tentavam confiscar o armamento. Dizia-se que os iranianos estudavam nossos prédios e montavam partidos políticos; os sadristas estavam zangados por terem sido excluídos do governo. Os projetos econômicos continuaram. Consegui ganhar as boas graças dos ministérios com um quarto de milhão vindo de Basra. Foi aprovado um projeto de 10 milhões de dólares para a instalação de turbinas a gás para a geração de eletricidade em nosso pequeno campo de petróleo, duplicando assim o fornecimento de energia para a província.

A equipe de assuntos civis sugeriu que levássemos o general para visitar a escola secundária para meninas em Amara, que tínhamos acabado de reformar. Chegamos em um longo comboio, com uma hora de atraso, porque o general tinha se demorado em visita ao Príncipe dos Pântanos. A escola ficava em um prédio de concreto de dois pavimentos, com um pátio. Evidentemente tinha sido reconstruída desde a época em que o avô de meu amigo Yahya Said, judeu de Bagdá, fora diretor no tempo do império otomano. O pai de Yahya, um dos líderes comunistas mais famosos do Iraque na década de 1950, tinha nascido na escola.

A diretora atual era uma mulher vestida com mantos islâmicos negros e um véu apertado. Disse que tinha mantido algumas alunas na escola depois das aulas para nos saudarem, mas ficara muito tarde e ela as dispensara. Não tomou a mão que o general estendeu para cumprimentá-la.

— Eu já disse antes — censurou ela, em tom aborrecido — que vocês não deviam vir a esta escola. É um estabelecimento para mulheres. Não é própria para homens. Somente concordei porque vocês forneceram o dinheiro para os reparos.

O general olhou polidamente para as paredes, sem responder. Seguimos atrás dela até uma sala grande e vazia.

— Aqui deveria ficar o laboratório de química. Não temos equipamento. Não nos deram equipamento e nem livros escolares.

Em seguida ela mandou uma assistente levar-nos ao telhado.

Segundo explicou J. D., encarregado da segurança de nosso portão, a maior parte do dinheiro tinha sido usada para substituir telhas roubadas. O trabalho tinha sido inspecionado por nossa equipe de engenheiros iraquianos, treinados por profissionais norte-americanos de engenharia. Tínhamos feito uma licitação com assistência do diretor de Educação do Iraque, selecionamos a proposta menos dispendiosa e supervisionamos as obras.

— Como podem ver — disse J. D. —, está muito bem-feito. Dá prazer ver as meninas de volta à escola.

Ao chegarmos de volta ao pavimento térreo, fomos surpreendidos ao ver o Príncipe dos Pântanos interrogando a diretora. Ele se voltou para o intérprete do general e disse:

— Diga a ele que isso é uma vergonha. Uma completa vergonha. Quarenta e cinco mil dólares para isto! — Passou a unha na parede. — A tinta está misturada com água. A pintura não foi bem acabada. Isso é um trabalho para 5 mil dólares.

— Com todo o respeito, você não viu o telhado — disse eu.

— O telhado? O quê? Será um telhado de ouro? Um pagode budista? Isso é uma vergonha. Vocês sempre fazem isso, nunca me consultam, não têm idéia do que estão fazendo, entregam o serviço aos empreiteiros errados. Se tivessem falado comigo, eu teria feito a obra inteira por 5 mil dólares.

Ele olhou para a diretora, que balançava a cabeça, aprovando, e elevou a voz:

— Agora tenho de encontrar o empreiteiro que fez esse trabalho. Digam-me o nome dele, e vou arrancar-lhe a língua.

Comissão Supervisora

> Mas nesta época degenerada, com fraudes e uma legião de males infeccionando o mundo, nenhuma virtude pode estar a salvo, nenhuma honra pode estar segura, enquanto desejos lascivos corrompem as vontades mais firmes e os recessos mais íntimos, que, embora intrincados e ocultos como o labirinto de Creta, não oferecem segurança à castidade.
>
> Cervantes, *O lamento de D. Quixote,* livro 2, capítulo 3

DOMINGO, 19 DE OUTUBRO

Maysan precisava de líderes iraquianos vigorosos. O vácuo deixado por Saddam fora preenchido pela Comissão Supervisora, cujos membros haviam sido nomeados em parte pelo Príncipe dos Pântanos e em parte pela Coalizão. Eu precisava formar um novo Conselho da Província, mas a quem deveria nomear? Os antigos ministros e policiais baathistas pelo menos eram funcionários públicos de carreira e de boa instrução ou formados pela academia de polícia. Os líderes atuais tinham somente uma qualificação: o tempo que haviam passado na resistência, de operações tão secretas que era difícil saber exatamente o que tinham feito. Os adeptos do príncipe, árabes semi-analfabetos dos pântanos, já tinham confirmado sua reputação de ladrões saqueando completamente Amara. As outras milícias estavam começando a exigir a observância de códigos sociais islâmicos muito estritos. Todos os cafés da beira do rio e lojas de bebidas alcoólicas tinham sido fechados, grupos religiosos minoritários abandonavam a província, as mulheres receavam sair às ruas sem véu, os postos de internet tinham sido bombardeados. Quadrilhas da máfia ligadas ao contrabando de óleo diesel, seqüestros de pessoas e roubos de automóveis pululavam. Somente os três comandantes de milícia que tinham me visitado afirmavam ser líderes de partidos políticos. O restante da Comissão Supervisora, por enquanto, não tinha filiação política clara.

Da comissão existente faziam parte algumas figuras do mundo rural que simpatizavam com o príncipe, alguns homens de meia-idade que gostavam de falar sobre o Islã e alguns representantes de grupos marginalizados: uma mulher, um sunita, um cristão e um seguidor de São João Batista, da antiga seita dos sabianos. Esse último grupo quase nunca falava. Os demais eram indisciplinados e tagarelas. Queixavam-se de que a Coalizão não lhes dera responsabilidades e, portanto, não se comprometiam. Muitos os desprezavam. Ao mesmo tempo, era evidente que pelo menos uma facção poderosa tinha sido excluída da comissão: os conselhos alternativos.

Desde a reunião sadrista à qual eu tinha comparecido em Al Qala, os conselhos alternativos continuaram a manter-se misteriosos. Embora tivessem claras simpatias por Sadr, afirmavam não ser sadristas e, embora fossem islamitas, se opunham ao Irã. Ao contrário de outros grupos, eram apoiados pelos pobres urbanos. Possuíam uma milícia violenta, mas tinham sido eficientes na distribuição de querosene e artigos de emergência depois da invasão.

Os iraquianos instruídos, que se consideravam nacionalistas modernos, odiavam os conselhos alternativos tanto quanto os grupos oficialistas e acusavam ambos de "feudalismo tribal retrógrado e superstição religiosa". Mesmo assim, esses conselhos alternativos islamitas eram demasiado poderosos e populares para serem excluídos. No entanto uma participação ampla diluiria o poder do príncipe, o que era arriscado.

O príncipe era talvez o mais famoso líder da resistência em todo o Iraque. Não era radical quanto à política nem quanto à religião, mas seria um inimigo perigoso, e tinha corrido riscos consideráveis para nos apoiar no passado. Havia injustiça em muitas das críticas que lhe eram feitas. A elite urbana esnobe dizia que ele não tinha terminado a escola secundária, não conseguira ser aceito como oficial nas forças armadas e nada mais era do que "um cabo ambicioso que se tornara ditador". Era verdade que provavelmente participara do saque da província, lucrara com a venda às regiões curdas de veículos roubados dos ministérios, enchera a polícia e a administração pública com seus parentes tribais e atacara com violência os inimigos políticos; mas todas essas coisas eram também verdadeiras em relação aos seus principais adversários e aliados. Alguns iraquianos afirmavam que estava ligado aos iranianos e que todos na província o odiavam, mas nas zonas rurais não havia informação confiável sobre a opinião pública. Era mais provável que odiasse o Irã. Quase todos os seus rivais eram islamitas que, caso chegassem ao poder, poderiam dividir a província e opor-se à Coalizão. Por tudo isso, o coronel, que conhecia bem a região, tinha se apoiado amplamente no príncipe.

Mas tínhamos chegado prometendo democracia, não um líder guerreiro. Não podíamos continuar a governar exclusivamente por meio do príncipe. Eu esperava incluir no novo Conselho, além de membros dos conselhos islamitas alternativos, também algumas pessoas instruídas e moderadas. E também pretendia dar ao novo Conselho autonomia clara, responsabilidade e um orçamento próprio, para que fosse capaz de governar a província o mais depressa possível. Moralidade, necessidade e alguma coisa parecida com teoria política estavam compreendidas em minha decisão. Esperava não ter sido subconscientemente influenciado pelo fato de que o príncipe me havia ignorado, rejeitado minhas propostas e insultado nossos projetos.

Finalmente escrevi a Bagdá encarecendo meus planos para o Conselho. Não disse que o órgão era dominado por gângsteres mafiosos impopulares, em parte porque era uma realidade muito distante da idéia que Bagdá fazia da província e eu ia ser acusado de exagerar, em parte porque os militares considerariam meu relato uma crítica do que tinham feito antes de minha chegada, e finalmente porque eu poderia levar a culpa da situação confusa. Em vez disso, fiz uma comunicação em estilo burocrático, falando de "uma abordagem mais inclusiva". Não houve resposta, o que não me surpreendeu. Havia muita coisa acontecendo fora de nossa pequena província.

A primeira oportunidade que tive para explicar a nova orientação foi em uma reunião da Comissão Supervisora. Na extremidade da mesa estavam o corpulento prefeito de Maimuna e o idoso xeque Ismail. Também havia gente do príncipe, mas eram a minoria. Riyadh, irmão de Abu Hatim, tinha brigado com a Comissão e renunciara; os demais disseram que ele estava querendo agir como se fosse governador e não se incomodaram com sua partida. Ao lado daqueles dois estava um simpático ex-campeão nacional de basquete que pendia levemente para o lado do Islã e era amigo de nosso escritório, pelo menos até que começou a conspirar para passar a dirigir o comitê olímpico local. Na outra extremidade reconheci Abu Mustafá, um religioso de 40 anos que muitas vezes aparecia em meu escritório, aparentemente para divertir-se, exibir sabedoria e falar dos milicianos que tinham estado no Irã.

A primeira queixa dos conselheiros foi a de que ainda não tinham recebido os salários. Estavam muito zangados — e eu também — por causa disso. Nosso principal objetivo era estabelecer um governo iraquiano, e Bagdá não tinha conseguido sequer a pequena quantia necessária para pagar os salários do Conselho da Província.

O xeque Rahim pediu a palavra. Tinha sido torturado por Saddam durante dez anos. Depois disso tornara-se sacerdote. Eu gostava dele; não tinha medo de mim e às vezes era rude comigo, mas também era rude para com outras facções da província.

— Você tem de nos deixar formar unidades de polícia secreta. É a única maneira de manter a ordem na província.

— Lamento, mas não posso deixar que isso aconteça. Vocês não são policiais. Essa sugestão não é democrática.

— Você nos deu responsabilidade. Nunca segue nossos conselhos — disse ele. — O povo vem a nós pedindo coisas que não podemos fazer. Nem sequer existe um governador nesta província. Você é um ditador.

Expliquei que queria ampliar o Conselho, dar-lhe recursos financeiros e poderes legais claros, permitindo que elegessem um governador.

— Quando? Já ouvimos promessas semelhantes anteriormente.

Olhei em volta da mesa.

— Dentro de seis semanas haverá um novo Conselho da Província — repliquei, inventando uma data. — E logo que estiver constituído, esse Conselho elegerá um governador.

— E nós manteremos nossos cargos? — insistiu o xeque Rahim.

— Não. Não posso garantir. Alguns terão de ficar de fora. Mas minha intenção é que todos os habitantes da província estejam representados no novo Conselho. Este órgão, os xeques...

— Por que os xeques? — perguntou um político islamita. — Somos um povo moderno. Rejeitamos as tribos.

De algum ponto da mesa um dos xeques bradou:

— Nós, das tribos, temos direitos como todos os demais. Participamos da revolução de 1920 contra os britânicos e do levante de 1991 contra Saddam. Também temos nossos mártires.

Prossegui:

— Também vou incluir os partidos políticos, os grupos religiosos, os prefeitos das cidades, pessoas instruídas e experientes, os conselhos alternativos...

— É a política britânica de dividir para reinar — rosnou o religioso, e depois acrescentou, em tom mais firme: — Os conselhos alternativos são compostos de criminosos sadristas que não valem nada. Não deviam ser incluídos.

— Eles têm apoio — retruquei.

— Só entre os ignorantes — disse o religioso.

— Vocês os insultam e eles insultam vocês. Mas prefiro que estejam do lado de dentro do que do lado de fora.

— São sadristas, seus inimigos, mais do que nossos — tornou ele.

— Se são nossos inimigos, então temos de trazê-los ainda mais para perto — disse eu. — Se não forem incluídos, vocês ficarão com toda a culpa pela difícil condução do governo, eles os acusarão de corrupção e incompetência e o apoio a eles aumentará.

Houve um silêncio azedo. Excluir os sadristas era o único ponto em que o príncipe e o grupo iraniano concordavam. Bagdá também os detestava. Na verdade, ninguém ia me agradecer por trazê-los para o Conselho, inclusive os próprios sadristas, que gostavam de criticar de fora.

— Tenho um pedido para que o senhor mande fazer mais remoções de minas terrestres — rosnou o xeque Rahim. Concordei em examinar o assunto, mas recordei que a ONG que tratava do tema cobrava quase 500 mil dólares por mês. Podíamos reformar vinte escolas com o dinheiro necessário para remover minas de alguns hectares de terras.

— E a corrupção em seus contratos? — continuou o xeque Rahim. — Vocês estão dando todas as licitações de reconstrução a gente corrupta e a baathistas e não nos ouvem quando lhes dizemos isso.

— Três membros do Conselho participaram de nossas comissões de licitação. Você também, xeque. Vou formalizar isso. Daqui em diante, as comissões de licitação para os contratos serão formadas por um membro do Conselho local, um membro do Conselho provincial e o diretor do ministério respectivo. Minha equipe de assuntos civis será somente observadora, com poder de veto.

— Isso são promessas, Seyyed Rory. Mas a questão é saber se pode cumpri-las. Talvez acreditemos mais depois que tiver pago nossos salários.

Tirei do bolso 10 mil dólares em dinheiro e entreguei ao contador do Conselho. Houve um silêncio e uma sensação parecida com surpresa. Eu tinha provado ser capaz de cumprir as promessas. Mas ninguém, a não ser eu próprio, sabia que eu estava usando dinheiro que deveria ser destinado a outros fins e apostando que Bagdá finalmente autorizaria os recursos para a folha de pagamento e eu pudesse repor aquele que estava tirando. A reunião terminou sem que houvesse nenhum protesto mais veemente sobre a reorganização do Conselho.

Alto-Comando

> Um fundador atilado de uma república (...) deve procurar reservar para si toda a autoridade (...) e nenhum homem sábio jamais o reprovará por algum ato extraordinário a fim de fundar um reino ou uma república.
>
> Maquiavel, *Discursos*, livro 1, capítulo 9

ZONA VERDE

Algumas semanas depois de minha chegada a Maysan, fui de avião a Bagdá, a fim de conferenciar com Bremer, e encontrei uma operação de escala inconcebível para meu pequeno e acanhado gabinete na província. Fui jantar em um hotel cuja piscina havia freqüentado em minha primeira visita ao Iraque. Ali encontrei Marla, uma californiana que eu conhecia de Cabul e que tinha se hospedado em meu quarto em Bagdá; meu bom amigo Matthew McAllister, que tinha sido encarcerado em Abu Ghraib por Saddam; e Georges Malbrunot, correspondente do jornal francês *Figaro*. Georges estava preocupado. Achava que ia haver uma guerra civil.

— Conheço essa sensação — disse ele. — É como em Beirute em 1984.

Passei de carro diante da sede da ONU no Hotel Canal. Também tinha estado ali em minha visita anterior. Uma amiga minha que sabia que eu estava procurando emprego sugerira que eu fosse a uma reunião com o representante especial da ONU, Sergio de Mello. A ONU dominava a maioria das situações pós-conflito, mas no Iraque estava marginalizada, o escritório era pequeno e a organização não podia fazer muita coisa. Passei pelo controle de segurança sem que ninguém procurasse me revistar nem perguntasse o que eu queria. Os iraquianos que entravam e saíam das instalações denotavam bom humor. Eu tinha dito a minha amiga que a situação parecia bastante tranqüila. Ela respondeu que o representante especial se orgulhava de que os iraquianos pudessem entrar no prédio da ONU — ao contrário da Zona Verde, cujas barreiras ficavam a 800 metros dos principais escritórios.

Minha amiga entrou em um pequeno gabinete e logo voltou, desculpando-se; talvez eu não pudesse participar da reunião. Vi Mello passando. Eu o conhecera na Indonésia, mas ele não me olhou nos olhos nem me reconheceu. Fui para a cantina, onde fiquei das 10 horas da manhã às 2 da tarde conversando com funcionários de ONGs que vinham almoçar e usar a internet. Simpatizei especialmente com um conselheiro de segurança tunisiano que tinha servido nos Bálcãs e se preocupava com a possibilidade de que terroristas atacassem a sede da ONU.

Saí às 2 horas da tarde com a intenção de voltar mais tarde para usar a internet. Mas quando voltei, às 4h30, uma espessa coluna de fumaça subia de ambos os lados do prédio, famílias gritavam contidas por um cordão de isolamento de soldados norte-americanos e a mulher que me servira a salada na cantina corria em nossa direção. Um bombardeiro suicida entrara de caminhão abaixo da janela do gabinete de Mello. A explosão matara 25 funcionários da ONU e alguns da ONG que tinham estado trabalhando com órfãos. Nunca soube se meu companheiro tunisiano no almoço morrera ou não. Mello ficou preso nos escombros e morreu naquela tarde. A maior parte do pessoal da ONU foi evacuada, e a organização nunca mais voltou ao Iraque com quantidade significativa de funcionários.

Agora, dois meses depois, não consegui chegar perto do prédio. Havia barreiras em todas as ruas. Imaginei, no entanto, que, a exemplo da embaixada britânica e de diversos outros edifícios da cidade, aquele também tivesse sido abandonado e que os funcionários houvessem se retirado para o interior da Zona Verde.

Deixaram-me ao lado da Zona Verde, num parque de estacionamento vazio. Blocos de concreto estavam espalhados pela rua a fim de evitar que os bombardeiros suicidas tivessem pista livre. Atrás de mim, na estrada, havia barracas com holofotes. Um iraquiano gritou:

— Cuidado, amigo. Faça exatamente o que os soldados mandarem.

Passei por uma tabuleta que dizia: "Zona Militar — Força Letal Autorizada" e, entrando em um túnel de arame farpado enrolado, conseguia ver apenas as luzes de lanternas. Depois de um minuto, cheguei a grossas colunas de sacos de areia, e por trás das luzes alguém gritou, com sotaque do sul dos Estados Unidos:

— Levante as mãos... longe do corpo.

Obedeci com muito cuidado, consciente de que o livro que tinha na mão podia parecer uma bomba.

— Boa noite — bradei, com minha voz mais inglesa.

— Continue caminhando.

Vinte metros adiante vi uma silhueta com capacete e armadura pesada que apontava uma metralhadora para o meu peito. Um homem saiu de uma guarita coberta de redes de camuflagem.

— Fique de frente para a parede. Entregue o objeto. Agora vou revistar você. — O homem falava com sotaque espanhol e me revistou minuciosamente. — OK, espere aqui.

Indicou-me um banco de madeira. Durante os cinco minutos seguintes fiquei ouvindo o ronco dos geradores a diesel naquele deserto de postos de vigilância e blindagens. O chão arenoso tinha cor alaranjada por causa dos fachos de halogênio e estava cheio de estrias provocadas pelas finas sombras do arame farpado e pelas formas atarracadas dos sacos de areia e veículos blindados. O céu noturno era invisível. Não se ouvia nenhum ruído vindo da cidade ou da Zona Verde. Embora fossem 8 horas da noite, a temperatura devia ser de 38 graus Celsius, e fiquei contente por não estar usando capacete e colete à prova de balas.

— De onde você é? — perguntei, como costumo fazer.

— Eu? De Porto Rico — respondeu o sargento.

Eu tinha encontrado muitos porto-riquenhos servindo no exército dos Estados Unidos no Iraque, grande parte dos quais praticamente não conhecia o território continental do país.

— Gosta de seu trabalho?

— É uma boa merda — disse outro homem, solenemente. Era um rapaz de 19 anos, da Flórida. — Oito meses. Doze horas de turno neste portão. Não me lembro de ter estado em outro lugar. Queria sair da Guarda. Mas sabe o que fizeram hoje? Aumentaram o tempo de serviço. Obrigatório. Sem exceções.

— É uma função importante — sugeri — tomar conta do portão.

Aqueles homens pareciam destinados a passar todo o tempo de serviço de 12 meses em função de sentinelas, talvez sem jamais dar um tiro. Provavelmente pouco sabiam a respeito da Autoridade Provisória da Coalizão, cuja sede defendiam, e os seus dias deviam parecer longos, quentes e repetitivos. Perguntei por que achavam que estavam ali.

— Para pegar o petróleo deles, não é? — disse o porto-riquenho, rindo. Eu sorri. Mais tarde ouvi um soldado britânico dizer a mesma coisa e fiquei pensando que talvez alguns soldados achassem que os teóricos da conspiração afinal tinham razão e que pelo menos seu país estava conseguindo petróleo grátis devido à invasão.

— Para mim, nos livramos de Saddam. Ponto final. É hora de voltar para casa — disse o da Flórida. — Lá vem um Ali. — Olhou para além das luzes e gritou: — Levante as mãos. Longe do corpo.

O iraquiano, um homem corpulento, ergueu numa das mãos uma carteira de identidade de tradutor.

— Ei, minha gente — disse ele, com sotaque norte-americano pouco convincente, enquanto o sargento o apalpava. — Como vão as coisas?

O sargento rosnou alguma coisa.

— Passaram uma boa noite?

O sargento rosnou novamente.

— Lá fora está muito ruim — disse o iraquiano.

Ninguém respondeu.

Depois de terminar a checagem, mandaram-no passar.

Eu caminhei por outro corredor de arame farpado até um novo posto de triagem, onde vi o iraquiano e sentei-me junto dele.

— Essa gente — murmurou ele para mim. — Viu como nos tratam? Como cães. Você tem cara de terrorista? E eu? Sou tradutor aqui. Trabalho com os fuzileiros navais. Acompanho as patrulhas todas as noites. Tenho de esconder o rosto.

Traduzir era um trabalho perigoso. Os tradutores moravam fora da Zona Verde sem nenhuma proteção, e em breve os vizinhos descobriam qual era a sua ocupação. Muitos tinham sido mortos.

— A polícia de Saddam espancava o povo, mas sabia ser polida com as pessoas educadas e com os estrangeiros. Os iraquianos são um povo muito orgulhoso. Em nossa cultura ser revistado assim é uma coisa muito ruim. Por que os norte-americanos são agressivos com todos?

Murmurei alguma coisa sobre o fato de que os Estados Unidos são uma sociedade igualitária.

— Sei disso — falou o tradutor, erguendo a voz para que os vigias escutassem. — Sabemos que esses rapazes são jovens. Estão assustados, sentem calor e não sabem de nada. Mas deviam aprender alguma coisa. Por que não aprendem um pouco? Só algumas frases. Ontem eu estava na estrada, num posto de checagem, e eles pararam um carro e gritaram para o motorista: "Fique dentro do carro", em inglês. O homem não entendia o que eles diziam, não era uma pessoa instruída, e foi abrindo a porta. Corri para ele, dizendo em árabe: "Não saia do carro." Mas não cheguei a tempo, e atiraram nele. O homem morreu.

Fiquei olhando para ele.

— Você não acredita. Ouça, vi com os meus próprios olhos. É por isso que eles estão perdendo o Iraque.

Caminhei em mais corredores de arame farpado, passando por três postos de checagem. Havia linhas brancas no chão e sinais de tráfego, e percebi que estava na mesma estrada de quatro pistas em que tinha visto as barracas e os holofotes, mas de repente a estrada passara a fazer parte do deserto da Zona Verde, sem uma pessoa, carro ou barraca à vista. Continuando, passei por uma fonte e atravessei as portas de vidro, entrando no saguão de mármore com candelabros do Hotel Al Rashid, onde estava hospedado.

O saguão estava cheio de homens, a maioria de *jeans* e botas de combate no deserto. Um grupo usava camisetas com inscrições jocosas. O hotel e seus empregados tinham sido convocados para o serviço, e aqueles homens eram gente da Coalizão e moravam aos pares nos quartos. Alguns procuravam nas lojas relógios com a efígie de Saddam e despertadores em forma de mesquita cujo alarme era a chamada para a oração. Outros observavam quadros a óleo de cavalos galopando em busca do pôr-do-sol do deserto, talvez aterrorizados pela intensidade química dos raios de carmim e vermelhão.

Subi por uma escada rolante ao lado do salão de baile, e a música moderna de repente se transformou no som dos Gypsy Kings. Num bar à esquerda, jovens bebiam cerveja e uma mulher de meia-idade tentava ler um livro. Um colombiano que tinha sido apresentado a mim como ministro do Planejamento em exercício apertava junto ao corpo uma jovem inglesa mais alta do que ele, fazendo-a recuar com as pernas curtas, passo a passo, em direção ao DJ. Com a mão direita atrás das costas, tomou a mão esquerda dela, fê-la rodar duas vezes, apertou-a novamente contra si e começou a murmurar alguma coisa junto aos longos cabelos castanhos da moça.

Mais tarde dancei ao som dos Rolling Stones com uma mulher de blusa decotada e minissaia. Era da Bósnia e tinha trabalhado com as forças armadas norte-americanas em Sarajevo. Agora cuidava da lavanderia para os funcionários da Zona Verde. Devo tê-la aborrecido com meu pouco conhecimento da língua bósnia, porque de repente ela me deu as costas e foi juntar-se a um grupo de mulheres que pelo porte pareciam pertencer ao exército. O DJ trocou o ritmo da música, e cada mudança trazia um grupo diferente para a pista de dança.

Já era 1 hora da manhã. Do lado de fora da cerca os restaurantes já tinham fechado havia quatro horas, as famílias estavam em seus lares. Bagdá estava em silêncio, das ruínas do palácio otomano na margem do Tigre até as plantações de tamareiras nos arredores da cidade. A maioria dos iraquianos não é especialmente piedosa, e os principais funcionários públicos são capazes de fazer coisas surpreendentes na intimidade, mas não passavam as horas da madrugada em danças lascivas em público com pessoas desconhecidas.

A música mudou de salsa para Justin Timberlake. Os garçons encostados à parede, com os braços cruzados para defender-se do ar-condicionado, deviam estar achando que tinham sido transportados a um bar estranho em outra galáxia. Observavam o ex-oficial britânico do regimento dos gurkhas vestido com uma camisa roxa de cetim de gola alta, o rebolado dos ombros das mulheres européias que dançavam rock qualquer que fosse o ritmo da música e os dois homens enlaçados um ao outro. Na beira da pista, peritos em política monetária, conselheiros em assuntos de gênero, engenheiros e coronéis com os umbigos expostos mexiam as cadeiras diante da platéia meio bêbada sob a bola luminosa da discoteca que girava. Fiquei pensando se os garçons imaginavam que aquela encenação da imagem islamita da decadência ocidental seria a maneira pela qual nos comportávamos todas as noites. Diverti-me muito. Dancei com gente de muitos lugares diferentes, que jamais iriam à mesma boate se não estivessem no Iraque: motoristas de caminhão e soldados, gente de relações públicas e economistas. Encontrei um homem de 50 anos com os cabelos presos em um rabo-de-cavalo, que pertencia a um grupo dos motociclistas Hell's Angels do Alabama e que tinha vindo trabalhar em projetos hidráulicos. Era a primeira vez que saía dos Estados Unidos.

Fui com uma amiga ao *coffee shop* em busca de chá, pão dormido e húmus. Em outra mesa, sozinho, estava Bernie Kerik, ex-chefe de polícia de Nova York e agora ministro do Interior do Iraque. Minha amiga me disse que ele era visto freqüentemente com uma equipe de relações públicas que preparava para a imprensa fotos dele de pistola na mão, trazendo a tolerância zero para Bagdá. Do outro lado da sala fui apresentado a outro homem que também acreditava ser o ministro do Interior. Antes havia encontrado outros dois, cada qual achando ser o encarregado da mídia. Parecia haver muitos chefes naquele palácio, muita gente que tinha sido convocada à Casa Branca para ouvir que havia sido escolhida pessoalmente para governar uma parte importante do Iraque e que ao chegar descobrira que exatamente a mesma coisa tinha sido dita a outra pessoa. Também havia os de outras nacionalidades que tinham sido nomeados por seus políticos para as mesmas funções. Grande parte da energia da CPA era gasta em definir o tamanho dos gabinetes, a composição das equipes de guarda-costas, o acesso aos veículos e helicópteros, as linhas de subordinação e o acesso a Bremer. Isso poderia explicar em parte porque Bernie Kerik ainda não tinha conseguido providenciar um mínimo de armamento, rádio, veículos e uniformes para a polícia iraquiana.

Quando saí do hotel, um homem vestido de *jeans*, com uma pistola do lado direito da cintura e um Kalashnikov ao ombro, pediu para ver meu passe. Reconheci nele um ex-fuzileiro naval norte-americano que trabalhava para uma firma particular de segurança. Conhecia alguns dos colegas dele do tempo do Afeganistão e tínhamos tomado um drinque juntos duas noites antes. Era uma pessoa benquista, e eu o achara engraçado, tranqüilo e irônico a respeito do Iraque.

— Oi, Dave — disse eu —, acho que não tenho passe. Estou sendo escoltado por Catherine. Sou Rory. Duas noites atrás estivemos bebendo juntos, lembra-se?

— Não, não me lembro.

Ele me agarrou pelo colarinho, fez-me girar e empurrou-me com força contra a parede. Algumas pessoas que eu conhecia passaram e olharam para o outro lado. Nesse momento Catherine apareceu.

— Dave, ele está comigo — disse ela, mostrando o passe.

Dave não lhe deu atenção e quando acabou de me revistar, quase encostou o rosto no meu e gritou:

— Se eu encontrar você outra vez a mais de 5 metros de sua companheira vou dar-lhe um chute na bunda e você vai sair daqui voando OK, chefe?

Afastou-se dali sem esperar uma resposta.

Na manhã seguinte tomei o café-da-manhã numa cantina que tinha sido instalada no antigo salão de baile do Palácio Republicano.

A parte central do palácio tinha sido construída para o rei por uma empresa britânica de engenharia. As alas eram obra de Saddam, que mandara colocar quatro grandes esculturas de sua própria cabeça, usando capacete, em cada canto. Noah Feldman, conselheiro constitucional da CPA, as considerava "rococó ditatorial pseudo-andaluz" e os capacetes uma "mistura de *Pickelhaube*[1] prussiano e *keffieh* árabe". O tamanho dos bigodes era importante no antigo mundo otomano. Um dos grandes sultões turcos tinha bigodes tão longos que era preciso amarrá-los na nuca quando lutava; e na cena trágica final do poema épico montenegrino, um companheiro do herói moribundo lhe diz: "Deixe que levante seu bigode para poder ver o ferimento em seu peito." Os bigodes daquelas estátuas de Saddam eram do tamanho de pranchas de surfe.

O teto abobadado da rotunda de mármore da entrada tinha sido pintado para cobrir outro retrato de Saddam. Em uma alcova denominada "Sala de Espera para Visitantes Ilustres" havia sofás com frisos dourados e uma mesa entalhada de malaquita. Notei que a sala do trono tinha sido transformada em capela, e alguns coronéis norte-americanos pareciam estar em meio a uma sessão de estudo da Bíblia.

A cantina no salão de baile principal era gerenciada por uma subsidiária da empresa Halliburton. Na porta, uma tabuleta dizia: "Terminantemente proibidas as armas, isto é, M-16s, Kalashnikovs e armas de cano serrado". Abaixo apareciam as palavras: "Permitidas as pistolas". Os empregados eram muçulmanos paquistaneses, hinduístas do norte da Índia e alguns budistas do Nepal cujo salário era de cem dólares por mês, aparentemente porque os iraquianos locais eram considerados um risco de segurança. Como civil percorrendo zonas de pós-conflito em toda parte, eu estava acostumado a comidas feitas com ingredientes locais. A BBC em Cabul servia frango e salada, mas comprava no mercado. Mas naquela cantina tudo tinha de ser importado dos Estados Unidos, a 19 mil quilôme-

---

[1] Capacete típico prussiano do século XIX, com uma ponta no alto. (*N. do T.*)

tros de distância, grande parte diretamente. O prato mais comum nas refeições eram o hambúrger e os sorvetes; para o café-da-manhã havia bacon defumado, panquecas e melado de *maple*, manteiga de amendoim e leite magro. Consegui usar meu urdu e nepalês para arranjar uma *paratha*[2] e chá doce com os empregados. Sentei-me a uma mesa com um jovem funcionário do Ministério das Finanças britânico. Ele foi amável, mas não parecia ter ouvido falar de minha província, e como estava muito atarefado foi embora logo.

Na parte superior das paredes, fora dos restaurantes, havia provérbios em árabe, esculpidos em mármore. Um deles dizia: "Não pergunte o que tua pátria pode fazer por ti, e sim o que tu podes fazer por tua pátria — Saddam Hussein."[3]

A conferência foi realizada em volta de uma enorme mesa redonda, com microfones em toda parte. Tinham sido convocados todos os coordenadores de governo e os generais de uma e duas estrelas no país. John e Mark tinham vindo por terra de Nassíria e Kut e os coordenadores e generais das regiões curdas vieram de helicóptero. Os ministros e conselheiros graduados, muitos dos quais raramente saíam do palácio, simplesmente desceram um andar, vindos de seus gabinetes. Era uma reunião de cerca de uma centena de pessoas, as de grau mais elevado no governo do Iraque vestidas de uniformes camuflados, botas engraxadas, terninhos femininos ou *keffiehs* em preto-e-branco.

Bremer estava sentado à cabeceira, usando terno e botas de combate, com seu rosto enrugado e os cabelos cuidadosamente penteados. Falava com voz suave e franzia freqüentemente a testa, sem parecer estar satisfeito com as palavras de introdução.

Andy Bearpark, colocado à direita de Bremer e vestido com um terno de agente funerário, foi o orador seguinte.

— Sei que muita coisa está dando errado. Eu e Jerry sabemos disso. — Andy costumava referir-se a Bremer pelo apelido. Todos os

---

[2] Espécie de pão típico da Índia. (*N. do T.*)

[3] A citação original é de um discurso de John F. Kennedy. (*N. do T.*)

demais o tratavam de Embaixador. — Agora é o momento para o plano. Não esperem perfeição.

Um major da "unidade de planejamento estratégico" nos mostrou um *slide* com linhas verticais pretas, oito flechas horizontais amarelas que atravessavam triângulos eqüiláteros vermelhos e brancos e enquadrados por faixas horizontais cor de berinjela, azul-celeste e grená. Esse desenho geométrico estava coberto por um texto. O major começou a falar sobre algumas das prioridades para as três cidades principais.

Um minuto depois, o general Odierno, comandante da Quarta Divisão de Infantaria, que tinha 1,90 metro de altura e 90 quilos de peso, colocou as duas manoplas na mesa e disse em tom agudo, imitando razoavelmente bem o orador:

— Bagdá, Basra, Mosul, Bagdá, Basra, Mosul. — Em seguida, voltando a usar sua voz normal, prosseguiu: — Vocês só falam em Bagdá, Basra e Mosul. Sabem como é a vida lá no campo de ação, em Tikrit e Faluja, para os rapazes que executam as operações?... Tenho de dizer, é frustrante... É duro. Francamente, é duro.

A voz falhou e ele se calou abruptamente.

O major, que não estava habituado a falar com um general de duas estrelas, voltou um tanto nervosamente ao *slide*. Apontou para uma série de flechas amarelas, rotuladas assim:

— Governo
— Economia
— Serviços essenciais
— Ministério da Justiça
— Assuntos de segurança
— Ministério do Interior
— Com. Estrat. — Comunicações estratégicas
— CJTF-7: comando militar da Coalizão.

Cada flecha era cortada por várias linhas pontilhadas que representavam diversas datas entre aquele momento e dezembro de 2005, mais de dois anos antes. As linhas azul-celeste tinham rótulos como

"OIF 2 rotação" e "recrutamento acelerado do exército". As linhas cor de berinjela, mais roxas numa extremidade e mais azuis na outra, denominavam-se "criação de empregos" e "transição para controle iraquiano". Os triângulos representavam os principais indicadores.

Tudo aquilo parecia nos dizer que dentro dos próximos sete meses nós deveríamos, entre muitas outras coisas, eleger uma assembléia transitória, privatizar as empresas de propriedade do governo, instalar pregão eletrônico na bolsa de valores de Bagdá, reformar o currículo universitário, gerar 6 mil megawatts de energia elétrica, entrevistar todos os juízes, selecionar e treinar 32 mil soldados iraquianos para o novo Corpo de Defesa Civil e assegurar que 90% da população tivesse acesso aos programas de televisão em transmissão terrestre. Um documento interativo completo, de cem páginas, estava à disposição e seria constantemente atualizado pela intranet da CPA. E tudo já tinha sido apresentado "aos níveis mais elevados em Washington".

Sir Jeremy Greenstock, o principal representante britânico, comentou:

— Não vamos apresentar esse plano a uma platéia estática.

Queria dizer que a opinião pública iraquiana mudaria.

Houve uma pausa e em seguida um general perguntou:

— Desculpe, será que entendi mal? Você disse que levou este plano aos mais altos níveis de Washington sem consultar nenhum dos que estão em volta desta mesa?

Bremer interveio.

— General, tem havido um extenso processo de consultas; partes deste plano foram vistas por gente em todo o Iraque e todos os departamentos relevantes foram inquiridos.

— Bem, que diabo, eu não vi — disse o general. — Alguém mais nesta sala viu? Algum de meus colegas militares? — Várias cabeças balançaram negativamente. — Algum dos governadores? — Nós, civis, sacudimos a cabeça. — Não acharam que deviam ter mostrado a algum de nós?

— Estamos mostrando agora.

O major tentou falar sobre alguns dos aspectos teóricos da remoção dos baathistas dos postos de governo

— Teóricos? — interrompeu o general Petraeus, comandante do norte, que junto com Odierno era um dos homens mais respeitados dentre os presentes. — Eles estão matando por causa disso.

A lado dele, o outro general rosnou:

— Todos os dias nos dizem cada vez menos, com cada vez menos recursos. Ouço muito falar em diretrizes políticas, mas, na prática, estão nos botando de lado.

Durante a pausa para o café, aproximei-me de um dos membros da equipe de governança. Era um jovem de 23 anos, nomeado por Washington por indicação de políticos. Parecia muito aflito. Dizia-se que a equipe trabalhava vinte horas por dia, perpetuamente preocupada com as críticas que podiam vir da capital e com as reações do Conselho de Governo do Iraque. Em teoria, supervisionavam nosso trabalho nas províncias.

Perguntei o que estava fazendo no momento.

— Estamos propondo idéias para mudar as estruturas de governo — foi a resposta.

No tempo de Saddam, todo o dinheiro, todas as nomeações e todo o poder vinham de Bagdá. Quase nada acontecia em nível local. Washington pretendia instituir uma "estrutura federal restituída", a fim de dar maior poder às províncias. Queria que os ministérios provinciais preparassem e apresentassem seus orçamentos em vez de esperar instruções do governo central e que os Conselhos das Províncias tivessem competência para demitir e nomear os diretores de seus departamentos. Era uma mudança substancial e ia levar muito tempo para organizar, acordar e promulgar os arranjos necessários.

Assenti e observei que o Conselho da Província de Maysan precisava desesperadamente saber quais eram suas atribuições. Os membros estavam cada vez mais insatisfeitos, e não poderíamos transferir-lhes poderes se não tivessem autoridade jurídica.

Ele respondeu que isso só seria possível quando uma constituição provisória fosse redigida e aprovada pelo Conselho de Governo.

— Mas isso pode demorar muito — disse eu. Repeti que seria melhor dar logo poderes explícitos aos Conselhos das Províncias e modificá-los mais tarde em vez de deixar seus integrantes num limbo enquanto esperávamos por uma solução quase perfeita. Sugeri que nós poderíamos nos manter próximos da legislação existente, de 1968, que acentuava o controle central. Eu não achava que os ministérios locais estivessem em condições de preparar e propor seus próprios orçamentos. Não achava que os Conselhos das Províncias tivessem a experiência e competência necessárias para nomear, avaliar e demitir os diretores. Se queríamos desenvolver a capacidade desses Conselhos, deveríamos fazê-lo atribuindo-lhes orçamentos e deixando em vigor os antigos arranjos administrativos.

Ele encolheu os ombros, disse que tinha ouvido minha opinião e que ouviria muitas outras, pediu licença e afastou-se.

— Quando vamos receber a verba para o pagamento dos salários de nosso Conselho? — perguntou um dos governadores nomeados pela Coalizão para outra província xiita quando a reunião recomeçou. — Deveríamos apoiar governos iraquianos. Esse pessoal está trabalhando de graça. Precisamos aumentar os salários dos conselheiros... e já.

Bremer olhou os componentes da mesa e fez um gesto decisivo, falando num tom que parecia vir de seu passado na Escola de Administração de Empresas de Harvard:

— Providencie isso.

Um funcionário respondeu:

— Sim, senhor.

O norte-americano que governava Najaf entrou no debate.

— Não consigo viajar e tenho uma equipe de oito pessoas para atender a uma província de mais de um milhão de habitantes. Temos sorte quando conseguimos nos alimentar. Não há meios de realizar um décimo do que é preciso fazer. Meu escritório não tem acesso à intranet da CPA; como poderemos tomar conhecimento dos planos?

— Nós tampouco — ecoaram várias vozes.

— Bem, Tom — disse Bremer —, estamos nos esforçando por conseguir as coisas que você precisa, mas enquanto isso você terá de fazer o melhor possível com os recursos que tem, e sei que todos aqui vão trabalhar duro para assegurar a você todo o apoio que pudermos dar.

Um general observou:

— O problema não é apenas de segurança. No centro de tudo está o problema econômico. Centenas de milhares de jovens não têm emprego e é por isso que se juntam aos rebeldes. Temos um problema econômico com uma dimensão de segurança.

Bremer finalmente levantou a voz.

— Caia na real — disse, bruscamente. — Não é um problema econômico com uma dimensão de segurança. Temos um problema de segurança e sua função é resolvê-lo.

Concluiu a reunião recordando-nos que nosso objetivo era "criar um Iraque democrático, com governo eleito com base na Constituição, respeitando os direitos humanos".

De volta a Amara, cheguei à conclusão de que preferia a missão de Andy: tranqüilidade e sorvete. Mas qualquer que fosse o plano que eu seguisse — e havia o dos militares, o das agências de ajuda e o do quartel-general regional do sul —, meus chefes estavam a milhares de quilômetros de distância, e eu estava improvisando, com recursos muito limitados. Minha mãe sempre me mandava os *links* de artigos de jornalistas, políticos, acadêmicos, burocratas internacionais e qualquer outro sabichão amador que achasse que entendia do Iraque. Todos eles concordavam que nós, que estávamos lá, não tínhamos feito um planejamento adequado e não sabíamos o que estávamos fazendo. Esse, no entanto, era praticamente o único ponto em que estavam de acordo. Alguns diziam que se conhecêssemos história agiríamos com muito mais firmeza e deixaríamos de procurar agradar os iraquianos (a escola de 1938); outros, que devíamos nos retirar de uma situação irremediável (a escola do Vietnã). Diziam que havíamos expulsado demasiados membros do regime antigo ou que tínhamos deixado muitos deles em seus cargos; que usávamos demais as tribos ou não as usávamos suficientemente; que nossas reformas eram rápidas demais ou lentas demais; que éramos brutais ou que éramos brandos; que nunca teríamos segurança sem desenvolvimento econômico ou desenvolvimento econômico sem segurança; que os iraquianos precisavam de muito mais ajuda externa ou que precisavam poder governar-se a si mesmos.

Claro que tudo isso era verdade — precisávamos fazer mais e precisávamos fazer menos —, e sabíamos disso perfeitamente. O Iraque tinha necessidade de segurança, educação e saúde adequadas, de leis que fossem cumpridas, de uma boa economia, menos corrupção, proteção dos direitos humanos, estruturas civis robustas e governo democrático. Em nossas sociedades existiam muitas dessas coisas. Mas nenhum desses lugares-comuns, nem as "lições" aprendidas na Alemanha e no Japão do pós-guerra, nos Bálcãs ou no Afeganistão, nem a história do Oriente Médio podiam nos dizer como conseguir realizá-las no Iraque moderno. Menos ainda nos diziam até quando devíamos tolerar a corrupção, a violência e a incompetência antes de intervirmos. Quando devíamos pacificar e quando devíamos matar? Em que circunstâncias nossos governos estariam dispostos a matar iraquianos e em que condições aceitariam sacrificar seus soldados?

Quando os britânicos tomaram o Iraque depois da Primeira Guerra Mundial, o país era uma sociedade rural simples. O nacionalismo e as políticas islamitas apenas começavam a ganhar vigor. Os funcionários britânicos eram conhecedores do mundo árabe com décadas de experiência em administração colonial e dedicação de longo prazo à região. Possuíam instituições fortes e tinham liberdade para ser maquiavélicos quando precisassem. Mesmo assim, como os iraquianos não os queriam e o público britânico não os apoiava, ao fim de dez anos concluíram que a melhor coisa que podiam fazer era deixar assentadas as bases da segurança e um governo capaz de funcionar e sair de lá o mais depressa possível. Um planejamento melhor, gente mais qualificada e mais soldados poderiam ter-nos conferido uma pequena vantagem em 2003, mas um governo estrangeiro direto, imaginava eu, jamais transformaria o Iraque em uma democracia liberal.

Misturado a essas preocupações havia um sentimento de culpa. Tínhamos prometido democracia e achávamos, como dissera Bremer, que esta era a única base legítima de governo, mas não acreditávamos que o Iraque estivesse preparado para eleições. Achávamos que era preciso permanecer lá, mas tínhamos vergonha da ocupação. Controlávamos a vida de pessoas que não tinham nos chamado e que não tinham votado em nós. Queríamos justificar a invasão fazendo coisas boas, mas pouco conhecíamos sobre o povo que nos rodeava e sua cultura. Todos os dias nos arriscávamos com informações insuficientes, confiávamos e suspeitávamos, persuadíamos burocratas hesitantes, ameaçávamos, recompensávamos e seduzíamos. Eu precisava correr riscos e escolher aliados — e praticamente qualquer que fosse nossa decisão outras pessoas iriam morrer.

Parte Dois

Morte de um herói

... para tratarmos com os inimigos de maneira eficaz, para conseguirmos aliados, conquistarmos pela força ou pela astúcia, inspirarmos ao mesmo tempo devoção e temor reverencial ao povo, sermos obedecidos e respeitados com temor pelos soldados, neutralizarmos ou destruirmos os que poderão nos prejudicar, substituirmos instituições antigas por novas, sermos ao mesmo tempo severos e bondosos, ao mesmo tempo magnânimos e generosos, dispensarmos combatentes leais e formarmos um novo exército, mantermos alianças com (...) outros governantes de tal forma que ou se alegrem em nos ajudar ou que dificilmente nos façam mal.

Maquiavel, *O príncipe*, capítulo 7

Preces de sexta-feira

> Muitos o consideravam ambicioso, alguém que transgrediria as regras do governo por causa da sua ousadia e de seu temperamento; e como não havia meio de resistir a ele com as instituições existentes na república, exceto organizando um partido rival, ele tratou de ir arrebanhando partidários, sem temer coisa alguma a não ser os métodos ilegais; por outro lado, como seus adversários não tinham forma legal de se livrar dele, passaram a usar métodos ilícitos e acabaram recorrendo às armas.
>
> Maquiavel, *Discursos,* livro 1, capítulo 7
> (Descrição de Francesco Valori)

SEXTA-FEIRA, 24 DE OUTUBRO

No dia 24 de outubro de 2003, alguém tirou uma foto da soldado Lynndie R. England segurando uma corda amarrada no pescoço de um prisioneiro nu. No mesmo dia, o chefe de polícia, Abu Rashid, subiu os degraus da mesquita principal, cumprimentando as pessoas que passavam. No pátio da entrada tirou os sapatos e as meias e entregou-os ao guardador. Caminhou até as pias, sentindo o calor dos ladrilhos sob os pés, arregaçou as mangas da camisa e as pernas das calças e lavou cuidadosamente os pés e os braços musculosos, passou os dedos pelo contorno das orelhas e pisou no tapete do salão a fim de juntar-se aos demais para as orações do meio-dia.

Na década de 1980, quando foi pela primeira vez para o Irã, poucos xiitas compareciam às preces do meio-dia; a prática era então associada aos sunitas e ao governo. Mas no início dos anos 1990 Sadr II começou a promover ativamente o comparecimento às orações, ocasião em que ele próprio e seus jovens seguidores faziam sermões altamente emocionais contra as mulheres que não usassem véu, invocavam os gloriosos mártires e advogavam um governo mais religioso.

Saddam, que inicialmente apoiara Sadr II por causa de seu nacionalismo e suas atitudes antiiranianas, ficou satisfeito quando Sadr chamou de traidor e espião o líder de um dos partidos xiitas baseados no Irã. Mas, por volta de 1998, as críticas de Sadr II à corrupção, ao secularismo e à decadência já eram cada vez mais perigosas. Embora Saddam afirmasse ser descendente do Profeta (e, portanto, primo distante de Sadr II) e tivesse começado a subvencionar as mesquitas xiitas e a orar em público, ele, no fundo, era um líder sunita e chefe de um partido moderno e secular. Achou-se traído quando os religiosos xiitas aderiram à rebelião em 1991 e, enquanto degustava seu vinho rosé português favorito, provavelmente sentia, como muitos habitantes privilegiados de Bagdá, certa aversão em relação àquele radical de barbas brancas e turbante. Proibiu a distribuição dos sermões feitos por Sadr às sextas-feiras e em 1999 mandou matá-lo, junto com dois de seus filhos.

O assassinato transformou em seita popular mais poderosa do Iraque um movimento que já era cada vez mais importante. O filho de Sadr II, Muqtada, e o principal assessor do líder morto, um engenheiro erudito de meia-idade que virara teólogo, levaram adiante seu legado.

Naquela sexta-feira em que Abu Rashid entrou na mesquita, o sermão ia ser proferido pelo jovem líder sadrista Seyyed Hassan, de 29 anos, amigo de Muqtada. Esperava-se que falasse contra a Coalizão, como acontecia com freqüência. Havia centenas de homens entre os fiéis, a maioria tendo passado a manhã em casa com a família, pois o fim de semana muçulmano começa na noite de quinta-feira. Talvez porque o Ramadan fosse começar na semana seguinte a refeição matinal tivesse sido mais agradável. Alguns tinham levado os filhos, mas Abu Rashid estava só. Seyyed Hassan o viu, cumprimentou-o com a cabeça e sorriu, satisfeito com a presença do chefe de polícia, segundo me disse mais tarde. Depois do culto, Abu caminhou até a entrada da mesquita, calçou os sapatos e começou a descer os degraus.

Pouco depois, alguém entrou correndo em nossas instalações, gritando: "*Mudir-as-shurta... jamia... shabab. Sadriin. Quwat-al-ihtilaf — silah — ku-el-el.*" Chefe de polícia... mesquita... um jovem... Sadristas.... forças da Coalizão... armas... mataram! Como eu conhecia melhor o vocabulário do que a gramática, inicialmente não entendi quem tinha matado e quem tinha sido morto, mas o tradutor rapidamente preencheu os hiatos. Quando o chefe de polícia chegou à base dos degraus, ouviram-se dois tiros. Abu Rashid caiu de costas, com o sangue se espalhando em seu peito. Houve uma confusão, dois tiros mais e alguém saiu correndo.

Nosso chefe de polícia tinha sido assassinado. O matador escapou.

Uma hora depois, alguns dos muitos primos de Abu Rashid que pertenciam à polícia atacaram a mesquita. Raptaram Seyyed Hassan e outro jovem religioso e os levaram à região tribal de Nowaffel, nos pântanos. Prenderam-nos em uma cabana e os espancaram, ameaçando matá-los se não revelassem a identidade do assassino. O quartel-general de Sadr II, que queria salvar seu líder, deu instruções aos fiéis para que saíssem às ruas e avançassem contra a chefatura da polícia. A eles se juntou a milícia sadrista do Exército do Imã Redentor, armada com Kalashnikovs, granadas de propulsão a foguete e espadas de lâmina curva. A milícia do Príncipe dos Pântanos protegia o telhado da chefatura com armas pesadas. Nesse ponto, segundo testemunhas, um veículo misterioso, de vidros escuros, entrou na ponte sobre o Tigre, abriu fogo contra os dois grupos e afastou-se.

Na época, pouco soubemos do que acontecera. Vimos apenas as multidões que se aglomeravam nas ruas e depois, ao crepúsculo, o clarão dos foguetes que passavam por sobre o Tigre. Durante um par de horas o tiroteio e as explosões continuaram. Uma testemunha afirmou que o príncipe tinha sido o primeiro a abrir fogo. Outros culparam os ocupantes do misterioso veículo, classificados, entre outras coisas, de "provocadores baathistas" ou de "*Ittila'at, al-Haras al-Thawri*" — agentes secretos iranianos, Guarda Revolucionária.

O coronel e seu grupamento de combate — a Real Guarda Escocesa de Fronteira — tinham chegado ao fim do período de permanência no Iraque e estavam em processo de transferência da missão a seus sucessores, o batalhão de Infantaria Ligeira. Com isso, o comandante que partia conseguiu colocar grande número de carros blindados britânicos entre os dois grupos que se enfrentavam; o tiroteio cessou e os iraquianos trataram de recolher os mortos e feridos. Algumas crianças tinham sido atingidas pelas granadas. No dia seguinte alguém disse que tinha havido somente dois mortos, mas um oficial de cavalaria britânico afirmou que tinha passado com seu tanque por pelo menos dois mortos e que acreditava haver muitos mais.

Às 10 horas da manhã do dia seguinte, Seyyed Hassan, o religioso raptado, foi libertado pela tribo Nowaffel, e eu fui visitar o Príncipe dos Pântanos, acompanhado pelo velho coronel e pelo conselheiro policial britânico.

O dia estava luminoso e fresco e eu ia sentado na traseira aberta de um dos Land Rovers do coronel que se despedia. Chegamos à aldeia pela estrada principal. Teoricamente, sendo civil, eu não deveria estar em um veículo não-blindado, embora o colete à prova de balas estivesse machucando minhas costas e eu estivesse protegido por soldados armados. Atrás de nós seguia um grande contingente de soldados porque havia boatos de novos distúrbios.

Pelo rádio eu ouvia as siglas usadas pelos militares para disfarçar tanto a farsa quanto a tragédia e, olhando o mapa ao meu lado, percebia que eles haviam imposto à paisagem suas próprias classificações e nomenclatura. Num táxi eu teria ido da estrada 1 à estrada 6, e com minha equipe de guarda-costas teria passado da Zona Vermelha 11 para a verde 4, mas com os militares eu tinha ido de Tampa a Quebec — os britânicos e norte-americanos dividiam entre si os nomes das estradas — um de cada vez.

No canhão montado no teto, atrás de mim, um soldado vestia uma jaqueta de proteção contra estilhaços, porque havia falta de camuflagem para o deserto. Tinha uma das mangas arregaçada, mostrando uma tatuagem geométrica no braço queimado pelo sol, e sem saber o que tinha acontecido na noite anterior, ou sem lhe dar importância, erguia os polegares para todos os que passavam. Mas não havia veículos nas ruas, e os iraquianos que víamos não nos olhavam. Dois jovens estavam agachados atrás de um muro, talvez temendo represálias.

O coronel tinha dado a entender que já havia nomeado outro membro da milícia do príncipe — o "coronel" Nadim — como novo chefe de polícia. Eu não queria outro miliciano polêmico que poderia ser assassinado em poucos dias, tampouco um chefe que fosse controlado pelo príncipe. Aquele assassinato nos instava a conseguir um novo chefe mais respeitado por todos. Eu queria que o Conselho da Província participasse da escolha, mas quando tentei levantar o assunto com o coronel, ele respondeu que estava ocupado. Insisti, e ele afirmou que não havia nomeado ninguém. Por isso entrei em contato com Basra e informei que o subchefe de polícia, o general-de-brigada Sabih, seria o chefe interino enquanto procurávamos um sucessor.

Passamos por baixo da ponte e pela avenida que margeava o rio, praticamente sem tráfego. Notei uma tenda preta sendo erguida na margem. Em seguida, entramos no reduto do Príncipe dos Pântanos. Ele, no entanto, não estava no portão à nossa espera, mas sim no gabinete de trabalho. Levantou-se, apertou rapidamente nossas mãos e sentou-se de novo.

— Lamentamos muito o que aconteceu, Abu Hatim — disse o velho coronel.

— Obrigado, coronel.

— Ele foi morto porque estava fazendo um bom trabalho — acrescentei.

O príncipe assentiu.

— Ninguém atira pedras numa palmeira que não dá boas tâmaras.

— Foi um dia terrível.

Houve uma pausa.

— Pode nos dizer o que aconteceu? — perguntei.

— Já contei ao coronel. Primeiro, os sadristas mataram Abu Rashid; depois, atiraram em mim — disse ele — e em minha família. O pessoal de Sadr, o Exército do Imã Redentor. Usaram granadas de foguete. Foi ontem à noite. Viu isso? — O príncipe olhou em volta e prosseguiu: — É a sua oportunidade, coronel. É preciso atacar esse ninho de cobras. Estão ocupando ilegalmente aquele prédio do outro lado da estrada. Ataque-os agora, confisque as armas deles, expulse-os de lá, porque são assassinos; são os matadores de Abu Rashid; Abu Rashid, o mártir. Ontem eles arrancaram os olhos dos cadáveres.

Era a segunda vez que eu o ouvia afirmar que tinha visto cadáveres com os olhos arrancados — parecia ser uma maneira de classificar crimes de guerra.

Temendo que o príncipe estivesse usando a situação para eliminar os rivais e que se fizéssemos o que ele aconselhava estaríamos nos arriscando a perder totalmente o controle da situação, eu disse:

— Abu Hatim, temos absoluto respeito por você. Sabemos que você tem sido um bom amigo da Coalizão, mas o pessoal do Sadr foi provocado. Alguém raptou o líder deles. Eles não foram os primeiros a abrir fogo.

— Está me colocando no mesmo nível dos sadristas? — disse o príncipe. — Meus homens atiraram em defesa própria. A milícia dos sadristas estava atacando a polícia. Coronel — prosseguiu ele, ignorando-me novamente —, vai atacar os sadristas esta tarde? Se não os atacar, eu o farei.

— Abu Hatim — intervim novamente —, você não vai atacar os sadristas. Não tem autoridade legal para levar homens armados às ruas, e as tropas britânicas atirarão em quem o fizer.

O príncipe olhou para a parede, esperando que o coronel dissesse alguma coisa, mas este ficou calado. Seus longos dedos morenos apalparam a barra dourada do manto e em seguida, como se tivesse decidido ignorar minha rudeza, voltou-se novamente para o coronel.

— Viu o corpo de Abu Rashid?

— Ainda não.

— Ele foi morto com duas balas de alta velocidade. Isso fica evidente pelos ferimentos de saída. Os disparos foram feitos de uma sala acima da praça. O assassino desceu as escadas e foi visto por um de meus homens, que atirou nele. Mas ele conseguiu fugir, mesmo com a camisa branca manchada de sangue, e nós o perdemos. O coronel Nadim já assumiu como novo chefe de polícia?

— Bem, Abu Hatim — disse o coronel —, vamos precisar conversar mais sobre isso.

— Não há nada a conversar. Foi uma excelente decisão. — O príncipe se levantou, gritou para alguém no corredor para que se apressasse e saiu da sala. Voltou um minuto depois trazendo uma bandeja com Coca-cola e Fanta. Fez um gesto para que nos servíssemos e sorriu para mim.

— Abu Hatim — disse o coronel —, Nadim foi nomeado apenas interinamente.

— No Iraque não há nomeações interinas, coronel — disse o príncipe. — Quem é chefe de polícia uma vez será sempre chefe de polícia. Não pode haver um vácuo. Nadim é o único que pode assumir a chefia.

— Abu Hatim — interrompi —, o subchefe Sabih vai assumir por enquanto.

— Sabih? O general-de-brigada Sabih? — O príncipe virou bruscamente a cabeça para olhar para o tradutor, como se tivesse ouvido mal.

— Sabih — repeti eu.

— Sabih — disse ele, com desprezo — é um baathista incompetente.

— Sabih é o subchefe. Esse é o procedimento legal. Vamos nomear uma Comissão de Segurança Pública do Conselho da Província a fim de escolher o novo chefe de polícia...

— Está dizendo que um grupo de espiões iranianos é uma comissão?

— ... acrescido de cidadãos independentes.

— E enquanto isso, Sabih — disse ele, com ar de nojo.

— Com a ajuda de Nadim — acrescentei.

O príncipe ficou calado por um instante e depois, ignorando-me novamente, olhou em volta da sala e falou, lentamente e em voz baixa:

— Se não quiser me ouvir, o problema é seu, se preferir destruir esta província e não se importar com o que pode acontecer, se não quiser confiar num patriota. Já lhe disse que esta é a sua oportunidade de destruir o comando dos sadristas e que ninguém os apóia.

— Você disse que ontem à noite eles puseram milhares de pessoas nas ruas — disse eu. Percebi que todos os estrangeiros que estavam na sala se sentiam pouco à vontade. Não estavam gostando de me ver discutir com o príncipe, mas imaginei que também não estivessem dispostos a aceitar o conselho dele.

— Eram assalariados. Há outra possibilidade, que é prender o pregador Seyyed Hassan.

— Mas ele ainda estava em poder dos raptores quando a batalha começou; portanto, não pode ser diretamente responsabilizado — insisti eu.

— Ele é inimigo de vocês — disse o príncipe, pausadamente. — Prega a revolução contra a Coalizão. Prendam-no, mandem-no para a prisão militar de Basra.

— Gostaria de aceitar seu conselho, Haji. Tenho enorme respeito por você. Mas poderia citar alguma coisa que ele tenha dito, armas que tenha em seu poder, algum ato de insurreição?

— Ele é um homem mau — replicou o Príncipe dos Pântanos.

— Mas o que foi que fez?

— Ele é mau. Todo mundo sabe disso. Dou-lhe minha garantia do que estou dizendo. Se ele não fosse mau, eu não proporia que fosse encarcerado. Não respeitamos esse homem nem sua autoridade. Agora nossa lealdade está com Bremer. Bem, coronel, venha comigo ver o local do crime e o corpo do mártir.

No caminho de volta ao acampamento, passei pelo antigo cemitério militar britânico, que tinha sido convertido em plantação de arroz. Havia algumas lápides perto da cerca e uma cruz branca no centro do campo, um longo muro e uma cúpula mongol em ruínas que anteriormente devia ter marcado as tumbas de hinduístas e maometanos. Num muro escuro de granito havia uma inscrição:

> 1914-1920. Os oficiais e soldados das Forças do Império Britânico cujos nomes estão aqui gravados estão enterrados ou homenageados neste cemitério, que contém também os túmulos de 925 de seus camaradas cujos nomes não são conhecidos.

O muro prosseguia por 50 metros de cada lado, com dezenas de distintivos e milhares de nomes. Meu regimento, o Black Watch, era o que mais perdas tinha sofrido: havia trezentos nomes, metade de um batalhão, inclusive um general-de-brigada. Ao lado deles havia nomes de soldados de regimentos que já não existiam nos exércitos britânico e indiano: Durham Ligh Infantry, Bicycle Corps, Sikhs, Punjabis, Baluch, muitos dos quais tinham perecido ao tentar resgatar o general Townshend do cerco de Kut em 1916. Nenhuma das pessoas com quem eu tinha conversado em Amara havia mencionado esse período de sua história, quando Amara possuía uma numerosa guarnição e um hospital britânicos, embora aquela época ainda tivesse sido contemporânea de seus pais.

Enquanto esperava a Comissão de Segurança no acampamento, mandei um e-mail à Comissão de Túmulos de Guerra da Comunidade Britânica, pedindo que fosse atribuído um salário ao zelador do cemitério, que, pelo que eu sabia, já trabalhava havia dez anos sem nada receber. Depois fiquei andando para lá e para cá, apertando os olhos ao sol do meio-dia, chutando pequenas nuvens de poeira a cada passo, pensando no que poderíamos fazer. A morte de Abu Rashid não me parecia particularmente real. Ele se mostrara muito forte e robusto em nosso encontro da semana anterior. Poderia eu imaginar aquele fim para uma vida cheia de perigos, ou não estaria bem sintonizado? Talvez a natureza de minha interação com os iraquianos — reuniões formais, com palavras cuidadosamente escolhidas e suspeitas mútuas, seguidas de análises e relatórios por escrito — me impedisse de simpatizar completamente com eles. Imaginei que os iraquianos teriam sentimentos semelhantes se eu fosse morto.

Entrei na sala de conferências com o conselheiro policial, subchefe de um distrito do Serviço de Polícia da Irlanda do Norte, o coronel que partia e seu sucessor, um oficial inglês de infantaria, homem de ombros largos e ar cansado. Alguns dos líderes da província já estavam à nossa espera, sentados em cadeiras de plástico. As cortinas de blecaute tinham sido erguidas, revelando fragmentos de vidro sujo de areia e remendado com papelão. Ninguém ainda tinha pintado as paredes cheias de buracos.

O religioso Abu Mustafá me olhou e levantou a mão numa saudação.

— *Allah Bakheir.*

— *Allah Bakheir* — respondi. Em seguida o corpulento prefeito de Maimuna, uma das cidades da província, também me cumprimentou com um gesto. Estava representando o príncipe e o irmão deste. O general-de-brigada Sabih, meu candidato ao posto de chefe de polícia, tinha as longas pernas estendidas diante de si como se quisesse exibir ao máximo as meias pretas de seda. Tinha sido policial durante trinta anos no governo anterior.

O subchefe irlandês começou a falar, com seu sotaque típico:

— Inicialmente quero expressar meus profundos sentimentos a todos pela morte do general-de-brigada Abu Rashid. Ele foi um patriota, um herói e um grande chefe de polícia.

Todos concordaram com a cabeça. Tinham dito a mesma coisa, até os muitos dentre eles que me haviam pedido para demiti-lo e os que tinham desejado sua morte.

— Sei como se sentem — prosseguiu o irlandês. — Durante o tempo em que estive na polícia, perdemos mais de quatrocentos homens na Irlanda do Norte, muitos deles meus amigos. Temos de demonstrar agora, com nossa firmeza, que não nos acovardaremos nem nos intimidaremos e que continuaremos a obra dele.

Quando terminou de falar, um dos líderes da facção iraniana tomou a palavra.

— A polícia está cheia de remanescentes do Baath. Os criminosos não têm medo dela. Se vocês tivessem seguido meu conselho de adotar o modelo iraniano, com milícias civis para obter informações do público, nada disso teria acontecido.

— Precisamos organizar três grupos de polícia secreta — acrescentou o xeque Rahim.

Nenhum dos dois deu opinião sobre quem poderia ter sido o assassino de Abu Rashid e nem sobre o motivo do crime.

O coronel que estava para deixar o cargo disse que a Real Polícia Militar ia fazer uma investigação completa do assassinato. O comandante do Badr murmurou que a polícia e a Coalizão não estavam fazendo nada e depois ficou outra vez em silêncio. Parecia estar preocupado. Imaginei que fosse por causa dos distúrbios, mas depois fiquei sabendo que seu filho de 15 anos tinha acabado de morrer em casa, brincando com uma pistola.

— E o senhor, coronel Nadim? — perguntei. — Pode explicar o que está acontecendo na polícia?

O coronel Nadim olhou-me e riu. Depois relanceou os olhos pela sala e riu novamente; um riso franco, natural. Era um homem de cerca de 40 anos, de porte atlético. Estava curvado para a frente na cadeira, olhando para o chão como se as marcas da areia no assoalho fossem mais interessantes do que a nossa conversa.

— E então? — insisti.

— Vamos ser honestos — disse ele, levantando-se. — O que importa é pegar a pessoa que matou Abu Rashid. — Enquanto falava trocou o pé de apoio e olhou de novo para o chão. — Em minha força policial há 95 homens que são parentes de Abu Rashid e estão todos chocados. Não vamos perder tempo falando de "investigações especiais" e "agir de acordo com a lei". Todos sabemos que a melhor maneira de trabalhar é com os canais tribais, e se andarmos depressa, com ou sem uniforme de policial, jogando duro com algumas pessoas... Bem, é assim que se faz. Não sei onde o senhor pensa que estamos...

— O senhor devia comportar-se melhor do que isso — interrompeu, brandamente, o recém-chegado coronel do batalhão de Infantaria Ligeira. — Não é assim que nós trabalhamos. Sei que vai ser difícil, mas...

— Você é policial, Nadim — interrompi eu. — Isso é completamente errado: seu dever é para com a lei.

— Meu primeiro dever e o dever de todos é para com Abu Rashid. Temos de passar ao largo da lei. Agora vou dizer as providências que já tomamos — completou, abrindo um caderno de notas.

Um iraquiano mais idoso se levantou, pesadamente...

— Isso é inaceitável, Nadim. Eu também fui policial antes de ser juiz, formei-me na academia de polícia, e o que vimos nos últimos dois dias é uma vergonha: policiais à paisana sem mandados de busca, assassinatos, seqüestros, guerra civil. Temos de trabalhar dentro da lei; é nossa responsabilidade, de todos nós, acatarmos a lei e não deixá-la de lado.

O comandante do Badr, Abu Maytham, interveio:

— Você, Nadim, quando usa os métodos tribais, se esquece de que os homens que você ataca também têm suas tribos e que o ciclo continuará.

Nadim, que até dois meses antes era guerrilheiro nos pântanos, não quis entrar em polêmica. Olhou em volta, riu novamente e voltou a sentar-se.

O subchefe de polícia irlandês falou:

— Nadim, a pessoa que veste o uniforme de policial assume uma responsabilidade difícil e corajosa; não se pode vesti-lo e despi-lo à vontade, como ouço dizer que foi feito quando raptaram o sacerdote. Não se pode trair o uniforme e o que ele representa.

Nadim assentiu com a cabeça, sem convicção.

Em seguida manifestaram-se milicianos ligados ao Irã, acentuando que a culpa, na verdade, era dos sadristas. Era preciso fechar a organização. Como estes não estavam representados na reunião, não havia quem os defendesse.

O general-de-brigada Sabih afirmou estar decidido a assumir os riscos, enfrentar os criminosos e jamais agir fora da lei.

Às 3 horas vários membros da milícia apoiada pelo Irã começaram a me fazer sinais dos fundos da sala, levantando as mãos abertas e passando-as pelo rosto num gesto de prece.

Interrompi a reunião.

— Acho que é hora das preces da tarde. Obrigado a todos.

Fiquei sozinho, de pé com o coronel que partia, seu sucessor e alguns dos oficiais mais graduados. Expliquei ao novo coronel que a organização sadrista detestava o príncipe em parte por ter sido excluída do poder. Acrescentei que estava pensando em formas de integrá-la ao novo Conselho da Província.

O coronel que ia partir voltou-se para mim. Em geral era uma pessoa controlada, mas de repente perecia ter ficado muito zangado.

— A culpa é sua — disse ele, erguendo a voz com sotaque escocês. — Você e o CPA estão brincando com fogo. Alentaram essa gente da organização sadrista ao conversar com eles. Vocês são tão maus quanto os que levaram terroristas irlandeses como Gerry Adams e McGuiness ao parlamento da Irlanda do Norte.

Respondi também aos gritos, mas antes que eu terminasse ele já tinha saído, deixando-me sem poder replicar que não tínhamos tido outra opção na Irlanda do Norte e não tínhamos opção no Iraque. No dia seguinte, ele e seu regimento retornaram à Grã-Bretanha.

Na manhã seguinte a comissão supervisora de "líderes locais" se mostrou furiosa. Nós éramos os culpados pela falta de segurança na província, disse o presidente, porque não lhes tínhamos dado nenhum poder. O rude prefeito de Maimuna falou em atacar a sede da organização sadrista. Quase metade dos membros da comissão ameaçou renunciar. Lembrei-lhes tudo o que eu tinha feito nos meses anteriores para que as coisas começassem a funcionar: o novo secretariado, a reforma do prédio que ocupavam, os novos projetos de desenvolvimento, os esforços levados a cabo com Bagdá para esclarecer os poderes deles e a fixação de seus salários. Lembrei que ia transformar a comissão em Conselho da Província e dar-lhes competência para eleger um governador. Em seguida, perguntei:

— Quem gostariam de ter como chefe de polícia interino?

O debate tendeu a favor do general-de-brigada Sabih, o homem que usava meias de seda. Ao convencer-me de que essa era a disposição geral, propus uma votação, e todos o apoiaram, inclusive, para minha surpresa, os partidários do príncipe.

— Ótimo — disse eu. — De acordo com os desejos dos senhores, o general-de-brigada Sabih será o chefe de polícia interino.

— Mas nós continuamos sem ter poder — insistiu o xeque Rahim.

— De que está falando? — perguntei, desonestamente. — Acabam de escolher o chefe de polícia da província. Que mais poderes querem?

Um dos religiosos retrucou:

— É um começo importante, mas só um começo. Mas agradeço, Seyyed Rory, por nos dar essa oportunidade.

Ao deixar a sede do Conselho da Província, recebi um recado me pedindo que fosse imediatamente ao quartel-general do batalhão. O príncipe tinha mudado de idéia e resolvera que o chefe de polícia devia ser um homem chamado Seyyed Talib, que estava naquele momento no gabinete do novo coronel.

Seyyed Talib não tinha mais de 1,60 metro de altura e seu turbante parecia querer cair de sua cabeça, como se estivesse bêbado. Estava acompanhado pelo alto e confiante coronel Nadim, o capelão da polícia, Seyyed Faqr, e um dos irmãos do falecido Abu Rashid.

Perguntei se ele tinha experiência como policial.

O homem pareceu confuso. Um dos outros interveio, dizendo que ele era novato no assunto.

O novo coronel quis saber o que ele pensava fazer em relação à segurança.

Novamente ele se mostrou confuso e ficou calado. O irmão de Abu Rashid murmurou alguma coisas sobre postos de controle.

Ficou claro que Seyyed Talib vinha de uma família respeitável de religiosos, ligada à tribo Nowaffel de Abu Rashid. Era uma figura proeminente em Al Uzeyr, a maior cidade do sul de Maysan, famosa por abrigar restos mortais do profeta Ezra e por sua posição dominante na atividade iraniana de contrabando. Embora eu e o coronel o víssemos como uma figura um tanto patética e um ridículo candidato a chefe de polícia, ele era de fato respeitado em sua região devido à arbitragem que fazia em disputas tribais. No entanto não seria possível nomeá-lo sem alienar toda a Comissão Supervisora. O novo coronel explicou delicadamente que o chefe interino seria Sabih. Seyyed Talib teria oportunidade de candidatar-se a chefe de polícia quando fizéssemos um processo público de seleção. Ele não pareceu preocupar-se com isso e não se candidatou quando realizamos o processo.

Em seguida fui ao estádio, onde quatrocentos policiais me esperavam. O vento estava forte e tive de gritar para me fazer ouvir. Disse-lhes que Abu Rashid era um mártir, mas todos permaneceram com a fisionomia impassível. Vi, na primeira fila, Seyyed Faqr, o capelão da polícia. Estava paramentado, mas todos os demais envergavam os uniformes, o que tornava impossível saber quais eram os que pertenciam à facção do Príncipe dos Pântanos, à das brigadas iranianas ou à antiga polícia baathista. Um dos policiais me interrompeu para perguntar se eu queria examinar seu projeto de engenharia para a construção de uma nova ponte. Surpreendentemente, poucos fizeram longos discursos elogiando Abu Rashid.

A notícia que lhes dei de que o general-de-brigada Sabih seria o chefe de polícia interino foi aparentemente recebida com tranqüilidade.

Não esperou a resposta

> As acusações falsas não precisam de testemunhas e nem de outra confirmação para serem provadas, e por isso qualquer pessoa pode ser difamada por qualquer outra...
>
> Maquiavel, *Discursos,* livro 1, capítulo 8

SEGUNDA-FEIRA, 27 DE OUTUBRO

Paguei com meu próprio dinheiro um boi para o funeral de Abu Rashid (essa despesa não podia ser considerada oficial) e fui apresentar minhas condolências, por ser o terceiro dia de luto. A família havia se reunido nas tendas pretas que eu tinha visto sendo erguidas na margem do rio junto à casa do príncipe dois dias antes. Na entrada havia uma tabuleta que registrava meu donativo como "expressão de consideração e luto da CPA". A tenda, feita de lã de cabra, tinha a forma de um longo túnel e talvez houvesse cem homens sentados em cadeiras de plástico de ambos os lados.

Os xeques permaneciam em silêncio, rígidos como estátuas, vestidos com mantos esvoaçantes de lã, finos como seda. No centro estava Muhammad Abbas Muhammad Al Araybi, principal chefe da tribo Albu Muhammad, a confederação da qual fazia parte a tribo do chefe de polícia. Seu avô, Muhammed Al Araybi, tinha sido um senhor feudal imensamente rico, famoso em todo o Iraque. Ele combatera os britânicos e depois se aliara a eles na Primeira Guerra Mundial. Dizia-se que imediatamente antes da invasão de 2003

Muhammad Abbas tinha aparecido na televisão assinando com sangue o compromisso de dar a própria vida em defesa de Saddam e conclamando sua tribo a opor-se à invasão. Era agora um de nossos principais aliados. Ele se levantou, beijou-me e fez-me sinal para que me sentasse ao seu lado. À sua volta estavam alguns xeques menos importantes, inclusive os irmãos do chefe de polícia. Abracei o pai de Abu Rashid e repeti a expressão de meus pêsames, minha admiração e minhas condolências. Em seguida, fiquei sentado, em silêncio, junto aos homens. De vez em quando meus olhos encontravam os de alguma pessoa da família e eu cumprimentava com a cabeça. Todos mostravam nos olhos seu pesar. Muitos pareciam ter chorado.

De volta ao escritório, encontrei à minha espera os três líderes das milícias apoiadas pelo Irã. Informaram que o Príncipe dos Pântanos tinha acabado de raptar três homens e escreveram os nomes em um pedaço de papel.

Depois que se foram, um intérprete bateu à minha porta.

— O xeque Kadim Mushettat está aqui para visitá-lo.

— Quem é ele?

Depois de um mês em minhas funções eu era capaz de recitar de memória os nomes de cem líderes locais e quarenta tribos e partidos diferentes. Senti-me, portanto, frustrado por saber da existência de um xeque que eu não conhecia.

— De que tribo?

— Não sei. Um grande xeque... talvez da Albu Muhammad.

Kadim Mushettat era um homem corpulento de meia-idade, cuja entrada rápida e confiante me deu a entender que se considerava importante. Começou dizendo-me que eu também era um xeque tribal, famoso por meu conhecimento das tribos iraquianas. Isso me impediu de perguntar de que tribo ele vinha. Queixou-se de que ninguém de sua tribo tinha emprego e que sua empresa de construções não recebera nenhum contrato. Deu-me um folheto que explicava, num inglês sofrível, que a empresa tinha capacidade para executar qualquer obra, desde trabalhos de pedreiro até atividades relacionadas à indústria "areoespacial". Em seguida tratou do tema principal.

— Tudo isso, no entanto, é para o futuro. O problema é que três indivíduos de minha tribo foram raptados. O senhor precisa libertá-los agora ou vai haver guerra civil.

— Estes são os nomes deles? — perguntei, lendo o papel que tinha recebido cinco minutos antes.

— Exatamente. Seyyed Rory, como se costuma dizer, o senhor sabe até as folhas que caem.

— Mas por que foram raptados?

— Eram inocentes.

— *Na'am* — respondi. — Sim. Mas de que os acusam?

— O príncipe acha que o Dr. Amin matou o chefe de polícia.

— E por isso raptou o Dr. Amin? — Eu nunca tinha ouvido falar naquela pessoa.

— E também o irmão e os sobrinhos dele.

— E foi o Dr. Amin quem matou o chefe de polícia?

— Ele estava em Bagdá quando isso aconteceu.

— E ele está ligado a algum partido político?

— O Dr. Amin é completamente independente.

— Mas — arrisquei, pensando em meus visitantes anteriores — ele passou no Irã a maior parte dos últimos dez anos.

— Se isso não for resolvido imediatamente — continuou o xeque —, não conseguirei controlar minha tribo. Eles serão obrigados a sair às ruas e atacar a Albu Muhammad, e a tribo Serai é a segunda mais numerosa de Al Amara.

O intérprete se enganara: meu visitante não era da Albu Muhammad, mas sim da Serai. Para sua tribo, seria quase um suicídio atacar a Albu Muhammad, a tribo do príncipe e de Abu Rashid. Na cidade propriamente dita a Serai era numerosa, mas na província era apenas mediana, e a Albu Muhammad tinha pelo menos dez vezes mais integrantes.[1] Mesmo assim, poderia atacar. Na década

[1] Isso me recordava, no entanto, uma história registrada na década de 1920. Um desconhecido pediu a um árabe dos pântanos que o levasse para atravessar o território controlado pela tribo Suwaad, que era sua inimiga. O árabe concordou porque sua tribo tinha um arranjo especial com a Suwaad, que não atacaria um desconhecido que estivesse sob a proteção dos árabes dos

de 1920, uma tribo quase foi extinta ao atacar um vizinho mais numeroso. As lutas entre tribos ainda eram comuns; não raro dois ou três homens morriam por semana em virtude de desavenças entre tribos. Nesse caso, era evidente que os Serai receberiam ajuda dos partidos islamitas ligados ao Irã, que agora tinham sido incorporados à força policial. Apenas três dias haviam se passado desde a morte de Abu Rashid e tudo levava a crer que os combates recomeçariam.

Respondi ao xeque que agiria imediatamente e mandei um intérprete ao Príncipe dos Pântanos para perguntar delicadamente se ele sabia alguma coisa sobre o paradeiro dos três homens. Enquanto aguardava a resposta negativa, vários iraquianos vieram trazer-me explicações para o assassinato. As frases que usavam eram praticamente idênticas. Cada um começava afirmando: *Shakhsian ana ma ahtam bi sultan* — "Pessoalmente, não estou interessado no poder" — e prosseguiam, dizendo: *Mali 'alakqa bi ay hizab. Ana mustaqil* —, ou seja, que não estavam ligados a nenhum partido e que eram independentes. Isso em geral era mentira, mas eu assentia, polidamente. Depois diziam que a liderança de Abu Rashid era forte e corajosa, mas que ele tinha inimigos, e eu devia compreender o risco que estavam correndo ao vir contar-me a verdade.

Dali em diante, no entanto, as histórias eram divergentes. O primeiro afirmou que Abu Rashid tinha sido morto por uma quadrilha criminosa rival porque ele controlava o comércio transfronteiriço de maconha. O segundo disse que os chefões do crime tinham prometido não interferir no monopólio do chefe de polícia sobre a maconha; na verdade, ele fora morto por seus próprios parentes, que

---

pântanos. Mas poucos quilômetros adiante foram interceptados por um grupo de homens da Suwaad, que exigiram que o árabe entregasse seu protegido. Ele se recusou, invocando as leis de proteção, mas eles atiraram as lanças contra o desconhecido e o mataram. O árabe regressou mortificado para sua tribo, pois agora tinham a obrigação de atacar a Suwaad, que era muito mais numerosa. Durante o ataque, o árabe perdeu todos os filhos e muitos amigos, e os Suwaad quase não tiveram baixas. Esse foi o castigo por dar proteção a um desconhecido.

queriam herdar os 300 mil dólares que ele juntara durante a curta permanência na função. O terceiro culpou os sírios.

O último visitante contou uma história surpreendentemente detalhada. Disse que depois de desertar do exército, Abu Rashid tinha fugido para o Irã e trabalhado para a inteligência iraniana em operações clandestinas dentro do Iraque. No entanto fora capturado pelo governo e na prisão cooperara com os interrogadores baathistas. Isso ficara provado em documentos descobertos depois da guerra, que também mostravam que ele continuara a encontrá-los após ter sido solto, enquanto servia na milícia do príncipe. Ao tornar-se chefe de polícia, tentou dispersar a milícia pró-Irã da província e atacou as células iranianas clandestinas. Por isso os iranianos o assassinaram, por ser um traidor baathista e por constituir uma ameaça às suas operações. O envolvimento iraniano ficava provado pela eficiência do ataque e pela fuga do assassino.

Mas nesse relato, assim como nos demais, havia um ponto em que as informações subitamente estancavam. Quando eu pedia mais detalhes, os informantes simplesmente respondiam: *Enta — ti arif kul-shi* — "O senhor sabe de tudo", e *Madri — la arif* — "Não sei". Em seguida pediam licença e saíam.

Os líderes pró-Irã voltaram pouco depois. Afirmaram que o príncipe tinha mandado matar Abu Rashid a fim de desacreditar o Dr. Amin e os iranianos, mas faziam questão de dizer que o Dr. Amin não tinha ligação com eles e nem com o Irã. Reconheciam que o Dr. Amin era antigo rival do Príncipe.

Fiquei sentado em meu escritório, tentando resolver o que fazer. Um intérprete veio me dizer que Seyyed Hassan, o pregador sadrista raptado, tinha vindo me visitar. Pedi que o fizesse entrar e, enquanto isso, fui à cozinha buscar uma xícara de café. Ali havia dois militares que eu nunca tinha visto antes, examinando plantas de projetos com um iraquiano que diziam ser um dos empreiteiros mais corruptos da província. Ao me ver, levantou-se imediatamente e perguntou se eu poderia dar-lhe um minuto de atenção. Respondi que um visitante me aguardava no escritório.

— Por favor, Seyyed Rory, um minuto.

Encolhi os ombros, sem poder recusar. Eu não tinha avançado nem na solução da questão do rapto e nem na prevenção do que estava começando a parecer um colapso quase inevitável em direção a uma guerra civil. Achei que conversar com o empreiteiro não causaria nenhum problema.

— Seyyed Rory, preciso de um emprego para meu sobrinho. Ele tem qualificações muito boas, fala inglês muito bem.

— Compreendo. Verei o que posso fazer.

— Quando é que ele pode vir?

— Não sei... talvez quinta-feira à tarde.

— A que horas?

— Às 3 da tarde...

— Obrigado, Seyyed Rory.

No corredor, fui interceptado por quatro grupos diferentes. Charlie Morris desejava tratar de um relatório sobre uma inundação no sul da província; o especialista em assuntos jurídicos queria verificar onde colocaria os 400 mil dólares que acabara de receber para construir uma prisão; a equipe de guarda-costas precisava fazer treinamento com armas de fogo e era preciso tomar uma decisão sobre a colocação de uma proteção contra franco-atiradores na margem do rio. Respondi que seria uma pena perder a vista do rio e disse aos demais que fizessem o que lhes parecesse melhor.

Numa parede da sala de assuntos civis, um intérprete havia escrito: "Em memória de Abu Rashid: ele foi ceifado como uma árvore." Conscientemente ou não, essas palavras reproduziam as de um hino sumeriano encontrado em uma tábua de argila na orla dos pântanos, registrando a morte do rei Shulgi 4 mil anos antes:

> Como se fosse um tronco de árvore, ele foi atacado com machados em sua alegre morada. Como se fosse um cedro jovem, foi arrancado do palácio onde costumava dormir. Sua hora tinha chegado e morreu no vigor dos anos.

Mas eu não via muita ligação entre o chefe de polícia assassinado e Shulgi, governante da grande civilização de Ur, onde nasceram as leis e a escrita. O corpo de Abu Rashid seria agora transportado, em um desfile de carros, à cidade sagrada xiita de Najaf, no Eufrates, onde seria enterrado sob um simples montículo de terra, entre dezenas de milhares de outros cadáveres nos cemitérios sagrados da cidade, não longe do túmulo do genro do Profeta.

O jazigo de Shulgi também ficava no Eufrates, porém mais ao sul, perto de nossa cidade gêmea de Nassíria, a 400 metros do grande templo da Lua, ou zigurate de Ur. Sua cidade tinha sido rodeada de jardins e palácios e fértil solo irrigado; as ruas eram cheias de comerciantes que vinham de muitos milhares de quilômetros. Era governada por um grupo oculto de sacerdotes e nela ficavam os cemitérios dos reis. Ali, no inverno de 1927, o arqueólogo Sir Leonard Wooley encontrou um túmulo que ficara intacto durante mais de 4 mil anos. Em torno do crânio esmigalhado de uma mulher, chamada rainha Pu-abi, talvez parente de Shulgi, havia uma coroa de folhas de ouro de 60 centímetros.

"A parte superior do corpo", relatou Wooley, "estava inteiramente coberta por uma massa de contas de ouro, prata, lápis-lazúli, cornalina, ágata e calcedônia." O lápis-lazúli revelava a existência de correntes de comércio dos sumerianos até a única jazida desse mineral, no leste do Afeganistão, a 4.800 quilômetros de distância. Na entrada da tumba havia uma lira entalhada, com uma cabeça de touro dourada. Em volta da lira estava o braço de uma mulher, a instrumentista, que tinha sido assassinada junto com seis guardas munidos de armaduras e nove outros músicos, a fim de servir a sua senhora na outra vida.

Após 2.500 anos de glória, Ur entrou em declínio, invadida por novas populações que falavam outras línguas. Os sistemas de irrigação deixaram de ser cuidados e a sede do poder subiu o Eufrates para chegar à Babilônia e à Assíria. O curso do rio afastou-se da cidade, os pântanos se alastraram e as cidades ficaram cobertas por camadas de areia. Na época em que os tesouros de Ur foram exibidos numa vitrine estreita e pouco informativa no Museu Britânico, os povos em torno do lugar onde nascera a escrita formavam tribos analfabetas.

* * *

Ao voltar ao meu gabinete, Seyyed Hassan mexeu-se levemente na cadeira, num gesto débil de quem ensaiava levantar-se, mas depois deixou-se cair novamente para trás, envolto num amplo manto de lã. Era a primeira vez que eu me via próximo a um líder sadrista importante. Embora estivesse me esforçando por incluir seus colegas no novo Conselho da Província, na verdade não deveríamos estar tratando com eles, por serem agressivos adversários da Coalizão. Mas eu estava curioso para ver que tipo de pessoa ele era, um homem que nossos aliados iraquianos — tanto o Príncipe dos Pântanos e suas tribos quanto os partidos islamitas ligados ao Irã — queriam que eu mandasse prender. Bagdá provavelmente desejava o mesmo: já tinha sido expedida uma ordem de prisão contra o líder sadrista Muqtada.

A barba, que ultrapassava o colarinho branco engomado, era encaracolada e macia como uma penugem adolescente. Ele havia retirado parcialmente os pés dos tamancos, revelando pêlos em volta dos tornozelos pálidos. Era mais jovem do que eu, e o grande turbante negro parecia amplo demais. Sem olhar para mim, mas deixando que seus olhos grandes e negros passeassem pelo chão de cimento, Hassan falou com tranqüilidade e vagar, como se contemplasse não as palavras, mas sim idéias mais profundas, que as palavras podiam somente indicar.

Descreveu o rapto após o assassinato; tinha sido levado para uma pequena cabana no pântano, e os raptores, que se diziam policiais, muitas vezes ameaçaram matá-lo, perguntando quem tinha assassinado Abu Rashid. Ele repetira que era um bom amigo de Abu Rashid e que não sabia de nenhum complô. Na verdade, queria estar em paz com todos. Não havia leis no país? Por que a Coalizão nunca agia? Fazia perguntas precisas e retóricas, e seus olhos não pareciam fitar nada na sala.

— Diga-me — disse ele —, não como britânico, não como membro da CPA, mas como irmão, como podemos tratar com vocês sem sermos considerados radicais perigosos?

Perguntei se ele estava fomentando uma revolução contra a Coalizão.

— É você quem diz isso ou alguém o mandou perguntar?

— Não sou iraquiano. Pessoas respeitáveis acusaram vocês; que motivos elas teriam?

Eu queria entender por que os líderes tinham se voltado tão vigorosamente contra ele. Não sabia se ele efetivamente tinha cometido algum crime, ou se representava uma ameaça, ou quais seriam as conseqüências de libertá-lo.

— Este mundo nada significa — disse Seyyed Hassan. — Não me preocupo com política, mas sim com Deus e com a vida depois da morte. Acha que se eu me preocupasse com a revolução contra vocês meu povo não me protegeria? Que eu viria ao seu encontro em seu gabinete? Minha preocupação é com a religião.

— Você participa de uma revolução contra a Coalizão? — perguntei.

— Você diz que eu me revolto contra a ocupação. Meu objetivo é estudar e ensinar a verdade do Islã. Apenas falo a verdade divina.

Essas últimas palavras foram ditas com um vigor que emanava de um rico repositório de fé. Os aiatolás mais idosos poderiam considerá-lo apenas um noviço, mas durante 15 anos ou mais ele havia estudado em Najaf e imitava os mestres que falavam daquela maneira. Era o mesmo tom que eu ouvira dos monges budistas que falavam do sofrimento, uma mistura de recitação e sentimento, de agir como sacerdote e ser um sacerdote. As cadências e o reflexo interior revelavam não apenas os séculos de tradição que ele havia absorvido no Hawza, o grande seminário de Najaf, mas também a atração que exercia sobre as centenas de jovens que iam ouvir seus sermões e saíram às ruas armados a fim de resgatá-lo. Ao mesmo tempo perguntava a mim mesmo se ele teria lido o Novo Testamento e estaria me fazendo representar o papel de Pilatos.

Em última análise, eu somente poderia exercer o governo com o apoio dos líderes iraquianos que queriam vê-lo na cadeia. Seria difícil recusar isso. Afinal, minha autoridade era "provisória".

Com sua voz tranqüila, Seyyed Hassan continuou a falar longamente sobre o Islã e o Estado. Falava quase sem fazer pausas, e eu hesitava em interromper. Ele desejava o estabelecimento de um

Estado baseado na Sharia, com os religiosos em posições de poder. Não ficou claro, no entanto, se queria que o clero fizesse parte do governo ou apenas desempenhasse o papel de conselheiro.

— Não somos um partido político — afirmou. — Não somos uma seita. Somos simplesmente o Hawza.

Mas, à medida que ele prosseguia, fui percebendo que sua visão da fé xiita, que acentuava a importância dos sermões nas preces de sexta-feira e uma rede social nacional dirigida aos jovens e aos pobres, refletia a influência de Sadr II. Ele não mencionou a Coalizão.

Tudo o que ele queria de mim, concluiu, para minha surpresa, era que de vez em quando eu aceitasse sua opinião.

— Sei que nem sempre você poderá atender-me. Por exemplo, gostaria que não houvesse mulheres no Conselho da Província e sei que isso não é possível devido à sua cultura e à sua religião. Mas podemos manter algum diálogo, e você me protegeria dos homens do príncipe.

Afirmou que o povo admirava os programas de criação de empregos e alguns dos demais projetos levados a cabo pelos militares britânicos.

Não fiquei inteiramente convencido. Mesmo com meu pouco conhecimento da língua árabe, reconheci as orações assindéticas que eram o *leitmotiv* de sua oratória: três frases sem conjunções, cada qual começando com a mesma palavra: *Quwwat-al-ihtilal... Quwwaat-al-ihtilal.... Quwwaat-al-ihtilal*. O intérprete as traduziu como "a Coalizão faz isto, a Coalizão faz aquilo, a Coalizão faz aquilo outro", mas a tradução não fora correta, fosse por delicadeza ou medo. Seyyed Hassan não tinha dito *Quwwat-al-itilaf*, ou "a Coalizão"; tinha dito *Quwaat-al-ihtilal*, ou "a Ocupação". Uma palavra de grande repercussão para os árabes, que recordava a ocupação francesa da Argélia e a ocupação israelense da Palestina.

Não obstante, percebi uma oportunidade. Pela primeira vez um líder da sede da organização Sadr em Maysan se sentia suficientemente atemorizado para vir ao nosso escritório oferecer cooperação e pedir ajuda. Tínhamos a possibilidade de trazer para nossas estruturas o grupo islamita mais hostil e mais fortemente armado da província, um grupo que, na verdade, ninguém tinha vontade ou poderio para enfrentar.

De volta ao acampamento naquela noite, fui falar com o novo coronel. Às 11 horas ele ainda estava trabalhando em sua escrivaninha e parecia exausto, talvez porque tivesse problemas de estômago. Contou-me que o príncipe mandara um de seus comandantes revistar uma determinada casa, porque nela havia "um depósito clandestino de armas". Assim havia sido feito, e os soldados encontraram alguns lançadores de granadas e uma dúzia de rifles automáticos. Um dos ocupantes da casa tinha fugido e eles o perseguiram por um campo enlameado, capturaram-no e o entregaram à polícia junto com outro suspeito, mas os dois prisioneiros escaparam com tanta facilidade que pareciam ter sido ajudados a fugir pelos próprios policiais. A casa pertencia ao Dr. Amin.

Contei ao coronel sobre o rapto do irmão e dos sobrinhos do Dr. Amin. Não foi preciso que ele me dissesse que provavelmente o príncipe havia preparado toda a operação a fim de incriminar o Dr. Amin.

Resoluções

> A fim de defender sua liberdade, cada lado tratou de tornar-se suficientemente forte para oprimir o outro (...) E a causa de tudo isso é que, procurando escapar ao temor, os homens fizeram com que outros se atemorizassem e infligiram a outros os males que procuravam evitar, como se fosse absolutamente necessário ou causar o mal ou sofrê-lo.
>
> Maquiavel, *Discursos*, livro 1, capítulo 46

TERÇA-FEIRA, 28 DE OUTUBRO

No dia seguinte, o príncipe compareceu a uma reunião especial da Comissão Supervisora e quis saber de mim quem tinha nomeado o general Sabih para chefe de polícia, se eu próprio ou a Comissão. Disse que o ministro do Interior em Bagdá lhe havia confirmado ser absolutamente ilegal que a Comissão o nomeasse.

Inventando uma defesa, respondi que o Conselho da Província havia apreciado o caso e feito uma recomendação, de modo que eu o tinha nomeado.

— Você não tem o direito de fazer isso. A nomeação compete ao ministro do Interior.

— Em assuntos de segurança que dizem respeito à Coalizão, esta se reserva o direito de fazer o que considerar necessário. Neste caso, exerci o poder em nome da CPA e consideramos necessário nomear Sabih como chefe interino.

Essa fora a mais extrema reivindicação de autoridade que eu jamais tinha feito em nome da Coalizão. Felizmente ninguém a contestou.

— Ele não vai durar, a polícia não vai aceitá-lo — disse Abu Hatim, após uma pausa.

O Conselho disse ao príncipe que ele era o responsável pelos raptos porque os raptores eram de sua tribo e que se não libertasse os prisioneiros e controlasse seus homens, seria responsabilizado por uma guerra tribal. Zangado, o príncipe retrucou que a organização Sadr era um câncer, que todos os problemas da província eram causados pela inteligência iraniana, cujo principal representante era o Dr. Amin, e que todos os grupos que discordavam dele — os conselhos alternativos, o Conselho da Província e os religiosos — estavam decididos a destruir o Iraque. Gritou que se as forças da Coalizão não se decidissem a agir contra essas ameaças ele não poderia evitar que os homens de sua tribo o fizessem. E com essas palavras, retirou-se.

Naquela tarde, Seyyed Hassan voltou para dizer-me que os trabalhadores da refinaria de petróleo estavam prestes a entrar em greve. Ele os aconselhara a manter-se trabalhando enquanto vinha falar comigo. Fiquei satisfeito com a visita, porque demonstrava que Hassan desejava desempenhar algum papel na província conosco. Mas a noticia era preocupante. A refinaria fornecia 60% das necessidades de combustível da província, e sem ela seria necessário importar quarenta caminhões-tanque por dia de Basra. Não sabíamos se poderíamos conseguir os caminhões, sair de Basra com a carga e proteger os comboios numa estrada conhecida por seqüestros e roubo de combustível. Haveria filas nos postos de gasolina, os muitos geradores a diesel existentes na província deixariam de funcionar e os iraquianos iriam querer saber novamente por que, no país que possuía a segunda maior reserva de petróleo do planeta, não conseguiam obter combustível. Certamente haveria distúrbios.

Como o sistema de e-mail estava funcionando outra vez, mandei uma mensagem à seção de petróleo em Basra explicando a situação e perguntando se poderíamos aumentar os salários locais. Basra havia mandado uma comunicação sobre reuniões a respeito de democracia e indagando se poderíamos mandar mulheres iraquianas a uma conferência feminina. Como de costume, a comunicação chegou apenas dois dias antes da conferência, oferecia a Maysan somente dois lugares de um total de quarenta e não continha informações sobre meio de transporte e hospedagem.

Houve um dilúvio de detalhes atrasados vindos de Bagdá sobre a mais recente idéia, um sistema de eleição do novo governo por meio de uma convenção. A proposta era formar "comissões de organização" compostas de maneira equilibrada por integrantes dos Conselhos das Províncias, do Conselho de Governo em Bagdá e mais cinco membros vindos dos Conselhos Distritais. Esse grupo de 15 pessoas coligiria as propostas nominais e indicaria os candidatos à nova Assembléia em Bagdá. Aconselhavam-nos a minimizar a participação da CPA no processo. O sistema era confuso, e nenhum dos intérpretes conseguia encontrar uma palavra em árabe que exprimisse claramente o conceito de convenção política. Suspeito que poucos ocidentais fora do estado de Iowa também o entendessem.

Nesse ponto chegou um e-mail dizendo que Kofi Annan se sentia "esperançoso", "pretendia fazer um relatório" e estava reconsiderando a idéia de uma resolução da ONU. O e-mail terminava com a seguinte pergunta: "Por que não organizar uma conferência sob os auspícios da ONU, com a participação de atores externos importantes?" Pensei comigo: "Por que não?" Apaguei a mensagem de minha caixa de entrada e fui dar uma volta a pé ao longo do rio, apertando os olhos ao sol ainda forte.

No telhado, metade da equipe de segurança tomava banho de sol, e numa moita perto do rio quarenta pardais, pousados em galhos com folhas secas de cor marrom, cantavam excitados. Eu nunca tinha notado antes como o canto dos pardais era emocionante.

Dívida de sangue

> Isso pode ser dito de modo geral sobre todos os homens: são ingratos, volúveis, dissimulados e hipócritas; evitam os perigos e são ávidos por vantagens.
>
> Maquiavel, *O príncipe*, capítulo 17

QUARTA-FEIRA, 29 DE OUTUBRO

Fui acordado na manhã seguinte por um rufar de tambor que tocava a alvorada, recordando que a infantaria ligeira havia agora substituído as gaitas-de-fole do grupamento escocês. O novo coronel e seus mil homens estavam na província havia apenas uma semana e, com exceção da equipe de assuntos civis, eu era agora, depois de apenas um mês, um dos estrangeiros com tempo de serviço mais longo no lugar. Tinha acabado de receber um e-mail informando que Molly Phee, a funcionária norte-americana que deveria assumir a função de governadora e ser minha chefe, poderia ser removida para outro posto e que tinha havido uma recomendação para que eu fosse confirmado como o coordenador de governo da província.

Enquanto isso, tudo parecia ir desmoronando ao mesmo tempo. Agora enfrentávamos a possibilidade de guerra civil entre as três facções mais bem armadas da província. A milícia do príncipe queria vingar a morte de seu camarada, os sadristas queriam desforra do primeiro seqüestro e os grupos ligados ao Irã queriam uma reparação pelo segundo. Cada uma das facções via uma oportunidade de eliminar suas rivais. Muitos cidadãos achavam que nós — a Coalizão — tínhamos tardado muito para restaurar a ordem; o petróleo da província estava prestes a esgotar-se e a polícia estava à beira da desintegração e do motim. Eu tinha feito uma nomeação duvidosa e provavelmente ilegal de um novo chefe de polícia; o Príncipe dos Pântanos continuava a pressionar para que atacássemos os sadristas e os partidários do Irã queriam que prendêssemos o príncipe. Finalmente, correu um boato de que o irmão dele tinha renunciado ao cargo de coordenador ministerial de nossa Comissão de Recuperação da Província, decisão que poderia fazer cessar todos os serviços governamentais. E tudo isso tinha acontecido em apenas cinco dias.

Não me parecia possível resolver qualquer desses assuntos, mas achei que devia continuar a comportar-me como se pudesse resolvê-los. Planejei uma grande reunião de cúpula com todos os líderes provinciais, na qual eu lhes pediria que esquecessem suas divergências e respeitassem a lei. Conversei com o coronel para assegurar-me de que ambos estávamos seguindo a mesma orientação. Concordamos em convidar personalidades a fim de reforçar nossa mensagem conjunta. O general-de-brigada veio de Basra e, junto com o coronel, advertiu o príncipe de que deveria agir dentro da lei.

Naquela tarde, Sir Hilary Synnott, o civil mais graduado da Coalizão no sul do Iraque, atendeu ao meu convite para uma reunião com três islamitas adversários do príncipe. Abu Mustafá começou dizendo:

— Lamentamos a morte de Abu Rashid, mas ele não foi o primeiro a ser assassinado e não será o último. Sua designação para chefe de polícia foi ilegal. Agora é preciso pressionar o príncipe para impedir que a tribo de Abu Rashid continue a agir e para que sejam libertados aqueles três homens inocentes.

— Se a tribo de Abu Rashid continuar com a violência — disse Abu Maytham, o comandante do Badr —, haverá guerra civil. Muitas tribos poderosas já estão envolvidas.

— Mas a tribo de Abu Rashid só suspenderá a violência — disse o terceiro — em troca de uma indenização de sangue ou da morte do Dr. Amin.

— A tribo do Dr. Amin poderia pagar sem admitir a culpa? — perguntou Sir Hilary.

— De forma alguma — disse o religioso. — A menos que alguém assuma a culpa, a tribo continuará a perseguir o matador.

— A tribo do Dr. Amin estaria disposta a admitir a culpa? — tornou a perguntar Sir Hilary.

— Não, porque mesmo que ele pagasse a indenização de sangue, haveria uma *vendetta* contra a tribo dele — disse Abu Maytham.

— Você, Seyyed Rory, deve convocar uma grande reunião em seu próprio nome — disse o religioso Abu Mustafá — e convidar todos: o príncipe, os partidos políticos, os religiosos, as tribos e os sadristas. Diga que você, como autoridade da CPA, deseja resolver o assunto. Faça com que todos os presentes concordem em entregar o assassino, caso saibam alguma coisa a respeito. Se puder provar a ligação de alguém com o crime, todo o grupo dessa pessoa será responsável. Finalmente, diga que se alguém fizer um ato ilegal a Coalizão o prenderá... qualquer um, isto é, inclusive a família de Abu Rashid.

O príncipe se mostrou cordato quando eu e Sir Hilary o visitamos, duas horas depois, com o general-de-brigada e o coronel.

— Os que mataram Abu Rashid desejam apenas criar distúrbios no Iraque — disse ele. — Abu Rashid foi o primeiro de sua turma na academia militar. Era um líder corajoso, respeitado por todos os xeques tribais. Somente os políticos ligados ao Irã, que não querem o bem da cidade, se opunham a ele. Tinham resolvido livrar-se dele de qualquer maneira. Queixaram-se de suas qualificações e, quando isso não deu certo, mataram-no.

“Concordo — disse o príncipe, entusiasticamente, quando sugerimos uma reunião para controlar as tribos. — As cidades não pertencem às tribos. Quem desrespeitar as leis deve ser excluído. — Deu a entender, no entanto, que, ainda que alguém afirmasse controlar as tribos, isso não era verdade. — Convoquem a reunião, e Seyyed Rory pode agir como xeque dos xeques, a fim de resolver esse assunto.

Renúncia

> Como o funcionamento das instituições normais na república é lento (...) suas decisões são muito perigosas quando se trata de trazer soluções a um problema premente.
>
> Maquiavel, *Discursos,* livro 1, capítulo 34

SÁBADO, 1º DE NOVEMBRO

Na reunião da manhã recebi a confirmação de que Riyadh, irmão do príncipe, renunciara a seu cargo de presidente da Comissão Provincial Ministerial de Recuperação. Na mesma tarde, vários diretores importantes de ministérios vieram dizer-me que a administração da província entraria em colapso a menos que eu convencesse Riyadh a aceitar o cargo de governador: os ministérios deixariam de funcionar, o fornecimento de combustíveis seria suspenso e a eletricidade acabaria. Eu não sabia exatamente o que Riyadh estava tentando conseguir e nem como deveria agir.

Fui imediatamente à casa de Riyadh, lisonjeei-o muito e instei-o a reconsiderar a renúncia. Enquanto isso, afirmei que eu mesmo assumiria o posto dele como presidente da Comissão de Regeneração e coordenaria os ministérios. Riyadh recordou minha decisão "arbitrária e ilegal" da designação do chefe de polícia. Enfatizei que dentro de três semanas, certamente no máximo em seis, seria nomeado um governador e pedi que ele tivesse paciência. Ele respondeu que estava preocupado com os boatos de que poderíamos nomear um governador mediante eleições no Conselho. Queria que eu terminasse com a incerteza nomeando-o imediatamente para o cargo de governador. Por um momento imaginei que tudo, desde o assassinato até os seqüestros, tivesse sido planejado pelo príncipe a fim de coincidir com a chegada do novo batalhão de combate e criar um caos que me obrigaria a nomear seu irmão. Cortesmente, repeti que iríamos escolher o Conselho Provincial e que este elegeria o governador dentro de seis semanas. Riyadh não me acompanhou até a porta.

Voltando ao escritório às 2 horas da tarde para acompanhar os preparativos finais da reunião de cúpula, recebi uma chamada do batalhão advertindo-me de que o Príncipe dos Pântanos havia convocado sua própria reunião de cúpula para as 2h30 em sua casa, e convidara o coronel a comparecer. Isso parecia uma tentativa de fazer com que a solução dos problemas fosse atribuída ao príncipe. Pedi ao coronel que não fosse ao encontro e mandei mensageiros a toda a comunidade para recordar que haveria uma reunião de cúpula no domingo e avisar que nada seria decidido antes disso.

Cúpula

> É sempre mais fácil convencer um povo a concordar com uma proposta que pareça ser ousada e certa, ainda que prenuncie perigo, do que adotar outra que pareça covarde e incerta, mesmo que induza à segurança.
>
> Maquiavel, *Discursos,* livro 1, capítulo 53

DOMINGO, 2 DE NOVEMBRO

Atravessando a rua em direção ao prédio do Conselho Provincial, preocupei-me com a possibilidade de que o Príncipe dos Pântanos tivesse aconselhado a todos que boicotassem a reunião e fiquei aliviado ao perceber que havia cerca de duzentas pessoas a minha espera. Reconheci um grupo de religiosos sadristas, os partidos ligados ao Irã, alguns policiais, os principais xeques das tribos, diretores de ministérios e ativistas de ONGs. Não parecia faltar ninguém. O coronel britânico, seu conselheiro político, seu oficial de inteligência, alguns dos comandantes de companhia e seu imediato estavam sentados no fundo da sala, atrás de mim, não para participar, mas sim, nas palavras do coronel, "para mostrar que os canhões estão do seu lado". O Príncipe dos Pântanos também estava presente e ficou sentado atrás, junto com o coronel, e não na platéia. Ahmed, nosso conselheiro político iemenita, tinha conseguido reunir praticamente toda a liderança da província em 24 horas.

Sentei-me sozinho a uma pequena mesa no meio da sala, diante da platéia, com um intérprete ao lado.

— Líderes de Maysan, xeques, líderes religiosos, partidos políticos, notáveis independentes, Abu Hatim — comecei, procurando olhar para cada grupo ao nomeá-los —, coronel e forças da Coalizão. *A salaam aleikum*. Os acontecimentos da semana passada foram uma tragédia para toda esta grande província.

Eu falava cuidadosamente, porque não queria tomar partido. Prossegui:

— Aconteceram três crimes: primeiro, o assassinato do general-de-brigada Abu Rashid; segundo, o rapto de religiosos e mais tarde de familiares do Dr. Amin; finalmente, os combates nas ruas. Isso é completamente inaceitável. Esta é uma grande província, uma província famosa que se libertou a si mesma.

"O que aconteceu na sexta-feira foi um perfeito presente para nossos inimigos — continuei. — Claro que os acontecimentos foram provocadores. Era essa a intenção por trás deles. Quem quer que tenha organizado o assassinato... e tenho certeza de que foi uma potência estrangeira... queria provocar uma reação violenta. Vocês seguiram esse plano.

Eu ainda não tinha idéia de quem planejara o assassinato, mas pareceu-me melhor que a culpa não fosse atribuída a nenhum dos grupos presentes.

— A única maneira de derrotar os objetivos dessa gente cruel é mantermo-nos unidos, recusarmo-nos a nos deixar arrastar para esse tipo de conflito. Os senhores são os líderes da província. Agora vou pedir a todos, e individualmente a alguns, que venham até esta mesa e se comprometam a respeitar o império da lei, controlar seus seguidores e entregar quem quer que aja contra a lei. Depois assinaremos um documento confirmando este pacto.

Olhei em volta da sala e vi Seyyed Hassan, o religioso sadrista, levantar a mão. Chamei-o e ele se ergueu, olhando nervosamente para os lados, talvez reconhecendo alguns dos que o haviam raptado e ameaçado matá-lo.

— *Bismillahi r-rahmani rahim al-hamdu li-illahi Rabbi l-alamin* — começou ele: Em nome de Deus, clemente e misericordioso, Deus seja louvado, senhor dos mundos. Fez uma pausa e acrescentou: — *A sala-*

am aleikum. — Houve um murmúrio da platéia em resposta e talvez ele não tenha ficado satisfeito, porque tentou novamente. — *Sallu Allah Muhammed wa Alli Muhammed.* Louvados sejam Deus, Maomé, Ali. — Desta vez a reação foi mais calorosa. — Estou aqui como homem de paz, como homem da religião, como vítima. Nesta sala estão aqueles que me perseguiram. Não vou dizer nomes, não vou indicá-los, todos sabem quem são. Nem pedirei justiça. Mas recordemos os atos vergonhosos que foram cometidos. Um homem inocente foi raptado, e ninguém me pediu desculpas. Eu nada tenho de que me desculpar.

Houve um murmúrio de desaprovação em voz alta, porque metade da platéia ainda acreditava que ele tinha ordenado o assassinato de Abu Rashid, e quase todos culpavam sua milícia pela violência da noite de sexta-feira. O corpulento prefeito ligado ao príncipe soltou um brado, e com o canto do olho vi que o próprio Abu Hatim estava prestes a levantar-se.

Intervim.

— Seyyed Hassan, todos lamentamos que o senhor tenha sido raptado. Como disse em minha fala, foram três crimes: o assassinato, o rapto e os combates. Raptá-lo foi um ato ilegal, mas isso não exime o comportamento de seus seguidores. Agindo contra a lei, o senhor formou uma milícia perigosa e armazenou armas em mesquitas. Uma mesquita é para Deus e para a religião. Não é um arsenal. — Logo que pronunciei essas palavras, arrependi-me imediatamente. Um não-muçulmano não devia falar sobre mesquitas. Fiquei imaginando se o tradutor estava reproduzindo fielmente minhas palavras. — O senhor também não deve interferir no trabalho dos ministérios — conclui.

— A milícia agiu apenas para me defender — disse o religioso. — Eu não pedi que fizessem isso.

— O senhor podia havê-los impedido.

Estávamos falando um com o outro como se fôssemos desconhecidos, em vez de dois homens que tinham acabado de conversar longamente em meu escritório.

— Não quando estavam excitados com o desejo de defender-me. Eu não podia fazer nada.

— Isso... isso simplesmente não é suficiente — disse eu, em voz alta. — Ouça o que está dizendo. Naquela noite, crianças ficaram feridas por granadas. O senhor não pode permitir que homens armados tomem o centro da cidade e machuquem crianças. As ações deles foram completamente fora da lei e prejudiciais à província.

— Não posso controlá-los.

Estávamos ambos falando em tom alterado agora, menos em relação um ao outro do que para as outras duzentas pessoas que enchiam a sala.

— Tenha respeito por si mesmo e por eles. O senhor é um líder. É por isso que está aqui. Todos somos líderes. Precisamos começar a assumir responsabilidades...

O xeque Rahim interrompeu, levantando-se, e rosnou com sua voz rouca:

— Seyyed Rory, o matador de Abu Rashid está identificado. Foi o último coronel britânico.

Houve um silêncio repentino. Curvei-me para a frente, zangado.

O xeque Rahim continuou, falando árabe em tom formal e áspero:

— O responsável por tudo isso foi o comportamento descuidado do último coronel britânico, que nunca nos ouviu nem nos incluiu. Ele era um idiota...

— O último coronel foi um herói — interrompi. — Trabalhou duro em favor da província e era meu amigo e meu mestre.

Fiquei imaginando o que o novo coronel britânico estaria achando dessa minha afirmação, uma semana depois de ter-me visto discutindo com seu antecessor.

— Ele deu seis meses de sua vida a este lugar. Como ousa dizer isso depois de todos os esforços que ele fez para dar-lhes segurança?

— O senhor, Seyyed Rory, não seria capaz de manter a segurança em um jardim-de-infância de meninas...

Eu percebia que todos me observavam.

— Estou decepcionado com o senhor, xeque Rahim. O senhor é um *mujahid* e um pregador respeitado; o senhor tem trabalhado em favor da província. E agora está falando como uma criança. Quem disse que não posso manter a segurança? O senhor e os líderes de Maysan é que não conseguem manter a segurança.

— A segurança não é tarefa nossa, mas sua. O senhor não nos deixa agir.

Três ou quatro homens gritaram:

— Exatamente!

Minha voz estava trêmula.

— Deixe que lhe diga, se não tivéssemos mandado os tanques de guerra na sexta-feira à noite, vocês teriam arrasado a cidade inteira. Todos os senhores. Foi só por causa dos militares britânicos que alguma coisa ficou intacta.

— Vocês são o governo — gritou o xeque Rahim, ainda de pé. — Ajam como tal.

Bati com o punho na mesa e houve um silêncio. Pela reação do grupo, percebi que isso ofendera a maioria deles, mas continuei, falando mais alto.

— Podíamos ter vindo como colonizadores, mas não foi assim que eu vim para cá. Eu... nós... não estamos aqui para ocupar este país. Gostaríamos de voltar para junto de nossas famílias. Estamos fazendo tudo o que podemos para ajudar vocês e trabalhar com vocês para preparar a transição. Eu vou ficar aqui um ano, mas em breve, no máximo em dois anos, iremos embora. O país é de vocês. Ajam como homens, para variar.

O xeque Rahim tentou interromper-me novamente, mas gritei mais alto.

— Chega, já ouvimos bastante do senhor. Quem vai falar em nome das tribos?

De repente, enxerguei numa fileira do meio, ao lado dos representantes do Partido Comunista Iraquiano, a professora Mary Kaldor, da Escola de Economia de Londres, a quem eu não via havia quatro anos, desde que estivéramos em Montenegro, e a colega dela, Yahya Said, acadêmica britânica cujos pais tinham sido famosos líderes comunistas no Iraque. Ambas riam, como a platéia de uma luta de boxe com minha retórica estridente sobre o colonialismo. Senti-me ridículo e desejei que isso não transparecesse em minha fisionomia.

Muhammad Abbas Muhammad Al Araybi, da tribo Albu Muhammad, foi quem se adiantou.

— A tribo Albu Muhammad suspenderá a vendeta caso sejam dadas compensação e retribuição adequadas. Faço esse juramento solene diante de todos os xeques e partidos políticos.

Eu precisava saber o que ele considerava retribuição adequada, mas agradeci, e ele se sentou novamente.

O xeque Kadim levantou-se, cumprimentou respeitosamente a todos e disse:

— Nós, da tribo Serai e da tribo Sudan, concordamos em entregar o Dr. Amin em troca da liberdade de seu irmão e sobrinhos, mas não o entregaremos à Albu Muhammad e nem à polícia porque não confiamos neles; somente a Seyyed Rory e à CPA.

— Obrigado, xeque Kadim Mushettat. Eu o receberei.

— Com a condição de que seja bem-tratado.

— Ele estará inteiramente sob nossa proteção e será tratado de acordo com a lei — disse eu. — É inocente até que seja provada sua culpa. Será tratado com humanidade e respeito.

— É uma promessa de ingleses? — perguntou o xeque.

— Diante de todas essas testemunhas — respondi. — O senhor tem minha palavra. Pode entregá-lo a mim.

O xeque sentou-se. Vários outros se levantaram, e para meu alívio consegui reconhecer todos e chamá-los pelos nomes. Alguns criticaram os adversários, mas a maioria pediu reconciliação. Quando terminaram, eu disse:

— Agora eu gostaria que se organizassem em grupos, os xeques com os xeques, os partidos políticos com os partidos políticos, os religiosos com os religiosos e os independentes com os independentes. Quero que escolham representantes. Depois, chamarei esses representantes um a um, para que assinem um documento em que renunciam à violência e concordam em respeitar a lei. Por favor, levantem-se e reúnam-se em grupos.

Ninguém se moveu. Olhei para um lado e para o outro das fileiras.

— Peço novamente; por favor, levantem-se, organizem-se em grupos e aproximem-se.

Ninguém se moveu.

— Por favor, venham até minha mesa para assinar o documento.

Todos continuaram imóveis. Enquanto eu procurava entender esse novo motim, Yahya gritou do fundo da sala:

— O intérprete não está traduzindo corretamente. Com sua licença. — E ele lançou-se numa torrente em árabe que repentinamente produziu sorrisos de compreensão nos rostos da platéia. O intérprete resmungou que tinha traduzido perfeitamente e que não tinha culpa pela burrice do povo de Maysan. Fiquei pensando o que mais ele teria traduzido mal.

Finalmente, possuíamos um documento que afirmava: "Nós, líderes de Maysan, por este meio expressamos nosso pesar pela morte de Abu Rashid, concordamos em controlar nossos povos, respeitar a lei e entregar criminosos à justiça" impresso em duas folhas de papel A2 e assinado por cerca de duzentas pessoas, para que pudesse ser exibido pela televisão a toda a província. Agradeci a todos e caminhei para a porta. Todos se levantaram, respeitosamente, enquanto saíamos.

Tinha sido uma sessão estranha e tradicional, que muito dependera de palavras e gestos, e eu colocara a CPA numa posição inusitada. No entanto, talvez tenha sido a coisa mais bem recebida que fiz em Maysan, e parecia ter dado certo. No dia seguinte, todos cumpriram o que tinham prometido, e a crise que durara dez dias terminou. Muitas negociações secretas devem ter ocorrido antes da reunião a fim de convencer Kadim Mushettat a entregar o Dr. Amin e Muhammad Abbas a suspender a vendeta. Fiquei achando que o que eu tinha feito era mais um espetáculo do que uma negociação. Mas durante os dois meses seguintes não houve novos seqüestros, nem vendetas públicas e nem granadas explodindo nas ruas.

O coronel e sua equipe cumprimentaram-me polidamente no final, sem comentar a reunião. O coronel tinha afirmado que preferia deixar a atividade política com a CPA. Os soldados britânicos não poderiam ter seguido grande parte do que acontecera na sala e nem percebido os problemas porque o intérprete estava ao meu lado, e enquanto eu pelo menos conseguia entender parte do que era dito em árabe — ainda que apenas saber que *imam* tinha algo a ver com religiosos ou que a frase que me soava como *fi nidhem-ssabiq* queria dizer "durante o antigo regime" —, eles não falavam nem uma só palavra. Teriam apenas me ouvido pedir aos iraquianos que se levantassem e visto que não se moviam, ou falar em voz mais alta e comentar algo sobre o coronel anterior, mas não teriam idéia do que motivara minhas reações e nem do jogo político que eu estava organizando. Podem ter pensado que eu tinha sido desnecessariamente agressivo ou talvez não se importassem com o que eu fazia.

Na noite seguinte, no entanto, fiquei surpreso ao constatar que o Dr. Amin ainda não tinha sido entregue conforme prometido e preocupei-me com a possível ruptura do acordo. Liguei para o acampamento, a fim de certificar-me.

— Ele está aqui — foi a resposta. — Veio caminhando voluntariamente oito horas atrás, trazendo escova de dentes e pasta. Nós realizamos a prisão e o mandamos para as celas de interrogatório em Umm Qasr.

Fiquei furioso. Aquele homem, em cuja culpa não tínhamos motivos para acreditar, tinha se entregado porque confiara em minha promessa, testemunhada por duzentas pessoas, de que eu me responsabilizaria pelo tratamento que receberia. Os militares não tinham me informado da chegada dele e nem me dado oportunidade de falar-lhe. E agora ele estava preso a 360 quilômetros de distância. Declarei ao conselheiro político e ao coronel que aquilo não era aceitável. Eles deram de ombros e responderam que informariam seus superiores, mas ao mandá-lo para Umm Qasr haviam perdido o controle sobre ele — tratava-se do sistema militar, e agora somente o general poderia resolver seu destino.

Parte Três

Pastoral iraquiana

Novembro de 2003 a Abril de 2004

Tomar a iniciativa na formação de um novo governo é difícil, perigoso e de êxito improvável. O motivo é que todos aqueles que lucram com a ordem antiga se oporão ao inovador, enquanto aqueles que poderão vir a beneficiar-se com a nova ordem serão no máximo aliados mornos. Esse apoio brando deriva em parte do medo que têm dos adversários, que têm a legislação a seu lado; e em parte do temperamento cético dos homens, que não acreditam senão nas coisas cujo êxito presenciam. O resultado é que sempre que os inimigos da mudança atacam o inovador, fazem-no com muito vigor, enquanto os aliados agem sem grande ânimo: assim, o inovador e seus aliados se vêem em grande perigo.

Maquiavel, O *príncipe*, capítulo 6

Rua Al-Mutanabi

> Encontraremos nossos melhores auxiliares não nos súditos anteriormente mais obedientes, e sim entre aqueles que agora se entregam mais ativamente à agitação contra nós, pois esse objetivo será atingido por meio dos líderes intelectuais do povo, e estes não são os filósofos e os ricos, mas os demagogos e políticos.
>
> T. E. Lawrence, "The Changing East", setembro de 1920

A violência obrigara os homens a declarar suas alianças. Na província havia 54 partidos políticos, vinte tribos importantes e uma dúzia de líderes religiosos. Mas o assassinato do chefe de polícia, os raptos e os combates nas ruas fizeram com que os líderes emergissem das sombras. Já não havia mais dúvidas de que os grupos armados mais poderosos eram o do príncipe, os sadristas e os partidos ligados ao Irã. Cada qual possuía milícias; dois deles pretendiam estabelecer um Estado islâmico; um era estreitamente ligado ao serviço secreto iraniano; e todos tinham vínculos com criminosos. Não era isso o que a CPA queria para Maysan.

Os planejadores em Washington e Bagdá desejavam transformar o Iraque em uma democracia. Mas não somente um frágil simulacro, como a mais duradoura democracia latino-americana, a Colômbia, e sim uma democracia liberal integral: pacífica, rica, estável e humana. Falavam da civilização iraquiana de 5 mil anos, afirmavam que os iraquianos possuíam uma classe média instruída com tendências seculares e liberais e tentavam construir a utopia de seus sonhos a partir de repartições sediadas na Zona Verde e dedicadas à privatização e à sociedade civil, com 100 milhões de dólares para a democratização e consultores que rebatizavam a corrupção, o crime e a guerra civil com os nomes de "formação de capacidade de governo", "reforma do setor de segurança" e "solução de controvérsias". Os apóstolos dessa revolução democrática deveriam ser o Conselho de Governo do Iraque e, especialmente, os liberais seculares que dele participavam — "líderes pragmáticos", como o Dr. Ayad Allawi, o estadista Adnan Pacaci ou o banqueiro e matemático Ahmed Chalabi. Esses homens, e não a anarco-máfia de Maysan, eram os que deveriam guiar os iraquianos em direção a um futuro democrático.

Mas em Amara a maior parte da classe média moderada e instruída havia fugido, e os que ficaram eram muitas vezes atormentados, vítimas de chantagem e até mesmo assassinados por terem conexões anteriores com os baathistas. O partido liberal de Pacaci não tinha apoio local. Chalabi se aliou com o Príncipe dos Pântanos. Allawi foi obrigado a nomear o xeque que tinha sido visto na televisão assinando com sangue um juramento de que daria a vida para defender Saddam.

Conheci figuras independentes, professores, xeques, diretores de ministérios e até mesmo poetas, mas foi difícil encontrar os líderes com os quais Bagdá sonhava. Havia o xeque baixote da tribo Suwaad, que me declarou rejeitar a ocupação porque seus antepassados tinham lutado contra os colonialistas britânicos, mas que, mais tarde, depois que ajudei um parente dele, mostrou-me uma carta na qual o representante britânico em 1936 elogiava a lealdade de seu avô. Aceitei um convite seu para almoçar, e no dia seguinte ao que estive em sua casa o prédio foi bombardeado porque ele passou a ser considerado traidor.

Os melhores exemplos de figuras "liberais" da classe média sem ligações baathistas em Amara eram Asad e Ali. Conheci-os pouco depois do assassinato do chefe de polícia. Asad, de 60 anos, entrou primeiro em meu gabinete e sentou-se em uma cadeira de braços sem dar uma palavra. Ali, que tinha 21, seguiu-o com passo militar, vestido com um paletó azul engomado, apertou minha mão e disse, num inglês perfeito:

— Prazer em conhecê-lo. Viemos aqui — explicou Ali — para apresentar nossa revista, *Maysan de Amanhã*. Gostaríamos de saber se o senhor poderia contribuir para os custos da edição.

Entregou-me um orçamento. Olhei os algarismos — alguns milhares de dólares por mês —, o suficiente para reformar dez escolas. Duvidei de que alguém precisasse daquela revista. Olhei para Ali e fiquei surpreso ao vê-lo esperando pacientemente. Os jovens que falavam bem inglês em Amara em geral não tinham o hábito de tratar com estrangeiros e, na ânsia de exibir seu conhecimento da língua, se mostravam obsequiosos ou condescendentes. Mas Ali não adotou nenhuma das duas atitudes.

— O que você tem feito desde a invasão? — perguntei.

— No mês passado organizamos uma jornada esportiva no centro de esportes — disse Ali — dedicada aos alunos inválidos e órfãos. Houve várias corridas e competições, inclusive um concurso de pintura, e demos pequenos prêmios aos vencedores. Veja, aqui está um exemplar de nossa revista.

A revista tinha 16 páginas em papel fosco. Em cada página havia uma aquarela.

— Elas foram pintadas pelo Sr. Asad — informou Ali.

Na terceira página havia a pintura de um jogo de escadas e serpentes; na quarta, um homem de boné militar e bigode ao lado de um mapa da França, e, na sexta, uma série de desenhos que mostravam os perigos de diferentes tipos de minas terrestres. Havia uma figura de mulher de chapéu, com um pincenê diante dos olhos. A barra do vestido amarelo estilo Regência repousava num canto da toalha azul de piquenique. Perspectivas e planos diversos se alinhavam lado a lado; os objetos se sobrepunham e de vez em quando se misturavam, especialmente na página dedicada a uma breve história de Al Amara e seus pássaros aquáticos.

— Queremos imprimir 4 mil exemplares e distribuí-los nas escolas primárias da província. Nunca houve uma revista para crianças em Maysan. Aqui as crianças não têm nada para fazer, nada para ler.

Asad começou a falar e Ali traduzia.

— Todas as oportunidades que vocês criaram para nós estão em perigo. Vocês nos trouxeram liberdade de palavra e de movimento, mas agora temos de colocá-las em prática.

Ali olhou para mim e recitou, como um menino de escola:

— Esta é a verdadeira alegria da vida, ser utilizado para um objetivo que reconhecemos como importante: ficar completamente esgotado antes de ser atirado ao lixo e ser uma força da natureza em vez de um pequeno indivíduo obstinado e febril, cheio de problemas e lamentações, queixando-se de que o mundo não se empenha em fazer-nos felizes. Isso é de mister George Bernard Shaw.

Nas vezes seguintes em que nos vimos, Ali contou sua vida. O pai era engenheiro, a mãe, dona de casa e a irmã menor — que ele adorava — passava os fins de tarde jogando xadrez com ele. Ao chegar aos 11 anos de idade, a língua inglesa tornou-se sua matéria preferida, talvez porque lhe permitisse aproximar-se da Grã-Bretanha e dos Estados Unidos, países que mais admirava. Dizia ter sido um menino bem vestido e diligente, afeiçoado aos país e aos estudos. Embora gostasse de futebol, não costumava assistir à TV e nem se dedicar a esportes. E todas essas coisas, que numa escola secundária britânica poderiam transformá-lo em alvo de brutalidades, em Amara lhe tinham valido a admiração de seus companheiros.

Ele tinha sido o único estudante da província de Maysan a receber uma oferta para estudar inglês na universidade de Bagdá. Aceitou em parte devido à excelente reputação da escola, ao currículo exigente e ao corpo docente, e em parte por causa do professor que se ocuparia do curso principal. Era um escritor conhecido e importante, que fazia eloqüentes pronunciamentos públicos sobre temas de política externa, suscitando a admiração de Ali, cujo idealismo quase não tinha oportunidade de desenvolver-se em sua pequena escola secundária ou ser apoiado no ritmo tranqüilo e sentimental da vida familiar. Nunca tendo se considerado uma figura original, Ali ficou entusiasmado com a possibilidade de ter um mentor e jamais duvidou de que seu desempenho como estudante seria digno.

Uma vez instalado no estreito dormitório dos estudantes, mostrou-se bom aluno. Ouvia fitas gravadas em língua estrangeira e os professores elogiavam seu sotaque da BBC, embora ele próprio não o achasse muito inglês. Escreveu alguns ensaios sobre Dickens, focalizando a miséria na Londres vitoriana. Mas o professor do curso principal raramente levantava temas políticos, e quando o fazia a conversação era curta. Ali começou a perceber que, embora lhe agradasse, o aprendizado não o estava fazendo progredir, e seu entusiasmo começou a esvair-se. Apesar do temperamento naturalmente gregário, viu-se cada vez mais retraído. Percebeu que muitos estudantes, assim como ele, gostariam de cuspir no retrato de Saddam que ficava no portão principal: queixavam-se dos carros antiquados, dos programas vazios da televisão local, da ironia de ver o governo fazendo sermões sobre a juventude e a pureza enquanto os filhos de Saddam estupravam as alunas dos cursos de graduação. Mas as críticas eram um tanto grosseiras, como se os colegas já tivessem abandonado seus ideais, e Ali nunca encontrava nada com que pudesse contribuir nas conversas. Isso tinha suas vantagens: nunca recebeu visitas dos homens sombrios e taciturnos do serviço secreto, e os brutamontes da milícia de *fedayin* que patrulhavam o campus universitário jamais o detiveram. Conseguiu fazer amizade com o filho de um coronel, e com isso obteve um adiamento do serviço militar, e, embora não tivesse muito dinheiro para subornar os professores, em geral se saía bem nos exames. Mas não conseguia exprimir seus sentimentos mais profundos. Percebia que os colegas, na maioria sunitas, o consideravam inferior, um árabe sujo e atrasado da região dos pântanos.

Às vezes o professor o acompanhava à rua Al Mutanabi, onde livros eram vendidos havia mais de mil anos, e ficava com ele no café junto ao mercado ouvindo-o conversar com amigos sobre Paris. Ali simpatizava com o professor, mas sentia-se confuso: o mestre tão inflexível em criticar Israel nunca encontrava defeitos no Iraque de Saddam; falava emocionado sobre Edward Said e estereótipos ocidentais, mas afirmava que somente por meio do temor era possível governar o Iraque.

Ali começou gradualmente a ver que poderia passar o restante de sua vida no ambiente confortável da universidade ou no governo, melhorando seu status e se transformando em um fragmento daquilo que sonhara. Suas fantasias sobre a Grã-Bretanha e os Estados Unidos cresceram: acordava de manhã murmurando coisas sobre respeito às mulheres e aos direitos humanos, tolerância para com a religião e as tradições de dança e teatro. E começou a perceber que talvez nunca pudesse pôr em prática o inglês que estava aprendendo porque provavelmente nunca viria a conhecer um estrangeiro.

Achava difícil concentrar-se nos estudos e já não estava entre os primeiros da classe. Para a família, era dispendioso mantê-lo em Bagdá, e com o pai agora aposentado, a irmã não tinha sustento adequado. Finalmente, diplomou-se e voltou para Al Amara, dizendo aos pais que não ficaria ali por muito tempo.

Em Amara conheceu Asad, parente distante de seu pai, pintor conhecido, poeta e personagem famoso que dirigia o sindicato dos artistas, embora não lhe agradasse a relação próxima entre o sindicato e Saddam. Asad era de uma benevolência oblíqua que ninguém na idade de Ali poderia imitar. Tinha cabelos longos e brancos, o que não era comum para um iraquiano, e um cavanhaque longo que recordava Balzac. Embora baixo e um pouco acima do peso ideal, era tranqüilo e exalava uma confiança branda que transmitia uma impressão de nobreza e alheamento em meio à precariedade da existência no Iraque moderno e fazia com que os estudantes da Universidade de Bagdá parecessem rudes e prostituídos em comparação. Encantado com a erudição e o ânimo de Asad, Ali aceitou satisfeito a posição de seu protegido, ainda que Asad, tal como o professor de Bagdá, não tivesse capacidade para assumir um papel heróico na Maysan do tempo de Saddam, onde a resistência estava dividida entre os brutos asseclas tribais do Príncipe dos Pântanos e os teocratas medievais. Não admira que tanto Asad quanto Ali ficassem felizes com a chegada das tropas britânicas a Amara.

Numa exposição de arte que patrocinamos, vi Asad recitando poemas no microfone. Não entendi uma só palavra e o intérprete afirmava ser impossível traduzi-los, de modo que simplesmente assenti com a cabeça e segui adiante. Outros personagens moderados — o diretor de Educação e alguns engenheiros locais — admiravam pinturas cubistas e surrealistas, além de um quadro com figuras geométricas num fundo branco que parecia ser uma paródia de Kandinsky.

Na exposição fui apresentado à Dra. Kifiyah, médica de Bagdá que se mudara para Al Amara. Tinha um rosto largo e amistoso e cabelos finos e negros, e seus olhos exibiam uma expressão bondosa. Ela e a filha haviam começado recentemente a trabalhar para uma organização custeada pela Agência de Desenvolvimento Internacional dos Estados Unidos, cujo objetivo era instaurar programas dirigidos a mulheres por meio de aulas de alfabetização e treinamento como parteiras.

— O que acha dos quadros? — perguntei.

— São muito bons — disse, dando um sorriso. Não sei se estava sendo sincera.

Um homem corpulento, de meia-idade, que tinha passado dez anos exilado nas regiões curdas me mostrou um de seus quadros dos pântanos, que retratava grandes peixes cinzentos apodrecendo num solo seco: "Tudo completamente destruído por aquele monstro", disse ele. Algumas de suas telas mostravam homens que gritavam empunhando mísseis e cujos rostos se derretiam transformando-se em caveiras. Fiquei especialmente impressionado com o retrato de uma menina de cabelos longos e vestido marrom, iluminada por um facho de luz e de pé em um quarto que poderia ter sido uma cela, de costas para o espectador. Comprei-o.

Ali e Asad não fizeram comentários sobre o quadro e imaginei que não fosse do estilo deles. Perguntei a ambos quais os partidos que achavam que deveriam ser representados no novo Conselho da Província.

Ali murmurou alguma coisa em árabe para Asad, que encolheu os ombros.

— O que quer dizer com isso? — perguntou Ali.

— Bem — disse eu —, quantos assentos devo reservar para o Da'wa?

Asad respondeu e Ali disse:

— O Sr. Asad diz que o senhor deve saber que existem dois Da'was.

Olhei para Asad, que acenava significativamente com a cabeça.

— Três — disse eu, rindo.

— *La, la, ithnen* — disse Asad, erguendo dois dedos.

— Três — repeti, contando. — Da'wa Iraq, Da'wa Islamiya e Movimento Da'wa.

Asad encolheu os ombros e disse:

— Não sei. Não estou interessado nisso. Na verdade, não há diferença entre eles. Simplesmente fingem ser diferentes. São todos pessoas más, ignorantes e religiosas. O senhor deve apoiar os moderados, os seculares.

— Mas quem são? Não consigo vê-los. As pessoas como o senhor não querem envolver-se em política.

— Seyyed Rory, não é coisa simples. É perigoso para nós. Mas, se o fizéssemos, o povo nos daria apoio. Ninguém quer fanáticos islamitas. Por favor, não os nomeie.

Ali, que personificava o ideal de Bagdá de um líder de classe média, era impotente: não tinha milícia armada e não era suficientemente inquieto e rude para enfrentar e derrotar os que a tinham. Os partidos islamitas pregaram cartazes em muros da vizinhança denunciando-o como colaboracionista, e ele deixou o trabalho de tradutor numa ONG tcheca. A irmã não podia sair de casa porque tinha comparecido a uma conferência de mulheres em Amã, coisa considerada antiislâmica. Por nada no mundo ele e os amigos iriam organizar um partido secular.

Talvez a única figura "secular" em Amara que tinha interesse pela política fosse o líder comunista, que tinha o estranho nome de Abu Ivan. O partido comunista já tinha sido o maior do Iraque e era famoso por sua devoção à URSS. Todos conheciam o ditado "Quando cai neve em Moscou, o partido iraquiano abre o guarda-chuva". Saddam tinha colocado o partido na ilegalidade e a queda da URSS prejudicara muito sua credibilidade; os partidos xiitas ainda os consideravam ateus perigosos. O partido funcionava em instalações precárias, decoradas com livros de Lenin. Abu Ivan era um líder típico: homem de meia-idade, articulado e aparentemente caloroso, preocupado com os direitos dos operários nas indústrias. Mas ainda que tivéssemos resolvido apoiar os comunistas, o que teria sido um arranjo ideológico interessante, era improvável que eles conseguissem ganhar uma eleição.

Como não existia liderança moderada, a única coisa que podíamos fazer era criá-la lentamente. Subvencionávamos pequenas organizações dedicadas a direitos humanos, centros femininos e cursos de educação cívica. Eu achava mais promissores os clubes esportivos e os sindicatos, que possuíam dezenas de milhares de filiados e uma infra-estrutura já estabelecida. Mas essas entidades também haviam estado muito próximas a Saddam, e era difícil convencer os teóricos do livre-mercado em Bagdá a investir nelas, pois não produziriam uma sociedade civil liberal da noite para o dia.

Embora os primeiros dois meses após a invasão tivessem sido relativamente tranqüilos, o número de ataques contra a Coalizão estava aumentando. Durante minha visita a Bagdá em agosto, o bombardeio suicida contra as Nações Unidas tinha sido seguido por uma grande explosão na cidade sagrada xiita de Najaf, resultando na morte do aiatolá M. Baqr Al-Hakim, líder do partido SCIRI ligado ao Irã, além de mais cem pessoas. A Cruz Vermelha, também alvo de ataques, praticamente havia se retirado do país. Mesmo assim, no Iraque não tinha havido seqüestros nem execuções pela TV, e agora que tínhamos resolvido a questão do assassinato do chefe de polícia, Maysan estava tranqüila. Aproveitei essa época de relativa paz para visitar as zonas rurais. As aldeias, onde viviam centenas de milhares de pessoas, tinham atitudes inesperadas para com o governo e o desenvolvimento e se sentiam muito pouco ligadas à violência política em Amara ou à retórica ocidental que emanava de Bagdá.

Passeios rurais

> Um governante astuto deve, portanto, assegurar-se de que seus cidadãos, em qualquer situação, sejam sempre dependentes do governo e dele próprio, e que lhe sejam sempre leais.
>
> Maquiavel, *O príncipe*, capítulo 9

A tribo Beni Hashim, por exemplo, que visitei algumas semanas depois da morte do chefe de polícia, era uma das mais remotas dentre as tribos árabes dos pântanos. Havia boatos de que as agências internacionais estavam dispostas a lhes doar recursos para projetos na região dos alagadiços, e muitos iraquianos que anteriormente os haviam desprezado agora se juntavam aos árabes dos pântanos, mas a tribo Beni Hashim era autêntica. Os mais velhos tinham passado seus primeiros trinta anos de vida em plataformas flutuantes feitas de juncos em alagadiços jamais visitados pelo governo. Mas, como o território ficava na fronteira com o Irã, Saddam os expulsara no início da guerra Irã—Iraque e deslocara mais de 20 mil deles para o deserto. Muitos acabaram nos guetos xiitas de Bagdá ou em favelas em Basra, onde os mais afortunados encontraram trabalho como garis ou empregados domésticos. A invasão tornara novamente lícito habitar os pântanos, e aquela parte dos alagadiços era a única que não tinha sido esgotada. Alguns, principalmente os mais velhos, começavam a voltar, embora fosse difícil para eles imaginar que tipo de vida levariam agora, com a maioria dos búfalos mortos, os peixes dizimados, as cabanas e as plataformas flutuantes já sem possibilidade de recuperação.

Cheguei à aldeia e encontrei, refletido numa poça de água parada, um prédio abobadado inteiramente feito de junco e rodeado por fios de uma torre de alta tensão desligada, tubos de concreto, chaminés de ferro e paralelepípedos, semi-submerso na lama. No centro da fachada havia um retrato do imã Ali, primo e cunhado do Profeta. O alto-falante em uma coluna mostrava que anteriormente o edifício servira de mesquita.

O dia estava claro, e logo que entrei no *mudhif* quase nada pude ver na penumbra. Formas que se aproximavam gradualmente transformaram-se em homens idosos com turbantes de tecido xadrez amontoados na cabeça. Por delicadeza, não me fitaram nos olhos e ficaram sentados, agachados, com as mãos ocultas nas mangas dos anoraques ou de braços cruzados, com expressão ansiosa e inquieta. Coloquei-me em um tapete caseiro na extremidade da sala.

Somente dois homens mantinham a coluna ereta. Um tinha barba negra e uma jaqueta militar de camuflagem e me olhava como se fosse o comandante de uma milícia armada. O outro era Seyyed Issa, o prefeito. Ambos eram jovens, coisa rara entre os Beni Hashim, onde não havia maneira de ganhar dinheiro. Um fabricante de cartazes, um vendedor de canivetes, um operário industrial ou um trabalhador braçal não encontrariam emprego ali. Os homens de Beni Hashim tinham perdido a oportunidade surgida em abril, quando Amara ficara vulnerável ao saque. Não tinham conseguido levar um pequeno gerador da casa de algum funcionário do partido nem juntar algumas telhas, panelas ou almofadas de alguma clínica. Dependiam quase inteiramente de recursos do governo da Coalizão.

— Obrigado por nos receber — disse eu.

— De nada — respondeu Seyyed Issa solenemente, usando as únicas palavras em inglês que conhecia. Em seguida olhou-me nervosamente e deu um risinho. Houve um silêncio. Estavam esperando que eu fizesse um discurso formal. Falei sobre a necessidade de não aumentar as expectativas, sobre segurança e sobre eleições no futuro. Os velhos me olhavam com expressão vazia, indiferente.

Seyyed Issa, que era criança quando a tribo abandonara os pântanos, começou a falar em nome da comunidade. Disse que tinha ido a Amara no dia anterior. Com os buracos na estrada e a inundação recente, a viagem de 80 quilômetros tinha durado quatro horas. Ele fora pedir uma indenização aos militares britânicos: uma vaca perdera o bezerro porque um helicóptero passara voando muito baixo. Também conseguiu mais uma carta do diretor de Municipalidades apoiando a campanha dos habitantes para que a região fosse de novo reconhecida oficialmente como distrito. Queria que eu acompanhasse ambas as solicitações. Enquanto esperava minha resposta, tirou do bolso uma caneta e um caderno de notas e colocou-os cuidadosamente na esteira entre os joelhos. Os velhos o observavam e assentiram com a cabeça. Nunca tinham freqüentado uma escola e não sabiam ler nem escrever — e tinham diversos motivos para suspeitar de Seyyed Issa: ele tinha completado a instrução secundária, o *mudhif* de junco onde estavam pertencia a ele, que vinha da família mais próspera da aldeia, era descendente do Profeta e tinha a reputação de tratar eficientemente com o governo.

Com o teto alto em forma de abóbada, o *mudhif* tinha algo da forma de uma igreja da Normandia. As colunas, que brilhavam como se tivessem sido enceradas, eram feitas de frágil junco, cada qual de um tom diferente de patê de fígado, estreitamente amarrados e curvados, suportando o peso da cobertura. Em certos dias, o *mudhif* se transformava em *mejlis*, que significava a reunião, congregação ou parlamento do povo; um lugar para debater os acontecimentos em Al Amara e até mesmo em Bagdá; resolver uma controvérsia com os vizinhos da tribo Abu Kheit ou Suwaad; limitar a pesca ou decidir um caso jurídico. Naquele dia o prédio não funcionava como *mudhif, mejlis*, mesquita ou salão de jantar, mas sim como câmara de audiência para as petições ao governo, que no caso era eu.

Houve uma pausa. Numa reunião daquele tipo, todos tradicionalmente eram estimulados a exprimir-se. Seyyed Issa, sentado de costas para a parede dos fundos, tinha de escutar o primo meio pateta com seu manto rasgado à esquerda da entrada. Cada um por sua vez, os velhos pediram melhorias na irrigação, saneamento e coisas assim: água encanada, ambulâncias, técnicas modernas de plantio, eletricidade.

— Saddam Hussein tratava o povo dos pântanos pior do que cachorros — concluiu Seyyed Issa. Um dos velhos pediu equipamento de dispersão de DDT para matar os mosquitos da malária. Os demais assentiram: Saddam tinha mandado fazer isso regularmente. Eu cumpri a pantomima de anotar o pedido, mas não tinha a intenção de levar o assunto adiante; não tínhamos equipamento de dispersão, e eu achava, sem muito conhecimento, que o DDT era um risco para a saúde. Disse que tinha ouvido queixas de que eles jogavam veneno na água e recolhiam os peixes mortos na superfície. Os velhos nada disseram. Eu não sabia se tinham compreendido.

— Não fazemos isso — esclareceu Seyyed Issa depois de uma pausa. — Pegamos os peixes eletrocutando-os na água ou jogando granadas. O uso de venenos é um método indígena tradicional de pescaria; não devemos ser proibidos de seguir nossas tradições.

Era verdade que tradicionalmente os peixes eram envenenados em vez de apanhados com redes — as redes antigamente eram tabu —, mas eu suspeitava que os venenos tradicionais eram menos ativos do que os produtos químicos industriais que agora estavam em uso. Tomei nota para pedir ao departamento de Saúde Pública que examinasse os peixes no mercado e mandasse fechar as barracas que vendessem peixes envenenados.

O fogo foi aceso na lareira, alguém trouxe água, o café foi preparado. Os homens passavam as contas dos rosários pelos dedos, levantavam lentamente as mãos para espantar as moscas, seguindo com os olhos os arcos espaçados acima deles, como as costelas de uma baleia. Um jovem parente trouxe duas xícaras de porcelana junto com o bule de café e me serviu em primeiro lugar.

Ofereci a xícara a Seyyed Issa e depois ao mais idoso dos homens, que a devolveu a mim para que eu sorvesse as gotas ferventes, fosse servido novamente, sacudisse a xícara para mostrar que havia terminado e a passasse ao homem à minha esquerda. Em algumas comunidades mais remotas dos árabes dos pântanos, as pessoas ainda se recusavam a beber de uma xícara que um cristão tivesse tocado. Ou a lavavam ostensivamente ou a despedaçavam. Mas o velho bebeu, foi outra vez servido e bebeu novamente. Na entrada estava de pé uma menina vestida com uma longa túnica marrom, de olhos cor de mel, cabelos encaracolados quase louros e brincos feitos de arame. Devia ter uns 8 anos, mas a expressão era de mais velha e mais experiente, com um sorriso amplo e pensativo. Os velhos a mandaram retirar-se. Foi substituída por um grupo de meninos.

Tínhamos levado algumas bolas de futebol, e eu dei uma delas ao chefe da equipe de guarda-costas para que a entregasse. Ele a rolou para fora do prédio. Houve uma explosão de ruidosa violência — trinta corpos se digladiavam numa nuvem de pó. Um menino maior, que batia nos outros, agarrou a bola e saiu correndo para sua casa, perseguido pelos demais.

Depois do almoço, fomos convidados a embarcar nos botes. A equipe de guarda-costas e da polícia pisou cuidadosamente nas canoas que balançavam, levando suas armas. Deitei-me de bruços na proa aguda. Os barcos eram de diversos tipos: alguns de madeira, calafetados com betume, outros de fibra de vidro ou de alumínio, aparentemente tomados aos militares depois da guerra Irã—Iraque. Todos tinham mais de 3,59 metros de comprimento e eram de baixo calado. Os remadores ficavam sentados próximo à popa e em alguns casos permaneciam de pé, usando os remos como lanças.

Flutuamos em águas muito mais escuras e de brilho mais metálico do que o céu de outono livre de nuvens. Passamos por juncos que cresciam desde as raízes amareladas até os caules verdes, de 2,59 metros de altura, com os tufos de sementes nas pontas. Não se podia ver muita coisa nos canais por entre os juncos. Na superfície flutuavam restos de pólen, e a água era tão parada que parecia espessa e pesada. Alguns pássaros — em número muito menor do que o descrito pelos viajantes antigos — voavam sobre nós. Não muito longe, por entre a grama alta, chegamos a um círculo mais aberto de água em cujo centro havia alguns homens sentados em uma plataforma flutuante de junco. Era uma ilha de 6 metros de diâmetro sobre a qual havia uma cabana, algumas plantas verdes, um búfalo e um grande gerador a diesel. Antigamente, os árabes dos pântanos passavam todo o ano morando em plataformas flutuantes, mas aquela era uma instalação temporária para colheita e pescaria. Como quase todos os árabes dos pântanos na atualidade, aqueles homens moravam em terra firme.

Mais tarde entramos em outro *mudhif*. Esses prédios duram talvez a metade de uma geração, e aquele já estava chegando ao fim de sua vida útil. O exterior era esbranquiçado, como cordas de um estaleiro tropical. As colunas internas tinham ficado cinzentas como velhos feixes de centeio, e as paredes trançadas tinham buracos, de maneira que o espaço dava a impressão de uma tenda rala, atravessada por correntes de ar e pela luz do sol. Os xeques ali provinham principalmente da tribo Albu Ghenam, e como todos tinham estado no Irã, vivendo durante 15 anos em um vasto acampamento para refugiados, nenhum tinha documento de identificação e por isso não tinham como receber quotas de alimentos. O xeque pediu nossa ajuda. Respondi solicitando uma lista das pessoas que precisavam do documento, mas notei que ele concordou muito rapidamente. Percebi que ou por ser analfabeto, ou porque seria muito complicado, ou porque não confiava em nós e nem em nenhum governo, não iria providenciar nenhuma lista. Comprometi-me apenas a dizer ao representante do Ministério do Comércio que conseguisse ajuda. Em seguida, voltamos aos veículos.

Depois que apertamos as mãos dos velhos e eles nos viram partir, o dia para eles já estava terminado. Voltariam lentamente para suas cabanas ou para as pequenas tendas de junco em pátios enlameados. Ali esperariam a refeição da noite, que podia consistir apenas em pão e talvez arroz, sem carne, frutas ou legumes. Alguns ouviriam os sermões religiosos ou as notícias pelo rádio. Os velhos não costumavam ler e freqüentemente eram analfabetos, e não havia eletricidade na aldeia para permitir que assistissem à televisão.

Ao crepúsculo, os búfalos aquáticos voltariam ao curral, abaixando o pescoço peludo e abrindo os beiços em busca de comida, os chifres cinzentos cobertos de lama seca como cerâmica antiga. As mulheres levavam as vacas a um canto do pátio e se acocoravam ao lado delas, passando os dedos pelas tetas e de vez em quando deixando cair um pouco do leite no focinho do animal, como recompensa. As famílias agora possuíam um ou dois búfalos cada, o suficiente para um copo de leite forte e doce para o jantar.

As mulheres faziam a maior parte dos trabalhos domésticos: operavam o tear, quando o possuíam, carregavam água, lavavam as roupas, cuidavam das crianças e varriam a espessa camada de areia que se acumulava diariamente nas cabanas. Mas eram quase completamente excluídas da educação e da vida política da aldeia. Muitas vezes não eram bem recebidas na mesquita. Freqüentemente eram vítimas de assassinatos de honra, casamentos forçados e violência doméstica. Eu nunca falava com elas. Mas quando não estavam cuidando dos búfalos, compunham e recitavam poesias, sempre oralmente, porque quase todas eram analfabetas. Pouco depois de escurecer era hora de dormir, pois todos acordavam cedo para as abluções e as preces do amanhecer. Somente em aldeias onde havia mesquitas funcionando é que as preces do fim da tarde proporcionavam oportunidade para que os homens se reunissem pela segunda vez no dia.

Talvez um quarto da população da província vivia daquela maneira, embora em muitos casos cultivando trigo e criando carneiros, em vez de pescar e utilizar os búfalos. Não pagavam impostos e recebiam muito pouco do Estado. As punições legais eram infligidas pelos mais velhos no *mudhif*; raramente recorriam aos tribunais ou à polícia.

Eu tinha ido visitar a comunidade para conhecer sua influência política. Concluí que era praticamente inexistente. Eram pobres e isolados demais. Os jovens que lutavam nas ruas de Amara não eram de lá. Quando votavam, provavelmente apoiavam os grupos islamitas porque eram endossados pelos aiatolás e refletiam seus valores sociais conservadores. Nem o povo de Beni Hashim e nem Ali poderiam, provavelmente, liderar uma revolução democrática.

Ainda que os aldeões não enfrentassem os políticos extremistas na capital, pelo menos nós podíamos protegê-los dos piores efeitos do extremismo. O povo das aldeias constituía a maioria e, embora pobres e sem instrução, eles eram extraordinariamente pragmáticos e moderados. Introduzimos um programa destinado a conferir poder às comunidades locais, calcado numa experiência que eu tinha visto no Afeganistão e que, por sua vez, tinha vindo da Indonésia.

Pedimos a cada aldeia que elegesse uma Comissão de Desenvolvimento e demos 5 mil dólares para serem gastos como eles decidissem. O dinheiro era entregue em público, freqüentemente na televisão, para que todos soubessem quanto havia sido entregue e a quem. Mesmo assim, um pouco do dinheiro desaparecia, mas pelo menos isso acontecia no nível local, em vez de encher os bolsos dos empreiteiros das cidades e dos funcionários públicos ou complementar os salários dos assistentes estrangeiros de Desenvolvimento. As comissões tinham o apoio e o aconselhamento de jovens iraquianos com grau universitário e eram supervisionadas pela RTI, uma ONG internacional. Os projetos que os aldeões escolhiam refletiam suas próprias prioridades. Podiam construir clínicas, escolas e estradas com rapidez, a baixo custo e utilizando constantemente trabalhadores locais. Além disso, os grupos eleitos podiam representar e defender os aldeões contra os políticos da capital.

Mas o projeto, agora denominado "Programa de Desenvolvimento Rural de Maysan", levaria anos para transformar as estruturas rurais de poder. Além disso, não era bem-visto em Amara. O diretor de Educação e outros funcionários públicos preferiam construir lenta e dispendiosamente em vez de delegar autoridade aos aldeões; os políticos locais diziam necessitar dos recursos a fim de desenvolver seu próprio poder e autoridade. Eu duvidava que o programa continuasse depois que partíssemos.

Subchefe

> Considerou necessário criar um governo eficiente porque desejava que a região fosse pacífica e os habitantes obedientes.
>
> Maquiavel, *O príncipe,* capítulo 7

Em 5 de novembro, cinco semanas depois que cheguei a Al Amara, Molly Phee, funcionária do Departamento de Estado dos Estados Unidos, chegou para assumir a coordenação do governo da província e eu passei a ser seu vice. Durante várias semanas eu vinha ouvindo falar dela, primeiro que ela seria minha chefe e depois que seria transferida para outra província enquanto eu permaneceria como coordenador. Agora tinha sido tomada a decisão de que ela viesse para Amara, aparentemente porque o governo norte-americano desejava que os Estados Unidos tivessem uma presença marcante na região.

Fui apresentado a Molly em um escritório na Zona Verde, quando ela chegou de Nova York a caminho de Maysan. Já estava no Iraque havia dois dias e, como todos os recém-chegados, envergava o colete à prova de balas. Era um pouco mais baixa do que eu e mais jovem do que eu imaginava — talvez cinco anos menos do que eu —, nascida em Chicago, de pele clara de origem irlandesa e cabelos cor de âmbar. Tal como Bremer, calçava um par de botas para o deserto e trajava uma jaqueta de couro de boa qualidade e calças compridas pretas.

Tinha acabado de ouvir instruções de meu antecessor, o major Edward Melotte. Eu não sabia o que ele tinha dito — e, na verdade, nem sabia que ele a iria instruir — e quando quis falar sobre a província, percebi que ela já ouvira muita coisa. Pediu-me que conseguisse um gerador em um dos ministérios e foi sozinha visitar altos funcionários. Na semana em que ela chegou tinha havido muita violência: o Hotel Al Rashid, no coração da Zona Verde, onde nos alojávamos e onde ficava a discoteca, fora alvejado por foguetes; o escritório da Cruz Vermelha tinha sido bombardeado e 12 pessoas morreram; diplomatas espanhóis em Bagdá foram assassinados. Alguns dos colegas de Molly do Departamento de Estado tinham resolvido não prorrogar a estada no Iraque, abalados com os ataques e decepcionados com a falta de recursos para a reconstrução. Na reunião mensal com Bremer e os generais naquela tarde, Molly sentou-se no lugar destinado a Maysan, ao lado do rijo general Petraeus, que tinha chefiado a reconstrução da região curda. Eu me sentei atrás dela.

— Quando vamos receber a verba para pagamento dos salários de nossos Conselhos de Província? — perguntou um dos governadores da Coalizão. — Temos de sustentar o governo do Iraque.

Bremer olhou para os presentes e rosnou:

— Acho que já disse antes: façam com que isso aconteça.

— Sim, senhor — disse o coronel responsável pelos salários municipais.

O coronel era um oficial da reserva de pouco menos de 60 anos e vinha do Meio-Oeste rural. Depois da reunião, fui atrás dele, passando por uma mesa entalhada com uma figura do Templo da Montanha de Jerusalém e pelos corredores do pavimento superior do palácio. Disse-lhe que nosso tesoureiro tinha recebido o ofício de Bagdá autorizando os salários e verificara a existência do crédito orçamentário, mas afirmava não ter havido depósito na conta. Tínhamos informado Bagdá, sem receber resposta. Acentuei que estávamos enfrentando assassinatos, seqüestros e distúrbios e que não seríamos capazes de controlar a província caso os líderes continuassem sem receber seus salários.

O coronel respondeu que encaminhara nossas indagações sobre os salários ao Ministério das Finanças havia várias semanas. Sugeri que fôssemos ao ministério. Passamos pela sala do capitão britânico que cuidava da candidatura iraquiana aos Jogos Olímpicos — imaginei que antes tivesse sido um pequeno quarto de dormir — e chegamos a um banheiro de mármore que tinha sido convertido em gabinete de um conselheiro financeiro. Era um jovem de pouco mais de 20 anos, mas parecia ter 15. O coronel explicou meu pedido.

— Sim — disse o rapaz —, o pedido está aqui mesmo em minha mesa. Estou um pouco ocupado agora, mas vou tentar cuidar disso quando for despachar com o ministro na próxima semana.

Interrompi-o.

— Lamento ter de insistir, mas o senhor terá de pegar pessoalmente esse papel, levá-lo a todos os demais escritórios e esperar que o assinem, porque não podemos esperar mais.

Voltei a Amara com Molly, ambos acomodados no banco traseiro de um dos carros blindados no trajeto de três horas ao longo do Tigre. Fiquei sabendo que ela tinha estudado na costa leste dos Estados Unidos e trabalhado no Congresso antes de entrar para o Departamento de Estado; servira durante dez anos em embaixadas no Oriente Médio — Amã, Cairo e Kuwait — e falava bem a língua árabe. Conhecia muitos dos principais funcionários norte-americanos em Bagdá e em Washington. Tinha ficado retida em Nova York, trabalhando em resoluções na ONU depois de ser nomeada para Maysan.

Eu não sabia o que ela esperava encontrar em sua nova função, chegando logo depois do assassinato do chefe de polícia e sem que houvesse governador nem Conselho da Província. Informei que precisávamos tomar decisões sobre o orçamento do Ministério das Finanças local; sobre a mudança dos métodos de pescaria dos árabes dos pântanos; sobre a privatização da fábrica de açúcar de cana; sobre a escolha de novo chefe de polícia e sobre a maneira de pacificar a violenta milícia islamita. E aquilo era o que tínhamos de fazer em um único dia de trabalho. Achei, no entanto, que não era meu dever acentuar que a nossa experiência — a minha e a dela — era inadequada para esse tipo de governo. Sabíamos alguma coisa a respeito da região, e Molly a conhecia melhor do que eu. Mas os diplomatas, como nós, normalmente trabalham no recinto de uma embaixada confortável e raramente chefiam mais do que um par de secretárias. Tínhamos sido treinados em uma cultura institucional que dava valor à prudência, à negociação e à redação cuidadosa, e não às decisões executivas ousadas necessárias para governar uma zona semibélica. Felizmente para sua posição em uma equipe predominantemente proveniente da Grã-Bretanha, Molly tinha um sentido de humor muito britânico.

Dez dias depois, Bremer anunciou que transferiríamos a soberania ao governo iraquiano em 30 de junho de 2004. A CPA estava crescendo e ficando mais idealista e mais burocrática. Até aquele momento eu tinha sido um administrador solitário, cuidando de alguns projetos de desenvolvimento, mantendo a segurança por meio de negociação e gerenciando crises locais. Tinha imaginado que isso continuaria a ocorrer durante uma transferência longa e gradual a um governo iraquiano eleito. Não tinha sido definida uma data para a entrega da soberania. Mas agora eu passaria a fazer parte de uma equipe muito mais numerosa, que implementaria um plano concebido em Bagdá; a entrega ocorreria dentro de sete meses.

Nosso objetivo geral ia ficando cada vez menos aparente. Bagdá ainda estava resolvida a "não restaurar o Iraque de Saddam e nem criar uma teocracia ao estilo iraniano" e falava de um Estado democrático que representasse a maioria e protegesse os interesses das minorias, mas já não haveria tempo para organizar eleições antes que saíssemos do país e cada vez ficávamos menos à vontade na imposição de nossos valores. Embora tivéssemos poderes coloniais, não éramos funcionários coloniais. Um funcionário distrital britânico de meados do século XIX na fronteira noroeste da Índia colonial poderia jogar os chefes uns contra os outros, fazer manipulação política, lisonjear, apelar e blefar, além de abrir fogo contra amotinados e saqueadores; e, caso o chefe desafiasse sua autoridade poderia atacá-lo ou suborná-lo com um saco de ouro. Mas a nova raça de administradores desaprovava esses métodos, e a reação que deveríamos ter caso os interesses e objetivos da Coalizão se chocassem com os de nossos sucessores iraquianos não estava esclarecida.

Em 15 dias Molly e eu entramos em uma rotina quase invariável. Todas as manhãs nos encontrávamos no caminho que ia dos chuveiros aos nossos alojamentos. Caíamos no assento traseiro de um carro blindado e, se estivéssemos suficientemente despertos, debatíamos o que deveríamos dizer na reunião da manhã. Em geral simplesmente ficávamos sentados, olhando o cenário de inverno pelas janelas à prova de balas, de 3 centímetros de espessura: as torres fumegantes das chaminés das olarias e os operários que engatinhavam nos telhados manchados de alcatrão. A maioria daqueles homens estava em situação de semi-escravidão porque deviam dinheiro ao proprietário das olarias; a fumaça fazia seus dentes caírem e arruinava seus pulmões. Comentava-se que a expectativa de vida deles era de 25 anos.

No escritório, acordávamos com o café fresco que Molly trouxera do Kuwait. A. J., o encarregado das finanças, trajando sob a jaqueta de linho uma camisa de treinamento curiosamente desbotada que parecia do tempo da Primeira Guerra Mundial, abria a reunião das 8h30 examinando maços de papéis através de seus óculos de aros de tartaruga. O restante da equipe resmungava, culpando-o pelos atrasos nos contratos e pela falta de recursos. Os verdadeiros culpados estavam em Basra.

Molly — que assumira o encargo de administrar um escritório que agora tinha quase cem pessoas, contando os guarda-costas e a equipe de Assuntos Civis — trouxe ordem aos nossos procedimentos idiossincráticos e às vezes arbitrários. Falou sobre os debates nas Nações Unidas e sobre os programas para visitantes importantes, explicou nossas atribuições legais, recusou pedidos de políticos locais, publicou planos de bolsas de estudo e procurou obter e produzir panfletos sobre educação cívica.

Depois da reunião, às 9 horas, Molly abria as portas de seu gabinete e recuava ao ver as dúzias de moscas que lentamente esvoaçavam sobre sua escrivaninha. Experimentamos ar-condicionado e um *spray* comercial e diariamente limpávamos as moscas mortas que se acumulavam nos parapeitos das janelas, mas na reunião seguinte no gabinete dela nossos visitantes iraquianos novamente espantavam com gestos elegantes as moscas que teimavam em lhes pousar no rosto. Experimentamos uma pasta venenosa azul que não deu certo e passamos a um *spray* militar de fumaça fornecido pelo batalhão britânico. Esses métodos nos causavam náuseas, mas tinham pouco efeito nas moscas.

Quase todos os dias, às 10 horas, atravessávamos a estrada para ir ao prédio do Conselho da Província para uma reunião de duas horas com um Conselho ou comissão iraquiana. Molly se sentava a uma pequena mesa e refutava as queixas, falando árabe de maneira precisa, porém tranqüila. Eu tinha dado mais atenção aos problemas locais; ela enfatizava princípios gerais e o contexto internacional e jurídico, usando sua experiência na ONU e em Washington para explicar com exatidão o status da ocupação e por que Bagdá não tomava decisões, oferecendo perspectivas sobre os debates políticos no centro. Dava realce ao fato de que a invasão proporcionava uma oportunidade para que os xiitas assumissem o poder no Iraque pela primeira vez e acentuava que deveriam fazê-lo respeitando as minorias.

Como ela falava bem a língua árabe, não se deixava levar pelos enganos dos tradutores e era capaz de perceber os desacordos sem necessidade de mediação. Assim, quando o tradutor deu a entender que Abu Ahmed desejava um "governo legal", o que ela ouviu na verdade foi que ele insistia em um "*Wilayat-e-faqih*", ou governo teocrático. Adaptou-se rapidamente até mesmo ao dialeto dos árabes dos pântanos e, por poder ler cuidadosamente as publicações em árabe, descobriu coisas que eu deixara de perceber — por exemplo, que um tradutor árabe havia inserido em um folheto patrocinado pela Usaid a frase "O Irã é o exemplo mais perfeito de democracia no mundo".

Ao fim de sua primeira reunião das 10 horas com a Comissão Supervisora, o religioso xeque Rahim aproximou-se dela e rosnou:

— Miss Molly, estamos felizes em tê-la aqui. Esta província é muçulmana e preferimos que as pessoas se vistam de maneira respeitável. Posso sugerir, por favor, que no futuro a senhora cubra a cabeça?

— Sou uma mulher respeitável — replicou Molly. — Meu pai se sentiria insultado se o senhor sugerisse o contrário. Sou cristã e em nossa cultura as mulheres respeitáveis não cobrem a cabeça.

Não havia leis no Iraque que obrigassem as mulheres a cobrir-se, e ela sabia que se o fizesse todas as mulheres da província teriam de fazer o mesmo, porque os homens diriam: "Vejam, até mesmo a governadora norte-americana cobre a cabeça." Não obstante, Maysan estava se tornando mais conservadora. Em setembro, ainda havia mulheres que usavam lenços coloridos, mas em novembro quase todas saíam cobertas da cabeça aos pés com uma *abaya* preta. E Seyyed Hassan, o religioso do Sadr que tinha sido seqüestrado, recusava-se a encontrar-se com Molly a menos que ela se cobrisse.

Durante a tarde recebíamos iraquianos individualmente. Às 6 horas o último visitante saía para as preces vespertinas e passávamos as três ou quatro horas seguintes trabalhando nos e-mails e perdendo a refeição da noite no acampamento. Os milhares de estrangeiros da Zona Verde de Bagdá e de Basra, que executavam variadas funções, desde policiais até encarregados de turismo, eram constantemente substituídos. Cada novo funcionário mandava e-mails às províncias pedindo apoio para seus projetos preferidos. Molly selecionou uma mensagem vinda dos fuzileiros navais norte-americanos que cuidavam do recrutamento para o exército do Iraque, convenceu-os a aceitar mil recrutas de Maysan e convidou-os a estabelecer um centro de recrutamento na província. Descobriu que havia centenas de milhões de dólares disponíveis para os árabes dos pântanos e que os peritos ocidentais estavam debatendo a possibilidade de voltar a inundar a região, mas poucos habitantes dos pântanos participavam dos estudos. Por isso ela organizou um conselho composto de representantes locais para cuidar de seus interesses e pressionou para a criação de um plano de microcrédito para pequenas empresas.

Trabalhávamos de 14 a 16 horas por dia e raramente tínhamos um dia de folga. Eu já não tinha tempo para uma corrida com os soldados todas as noites. Preocupava-me com a possibilidade de que ficássemos exauridos se mantivéssemos aquele ritmo durante os seis ou sete meses seguintes. Mas, embora nossas operações tivessem ficado mais organizadas, ainda não tínhamos conseguido o controle completo. A equipe de guarda-costas muitas vezes parecia ter saído para treinamento quando Molly precisava ir a algum lugar; Bagdá não acusava nem respondia nossos pedidos de informações cada vez mais detalhadas; Basra atrasava os contratos durante semanas. E embora Molly frisasse constantemente que "não gostava de surpresas", todas as demais peças de nosso precário sistema — Washington, Londres, o batalhão, Bagdá, nossa própria equipe — continuavam deixando de nos dar as informações de que precisávamos. Freqüentemente os habitantes locais tomavam conhecimento de novas iniciativas, decisões ou operações antes de nós. Nossa equipe continuava a queixar-se de que a roupa lavada cheirava a querosene e os encarregados da limpeza lavavam os pratos com detergente industrial para piso.

Quando voltávamos nos carros blindados, Molly e eu em geral nos sentíamos exaustos e nem sequer falávamos, mas muitas vezes ela ia se encontrar com o coronel britânico tão logo chegávamos ao acampamento. Percebendo que por ser norte-americana e mulher poderia ser excluída dos temas militares, ela fazia questão de tratar diretamente com o coronel e não com o oficial encarregado de assuntos políticos. Passou a conhecer pessoalmente todos os comandantes militares. Controlou-se quando um major britânico lhe disse que a presença de mulheres nos conselhos locais era uma perda de tempo.

Nunca deixava de chamar a atenção dos oficiais quando achava que o batalhão negligenciava seus deveres ao deixar de desarmar um grupo de milicianos ou fazer vista grossa para os roubos do equipamento nos cabos de alta tensão. Não eram coisas fáceis em um ambiente militar masculino britânico. Mas o coronel compreendeu a importância de um bom relacionamento e a maneira de agir de Molly produziu resultados.

Na época em que eu chegara, os militares ameaçavam retirar a equipe militar de assuntos civis e deixar as questões de desenvolvimento entregues a civis. Não deram ouvidos aos meus argumentos de que não tínhamos ninguém para substituí-los. Eu tinha levado o assunto, sem sucesso, ao diretor de Operações em Bagdá e ao general — e por fim dissera à equipe que teriam de encerrar seus projetos até o fim de dezembro. Molly reabriu a questão e convenceu Bagdá a manter a equipe e aumentá-la até conseguirmos ter um oficial para cada ministério.

Caminhos que levaram à destruição

> Os homens nunca fazem o bem, exceto por necessidade; mas quando têm liberdade para escolher, podendo fazer o que desejarem, tudo imediatamente se torna confuso e desordenado.
>
> Maquiavel, *Discursos*, livro 1, capítulo 3

Tínhamos dinheiro. A equipe de Assuntos Civis continuou a reconstruir escolas, clínicas, prisões e centros para a juventude. Os ministérios iraquianos e os Conselhos Distritais participavam mais de nossas decisões e o Conselho da Província passou a ter mais autonomia. O chefe de polícia interino ia ficando mais confiante; o acordo após o assassinato se manteve em vigor e não tinha havido novas mortes. Em suma, as coisas iam melhorando. Em parte isso era resultado de nossas políticas, mas o maior responsável era o povo de Maysan. Nossa influência era sempre limitada: o pessoal da CPA era pouco numeroso, a polícia era demasiadamente fraca para impor segurança e as forças da Coalizão não eram suficientes. Molly e eu não podíamos avaliar, prever ou controlar as mudanças sociais. No entanto, a partir de um barro espesso de costumes, fé xiita, oportunidade histórica e liderança, emergia um novo tipo de cidadão: um cidadão que não era demasiadamente iludido, agressivo ou propenso ao auto-sacrifício; que fazia escolhas e se relacionava bem com os demais; que mostrava disposição de operar dentro da lei; que encontrava maneiras de não tomar conhecimento dos caminhos que levavam à desintegração e que preferia desprezar o fértil potencial de anarquia.

Porém não muito depois da chegada de Molly, no final da reunião matinal com a equipe de assuntos civis, ouvimos o som de cânticos na rua. A porta da sala de reuniões se abriu e o sargento Hassan, da polícia, sentinela de nosso portão, me fez sinal para sair da sala. Pedi licença e caminhei pela alameda ao lado de J. D., o corpulento britânico que comandava o destacamento do portão. Antes de minha chegada ele já lidara com diversas manifestações, às vezes fazendo as pessoas rirem de suas próprias queixas e certa vez, ao que se dizia, brandindo um grande porrete, e eu gostava de vê-lo gracejar com os visitantes num arremedo de árabe dos pântanos misturado com gíria londrina.

No portão de metal os policiais se aglomeravam para olhar pela pequena abertura corrediça. Os cânticos soavam bem mais alto. J. D. disse que dois ou três tijolos tinham sido atirados anteriormente, porém nenhum nos últimos dez minutos. Os manifestantes provavelmente eram sadristas. Chamei o chefe da equipe de segurança, que assentiu com a cabeça, pedi aos policiais que abrissem o portão e saí acompanhado por quatro guarda-costas.

As bandeiras verdes dos manifestantes eram grandes como velas de barco. Eu não sabia ler as palavras escritas em branco, da direita para a esquerda. Devia haver umas cinqüenta pessoas nas primeiras fileiras e umas duzentas atrás delas; apesar do sol, muitos vestiam pesados anoraques e usavam sandálias de plástico nos pés; as calças eram esfarrapadas e os cabelos eram penteados para trás. Pareciam ter vindo das zonas mais pobres da cidade. Pararam de cantar quando nos viram. Um jovem religioso parado a um lado, de turbante e manto de sacerdote, virou as costas para mim. Eu não pretendia ficar ali muito tempo.

— *A salaam aleikum* — disse eu, em voz alta. — Sou Seyyed Rory, da CPA. Posso receber três representantes para conversar. Por favor, escolham três.

Alguém gritou:

— Não confiem nele! — Cinco homens foram empurrados para a frente.

— Que tal quatro? Nós somos os líderes — disse um deles.

— Está bem. Os quatro, venham comigo.

Voltamo-nos e caminhamos rapidamente de volta ao recinto, seguidos pelos quatro homens. Os portões se fecharam atrás de nós e houve um silêncio. Expliquei aos homens que teriam de ser revistados. Um deles, barbudo e de rosto moreno, olhos injetados e pupilas dilatadas, agitou as mãos num gesto de recusa. Pelos gestos erráticos e pelo olhar distante, parecia estar sob a influência de ópio, como era comum entre os pobres urbanos. Disse-lhe que, caso se recusasse a ser revistado, seria levado para fora novamente. Um homem baixo, vestindo uma jaqueta curta, pediu-me paciência e juntou-se ao grupo. Voltou dizendo:

— Está bem, concordamos em ser revistados.

Não traziam nada consigo. Peguei o baixinho pela mão e caminhamos em silêncio pela alameda. O Tigre estava à nossa esquerda, com as águas mais barrentas do que de costume, espessas e de cor marrom. Nas moitas havia algumas flores pequenas, cor de laranja. Eu sempre gostava de atravessar a pé os 200 metros da alameda que levava ao portão, oportunidade rara de sair do escritório e caminhar ao sol.

Como a reunião da manhã já havia terminado, sentei-me com eles na sala e perguntei se queriam café ou chá.

— Não viemos aqui para beber nada — disse o barbudo bruscamente. — Viemos para que nossas exigências sejam atendidas.

Mandei o intérprete trazer chá e sentei-me. Não tinha dormido bem e fiquei achando que devia estar com uma aparência cansada. Esperava que o chá me reanimasse.

— Estou pronto para ouvir suas exigências — disse eu.

— Só falaremos com a nova chefe do escritório — replicou o barbudo.

— Lamento, mas a chefe está ocupada com outro assunto. Eu sou o subchefe.

— Não falaremos com ninguém a não ser a chefe.

— Nesse caso creio que terão de esperar muito tempo. Ela está prestes a partir para Bagdá.

Houve novo debate em voz baixa e o baixinho conciliador disse:

— Está bem, falaremos com o senhor, se concordar em levar nossas opiniões à chefe do escritório e ao Sr. Bremer.

Concordei.

O barbudo começou a ler de um caderno de notas.

— As forças de ocupação mostraram que a cobiça, a crueldade e a ambição são os ideais que as orientam; insensibilidade e estupidez são os únicos qualificativos de sua administração; covardia e pulsilanimidade os de seus soldados, mesquinhez e preconceito os de seus funcionários de desenvolvimento. São fantoches pequenos e grandes nas mãos firmes dos dirigentes de Sion...

Era claro que, apesar dos olhos injetados pelo uso do ópio e da jaqueta pobre, o homem tinha certa instrução.

— Desculpe — disse eu. — Preciso ver o que aconteceu com o chá. — Sorri e saí da sala. Para despertar-me, resolvi caminhar no pátio.

Um oficial britânico perguntou se eu tinha um minuto. Queria falar sobre um dos soldados, um artilheiro, que meia hora antes não se abaixara quando o Land Rover passava sob uma barra transversal na estrada e tinha sido lançado para fora do veículo. O oficial estava no escritório quando recebeu a notícia e, ao saber que não havia meio de transporte disponível, deixara de lado as precauções e correra sozinho para fora. Um motorista iraquiano o levara até o lugar do acidente. O soldado estava deitado numa poça de sangue e seus companheiros o olhavam, paralisados, enquanto se juntava uma multidão.

O oficial começou a dar ordens, mudou cuidadosamente a posição do corpo, confirmou que o grupo médico já estava a caminho e posicionou sentinelas para bloquear a rua, afastar a multidão e dirigir o tráfego. Tentou reanimar o soldado, mas era claro que, embora estivesse consciente, o homem ia morrer. Pediu que os outros lhe dissessem o nome dele, para confortá-lo. Mas era um rapaz de 18 anos, que estava no Iraque havia apenas poucos dias e tinha acabado de ser designado para o pelotão. Ninguém sabia o nome dele. O oficial não podia chamá-lo pelo nome. Nesse ponto, o soldado morreu. Era a primeira baixa do batalhão em cinco meses de missão. O oficial lembrou-se com gratidão do iraquiano que o trouxera e com raiva de outro iraquiano da multidão, que cuspira no sangue.

Quando voltei à sala, o barbudo continuou do ponto em que parara: "...escravizando nossas mulheres, sorvendo o mercúrio vermelho do solo como sanguessugas nas artérias da nação iraquiana; ímpios, impertinentes, insanos..."

— Desculpe — interrompi —, mas não tenho muito tempo. Tenho uma reunião com alguns religiosos às 9 horas. Seria possível conhecer suas exigências?

O barbudo fez cara de irritação, mas folheou o caderno.

— Primeiro: a Coalizão nada fez por esta província. Está roubando a renda do petróleo do Iraque. Há receita suficiente para cuidar de todos, mas estamos na miséria.

Expliquei que o Iraque estava exportando 1,5 milhão de barris por dia e que aos preços correntes isso representava 14 bilhões de dólares, dos quais 10 bilhões eram gastos com subsídios e cartões de racionamento. Ele discutiu os números e eu reconheci que o rendimento seria maior caso o preço do petróleo aumentasse.

— Número dois. Exigimos construções, serviços básicos. Não há empregos nesta província. — O homem parecia cada vez mais zangado.

— Fizemos muitas construções na província.

— Não fizeram nada. Tudo é mentira. — Gritou mais algumas coisas que o intérprete não traduziu. Perguntei o que ele tinha dito.

— Está falando de uma conspiração dos judeus.

Levei-os ao corredor, onde estavam expostos os balanços de 240 projetos de construção. Mostrei a lista de escolas: Al Uzeyr, primária, terminada: 17 mil dólares; Al Amara, feminina secundária: terminada, 34 mil dólares. Fui mostrando tudo, até as prisões e tribunais, centros para a juventude, pontes e clínicas. Eles não pareciam se impressionar.

Voltamos à sala de reuniões e Karim entrou com a bandeja do chá. Mas os manifestantes se recusaram a tocar nas xícaras que ele distribuiu e pediram que fossem recolocadas na bandeja. Aquilo era um insulto. Peguei duas xícaras deles e tomei o chá.

— Terceiro — continuou o barbudo. — Não há empregos. Exigimos trabalho. Quarto: vocês têm de devolver o mercúrio vermelho.

Acreditava-se que o mercúrio vermelho valesse mais do que o ouro. Dizia-se que tínhamos construído nossos escritórios sobre jazidas de mercúrio vermelho e que quando não estávamos contrabandeando mulheres iraquianas para o comércio internacional do sexo, estávamos contrabandeando essa substância para fora do país. Nunca encontrei ninguém da Coalizão que tivesse ouvido falar em mercúrio vermelho antes de vir para o Iraque. Mais tarde fiquei sabendo que se tratava de um ingrediente imaginário para uma nova geração de armas nucleares. Não acreditava sequer que aquilo existisse.

— Número cinco: vocês estão planejando organizar um Conselho da Província absolutamente antidemocrático. Exigimos que Al-Musawi seja nomeado para o Conselho...

Eu nunca tinha ouvido falar em Al-Musawi.

— Número seis...

— Posso responder uma por uma? — perguntei.

— Ainda não — disse o baixote, que até então tinha atuado como conciliador. Disse que nunca cooperaria com a Coalizão nem aceitaria dinheiro dela; era uma força do mal. Era um homem instruído; tinha completado a escola secundária, e agora estava vestindo farrapos. Mostrou-me as calças de treinamento, que tinham a palavra "Reeboock" estampada de um lado. Disse que se não houvesse emprego para todos imediatamente a província estalaria em chamas.

— Posso responder suas queixas agora?

— Não. Já ouvimos o suficiente — disse o barbudo.

— Nesse caso — disse eu, em tom mais zangado do que realmente estava —, talvez vocês devam se retirar. — Levantei-me, e eles também.

— Juntaremos 10 mil pessoas nas ruas — gritou o barbudo. Os outros o tomaram pelo braço.

— Obrigado — disse o baixote conciliador.

— Você é Hitler — disse o barbudo.

O baixote perguntou-me se poderia falar comigo em particular. Levei-o para outra sala. Ele se sentou diante de mim, fitou-me com os olhos negros e começou a murmurar rapidamente em árabe. Enquanto falava, passava os dedos pelo rosto e agitava as mãos diante da virilha, suspirando alto e gemendo. Eu disse que não estava entendendo. Novamente ele passou a mão pelo rosto, fez um gesto na direção dos órgãos genitais, desta vez fazendo menção de tirar as calças "Reeboock". Mandei-o esperar e chamei um intérprete.

— Ele está dizendo, senhor, que quando estava raspando os pêlos púbicos hoje de manhã... *na'am... na'am...* — o intérprete esperou a frase seguinte — com a navalha... cortou o pênis... a ponta do pênis. Cortou completamente. Agora não sabe o que fazer.

— Ele foi ao hospital?

— Ele vai tirar as calças agora. Quer mostrar o pênis.

— Agradeça pelo oferecimento. Diga que é melhor que ele vá imediatamente ao hospital.

— Ele diz que não tem dinheiro. Pode dar um pouco a ele para o médico?

— Diga que a CPA não tem autorização para entregar dinheiro a indivíduos. Nossos recursos são para comunidades. — Tirei uma nota de vinte dólares da carteira. — Diga que é um presente. E diga que em troca ele faça com que todos voltem para suas casas.

O baixote pegou o dinheiro com um sorriso e saiu. Em dez minutos a multidão tinha desaparecido.

Industrialização por substituição de importações

> Se épocas difíceis o colocarem sob pressão, não haverá tempo para medidas drásticas, e quaisquer que sejam os benefícios distribuídos, eles de nada servirão, pois todos acreditarão que foram concedidos de má vontade, e não ficarão agradecidos por eles.
>
> Maquiavel, *O príncipe*, capítulo 8

Como haviam dito os manifestantes, não tínhamos conseguido resolver a questão do emprego: talvez 70% dos habitantes da província estivessem desempregados e, a menos que criássemos crescimento econômico, haveria mais distúrbios. Mas como poderíamos produzir crescimento econômico em uma economia monstruosamente conturbada e corrupta, complicada por Saddam com tarifas e subsídios, monopólios e compensações salariais, além de controles de câmbio e de crédito? Uma economia dominada por empresas estatais que empregavam dezenas de milhares de pessoas em manufaturas de alguns bens dispendiosos e de má qualidade que eram expostos nas prateleiras de lojas de departamentos de propriedade do Estado, onde os clientes eram atendidos por funcionários insolentes e obesos, vestidos de uniforme?[1] Saddam obtivera popularidade

[1] Nunca tínhamos recebido instrução formal sobre a economia iraquiana, de modo que nos era difícil compreender por que em Maysan — que tinha solo fértil e excelente clima — Saddam não havia trazido novas culturas e melhorado a irrigação e, em vez disso, construíra fábricas. Talvez se preocupasse

dando empregos lucrativos a seus aliados e consumira o orçamento nacional distribuindo alimentos gratuitos ao povo e subsidiando a eletricidade, a energia e o gás. O diesel no Iraque ficara tão barato com esses subsídios que os operadores no mercado negro obtinham grandes lucros no contrabando, inclusive para outros países do Golfo produtores de petróleo. Todos os instrumentos de defesa da economia planejada — controles de fronteira, repartições aduaneiras, o sistema de estatísticas e o código penal — tinham sido destruídos pela invasão da Coalizão, e já não era possível proteger o Iraque das importações estrangeiras. As fábricas não tinham como vender seus produtos, os operários deixaram de comparecer ao trabalho e as instalações foram saqueadas. Todos os geradores e máquinas desapareceram: ou foram contrabandeados para países vizinhos ou vendidos como sucata.

Os diretores dos ministérios não ajudavam. Não admira que culpassem todos os demais: o mais surpreendente era a rapidez com que haviam chegado à conclusão de que não havia o que fazer, como se suas responsabilidades como funcionários graduados e seus esforços heróicos para manter a infra-estrutura decrépita da província ao longo de décadas de sanções e terror arbitrário nada mais tivessem sido do que um derivativo para seus verdadeiros desejos, que era abandonar os milhares de empregados e planos detalhados, assumindo o papel de testemunhas confusas. Freqüentemente éramos obrigados a desempenhar tarefas que, na verdade, pertenciam aos ministérios. Em novembro, por exemplo, quando a escassez de eletricidade deixou Amara com apenas quatro horas de energia por dia, o diretor do respectivo ministério confessou, desamparado, que, segundo o centro nacional de provimento de energia, Maysan continuava recebendo 60 megawatts constantes — mais do que sob

---

com os mercados, o câmbio, a segurança e as sanções. Talvez achasse que os industriais reinvestissem seus lucros nas indústrias, enquanto os agricultores preferissem o ócio e os xeques proprietários de terras preferissem esbanjar seu dinheiro em novos mantos de seda. Finalmente, talvez estivesse apenas copiando o que praticamente todos estavam fazendo no mundo em desenvolvimento nos anos 1970.

o regime anterior — e ele não conseguia convencer Bagdá de que havia um problema.

A equipe de Assuntos Civis registrou a quantidade de energia de hora em hora na subestação e provou que recebíamos no máximo 16 megawatts, porque o centro nacional de distribuição entrara em um conchavo com Nassíria e Basra para roubar nossa eletricidade. Com permissão de Molly, mandei um representante a Bagdá e em seguida paguei funcionários do ministério para que fossem às subestações de Nassíria e Amara, comprei telefones de comunicação por satélite para eles e instruí-os para que nos avisassem sempre que a energia baixasse a menos de 60 megawatts. Em quatro dias passamos a ter um fornecimento constante durante 12 horas por dia, e não apenas quatro. Mas nem tudo podia ser resolvido com essa facilidade.

Em setembro, a equipe de Assuntos Civis de Maysan havia tentado reiniciar o funcionamento das fábricas estatais. Mandaram uma proposta à conferência internacional de doadores para o Iraque, realizada em Madrid, em uma única folha de papel que pedia de "3 a 5 milhões de dólares" para a fábrica local de plásticos e de "4 a 8 milhões de dólares" para a fábrica de pasta de papel. O objetivo era "melhorar a segurança mediante a criação de empregos" e, além disso, numa frase que dava a entender certa concordância com as teorias econômicas de Saddam, "reduzir a necessidade de importações do exterior". A conferência de doadores, compreensivelmente, não concordou em outorgar de 7 a 13 milhões de dólares com base em uma única folha de papel.

A equipe de Assuntos Civis voltou-se para a fábrica de açúcar de cana que ficava próxima a Majar Al Kebir. Anteriormente, a fábrica empregava milhares de pessoas e possuía subsidiárias no exterior, com unidades de processamento, agências de exportação de açúcar e milhares de hectares de plantações, mas agora era apenas uma carcaça semidepredada, com geradores quebrados e camelos pastando nos campos e destruindo o que restava das culturas. A recuperação das máquinas custaria um milhão de dólares. Um consultor em visita a Basra informou que os preços mundiais de açúcar de cana tinham desabado diante da competição do açúcar de beterraba, que seriam necessários vários anos para recuperar as plantações e que a indústria nunca seria competitiva. Meu antecessor militar, portanto, propôs converter os camponeses de Maysan em cultivadores de frutas de alto valor, "como o kiwi", e transformar a fábrica de açúcar em uma indústria de embalagem de frutas que poderia fornecer diretamente aos supermercados britânicos. Apresentou essa idéia a Andy Bearpark, que tinha trabalhado com Margaret Thatcher e era partidário da privatização. Andy se referia ao major como "aquele stalinista safado".

Um milhão de dólares era muito dinheiro, até mesmo para nosso orçamento inflado, e eu achava que somente um especialista que trabalhasse durante vários meses seria capaz de apresentar um plano sensato de reinvestimento ou privatização. Enquanto isso, continuávamos a pagar os salários dos 3 mil operários e a fábrica continuava fechada. Nunca deixei de achar que deveria estar fazendo alguma coisa mais radical, e nossa confusão local repercutia em Bagdá.

Os economistas norte-americanos da Zona Verde queriam reformas drásticas. Bremer planejava privatizar o sistema bancário e todas as empresas estatais. Já tinha abolido as tarifas aduaneiras, introduzido uma nova moeda e um novo banco central. Pretendia economizar 5 bilhões de dólares por ano "monetizando a cesta de alimentos" — dando aos iraquianos dinheiro em vez de alimentos e extinguindo o sistema de cupons governamentais de gêneros alimentícios — e outros 5 bilhões cortando os subsídios do petróleo. A eliminação dos subsídios ao diesel acabaria com o mercado negro que financiava a maior parte da criminalidade no Iraque.

Nenhuma das reformas, no entanto, foi implementada. Em todas as pesquisas de opinião, 90% dos iraquianos se recusavam a abrir mão do sistema de cupons de alimentação e todas as tentativas de elevação dos preços dos combustíveis resultavam em distúrbios. Os impostos não eram arrecadados e as contas de serviços públicos não eram pagas. Não houve privatizações; a cesta de alimentos não foi "monetizada" e os subsídios dos combustíveis permaneceram. O

Iraque era considerado demasiadamente instável para que pudesse haver reformas econômicas radicais.

Nossa política econômica, portanto, era pouco mais do que improvisada: apoio às poucas indústrias sobreviventes, consertos de prédios e invenção de empregos. Esperávamos que tais atividades fossem suficientes para reconstruir a província, conseguir popularidade e deter o extremismo político, mas era raro encontrar um projeto que preenchesse todos esses objetivos. Muitas de nossas iniciativas mais dispendiosas, embora benéficas, não encontravam reconhecimento: os projetos de tratamento de água custaram milhões, mas eram principalmente subterrâneos e produziam água que, embora mais saudável, tinha a mesma aparência da água antiga. Éramos responsabilizados pelas más condições das escolas que Saddam construíra com proveito político e não recebíamos crédito por reequipá-las; ninguém via o equipamento que comprávamos para os ministérios e nem nos agradecia quando estabelecíamos um aterro sanitário. Mesmo os projetos de maior visibilidade — pontes grandes, verbas para recuperação rural ou planos de criação de grande número de empregos — pareciam ter pouca influência para evitar que o povo apoiasse as milícias armadas nas eleições.

Em novembro tivemos a satisfação de saber que os contribuintes norte-americanos forneceriam 18,3 bilhões de dólares para a reconstrução civil, quase mil dólares para cada homem, mulher e criança no Iraque. Bremer disse que esse era o maior investimento individual estrangeiro já feito no mundo, superior em termos anualizados ao Plano Marshall na Europa do pós-guerra. Os ministérios já tinham feito alocações provisórias. Nós, da província, tivemos menos de três semanas de prazo para propor maneiras de utilizar o dinheiro. Bagdá queria receber as propostas no início de dezembro, a fim de poder submetê-las ao Congresso em 15 do mesmo mês, para que fossem autorizadas pelo presidente no dia 4 de janeiro. A idéia era começar a distribuir os recursos até o início da primavera. O almirante Nash, que tinha sido encarregado das encomendas da Marinha, recebeu o encargo de administrar o programa, porque Andy dissera: “Ele costuma comprar porta-aviões e é o único homem em todo o mundo que realmente sabe como gastar bilhões de dólares."

Somente 60% da população de Maysan tinham acesso a água potável e saneamento, e por isso pedi a George Butler que preparasse em uma semana um plano de 30 milhões de dólares para abastecimento de água. George, que era engenheiro hidráulico, disse ser impossível produzir uma proposta sensata em menos de seis meses e recusou-se a tentar. Recorri a um engenheiro civil visitante para realizar a tarefa e pedi aos funcionários da equipe de assuntos civis projetos semelhantes para água, eletricidade e rodovias. Uma semana depois, mandei um documento à Zona Verde delineando nossos ambiciosos projetos. Não recebemos resposta e Molly sugeriu que eu fosse a Bagdá.

Ao descobrir, na Zona Verde, que nossa província receberia somente 0,5% do orçamento total, procurei todos os principais assessores estrangeiros que eu tinha conhecido um mês antes e argumentei que Maysan, que nenhum deles visitara, era a província mais pobre e uma das menos estáveis do Iraque e convenci-os a deixar-me ver os detalhes de seus orçamentos; eles talvez tenham se arrependido mais tarde. Regressei a Amara três dias depois, tendo conseguido aumentar nosso orçamento em 110 milhões, principalmente por meio de transferência de recursos de províncias vizinhas. O escritório de Andy Bearpark me prometera triplicar nossa alocação *per capita* para trezentos dólares. Também consegui promessas dos departamentos de irrigação, polícia, eletricidade e petróleo, no valor de mais 98 milhões. Mas o triunfo foi apenas parcial: por causa de um novo governo, indagações do Congresso, novas licitações, subcontratos misteriosos e extravagantes exigências de segurança, um ano depois Maysan praticamente nada recebera do dinheiro que havia sido prometido.

Em novembro, os trabalhadores da refinaria entraram em greve, como o religioso raptado Seyyed Hassan havia advertido, pois souberam que a CPA estava pagando, equivocadamente, aos operários de Basra salários equivalentes ao dobro dos deles. Não havia dinheiro no orçamento para equiparar nossos salários aos de Basra, e a CPA de lá se recusava a reduzi-los com receio de distúrbios. Os trabalhadores estavam fazendo piquetes ilegais na fábrica, e se a greve continuasse não haveria mais combustível na província e as necessidades teriam de ser atendidas por meio da importação de Basra. Em seguida haveria escassez e motins. Nesse momento tirei férias pela primeira vez e fui para minha terra na Escócia.

Uma semana depois, voltei de avião para o Kuwait em companhia de alguns engenheiros consultores escoceses e irlandeses de meia-idade e do novo assessor de turismo da CPA para a região sul. Esses homens, baseados em Basra e que tinham trabalhado em muitos países, eram conservadores, lentos e fleugmáticos. Eram competentes em tecnologia de comunicações, redes de distribuição de eletricidade e planejamento urbano, mas não tinham muito interesse em xeques e em política. Segundo as instruções da CPA, foram de ônibus passar um dia e uma noite no balneário de praia do Hotel Hilton do Kuwait, mas como nosso escritório em Amara era muito pequeno — um décimo das dimensões do escritório de Basra — e o tempo era curto, fui de táxi até a fronteira, convenci um Humvee a levar-me através da terra de ninguém e encontrei-me com a equipe de guarda-costas do outro lado.

O deserto do Kuwait, ordenado e limpo, coberto de buganvílias e de colunas de torres de transmissão de energia, transformava-se, a partir da fronteira, em crateras cheias de água estagnada, caminhões destruídos e massas leprosas de lixo apodrecido. Pouco antes da confluência do Tigre com o Eufrates, passamos por uma aldeia demolida por fogo de artilharia e uma escola abandonada em cujas ruínas moravam duzentas famílias que recentemente tinham regressado do Irã. As torres de transmissão de energia à margem da estrada tinham sido retorcidas como clipes de papel por saqueadores e os fios de cobre que restavam jaziam pelo solo: várias empresas de segurança tinham contratado xeques locais para proteger as linhas, mas como invariavelmente escolhiam os xeques errados, o número de ataques contra as torres tinha aumentado. Enquanto atravessávamos Al Uzeyr, alguém atirou uma pedra em nosso veículo.

Nos arredores de Amara não havia filas nos postos de gasolina e todos no escritório pareciam contentes. Perguntei como tinham feito para resolver a greve. Responderam que tinham mandado uma companhia de soldados britânicos à refinaria e pediram ajuda ao Príncipe dos Pântanos. O príncipe fora até o local e ordenara aos operários que voltassem ao trabalho. O líder recusou-se e Abu Hatim o derrubou com um soco, seus homens agrediram os mais ativos com as coronhas dos rifles e dois grevistas foram levados em picapes.

— Miraculosamente — disseram-me —, todos agora estavam novamente trabalhando.

O príncipe havia agredido e raptado pessoas sob as vistas das tropas britânicas, e o povo interpretaria isso como apoio a ele e a seus métodos arbitrários. Fiquei furioso com essa decisão. Era verdade que a greve estava criando um problema de segurança, que os piquetes eram tecnicamente ilegais e que se não houvesse combustível teríamos distúrbios e receberíamos críticas de Bagdá. Eu sempre tinha estado disposto a ser cortês com os xeques tribais, a dar dinheiro a religiosos importantes e a fazer acordos complexos. Mas aquele último incidente era inaceitável. Queríamos ter uma imagem positiva na província; devíamos dar o exemplo e aceitar as conseqüências da greve. Mas talvez o que mais me deixava enfurecido fosse o envolvimento do príncipe.

Empregos

> ...para manter reputação de generosidade é preciso gastar em excesso e com muita ostentação. (...) Pode-se ser muito mais generoso dando o que não pertence nem a nós e nem a nossos súditos.
>
> Maquiavel, *O príncipe,* capítulo 26

Nova manifestação ocorreu diante de nossos portões, desta vez para protestar contra o sistema de empregos existente, teoricamente administrado pelo Ministério das Municipalidades e Obras Públicas, mas na prática gerido por meio de uma tensa colaboração entre o Príncipe dos Pântanos e a organização Sadr. Os manifestantes achavam que dos milhares de empregos somente existiam algumas centenas, que havia funcionários públicos fantasmas e que as poucas vagas verdadeiras eram entregues a apadrinhados políticos. Isso era verdade. Os manifestantes afirmavam que a Coalizão era a única organização merecedora de crédito na província e nos pediam que iniciássemos um novo plano e o administrássemos diretamente. Isso seria um desafio à nossa capacidade, reduziria ainda mais a autoridade dos diretores dos ministérios, prejudicaria nossos sucessores e seria, de modo geral, contrário às boas práticas de desenvolvimento. Mas a inquietação política estava aumentando e precisávamos tranqüilizar as ruas, criar empregos e recuperar a credibilidade. Por isso eu disse aos manifestantes que dentro de 15 dias anunciaríamos nossos planos e produziríamos novos empregos em seis semanas. Eles fizeram questão de um documento escrito. Preparei uma nota. Todos se levantaram, com sorrisos largos, apertando-me as mãos. Parecia que tínhamos acabado de fechar um negócio em Wall Street.

A província agora esperava que cumpríssemos nossa palavra. Como todos os demais funcionários estivessem ocupados, entregamos a tarefa a Chris, major britânico de 45 anos que nunca tinha administrado uma organização daquele porte antes e estava no Iraque havia apenas alguns dias; ele teria de examinar centenas de postulantes e poderia oferecer apenas 2.500 postos de trabalho a um número de desempregados dez vezes maior — ou mesmo cinqüenta vezes. Se o processo não desse certo ou não produzisse resultados, poderíamos esperar mais distúrbios.

Todos queriam ser detentores do poder de patrocinar mais de 2.500 famílias: os xeques tribais nos disseram que deveríamos deixar que as tribos (isto é, os próprios xeques) decidissem quem ocuparia os empregos: Seyyed Issa, líder do Conselho Distrital da região dos árabes dos pântanos de Beni Hashim, insistia para que a decisão fosse dos Conselhos Distritais, e o sindicato de trabalhadores desempregados sugeria que escolhêssemos dentre seus filiados. O irmão do Príncipe dos Pântanos, os conselhos alternativos e o Ministério das Municipalidades estavam furiosos porque não podiam controlar uma fatia maior.

Os empregos se destinavam a trabalhadores não-qualificados, e, portanto, a experiência era irrelevante, mas se as pessoas erradas fossem escolhidas, seria pior do que se não houvesse empregos de todo. Se déssemos empregos demais à tribo Albu Muhammad, a Beni Lam se ressentiria; se criássemos um número maior de empregos no campo, os pobres da cidade se rebelariam. Por isso propus que colocássemos os nomes dos candidatos num computador e os escolhêssemos aleatoriamente.

Precisávamos ter projetos que exigissem pouco equipamento. Sugeri o plantio de árvores, mas Chris disse que não havia irrigação. Insisti para que reformássemos o mercado popular, mas ele me convenceu de que era um trabalho para especialistas, mais adequado a um contratista. Em vez disso, resolveu demolir os prédios que tinham sido bombardeados durante a guerra. Pretendia fazer com que os trabalhadores os desmanchassem tijolo por tijolo e o entulho poderia servir de base para estradas. No final da segunda semana, já havia encomendado centenas de pás, marretas e carrinhos de mão.

O projeto custaria milhões e os trabalhadores seriam pagos diretamente por nós, e não mediante contratistas. Molly somente tinha poderes para autorizar despesas de até 50 mil dólares de cada vez, e a CPA exigia procedimentos complexos de licitação e propostas, e assim ela e Tony, nosso encarregado de Finanças, prepararam um novo sistema de administração financeira. Com muito rigor e adulação, ela conseguiu que Basra nos autorizasse a administrá-lo. Eric, especialista em tecnologia da informação, recém-chegado de uma tranqüila cidade do Meio-Oeste dos Estados Unidos, passou vários serões criando a base de dados no computador para o sorteio. Kyle, funcionário administrativo vindo da Virgínia, de 25 anos, visitou os editores dos jornais e dois dias antes da data do recebimento das candidaturas colocou anúncios nos periódicos e na estação de TV conclamando o povo a reunir-se em um local no limite sul da cidade.

Na noite anterior à das inscrições, fui chamado à base militar, onde me mandaram sentar em uma cadeira de plástico no gabinete do coronel. Diante de mim estavam o próprio coronel, seu ajudante-de-ordens e os comandantes das companhias. Estes últimos normalmente ficavam baseados a poucas horas de distância do acampamento — um deles cobria o norte, outro o sul e outro a cidade de Majar, cheia de bandidos — e por isso não era comum que eu os visse juntos. O coronel, normalmente cordato, parecia furioso, assim como seus oficiais.

— Esta é uma reunião formal — começou ele — para falarmos das inscrições de amanhã. Não me importo com a política; sou apenas um simples soldado. — Não era bem assim; ele tinha se diplomado em Oxford e seus oficiais o mantinham informado sobre a política local. — Parece-me que houve uma decisão pouco inteligente, e vamos ter de preparar um plano novo e capaz de funcionar. Seria melhor cancelarmos tudo, mas, pelo que entendi, você já avisou a população de que isso vai acontecer, certo?

Assenti com a cabeça.

— Então o melhor é procurarmos uma forma de executá-lo sem muita perda de vidas.

O oficial de operações, um jovem capitão, começou a ler nervosamente sua informação formal, talvez intimidado ao se ver diante de tantos oficiais superiores. Tudo tinha sido previsto, até mesmo a disposição dos soldados no mapa: o lugar das inscrições seria transferido da parte sul da cidade para um estádio no setor noroeste. Não me agradava a idéia de uma multidão enfurecida marchando pelo centro da cidade em direção ao novo local e fiquei furioso ao ver que o coronel estava procurando, na última noite, mudar um plano que o batalhão já conhecia havia várias semanas e que nos estava custando 2 milhões de dólares. Manifestei tudo isso, mas não podia fazer grande coisa. O coronel tinha mais de mil soldados, inclusive seu próprio batalhão de infantaria, companhias de dois regimentos blindados e um arsenal de equipamento militar, até com helicópteros, o que o tornava, conforme freqüentemente ele me recordava, o "xeque da maior tribo da província". Sem seu apoio eu estaria impotente.

Recordei-lhe que teríamos distúrbios se não criássemos empregos e perguntei de que maneira iríamos informar a todos, com 12 horas de antecedência, que o local das inscrições tinha sido mudado.

— Esse problema não é nosso — retrucou ele.

Expliquei que com alguns funcionários em férias meu plantel era de oito pessoas. Não seria possível imprimir centenas de panfletos e pôsteres e distribuí-los por toda a província antes de raiar a manhã. Estava disposto a fornecer centenas de dólares para descobrir e pagar ajudantes iraquianos suplementares — embora não soubesse como faria a comprovação das despesas —, mas ele teria de fornecer-me pelo menos dois pelotões para ajudar na impressão e distribuição.

O coronel respondeu que o plano tinha sido mal concebido e que Chris não tinha competência para executá-lo. Zanguei-me e defendi Chris. Os comandantes me olharam com raiva, mas nada disseram. Finalmente, concordamos que a inscrição seria levada adiante, que o local seria mudado e que o coronel nos ajudaria a divulgar a informação sobre o novo local. De volta ao escritório, mandei que a equipe começasse a redigir, imprimir e fotocopiar novos panfletos e cartazes. Choveu durante toda a noite. Os dois pelotões se apresentaram para fazer a distribuição dos panfletos, um grupo de crianças iraquianas ajudou a pregar os cartazes e conseguimos espalhar as novas informações na maior parte da província antes da madrugada.

A manhã de inverno foi úmida e o céu cinzento estava baixo, misturando-se com o tecido das tendas. Gotas frescas cobriam o metal dos veículos militares e se acumulavam sobre a pintura de camuflagem. O pesado helicóptero Chinook de dois rotores era uma silhueta negra cruzando o céu em patrulha, semi-oculto pelo nevoeiro, e mal se via minha sombra. Fora da cerca do estádio, segurando as barras, havia centenas de pessoas esperando o início das inscrições. Subi as arquibancadas seguido pelos guarda-costas e, chegando ao telhado, vi, por trás da névoa que cobria o topo das casas, centenas de homens calçados de sandálias, com a calças arregaçadas, atravessando as poças de água em direção ao estádio. Soldados britânicos com equipamento de motim, a cabeça coberta por capacetes com visor, porretes nas mãos e rifles presos às costas, marcharam ao encontro deles, fazendo os iraquianos se agacharem a certa distância do portão. Era preciso que nos protegêssemos de homens-bomba suicidas que agora estavam atacando as filas de candidatos a emprego em outras partes do país, mas não queríamos provocar a multidão mostrando-nos demasiadamente agressivos.

Dois jovens franco-atiradores britânicos, encostados no muro a meu lado, observavam meninos que se divertiam numa poça com água até os joelhos. Um deles brincava com a fita que enrolara no rifle, e o outro acariciava o telescópio da arma como se fosse uma mascote. Ouvi um bom-dia e voltei-me; era Chris, passando a mão pelos cabelos aparados rente. Era o único soldado que usava boina, talvez para mostrar que não era inteiramente dependente das ordens do coronel, e apesar da expressão solene, mostrava sinais de excitação.

O franco-atirador emprestou-me o telescópio, por meio do qual observei os soldados que retiravam os que tentavam furar a fila; alguns iraquianos tinham perdido os calçados na lama, procurando escapar dos soldados, mas todos pareciam estar de bom humor. Ali acenava de fora do perímetro, e um dos organizadores das manifestações caminhava para lá e para cá, com um caderno de notas na mão, observando ostensivamente o processo de inscrições. Um sargento britânico o mandou sair do perímetro. Ele hesitou por um momento, mas em seguida virou-se, voltou à rua e ficou olhando de longe. Enquanto o sargento continuava a dar ordens em voz rouca, separando as filas, Chris sorria vendo os soldados cumprirem uma tarefa que nunca tinham realizado antes numa terra estrangeira cuja língua não falavam... e conseguindo realizá-la com êxito. A luz do sol nascente brilhava no lado esquerdo do rosto dos candidatos. Contei-os três vezes: parecia haver cerca de mil em duas colunas da fila que começava na entrada e pelo menos o dobro sentados nos arredores. Um grupo começou a cantar, mas depois parou, talvez por causa de um mulá que passava.

— Aqui estamos, ali vai o pelotão abrindo os portões — disse Chris. Enquanto falava, os primeiros seis iraquianos entraram por uma abertura. — Aqueles seis rapazes são a equipe de revista. — Os iraquianos aceitaram a revista, levantando as mãos e rindo, sem criar problemas. — Agora vão fazer a inscrição. — Os candidatos caminharam para adiante, levando nas mãos os cartões de alimentação. — Pronto, já se inscreveram e vão sair. — Quando os homens iam saindo pelo portão mais distante, Chris olhou para o relógio, satisfeito. — Podemos inscrever mil por hora.

Dez mil pessoas se inscreveram naquele dia sem incidentes. Em três dias, 2.500 começaram a trabalhar. Registrei isso em nosso relatório semanal a Bagdá, acrescentando que já tínhamos reequipado mais da metade das escolas da província e todas as clínicas e que a nova usina de geração de eletricidade seria inaugurada em 15 dias. Mas o plano de empregos não fazia realmente parte da política econômica: estávamos transferindo recursos para ganhar apoio popular e era duvidoso que o trabalho fosse produtivo ou sustentável. Nossos sucessores herdariam um sistema do qual seria difícil libertar-se. Dentre os candidatos, 7 mil não conseguiram emprego. Tínhamos de ser muito mais eficientes.

Enquanto isso, ficamos sabendo que havia certa atividade nas ruínas da fábrica de açúcar. Tarde da noite, homens se juntavam na fábrica com grande sigilo e partiam individualmente. A fábrica ficava nos arredores da cidade vizinha de Majar, a qual, rodeada por favelas de árabes dos pântanos deslocados, tinha sido um dos principais focos de resistência contra Saddam e agora era uma das comunidades mais extremadamente adversárias da Coalizão no sul do país, dominada por religiosos extremistas. Seis policiais militares britânicos tinham sido capturados e assassinados no centro de Majar no verão. Foi o maior número de soldados britânicos mortos em um único ataque inimigo desde a guerra das Malvinas, 25 anos antes. Havia informações de que se tratava de uma célula da al-Qaeda.

Alguns analistas de inteligência acreditavam que a fábrica tinha sido adaptada para a manufatura de bombas; outros achavam que como o tráfico de drogas prosperava, o fato tinha algo a ver com a fabricação de heroína. O general foi consultado. A equipe de observação secreta do batalhão — que tinha sido treinada na observação de redutos do Exército Revolucionário Irlandês (IRA), ocultando-se durante dias em moitas, dormindo, alimentando-se e fazendo todas as demais necessidades fisiológicas no mesmo lugar com o auxílio de sacos plásticos — foi mobilizada, utilizando os dispendiosos binóculos de visão noturna.

Pouco depois do crepúsculo, a equipe observou veículos iraquianos que chegavam com os faróis apagados. Alguns homens entraram na fábrica. Os soldados avançaram, com o equipamento de intensificação de imagens. De repente, os sinais radiofônicos encheram-se de vozes rudes que diziam: "Escapar, escapar." Durante um momento deve ter parecido aos que acompanhavam a missão na sala de operações que os soldados haviam surpreendido marcianos desembarcando na Terra.

Somente na manhã seguinte é que se começou a comentar que o que eles realmente tinham visto, revelado à luz esverdeada dos óculos de observação noturna, era um grupo de homens que se reuniam para práticas homossexuais.

Motim

Quando ninguém mais acreditar em ti e nos teus planos, é preciso obrigá-los a acreditar.

Maquiavel, *O príncipe*, capítulo 6

Maysan manteve-se relativamente estável, mas no resto do país os insurgentes iam se fortalecendo. Na semana seguinte à da chegada de Molly, 16 soldados norte-americanos foram mortos num único dia, as Nações Unidas e a Cruz Vermelha anunciaram formalmente a retirada de seus funcionários internacionais e foi divulgado o resultado de uma pesquisa de opinião segundo a qual dois terços dos iraquianos agora nos consideravam uma "potência ocupante". No dia seguinte, 10 de novembro, houve um motim em nossa polícia local. Alguns disseram que tinha sido engendrado pelo príncipe; outros culparam os islamitas e o Irã. Molly e eu nos reunimos na base com o coronel e sete funcionários da polícia, inclusive Seyyed Faqr, homem de meia-idade que usava turbante negro para mostrar que descendia do Profeta e que tinha sido designado capelão da polícia pelo coronel britânico anterior. Tanto quanto eu sabia, a nossa força policial era a única do Iraque que possuía um capelão. Corria na cidade um boato de que o capelão era um impostor que comprara o turbante negro no mercado, mas ele se comportava como um autêntico religioso convicto.

— *A salaam aleikum* — começou ele. Fez uma pausa e em seguida, com um sorriso dirigido a todos, anunciou: — Tomamos a decisão de que o chefe de polícia interino, general-de-brigada Sabih, deixará o posto. O novo chefe será o general-de-brigada Hussein Hatu. — Fez um gesto em direção a um homem corado e corpulento, que sorriu disfarçadamente. — Eis aqui um organograma que mostra a nova estrutura. — Nadim, o árabe dos pântanos imprudente que dirigira a busca dos assassinos de Abu Rashid, se encarregaria da polícia na cidade de Amara, e seu imediato seria o irmão de Abu Rashid, de 28 anos. A proposta estava referendada por todos os que se encontravam na sala, inclusive o general Sabih, que perderia o posto. O capelão e seus aliados entre os árabes dos pântanos, ao que supus apoiados pelo príncipe, porque eram da tribo dele, estavam propondo a demissão de um chefe de polícia nomeado pela Coalizão. Não podíamos permitir isso. O coronel britânico foi o primeiro a falar:

— A Comissão Supervisora apoiou a nomeação de *Sabir* — disse ele, transformando com seu sotaque inglês a pronúncia árabe do nome do policial.

— O posto de chefe de polícia está vago — atalhou o capelão. — O general Sabih somente exerce tarefas burocráticas.

A voz e a atitude do capelão ao pronunciar essas palavras tinham um tom áspero e peremptório. Como a polidez servira somente para estimular sua rudeza, eu disse, asperamente, que sua proposta era impossível e ilegal e que o general Sabih continuaria a ser o chefe interino até que um novo Conselho da Província, um novo governador e uma nova Comissão de Segurança Pública escolhessem o futuro chefe, no prazo de um mês.

— O general Sabih não quer ser chefe de polícia — tornou o capelão. — Já confirmou isso assinando aquele documento. Vai deixar o cargo agora.

— É isso mesmo? — perguntei — Ouvi isso do senhor, mas não dele. General Sabih?

O general olhou sem jeito para as meias de seda e murmurou alguma coisa sobre excesso de trabalho.

— O senhor quer deixar o posto? — insisti.

— Ele deixará o posto quando eu mandar — interrompeu o capelão. — O general Sabih renunciará agora. — Falava com voz cada vez mais alta.

— Todos os senhores apóiam isso? — perguntei aos demais. Ninguém respondeu. Nenhum dos iraquianos que estavam na sala estava disposto a desafiar o capelão, talvez por causa de sua condição de religioso e descendente do Profeta. Senti que Molly e o coronel talvez estivessem achando que eu tinha falado demais. — Seyyed Faqr — continuei —, segundo a lei de 1969 e a primeira determinação da CPA, somente a Coalizão tem poder para nomear um chefe de polícia. O senhor não tem essa competência. Nunca teve e nunca terá.

— Já que os senhores da Coalizão são os líderes de Maysan — sugeriu o capelão, mostrando os dentes num sorriso insinuante —, estão em posição para tomar uma decisão. Pois tomem, agora.

— Nós trabalhamos dentro da lei — interrompeu o coronel. — Este é um procedimento legal.

— O que importa não é a lei — argumentou o religioso. — Deus, crianças, propriedades, vidas são importantes. Essas coisas são maiores do que a lei. Esqueçam a lei. Deus está acima da lei e eu represento Deus.

Repliquei que como religioso ele estava obrigado a respeitar a justiça, que era sagrada aos olhos de Deus.

— Se ninguém quiser fazê-lo — continuou o capelão —, eu farei o sacrifício de me tornar chefe de polícia.

Só consegui rir.

— Peço demissão — bradou ele, levantando-se de um salto.

Enrolou-se no manto e caminhou para a porta. Os demais iraquianos ergueram-se apressadamente, pedindo-lhe que não se retirasse, agarrando-o pelo braço, suplicando. Para minha decepção, ele se sentou novamente, reiterando:

— Nosso único dever é proteger a província e os filhos da província.

— Qualquer pessoa que desrespeite a lei — interrompi —, quem quer que seja, será punido segundo a lei.

— Está me ameaçando? — rosnou o capelão. — Eu renuncio, quer que eu renuncie?

— Não estou ameaçando.

— Sou um homem digno. O senhor não pode falar assim comigo. Sou um major da polícia — gritou o religioso.

— O senhor é um major gritando com um coronel britânico e insultando seu próprio general em público. É essa a disciplina e o respeito que pretende introduzir na polícia? — disse eu. — O senhor é policial de verdade?

— Fui nomeado pelo antigo coronel britânico. Sou policial de fato.

— Então, onde está seu quepe de policial? — perguntei, arriscando-me a zombar de um religioso. — É melhor resolver se quer usar quepe de policial ou turbante. — Houve uma pausa, e em seguida Nadim, que presumivelmente, como eu, ouvira dizer que Faqr tinha comprado o turbante no mercado, riu seu riso profundo já conhecido de todos, e todos riram com ele.

— Os militares britânicos me nomearam capelão da polícia — disse Seyyed Faqr em tom defensivo, percebendo que havia perdido a parada. — Vou-me embora. Renuncio ao meu posto na polícia. Peço demissão.

— Bem, lamento ouvir isso — disse o coronel britânico tranqüilamente —, mas creio que diante de sua insistência somos obrigados a aceitá-la... com pesar.

Fez-se um silêncio. O religioso se levantou, envolveu-se novamente no manto e sem se despedir avançou para a porta. Desta vez, ninguém tentou detê-lo. Molly não deu mostras de surpreender-se ao enfrentar um motim na primeira semana. Fez um pequeno discurso recordando a todos os novos procedimentos legais e pedindo compreensão e paciência. No final da reunião, Nadim me abraçou. Terminara o motim ou o que quer que tenha sido. Mas obviamente o general Sabih já não tinha a credibilidade necessária para dirigir a polícia.

Precisávamos de um chefe de polícia forte e confiável. O Ministério do Interior em Bagdá queria ter a prerrogativa de nomear chefes de polícia, mas em nossa opinião não tinha o conhecimento necessário para escolher a pessoa certa. Propusemos, portanto, que uma comissão local de polícia, composta por habitantes de Maysan e políticos, conduzisse entrevistas, nomeasse o chefe e em seguida supervisionasse sua atuação. Era uma idéia nova, vinda do assessor irlandês. Não havia nada semelhante em outras províncias e tampouco na legislação, mas convencemos os militares, o coordenador regional em Basra e Bagdá de que essa era a melhor opção. Anunciamos que nomearíamos um novo Conselho da Província e por meio dele um governador, uma Comissão de Segurança Pública e um chefe de polícia titular até o fim de dezembro. Tínhamos seis semanas.

Xeques

> O Estado que se liberta adquire inimigos, e não amigos. Todos os que se aproveitaram do governo tirânico, alimentando-se da riqueza do Príncipe, tornam-se seus inimigos; como seus privilégios foram revogados, não ficam contentes e cada qual é obrigado a tentar estabelecer a tirania a fim de recuperar a antiga autoridade.
>
> Maquiavel, *Discursos,* livro 1, capítulo 16

Estávamos proibidos de realizar as eleições para o novo Conselho da Província porque os "peritos em democracia" nos Estados Unidos achavam que o Iraque ainda não estava preparado; faltavam as medidas necessárias para alistamento, verificação e educação de eleitores, e a "lição aprendida" na Bósnia era que "eleições realizadas cedo demais levam ao domínio de partidos sectários e extremistas". Por isso éramos obrigados a exercer o papel de decidir quem deviam ser os líderes em nossa nova democracia, escolhendo nós mesmos os conselheiros. Como não havia um modelo padronizado, ficava a cargo de cada equipe da CPA inventar seu próprio sistema para o conselho, e a decisão de nomear quarenta conselheiros dentre 850 mil pessoas era, no mínimo, controvertida.

A única eleição que procurei fazer em Maysan foi a do "semiprefeito" da cidade-santuário de Ali Al Sharji, um homem forte e sorridente que usava roupas tribais muito elaboradas e era o favorito dos militares britânicos. Em vez de possuir conselhos rivais,

Sharji tinha dois prefeitos de tribos diferentes que se alternavam semanalmente, situação que a eleição para a prefeitura pretendia resolver. O homem do sorriso foi eleito. Três dias depois foi morto numa emboscada na estrada entre Sharji e Amara.

Outro método de escolha era a realização de entrevistas, feitas durante seis horas por dia durante dois meses, nas quais ficamos conhecendo centenas de iraquianos — líderes sindicais e professores universitários, homens de negócios e guerrilheiros —, cada qual com uma opinião diferente sobre a província e a liderança adequada para ela.

Muitas vezes, os que não eram convidados para as entrevistas nos obrigavam a chamá-los organizando demonstrações diante de nossos portões. Um jovem religioso de turbante chegou com duzentos homens e me disse em voz aguda que tinha sido um dos principais fabricantes de bombas no movimento de resistência, que 97 de seus parentes tinham sido mortos pelo antigo regime, que o Hospital Saddam local, rebatizado Hospital Sadr, somente ficara intacto por ocasião da pilhagem porque ele havia destacado sentinelas para guardá-lo e que eu não tinha outra opção a não ser nomeá-lo para o Conselho da Província.

Perguntei sua opinião sobre a situação atual. Ele respondeu que lamentava não estarmos decepando as mãos dos ladrões. Isso era prescrito no Corão.

— Mas nem mesmo o imã Khomeini está estimulando o povo iraniano a cortar as mãos dos ladrões — objetei.

— O imã Khomeini tem a opinião dele e eu tenho a minha — respondeu o religioso.

Os jovens religiosos xiitas normalmente demonstravam respeito diante da idade e da sabedoria de um grande aiatolá como Khomeini. Perguntei durante quanto tempo ele havia freqüentado o *hawza* — o seminário em Najaf.

— Dois anos — foi a resposta. Em geral os estudos duravam 15 anos ou mais.

Perguntei qual era o Grande Aiatolá e quem ele seguira.

— Segui a mim mesmo — respondeu ele. Esse desprezo pelo aprendizado e pelas autoridades parecia ser cada vez mais característico de jovens políticos xiitas, e suas opiniões sobre religião davam a impressão de ser fragmentárias, menos controláveis e mais militantes.

Outra manifestação, no mesmo dia, exigia que Seyyed Al-Musawi fosse incluído no Conselho. O líder da manifestação me assegurou que não pertencia ao partido de Seyyed Al-Musawi; era simplesmente um cidadão neutro que apreciava as maravilhosas qualidades dessa pessoa. Respondi que o candidato poderia vir me visitar às 15 horas. O homem anotou laboriosamente o que eu disse em uma folha de papel com larga tarja negra, que eu assinei; a multidão se dispersou.

Seyyed Al-Musawi chegou pouco depois das 15 horas. Eu nunca tinha visto ninguém em Maysan vestido de colete por baixo do terno, com botas curtas de verniz e gravata prateada. Ele se apresentou como líder do Partido do Movimento Revolucionário Shaaban (assim chamado após o levante Shaaban de 1991 contra Saddam). Eu nunca tinha ouvido falar disso. Ele devolveu o papel assinado e mostrou um certificado que confirmava haver comparecido a uma reunião com o pretendente ao trono do Iraque e uma carta com um escudo de um guerreiro montado em um cavalo de asas azuis.

A carta dizia:

28 de abril de 2003

O Sr. Al-Musawi ajudou a 16ª Brigada de Ataque Aéreo em atividades de construção e fornecimento de material em Amara, Maysan. Confiamos nele. É eficaz e vigoroso. Nós o recomendamos.

Assinado, Major

Passei os dedos por sobre a folha de papel; era a primeira vez que via o nome daquele major, que, como meia dúzia de outros oficiais militares durante o curso de seis meses, deviam ter executado funções semelhantes às minhas. Nunca tinha ouvido falar nele, nem de nossos funcionários e nem dos militares, e fiquei pensando se eu também seria esquecido com a mesma rapidez.

Seyyed Al-Musawi disse que seu pai tinha sido um homem de negócios bem conhecido em Al Amara, que todos os seus bens tinham sido confiscados e seus irmãos haviam sido assassinados por Saddam porque faziam parte da resistência. O pai também salvara dos saqueadores diversos prédios públicos. Recentemente regressara de Bagdá e instalara um escritório no centro da cidade.

— Como o senhor sabe, tenho uma posição ímpar — prosseguiu ele, sorrindo, mais à vontade na conversa. — Sou uma das poucas pessoas realmente capazes de controlar os desempregados de Amara. Eu os compreendo e eles me obedecem. Posso dar-lhe muitas informações sobre baathistas e *fedayin*. Se trabalharmos juntos, não haverá mais distúrbios nem manifestações.

Ele achava que poderia ser governador ou chefe de polícia e estava disposto a participar da Comissão de Segurança Pública.

Pedi-lhe que esperasse um pouco enquanto eu ia buscar chá.

Na cozinha estava o intérprete que há mais tempo trabalhava conosco. Ele virou o panfleto, que eu ainda tinha nas mãos. Circundadas por uma tarja preta havia as palavras:

> Frente Islâmica. Forças de Ocupação. Mercúrio Vermelho. Tráfico de Escravas. Corrupção. Jihad. Infiéis. A Coalizão é inimiga do Islã.

A palavra *jihad* tem diversos significados — alguns deles brandos e introvertidos —, mas o tradutor tinha poucas dúvidas de que o panfleto, na verdade, dizia ser dever religioso matar os soldados das forças de ocupação. Era assinado pelo jovem religioso que duas horas antes estivera em meu gabinete, pleiteando uma posição na Comissão de Segurança Pública. Senti-me tentado a desprezar aquelas palavras como de retórica inócua, mas o intérprete estava muito mais preocupado. Perguntei se ele se lembrava de Al-Musawi.

— Sim; ele roubou muito dinheiro. Na época eu disse ao major, mas ele não me deu atenção. Esse homem é muito corrupto.

— E o Partido Revolucionário Shaaban?

— Isso não existe. É invenção dele. Ele absolutamente não participou do levante Shaaban.

— E seu apoio nas ruas? Essas centenas de pessoas com cartazes dele?

— São criminosos... os piores criminosos... nós os conhecemos. Eles são pagos para descer às ruas.

— De onde vem o dinheiro dele? E o dinheiro para montar o escritório?

— Provavelmente de algum país estrangeiro. É fácil conseguir dinheiro para montar partidos e organizar demonstrações neste momento. Como diz o ditado: "O homem de negócios falido se torna trapaceiro." Expulse-o de seu gabinete. O senhor nem deve reconhecê-lo se voltar a vê-lo. É meio fraco da cabeça... Desequilibrado.

Ao voltar à sala com o chá, Al-Musawi levantou-se, sorrindo calorosamente para me receber.

— Seyyed Rory, o senhor não apenas me chamou de seu amigo, mas fez chá para mim com suas próprias mãos. Agora seremos como irmãos. O senhor gostaria muito do major, era um homem muito bom. Mandei um e-mail para ele no Reino Unido e ele respondeu; mora em Macclesfield, a mulher dele se chama Judy. — Tomou um gole do chá e prosseguiu: — Fizemos um bom trabalho juntos, construímos a escola de Kumayt em três semanas. — Pousou o copo e ajeitou as calças por cima das botas. — Estou muito satisfeito porque o senhor está aqui. Nos últimos meses tenho tido problemas com os guardas no portão. Eles não me deixam entrar, mas agora o senhor me convidou. Podemos fazer muita coisa boa juntos. E então, vai me colocar na Comissão de Segurança Pública e no Conselho da Província?

Era de importância vital que escolhêssemos os conselheiros adequados, porque teriam de orientar a província durante os primeiros meses de independência com muito pouco apoio do poder central. Bagdá era fraca e caótica e raramente se comunicava com as províncias, e toda a preparação de projetos de Constituição, resoluções da ONU e improvisações seriam irrelevantes caso os governos provinciais não conseguissem restabelecer a ordem e a segurança. Era, portanto, necessário que encontrássemos conselheiros que fossem aceitos pelo povo, legítimos, bem-informados, honestos, democráticos, respeitadores dos direitos humanos, eficazes, amigáveis para com a Coalizão e poderosos.

Nenhum indivíduo possuía todas essas qualidades. Os liberais como Ali, interessados em direitos humanos, não tinham poder. Homens fortes, como o príncipe, podiam ser violentos e intolerantes. As facções mais populares — os grupos ligados ao Irã e os sadristas — eram muitas vezes conservadores, desprezavam as minorias e se opunham à Coalizão. Ao longo de novembro e dezembro algumas das centenas de pessoas que entrevistamos acentuavam suas credenciais de direitos humanos, outras seu poder, outras sua popularidade. Um grupo realçava a tradicional liderança dos principais xeques e dos mais altos religiosos egressos de Najaf. Outro imaginava que Maysan fosse uma província secular e nacionalista que se libertara das "tradições medievais" e precisava de tecnocratas, qualificando-os com as emotivas palavras árabes *mustaqalin* e *muta-alami* — independentes e instruídos. Havia outros, talvez mais realistas, que consideravam Maysan uma sociedade ainda indefinida, cada vez mais influenciada por formas novas e imprevisíveis de islamismo popular e político.

À medida que íamos descobrindo os diferentes elementos da sociedade e procurávamos identificar os melhores líderes, começamos também a perceber que cada facção possuía dezenas de chefes em potencial, cada qual com um histórico complexo e freqüentemente controvertido. A classe dirigente baathista tradicional tinha desaparecido e os iraquianos se esforçavam por descobrir quem poderia substituí-los com mais êxito.

Era difícil até mesmo incluir as tribos, que constituíam o grupo mais claramente definido e mais antigo, porque suas estruturas estavam em desagregação. Em 1900, Maysan era quase completamente tribal e os xeques eram os homens mais ricos e mais poderosos da província. No entanto, as mudanças sociais e as políticas governamentais haviam causado erosão de seu poder, e o apoio de Saddam conseguira apenas retardar um declínio inevitável. A maioria dos iraquianos das cidades considerava os xeques um anacronismo analfabeto, embaraçoso, criminoso e impotente, que não merecia reconhecimento oficial. Apesar do que eles próprios afirmavam, os xeques não conseguiriam reunir sequer 10 mil homens em armas — e talvez jamais viessem a consegui-lo: eu nunca os vira juntar mais do que umas poucas centenas. As visitas diárias ao nosso escritório para solicitar contratos de construção, clínicas e a oportunidade de formar milícias provavam a escassez de seus recursos financeiros e a falta de patrocinadores poderosos, e na luta para sobreviver alguns recorriam ao roubo, aos seqüestros, ao contrabando e à pilhagem.

Isso não significava, no entanto, que os xeques fossem simplesmente um resquício irrelevante do feudalismo. Mantinham-se como os homens mais poderosos nas zonas rurais, onde cerca de metade da população ainda vivia; detinham a propriedade de grande parte das terras e a agricultura constituía o único elemento de uma economia destroçada que ainda funcionava razoavelmente. Quase todos os crimes nas aldeias eram resolvidos e julgados pelos xeques; a polícia praticamente não operava fora da capital, e não precisávamos criar inimigos desnecessários. Portanto, ainda que os xeques fossem pouco mais do que pequenos gângsteres rurais que estabeleciam quadrilhas de extorsão sob a capa da segurança ou se aproveitassem desonestamente dos contratos, eu em geral os tratava com o respeito que eles acreditavam merecer. Resolvemos entregar sete dos quarenta assentos no Conselho às tribos mais numerosas e excluímos três dos principais xeques que tinham sido leais a Saddam. Essa decisão fez com que os excluídos viessem até nosso escritório.

Chegaram vestidos com belas roupagens de lã e mantos com aros dourados na cobertura da cabeça. Estavam acompanhados pelo príncipe.

— Se meu primo Muhammad Hattab for nomeado para o Conselho, cortarei a garganta dele — começou o mais idoso dos xeques, passando o dedo pelo próprio pescoço coberto de pêlos brancos. O dedo era gorducho e cheio de anéis. Apesar das trilhas poeirentas, as pontas dos sapatos eram negras e espelhadas como as lentes dos óculos escuros. A voz se assemelhava a um murmúrio rouco e áspero.

Molly perguntou se ele nos estava ameaçando, dizendo que se esse fosse o caso, o xeque poderia ser preso imediatamente.

— Ninguém está ameaçando nada — disse o príncipe. — O tradutor se equivocou.

O intérprete interrompeu, zangado.

— Eu não... ele disse...

Compreendi por que se dizia que o xeque era um gângster. Mas, talvez, como todos os gângsteres, ele, na verdade, não controlasse completamente sua quadrilha. E provavelmente por isso estava irado, pois nós tínhamos escolhido o primo dele para representar a tribo no Conselho. O motivo do apoio do príncipe a ele era menos evidente.

Dez anos antes, aquele xeque tinha colocado sua tribo à disposição de Saddam. Era um grupo poderoso, que vivia dos dois lados da fronteira com o Irã, e ele afirmava controlar também a facção iraniana. Enquanto o Príncipe dos Pântanos se encontrava oculto e lutando contra o partido Baath, o xeque realizava banquetes e patrocinava poetas, organizava danças tribais pela televisão em apoio a Saddam e entregava dissidentes ao governo. Em troca recebeu medalhas, dragonas, certificados, dinheiro, status, armamento. As pessoas perceberam que, quando a polícia chegava para impedi-lo de dar tiros para o ar em uma cerimônia de casamento, ele mostrava uma autorização específica que fazia com que lhe fornecessem munição em vez de prendê-lo. O Baath o classificava como "Categoria A: Xeque de Lealdade Comprovada". Ele comandava uma extensa rede de informações para o partido e fora nomeado major do serviço de inteligência.

Mas em abril veio a invasão, e a maioria das pessoas ligadas ao Baath fugiu. O xeque, no entanto, não abandonou sua mansão em Amara; em vez disso, colocou guardas armados para protegê-la e retirou-se para seus territórios tribais. Provavelmente conservou o dinheiro que recebera de Saddam, a fim de financiar uma insurgência contra a Coalizão, mas continuou a aparecer em público e exigir lealdade de sua tribo. Enquanto isso, a invasão proporcionou aos saqueadores a oportunidade de entrar nos gabinetes dos serviços de inteligência e revelou os arquivos ao povo, tornando conhecidos os agentes secretos. Isso ocorreu tanto aos diretores quanto aos funcionários, tanto aos agentes quanto aos analistas, tanto aos carrascos quanto aos arquivistas, tanto aos xeques quanto aos religiosos, tanto aos coletores de informações quanto aos seus informantes.

Os que levaram consigo os arquivos leram-nos e anotaram os endereços, vendendo o conteúdo de porta em porta. Os documentos valiam alguns dólares por página. Era possível colecioná-los como se fossem selos e verificar quem havia feito denúncia sobre cada qual, na escola ou no trabalho, ou quem tinha dado a informação que resultara na prisão de um pai, onde ele tinha sido preso e por quanto tempo, o que tinha confessado, o que estava oficialmente registrado, qual era o fundamento da acusação no tribunal, quem o condenara, quem executara a sentença e onde estava enterrado. Se uma família oferecia dinheiro para conhecer o conteúdo, outra oferecia dinheiro para ocultá-lo.

Mas o xeque escapou ao castigo, embora em três províncias as pessoas que ouvissem o nome daquele fidalgo ignóbil e vil comentassem: "Esse xeque era muito ligado a Saddam." Permaneceu em sua tenda no território tribal, e seus conterrâneos lhe traziam para julgamento casos baseados nos arquivos. Durante semanas, ele e outros xeques decidiam as quantias a que as vítimas do antigo regime tinham direito a título de indenização — tanto pela morte de um parente; tanto por uma preterição nas promoções — e certificavam-se de que os postulantes fossem pagos. Ninguém, porém, levantou acusações contra o próprio xeque.

Eu estava disposto a incluir o xeque da tribo Albu Muhammad, embora ele tivesse estado próximo a Saddam, porque era o líder inconteste da maior tribo da província e ninguém o ligara a crimes específicos. Mas aquele xeque, e os demais que estavam em meu gabinete, tinham cometido tantos crimes que sua própria presença transformaria o novo Conselho em piada e levaria todos os partidos islamita à oposição ostensiva. Talvez esse fosse o objetivo do príncipe ou talvez ele achasse que poderia fazê-los votar em seu irmão.

— Não vou falar em prol de minha tribo, mas por que não incluiu os Bazun? — perguntou o segundo xeque, que não precisava recordar-me de que nos havia ajudado entregando o Dr. Amin, suspeito no assassinato do chefe de polícia.

— Por que não incluímos os Issa? — respondi, aludindo aos inimigos tradicionais dos Bazun. A posição de xeque dos Bazun estava em disputa entre duas das principais famílias, uma das quais havia roubado todo o equipamento pesado de escavação do Ministério das Municipalidades e Obras Públicas. — Ou então — prossegui, provocadoramente — os Fartus?

Os Fartus eram considerados bandidos dos pântanos pelos xeques mais "aristocráticos", como os que estavam na sala.

— Podemos continuar falando nisso sem parar, mas há somente sete lugares para as tribos, e precisamos escolher.

— Deixe que as próprias tribos escolham; não escolha em nome delas — disse o Príncipe dos Pântanos.

Mas os xeques não eram eleitos mediante votação igualitária. Em um dia quatro pessoas tinham discordado dos principais xeques, e não havia motivo para que uma tribo votasse em outra nem nenhuma fórmula que permitisse comparar as tribos grandes e as pequenas. Todos concordavam que deveríamos incluir as três tribos mais numerosas que haviam representado a província nos Conselhos do rei na década de 1950 — a Beni Lam, a Albu Muhammad e a Al Azerj —, além da Suwaad, uma grande tribo dos pântanos na fronteira com o Irã.

— Vamos incluir suas tribos — disse eu, designando dois dos xeques da Beni Kaab e da Albu Derraj. — E o senhor, especialmente, não precisa preocupar-se — disse eu ao terceiro xeque. — Seu filho terá assento no Conselho de qualquer forma, por ser o prefeito em seu próprio Conselho local da aldeia.

— Não me interesso por Conselhos que cuidam de esgotos municipais — replicou o xeque.

— Isso nos deixa apenas mais uma vaga — prossegui. Mencionei diversas tribos grandes e muito prestigiadas: a Serai, a Saada, a Bahadil, a Saadun, a Morean e os subclãs, como o Albu Kheet.

— Quais delas — perguntei — os senhores gostariam que fossem excluídas?

Houve um silêncio, e em seguida o mais velho dos xeques disse:

— Nossa tribo domina Al Amara e temos 10 mil parentes no Irã. As coisas têm sido fáceis para os senhores porque até agora temos cooperado. Se não me der um assento no Conselho e em vez disso fizer com que meu primo seja o representante de nossa tribo, deixaremos completamente de cooperar com a Coalizão.

Nesse ponto, Molly e eu atalhamos, dizendo que isso seria pior para ele.

Houve novo silêncio, e o segundo xeque falou, com menos estridência:

— Naturalmente não nos voltaremos contra os senhores, mas por que logo nós, por que fomos excluídos?

Estavam me provocando para que eu dissesse que eram baathistas. Respondi:

— Este Conselho é político, e não tribal. Ninguém põe em dúvida que os senhores sejam os chefes de suas tribos. E em reconhecimento às tribos — prossegui — vamos construir um *mudhif* tribal e organizar um Conselho das tribos, onde os senhores estarão representados em suas qualidades próprias. Embora não participem do Conselho da Província, este é nada mais do que um órgão temporário, e os senhores poderão candidatar-se às eleições dentro de um ano.

— Deixe que lhe diga; se não nos der assento — atalhou o xeque dos anéis —, nossos primos nunca nos representarão.

Molly anunciou secamente que a reunião terminara. Aqueles homens tinham avançado o sinal. Nem Molly nem eu pretenderíamos incluí-los no Conselho. Todos saíram da sala. Nada mais podíamos fazer a não ser esperar para ver se o xeque tentaria, como havia ameaçado, trabalhar com o Irã e voltar 10 mil homens contra nós, ou se aquilo era simplesmente expressão do machismo de um líder impotente e sem liderança. Enquanto isso, precisávamos redobrar nossa atenção com a segurança. Os ataques estavam aumentando.

Precauções

> Quando o rio não está transbordando, os homens podem tomar precauções, por meio de diques e represas, para que, ao se elevarem novamente, as águas não ultrapassem as margens, ou, se isso ocorrer, sua força não seja incontrolável e destruidora.
>
> Maquiavel, *O príncipe,* capítulo 25

O simpático diplomata japonês que eu havia conhecido com uma toalha enrolada em torno da cintura em minha primeira estada no aeroporto de Basra tinha sido arrancado do carro e assassinado durante uma viagem ao centro do Iraque; um cidadão de Fijian que trabalhava como guarda-costas num projeto de infra-estrutura salvara a própria vida matando a tiros um indivíduo que tentara seqüestrar seu carro e abatendo outro com a coronha do rifle servindo de porrete. Um assessor civil britânico da CPA fora morto por uma bomba presa à parte de baixo de seu carro blindado. O assessor do Tesouro britânico com quem eu havia tomado o café-da-manhã em minha primeira visita a Bagdá por pouco escapara da morte quando um foguete entrou diretamente em seu quarto, matando seu companheiro. Ataques com morteiros haviam vitimado vários homens quando se dirigiam a um café na Zona Verde. Dezesseis soldados norte-americanos haviam morrido num helicóptero derrubado por insurgentes, e na província de Nassíria, vizinha à nossa, um caminhão-bomba matara 19 italianos em um instante. Os terroristas estavam à procura de alvos fáceis.

Tínhamos de considerar não apenas as causas econômicas e sociais da violência, mas também organizar medidas imediatas de segurança. Quando subi mais uma vez ao telhado para observar os jovens que ostentavam retratos de Muqtada Al-Sadr, alguém me recordou que um franco-atirador nas tamareiras da margem do rio poderia alvejar-nos facilmente, como o príncipe advertira. Também poderia, como percebi, saltar de um carro na nova ponte sobre o rio e lançar contra nós um foguete; a terra erma dos dois lados do rio era uma localização perfeita para atirar morteiros ou foguetes, e um carro ou caminhão com explosivos poderia chegar bem próximo aos muros de nossas instalações.

As medidas de segurança eram desagradáveis; ficávamos com a vida confinada e a vista do Tigre era um dos poucos aspectos simpáticos do local onde estávamos e servia para erguer o moral. Vetei as primeiras sugestões de erguer uma barreira de madeira compensada para impedir agressões de franco-atiradores, a ser colocada entre nós e o rio para que não pudéssemos ser vistos da margem oposta. Mas quando olhei nosso recinto visto do telhado, concluí que havia subestimado os perigos. Isso me levou a um de meus primeiros desacordos graves com os militares britânicos.

Minha intenção era parar a construção das grandes cabanas pré-fabricadas com madeira compensada que estavam sendo preparadas para nós no Kuwait e substituí-las por construções de tijolos com telhados em ângulo agudo, para que, no caso de tiros de morteiro, as detonações ocorressem muito acima dos beliches. Consegui meu intento, embora no início fosse difícil convencer a Coalizão a pagar pelos novos materiais de construção e aceitar a demora na instalação. Eu também queria aceitar o conselho de um assessor de segurança que nos visitou e mandar instalar torres de observação, criar um acesso sinuoso para impedir que um caminhão-bomba se aproximasse em linha reta de nosso portão, reduzir à metade as faixas de tráfego e localizar uma companhia de soldados na margem oposta. Embora a CPA custeasse a construção, a obra seria realizada por engenheiros militares que tinham muitos outros encargos. Somente o general-de-brigada poderia autorizar o posicionamento de uma nova companhia na margem distante do rio.

O major encarregado da segurança em Amara achava que aumentar nossas defesas poderia, na verdade, estimular um ataque, fazendo com que ficássemos parecendo uma entidade menos humanitária e mais semelhante a um acampamento militar. Continuei a argumentar que os terroristas não hesitariam em atacar organizações humanitárias, mas aquele homem, normalmente afável, explodiu.

— Você tem seus talentos, Rory — disse, esforçando-se por controlar-se diante das demais pessoas em seu gabinete —, mas nada entende de segurança. Não se meta — trovejou. — Simplesmente não se meta.

Tive de pedir-lhe que continuássemos a conversar no terraço, do lado de fora.

O major me decepcionara e eu o fizera zangar-se. Ele sabia que eu não era perito em assuntos militares e achou que eu estava me excedendo. Eu sabia que as medidas de segurança são muitas vezes desnecessárias e redundantes e que a segurança era responsabilidade dele; e como precisava ter boas relações com os militares e gostava do major, teria preferido não me meter. Mas ele não percebia a rapidez com que a insurgência se espalhava e que muito em breve podíamos ser atacados com caminhões-bomba e morteiros. Assim, não tendo conseguido convencê-lo de minhas razões, informei Molly e passei a tratar diretamente com Basra, Bagdá e Londres, sem consultá-lo. Acabei obtendo aprovação dos planos com considerável despesa. As medidas de segurança ficaram prontas antes que o ataque a nossas instalações começasse.

O chamado do Islã

> É dever dos governantes de uma república manter as bases da religião que os sustenta; se isso for feito, será fácil manter as repúblicas religiosas, virtuosas e unidas em conseqüência. E eles devem favorecer e estimular tudo o que surgir em benefício da religião, ainda que a considerem falsa...
>
> Maquiavel, *Discursos*, livro 1, capítulo 12

Nossos "relatórios de situação" semanais para Bagdá impunham uma estruturação de nossas ações: planos de emprego, a polícia, o Conselho — mas meus cadernos de notas contêm apenas fragmentos: visões fugidias de mãos rudes, uma rede estendida no Tigre, torrões secos de lama esmagados por botas militares. Não pensávamos só em política. George Butler encomendou a um artista local um retrato da filha a partir de uma foto e não sabia se seu tempo de serviço, prorrogado por duas vezes, estaria terminado a tempo de permitir-lhe passar o Natal com a família. Molly e eu fizemos comentários sobre o novo especialista em informática e sobre um assessor político e especulamos se eles conseguiriam sobreviver à vida em nossas instalações. Conseguiram, e posteriormente fizeram comentários conosco a respeito de recém-chegados. Nos fins de noite, meus colegas telefonavam para maridos, ex-mulheres e filhos, acordando-os nas manhãs escuras do inverno no Ocidente. Senti-me aliviado por não ter de pensar na família, além de meu trabalho.

Alguém tinha deixado um cachorrinho dentro de uma caixa de papelão em nosso portão antes da chegada de Molly. Tinha a barriga rosada, pêlo branco curto, orelhas e cauda castanho-claras e duas manchas da mesma cor no dorso. Kyle, encarregada da administração e recém-chegada, pediu para cuidar dele, e eu permiti, resmungando um pouco sobre as sensibilidades dos muçulmanos, que exigiam que quem quer que tocasse num cachorro fizesse abluções complexas antes das orações. Ele fez xixi em meu gabinete e quando o acariciamos, vimos que havia lama cinzenta nos pêlos.

Ensinei-o a sentar-se e todos disputávamos para brincar com ele, mas nem todos o estimavam. Kyle deu-lhe o nome de Tigris, e o coronel disse que era para onde o cachorrinho devia ir. Não permitia que seus soldados cuidassem do cãozinho, embora os homens gostassem disso. Segundo o sargento intendente, o animal violava os regulamentos sanitários e de segurança. Achei que poderia levar o caso na brincadeira, mas não foi possível. Ao chegar, Molly resolveu que não era adequado manter um cachorro num recinto em que eram recebidos visitantes muçulmanos e me disse que instruísse Kyle a livrar-se dele. Kyle escondeu o animal em seu quarto e eu concordei em não dizer nada a Molly. Mas como as instalações eram pequenas, ela em breve percebeu o cachorro sendo levado às escondidas para fora à noite, para suas necessidades. Consegui mais um adiamento pedindo ao Exército da Salvação para ficar com Tigris e encomendei um canil em um local apropriado para ele dentro de nossas instalações. Um mês mais tarde, após um dia em que houve manifestações, alegações desagradáveis vindas de Bagdá e uma ameaça de boicotar todas as nossas estruturas políticas, encontrei Molly acariciando Tigris no colo. O cachorro ficou.

Fora de nossos muros, a maioria dos iraquianos não nos dava atenção. Nossas reuniões com o Conselho eram transmitidas pela televisão, e por isso eles sabiam da existência de uma governadora norte-americana chamada Molly, mas até mesmo nossos próprios funcionários tinham dificuldade em diferenciar a CPA e os militares. Alguns cidadãos mais astutos, que nos consideravam uma fonte potencial de salários para suas famílias, formaram ONGs dedicadas, pelo menos no papel, aos "direitos humanos" e "grupos de costura para mulheres", apresentando pedidos muito pormenorizados de armários para arquivos e computadores Pentium 4. No entanto a maioria dos homens que eu via de relance nos quiosques de *kebab* ou caminhando dois passos adiante das esposas nas trilhas rurais não tinha só contato direto com nosso escritório e sabia da Coalizão por meio das estações de TV em língua árabe, que faziam com que os militares norte-americanos se assemelhassem ao exército israelense nos territórios ocupados.

Mesmo no contexto estável de nosso escritório, com bons tradutores, às vezes tínhamos difículdade para entender os visitantes iraquianos e também era difícil para eles entender-nos. Molly gracejava, dizendo que o orgulho familiar, as vendetas, a genealogia e a avareza dos xeques lembravam a vida em minha pátria nas terras altas da Escócia e facilitava minha comunicação com eles, mas a verdade era que os conceitos mais básicos, como "sociedade civil" ou "lei Sharia" significavam coisas diferentes para uns e outros. O que para um lado era uma experiência vivida, muitas vezes para o outro era um conceito abstrato, aprendido em livros. Com demasiada freqüência, as explicações sofisticadas e controvertidas que acreditávamos estar proporcionando eram entendidas por nossos ouvintes como lugares-comuns grandiloqüentes. Isso foi especialmente verdadeiro quando tentamos escolher os conselheiros dos partidos políticos xiitas.

Havia mais de cinqüenta partidos políticos xiitas na província, a maioria com menos de dois meses de existência, e era quase impossível distingui-los entre si. Saddam tinha decretado a pena de morte para quem se alistasse nesses partidos, e por isso cada um deles tinha uma história de exílio e violência: dos três grupos principais, o primeiro, o SCIRI, se constituíra no exílio no Irã; a maioria do segundo, o dos sadristas, havia permanecido no Iraque; e o terceiro, o Da'wa, era principalmente baseado em outros países, inclusive a Grã-Bretanha. O fundador do SCIRI, o fundador dos sadristas e o fundador do Da'wa tinham sido martirizados. Todos eram ramos do Da'wa original (o partido do "Chamado Islâmico") e até mesmo a parte remanescente do Da'wa havia se dividido entre a "tendência Da'wa, o "Da'wa Islâmico" e o "Movimento Da'wa" (cujo vice-líder também era mártir).[1] Nesse conjunto atordoante estavam incluídos os grupos mais poderosos e que mais rapidamente cresciam na província, e eu queria atribuir a eles pelo menos vinte assentos, correspondentes à metade dos lugares no Conselho. Mas para isso era preciso encontrar os candidatos adequados.

Abu Muslim, líder do Movimento Da'wa na província, que veio ao meu gabinete explicar os partidos e tomou muitas latas de Coca-cola — na verdade, Coca Diet, porque se preocupava com o coração —, era filho de um xeque dos árabes dos pântanos. Tinha estudado na faculdade de teologia e passara 15 anos na cidade sagrada iraniana de Qom, banhando-se nas perigosas águas da política anti-Saddam ligada ao Irã. Embora tivesse passado anos no seminário, não usava turbante nem vestes sacerdotais, mas sim um terno ocidental folgado, e o único sinal de sua piedade era uma contusão na testa causada pela constante pressão de uma placa sagrada de argila de Najaf. Sentou-se com as pernas curtas dobradas para um lado, as coxas gordas apertadas nas calças, passando o rosário pelos dedos e detendo-se somente para acariciar a barba de quatro dias, enquanto desfiava sua retórica.

— As pessoas precisam ser instruídas — começou ele — nos níveis corretos e de forma correta, porque a cultura religiosa é pervertida, espalhando nas mentes diversas fraquezas, assim como o orgulho dos cientistas também manchou nossos pensamentos com a devassidão. E esqueceram-se de ler, embora Aquele que nos sus-

---

[1] Este é apenas um exemplo dentre dezenas que vinham desde antigos partidos já quase esquecidos, como o Trabalhista Islâmico do aiatolá Taqi Modaressi e seu primo Talia, até os numerosos partidos novos com nomes altissonantes — como o Hamas, que não tinha relação com o Hamas da Palestina e era composto por apenas dois homens e uma pasta de documentos. Os iraquianos ficavam tão confusos quanto nós pelo Harakat Hizbollah (o Movimento do Partido de Deus), braço armado do SCIRI, que era muito diferente do Hizbollah do Iraque (pertencente ao Príncipe dos Pântanos) e do Hizbollah do Líbano (derivado do Da'wa original).

tenta, o generoso, tenha ensinado aos homens o uso da pena, tenha lhes ensinado o que não sabiam. — As últimas palavras foram murmuradas; eram uma citação do Corão.

Abu Muslim descreveu os líderes de cada partido, seus chefes e os chefes de seus chefes numa cadeia dourada de sucessão que chegava ao tempo do profeta Maomé; recitou os nomes de nove irmãos martirizados do líder do SCIRI, especificando suas publicações teológicas, exílio, argumentação e os lugares e formas de suas mortes. Para meu benefício e do intérprete, simplificou e reduziu as alusões e imagens, e quando nos viu perder o fio da meada, parou de enumerar as influências teológicas que sofrera ("Al-Ghazali, Al-Amadi, Ibn Ashu Al-Maghbadi..."). Porém, mesmo com meu vocabulário muito restrito, era evidente que cada frase continha uma nova imagem ou uma figura de retórica ainda mais expressiva. Ele fazia as ênfases por meio de atenuações e afirmava parecendo ignorar. Tudo isso refletia a instrução formal que recebera em retórica, disciplina que estudara junto com a gramática e a lógica no seminário teológico.

O sentido geral da oratória, raciocínio labiríntico e doutrina muçulmana de Abu Muslim era que o governo devia ser baseado no voto popular, e não na lei Sharia, que os religiosos não deviam ter papel político, que a Sharia era simplesmente um estímulo genérico em prol do amor ao cosmos e que os iraquianos deveriam cooperar estreitamente com a Coalizão. Defendia infatigavelmente essas opiniões pouco comuns e as propagava por meio de sua nova criação, um amplo "conselho consultivo" em que estavam incluídos tanto os comunistas quanto a milícia do Badr. Como todos, desde o príncipe até os sadristas, pareciam estar convencidos de sua inteligência e boa vontade, Molly e eu rapidamente concordamos que ele deveria ser o primeiro político xiita a fazer parte do novo Conselho.

No entanto era especialmente difícil avaliar as opiniões e personalidades dos conselheiros em potencial se ficássemos fechados em nossos gabinetes. As quarenta noites que passei no Afeganistão, hospedado em casas das aldeias e observando homens que desfiavam seus rosários, saudando os hóspedes e repreendendo os primos, me haviam permitido conhecê-los melhor durante os momentos em que se distraíam. Mas segundo as novas regras de segurança, qualquer movimentação fora de nosso recinto tinha de ser justificada; para ir ao mercado eu precisava ser acompanhado por seis guarda-costas, e Molly achava que as viagens através da província nos faziam perder o tempo de que necessitávamos para tratar dos crescentes problemas políticos e dos incessantes e-mails.

Ali, no contexto artificial de nosso escritório em Maysan, as entrevistas eram curtas e cuidadosamente orquestradas, cheias de dialética e equívoco e tecidas com truques de autodefesa e autopromoção. O único homem que pareceu sentir-se à vontade nesse ambiente foi o segundo líder xiita que selecionamos. Abu Mustafá entrava tranqüilamente em nossa sala de assuntos civis, sorrindo e cumprimentando afavelmente a todos, como se estivesse em seu próprio *mudhif*. Em muitas oportunidades trazia consigo o filho de 6 anos, um menino tranqüilo e bem-comportado, vestido de calças curtas e um cardigã bem-talhado — só faltava uma gravata-borboleta em miniatura —, que passava horas navegando no Google em árabe no escritório, enquanto o pai discursava. Ninguém imaginaria que o menino conhece a internet apenas três meses antes.

Abu Mustafá era a figura mais encantadora entre os políticos moderados. Religioso de 40 anos, era em parte diletante, em parte vendedor e em parte místico. O pai, neto de um importante xeque da vizinha Nassíria, tinha se mudado para Amara na década de 1960 para pregar. Abu Mustafá havia herdado dele uma pequena mesquita no mercado e os modos solenes dos aristocratas tribais. Seu rosto era emoldurado por uma barba negra bem-aparada e seus olhos grandes transmitiam calor. Era esbelto, e seu porte digno o fazia parecer mais alto e mais atlético do que na verdade era, impressão que não combinava com sua profissão sedentária. Falava sem pressa, com voz suave de tenor, com um jeito provocante, brincalhão, alusivo.

À primeira vista podia ser confundido com um ocidental: falava muitas vezes sobre a Europa e parecia mais preocupado com seu novo cibercafé café e posto de gasolina do que com a teologia.

Ao contrário de muitos de nossos visitantes, que ficavam pouco à vontade na presença do sexo feminino, não deu mostras de preocupação quando certo dia Charlotte Morris entrou em meu gabinete vestida de camiseta. Mas quando lhe perguntei o que pensava sobre os numerosos iraquianos que não respeitavam as severas normas sobre vestimenta, ele respondeu:

— São gente má. No Iraque, devemos assegurar que as mulheres estejam adequadamente cobertas.

Ficava mais à vontade quando estava brincando com o filho ou fazendo tranças nos cabelos da filha de 4 anos enquanto conversava com Molly ou comigo, e sua conversa longa e cheia de digressões parecia indicar uma certa indolência. Mas suas histórias singelas, acessíveis aos analfabetos de sua congregação, e que nada tinham do vocabulário exuberante de Abu Muslim, eram ao mesmo tempo estranhamente fugidias e metafóricas.

— No passado — respondeu Abu Mustafá quando lhe perguntei sobre a violência nas províncias —, os iraquianos costumavam fazer trocas de visitas a famílias ocidentais. Certa vez, um iraquiano que estava hospedado com uma família alemã foi comprar um presente para seus anfitriões. Não encontrou nas lojas nada que fosse adequado a não ser um pequeno tanque de guerra de brinquedo, que mandou embrulhar e deu de presente à família no dia da festa cristã. As crianças abriram, viram o brinquedo e o pai perguntou, polidamente: "Por que comprou isso? Quer que meus filhos fiquem admirando os tanques?" Os iraquianos têm de voltar a recordar-se de sua civilização; esqueceram-se do que devem saber, amar ou temer.

Quando terminou, Abu Mustafá se manteve em silêncio, esperando que o significado da história fizesse efeito. As palavras mais diretas continham mais do que eu era capaz de perceber. Por isso, quando ele falava de memória, usava a palavra *dhikr*, que tinha conotações de invocação ou de recordações rituais, e sua tripla distinção entre "conhecimento", "amor" e "temor" lembrava os místicos Sufi. Eu não sabia bem o que entender daquilo tudo.

Em matéria de política, parecia nunca ter conseguido passar da proximidade do sucesso. Sua situação de religioso vindo de uma família conhecida, a verve e as boas relações com a Coalizão lhe traziam muitas vantagens, que ele afirmava por meio da vestimenta: um turbante branco bem enrolado e mantos de colarinho engomado feitos pelo melhor alfaiate para religiosos de Qom, onde ele vivera durante 15 anos. Tinha boas credenciais como combatente na resistência, era capaz de fornecer detalhes sobre todas as armas disponíveis na província e havia herdado o respeito devido a um irmão que tinha sido um dos líderes da revolta de 1991 contra Saddam e atuara como governador revolucionário de Amara durante uma semana até ser preso e executado.

Não obstante, não despertava confiança sem restrições. O príncipe certa vez dissera que tanto ele quanto eu éramos espiões iranianos, e por isso Abu Mustafá sempre fazia graça, falando comigo em farsi. Era uma brincadeira estranha, pois, embora os partidos iranianos desconfiassem dele e afirmassem não saber o que ele tinha feito durante a resistência, Abu Mustafá sem dúvida já tinha trabalhado para o serviço secreto iraniano e continuava a encontrar-se com agentes. Mesmo assim o incluímos como segundo membro xiita do Conselho porque ele tinha grande influência sobre a congregação e opiniões positivas a respeito da Coalizão. Além disso, apesar de ser religioso e político, achava que a fé devia ser separada da política.

Durante nossa busca, era sempre muito mais fácil compreender a retórica e os maneirismos dos partidos do que suas posições políticas. Somente consegui perceber integralmente o quanto essas políticas podiam ser voláteis quando visitei Abu Akil, chefe nacional da tendência iraquiana do Da'wa, um homem de meia-idade, vestido de terno cinza e óculos de aros finos, porém sem gravata. Ao contrário de Abu Mustafá ou de Abu Muslim, ele era famoso e conhecido em todo o país. Tinha um escritório modesto em Basra, com cadeiras baratas de plástico, pôsteres de motivos religiosos e pontas de cigarros nas escadas de concreto. O escritório tinha sido ilegalmente confiscado do partido Baath e era vigiado por milicianos barbados. A exemplo de outros líderes xiitas, ele era a favor de convenções sociais mais conservadoras; os copos de chá com muito açúcar repousavam em pires que retratavam mulheres do século XVIII de braços nus, e os pires, por sua vez, estavam colocados sobre um jornal do partido que acentuava a necessidade de que elas cobrissem a cabeça. Pedi que definisse as diferenças entre os partidos, e ele respondeu assim:

— É necessário considerar o governo dos juristas islâmicos de um ponto de vista científico, e não político. Como disse Muhammad Baqr al-Sadr no documento de fundação do Da'wa, a democracia é a base do poder do indivíduo e da comunidade. — Descrevendo um arco no ar com os dedos finos e elegantes, esboçou teorias de governo.

Senti-me transportado de volta a um seminário acadêmico, mas estava confuso também. Sabia que Abu Akil desejava uma teocracia; portanto, por que estaria se apresentando como democrata?

— Mas então a autoridade final do Estado está em Deus e na lei Sharia ou no povo?

Ele fez uma pausa e disse, muito lentamente:

— As duas coisas são iguais. O poder deriva da lei, que se baseia na Sharia e vem do Corão e de Deus. Mas deriva também da Constituição, que é criada pela legislatura eleita pelo povo.

Enquanto ele desenvolvia as distinções entre poder, autoridade, direito e ações legislativas, eu ia me sentindo cada vez mais como se estivesse envolvido na história de Alexandre, o Grande, e do antigo sofista, que disse: "Tentar explicar-lhe minha filosofia por meio de intérpretes é como tentar beber água limpa de um poço de lama." Abu Akil referiu-se a obras de diversos aiatolás, fez distinções entre teoria e política islâmica e concluiu que os sacerdotes deveriam dirigir as ações religiosas, morais e sociais do povo, mas não as políticas. O significado disso tudo era obscuro. Os demais homens que estavam na sala o olhavam com a paciente admiração que têm os discípulos, reconhecendo a sabedoria das frases já conhecidas. A conversa continuou da seguinte forma:

RS: — Abu Akil, compreendo as diferenças na liderança e na história de seus grupos, mas o que o diferencia hoje dos demais partidos?

Abu Akil: — Naturalmente, Seyyed Rory, os partidos são diferentes porque procuram orientação de religiosos diferentes: *mujtahid* [sacerdotes qualificados para interpretar o Corão] diferentes.

RS: — E esses sacerdotes diferentes têm opiniões diferentes?

Abu Akil: — Interpretações diferentes, mas não opiniões diferentes. Somos todos xiitas. Executamos emulações em relação aos Grandes Aiatolás, *Ijtehad* dos *faqih*; *taqlib* para com os *mirja*. E como todos são muçulmanos, todos estão de acordo.

RS (*desesperado*): — E a política econômica?

Abul Akil: — O Islã nos ensina a todos que deve haver um livre mercado regulado pragmaticamente. Todos concordam com isso.

RS: — Então eu estaria correto em afirmar que não há diferenças de substância entre seus partidos?

Abu Akil: — Não. Há muitas diferenças. Concordamos nos fundamentos e divergimos nas políticas.

RS: — Dê-me um exemplo.

Abu Akil: — Há diferenças teóricas, diferenças intelectuais, diferenças conceituais.

RS: — Poderia dar-me um exemplo, por favor?

Abu Akil: — Bem, por exemplo, na Grã-Bretanha vocês têm um Partido Trabalhista e um Partido Conservador... é assim.

E isso foi tudo o que consegui em uma conversa de duas horas. Mais tarde confirmamos que Abu Akil estava mais próximo do governo iraniano do que qualquer outro líder, acreditava firmemente em um Estado teocrático e tinha se separado dos partidos rivais em grande parte porque recebera 60 mil dólares para isso. Por esse motivo não incluímos o partido dele no Conselho.

Mais ou menos nessa época comecei a fornecer certo apoio financeiro aos políticos xiitas mais moderados, inclusive o retórico Abu Muslim e seu amigo Abu Mustafá. A política não era uma atividade honesta. Os iranianos e sírios despejavam dinheiro para os grupos islâmicos mais extremistas, às vezes estimulando-os a fazer pregação contra nós, às vezes a nos atacar, procurando com isso criar instabilidade e impedir que os invadíssemos em seguida. Os islamitas mais moderados, como Abu Muslim, que eram mais propensos a apoiar os direitos humanos, tolerar minorias, combater o terrorismo e cooperar com a Coalizão, não recebiam recursos financeiros do exterior. Tinham perdido propriedades e sofrido muito sob o regime anterior: o terceiro a ser incluído no Conselho, o xeque Rahim de voz grave, tinha perdido um salão de exposição de automóveis e ficara na prisão durante dez anos; dois postos de gasolina de Abu Mustafá tinham sido confiscados e seus irmãos haviam morrido nas mãos de Saddam. Esses homens desejavam percorrer a província e difundir suas visões do futuro, mas não podiam pagar veículos e guarda-costas, alugar salas de reunião e microfones, tampouco imprimir panfletos. Os moderados não tinham possibilidade de contratar sequer um menino para servir chá, enquanto os extremistas eram capazes de pagar uma multidão de amotinados.

Finalmente, dei a cada um 6 mil dólares, decisão que acabou acarretando problemas burocráticos e éticos. Afirmei que o dinheiro serviria para "reformar as mesquitas", porque, embora nossos regulamentos sobre contratação de serviços tivessem sido atenuados a fim de refletir as realidades do uso de recursos em uma zona de guerra, as verbas, na verdade, estavam alocadas a "tijolos e argamassa" e era difícil acompanhar os gastos dos religiosos. Eles entregavam muitos recibos em triplicata, assinados por firmas locais de material de construção. Molly me pediu que visitasse as mesquitas e fotografasse as obras.

Abu Mustafá me mostrou a antecâmara da mesquita do pai, para onde o dinheiro estava destinado. O xeque Rahim me levou de carro até um campo de futebol, em cuja margem havia uma grande pilha de tijolos amarelos e alguns moldes.

— Aí está — disse ele.

— Não parece uma grande quantidade — respondi.

— Sei disso — tornou ele. — Eu tenho o local da obra e você comprou este material para mim, mas ainda estou recolhendo dinheiro do povo para construir a mesquita inteira.

— Com nosso dinheiro você só comprou isto? — perguntei.

— Não. Havia muito mais. Mas lembre-se de que lhe pedi dinheiro para pagar vigias e você respondeu que não podia me dar. Então, os moradores das redondezas devem ter roubado a maior parte dos materiais de construção.

Fotografei a pilha de tijolos. Molly não se impressionou, e eu nunca consegui descobrir o que tinha acontecido com os tijolos e nem se a obra da mesquita foi realizada.

O xeque Rahim continuou a mostrar-se muito antipático conosco nas reuniões públicas e mais tarde perdeu o lugar devido a um escândalo de corrupção. Mas não me arrependi por haver resolvido apoiá-lo. Meses mais tarde, quando já estávamos sendo atacados, ele foi um dos muito poucos dispostos a enfrentar uma multidão encolerizada de sadristas e dizer-lhes que a Coalizão estava fazendo um bom trabalho.

Sadristas

> É preciso avaliar corretamente a força da doença e se puderes curá-la, dedica-te a isso sem reservas; senão, não cuides dela e não faças nenhuma tentativa.
>
> Maquiavel, *Discursos,* livro 1, capítulo 33

O grupo xiita que mais nos preocupava, no entanto, eram os sadristas. Até mesmo os maiores partidos xiitas que tinham estado no exílio tinham dificuldade em compreendê-los. Os principais líderes da seita — os *mirjajya,* ou "fontes de emulação" —, como o grande aiatolá Sistani, eram tradicionalmente escolhidos devido à sua capacidade de resolver complexas questões teológicas. Mas o líder fundador dos sadristas nunca tinha sido um teólogo de grande renome. Em vez disso, Seyyed Muhammed Sadeq Al-Sadr (Sadr II) era, na verdade, paradoxal: homem idoso, proveniente de uma grandiosa linhagem, que seduzia os jovens radicais marginalizados; pensador conservador que revolucionara as práticas religiosas e tornara a pregação mais importante do que a teologia. Promovendo as preces da sexta-feira e atraindo jovens e emotivos pregadores para sua mesquita, reunia grandes multidões de pobres urbanos, em geral analfabetos; subsidiava-os e estimulava-os a praticar o culto emocional do retorno do Messias xiita, ou Imã oculto. Ao matar Sadr II, Saddam completou a transformação do xiismo iraquiano iniciada pelo religioso. Centenas de milhares de xiitas iraquianos já não obedeciam somente aos grandes teólogos de Najaf. Em vez disso — quase numa blasfêmia —, consideravam o falecido Sadr como sua "fonte de emulação" e seguiam também seu filho de 28 anos. Muqtada nem sequer tinha a mínima pretensão à teologia, mas enviou a todas as províncias jovens sacerdotes de tendências semelhantes às suas, criou sua própria milícia armada, assassinou religiosos rivais, declarou um governo alternativo e exigiu a retirada imediata da infiel Coalizão.

Talvez, como muitos iraquianos e comentaristas estrangeiros, por recusar-se a acreditar que um religioso jovem, violento e pouco qualificado como Muqtada viesse um dia a receber apoio expressivo entre os xiitas, ou talvez simplesmente por subestimar seus seguidores pobres e analfabetos, Bremer resolveu enfrentá-lo, e em outubro expediu uma ordem secreta de prisão contra ele. Fomos instruídos a interromper o contato com a organização sadrista. Molly já tinha me advertido para que deixasse de encontrar-me com Seyyed Hassan, o representante local de Muqtada, que fizera questão de encontrar-se comigo após ter sido raptado.

Eu achava que seria desastroso enfrentar os sadristas. Os seguidores de Muqtada eram numerosos, radicais e muito mais poderosos do que nós admitíamos. Entre seus adeptos estava toda a rede de conselhos alternativos nas pequenas cidades do distrito, além dos profissionais liberais e pessoas de classe média que pertenciam ao Partido Fodala, organizado pelo antigo chefe de gabinete de Sadr II. Mesmo que conseguíssemos combater Muqtada e vencê-lo, ainda assim os sadristas poderiam obter assentos na eleição que se aproximava, obrigando-nos a enfrentar um inimigo recalcitrante e devidamente eleito. Como os sadristas ainda não estavam nos atacando, eu preferia fazer com que compartilhassem a responsabilidade e os erros do novo Conselho em vez de permitir que criticassem de fora, e achava melhor que combatessem no Conselho e não nas ruas. Também achava que poderíamos influenciar homens como Seyyed Hassan. Insisti, portanto, em favor da inclusão de sadristas por meio de um truque. Nomeamos representantes da facção "mais moderada" denominada Fodala, ainda que eles estivessem ocupando ilegalmente a prefeitura. Convencemos os conselhos alternativos a se juntarem a nós mediante a promessa de incorporá-los aos Conselhos oficiais nas pequenas cidades do distrito e negociamos suas exigências de representação até chegarmos a três ou quatro assentos. Finalmente, convencemos Seyyed Sattar, que era o chefe sadrista da conturbada cidade de Majar, a fazer parte do Conselho.

Certa noite, às 8 horas, quando eu já estava em Amara havia vários meses, saí sorrateiramente de nossas instalações sozinho, deixando a equipe de assuntos civis assistindo ao filme *Indiana Jones*. Isso foi no décimo dia do Moharran, o mês sagrado dos xiitas. Nesse dia, 1.324 anos antes e a 320 quilômetros de Amara, o imã Hussein, neto do profeta Maomé, foi traído, lutou com seus 72 seguidores contra um exército e acabou sendo morto. Formava-se uma procissão para comemorar esse martírio. Saddam proibira as procissões, e por isso naquela noite haveria a primeira em várias décadas. Foi organizada pelos líderes locais de Muqtada e vigiada por seus milicianos, que, desobedecendo às ordens da Coalizão, haviam colocado vigilantes armados nas ruas. Naquela manhã, nove homens-bomba tinham atacado a procissão na própria cidade de Kerbala, matando cem pessoas e ferindo trezentas.

Como de costume, não havia energia elétrica, e estava tão escuro que eu não conseguia ver o rosto dos transeuntes. Caminhei rapidamente pela rua em direção ao mercado e misturei-me com a nutrida multidão que enchia a rua Bagdá. Algumas pessoas choravam. Surgiu uma carroça empurrada lentamente, com lâmpadas a óleo e um retrato de Hussein de turbante verde, olhos azuis e barba aparada. Era a imagem padrão, que eu já tinha visto em aldeias no Afeganistão e no Paquistão, aparentemente feita no Irã. Milhares de meninos e seus avós, com faixas em torno das frontes, e tórax nu, cantavam juntos hinos em louvor do mártir, batendo no peito com as palmas das mãos. Enquanto balançavam os corpos no ritmo dos cânticos e das batidas ocas nos peitos, alguns agitavam chicotes munidos de lâminas em forma de foice que lhes desciam pelas costas e cortavam a carne como anzóis. A cada passo, com dificuldade, retiravam o metal das ferida e o sangue escorria em borbotões.

A última vez em que eu assistira a uma procissão do Ashura tinha sido no Punjab, perto de Multan, no terrível calor de abril, com policiais munidos de metralhadoras pesadas em cada esquina, a fim de impedir tumulto de xiitas contra sunitas. Meu anfitrião paquistanês, que era um dos que se flagelavam, tinha deixado que o filho mais velho — na época com apenas 12 anos — o acompanhasse. Enquanto eu caminhava, observando a procissão, um amigo ia ao meu lado, explicando cada hino e identificando os participantes mais ilustres. O filho não se castigava com força, e apertava os olhos a cada golpe. O pai tinha expressão tranqüila e confiante com seu flagelo e o rosto não mostrava expressão. Assim como muitos outros, era um empresário bem-sucedido, e a barriga denotava a falta de exercício em muitos meses. Uns poucos penitentes, jovens de barbas pretas, exageraram a flagelação e tiveram de ser levados aos hospitais. Um deles morreu devido à infecção dos ferimentos. A procissão terminou na praça central e no final meu anfitrião, com o chicote de metal já guardado no bolso das calças, sorriu amplamente e declarou:

— Foi maravilhoso, uma verdadeira experiência espiritual; é extraordinário.

Em seguida limpou o sangue e o suor com a camisa preta e me convidou a tomar chá com bolos.

Naquela ocasião em Amara, não havia policiais. Estava muito escuro para que se pudesse ver grande coisa, e não reconheci ninguém. Imaginei que o homem que falava ao microfone estivesse narrando a história da trágica batalha final e ouvi os cânticos de "*Ya Hussein*". Notei o Exército Sadrista do Imã Redentor com seus fuzis Kalashnikov e os rostos magros e barbados dos penitentes à luz das lâmpadas. Mas o sangue e as sombras pouco me revelaram. Alguém ao meu lado voltou-se e, ao ver meu rosto na claridade das lâmpadas, perguntou:

— Você é inglês?

Respondi que não e atravessei a multidão de volta para nossas instalações.

Maioria e minoria

> Além daqueles que escolheu, deve ele recusar-se a dar atenção a quem quer que seja, e sim perseguir com decisão seus objetivos e não tergiversar em suas decisões, uma vez tomadas.
>
> Maquiavel, *O príncipe*, capítulo 23

Três circunstâncias me impediram de entregar metade do Conselho aos religiosos de islamitas mais moderados. A primeira foi a opressão de Bagdá, que continuava a afirmar que "o objetivo da invasão não era criar uma teocracia xiita" e queria que os Conselhos fossem dominados por liberais seculares. A segunda foi o comportamento dos próprios partidos. Enquanto os líderes islamitas se dedicavam a elegantes distinções entre metafísica e virtude, construindo cuidadosas argumentações sobre o papel da religião na política, seus seguidores em Amara incendiavam todos os cafés, locais de internet, cinemas, lojas de vídeo, de instrumentos musicais e de bebidas alcoólicas, ou os obrigavam a fechar. Nenhuma mulher, nem mesmo as cristãs e sabianas, podia aparecer em público com a cabeça descoberta, e muito poucas se atreviam a usar os lenços coloridos e os casacos compridos preferidos nas áreas metropolitanas do Irã. Quase todas vestiam a *abaya* negra que as cobria completamente. A Dra. Kefiah, médica que estudara em Bagdá e que eu tinha conhecido numa exposição de arte, costumava usar lenços de cabeça: começou a receber cartas que diziam que ela pertencia a uma família imoral. Depois surgiram cartazes em seu bairro afirmando que ela era espiã de Israel e ameaçando-a de morte se não saísse da cidade.

Por fim, havia também o príncipe, que detestava qualquer influência iraniana e sabia que esses grupos não votariam em seu irmão para governador. Deixou de usar o simples refrão "não os inclua, são gente ruim, confie em mim" e adotou um jargão mais atual e desenvolvimentista: "Seyyed Rory não incluiu os grupos pobres, vulneráveis e marginalizados; é preciso que as minorias de mulheres e religiosos estejam representadas."

Havia somente 12 famílias cristãs e talvez uma centena de seguidores sabianos de São João Batista em toda a província, cuja população era de quase um milhão, e seus representantes no Conselho anterior não se manifestavam nas reuniões. Eu achava que as forças da Coalizão, que se interessavam pelas minorias e as visitavam freqüentemente, seriam suficientemente atuantes para proteger seus interesses. Por isso a composição do Conselho que eu esboçara em outubro incluía apenas duas mulheres e nenhuma das minorias religiosas. Eu preferia compor a representação de modo a satisfazer, equilibrar e aplacar os grupos armados.

Molly, porém, que não desejava criar um monopólio islamita e queria proteger as minorias, resolveu incluir três mulheres e três minorias religiosas (um cristão, um sunita e um sabiano), utilizando, dessa forma, seis assentos de um total de quarenta. Esses novos grupos jamais votariam em um candidato islamita porque se opunham às regras sociais islâmicas conservadoras e, portanto, na prática, estávamos dando de presente seis votos ao irmão do príncipe. Até então havíamos incluído, além dos islamitas "moderados" (o orador baixote Abu Muslim, o negociante místico Abu Mustafá, o xeque Rahim de voz grave e um jovem político do Partido Da'wa Islâmico), dois comandantes de milícia do Badr/SCIRI[1] treinados no Irã e ligados a esse país e cinco representantes dos diversos elementos sadristas.

---

[1] Khaled (Abu Ahmed) do Badr/SCIRI e Abu Miriam do Harakat Hizbollah (ver p. 86).

Os islamitas vieram protestar por meio de uma delegação numerosa e surpreendentemente unificada, denominada "Frente Islâmica", da qual faziam parte segmentos de todas essas facções. Segundo minhas anotações, seu porta-voz declarou:

— No Islã há 120 mil profetas, e todos são iguais. Respeitamos Jesus e recordamos seu conselho de oferecer a outra face. Lamentamos o 11 de setembro. Queremos agradecer-lhes por nos haverem libertado da ditadura, e nós especialmente, os partidos islâmicos, somos gratos por nos livrarem desse pesadelo. Mas quando os filhos do Islã ficaram conhecendo os nomes dos componentes no novo Conselho da Província, nos sentimos muito tristes. Vemos que falta gente das tribos e dos movimentos islâmicos, enquanto os cristãos e sabianos... não ignoramos seu papel, mas são somente uma minoria... têm assentos. Se esses lugares fossem dados a muçulmanos, o Islã seria beneficiado. E vocês são obrigados a servir ao país, segundo a Convenção de Genebra — concluiu ele.

O que sugeriam, em declarações coordenadas vindas dos diversos líderes e culminando na firme retórica de Abu Muslim, era deixar de lado os grupos religiosos minoritários e uma das mulheres, substituindo-os por islamitas. O líder da milícia da SCIRI afirmou que, se suas exigências não fossem satisfeitas, todos os partidos islamitas boicotariam o Conselho.

O grupo estava bem preparado, apresentando soluções práticas, e havia procurado adivinhar qual era nossa agenda religiosa, política e jurídica, reagindo ao que acreditava que fossem nossas preocupações: o radicalismo islâmico, o terrorismo e a Convenção de Genebra. Mas sua linguagem não se ajustava à nossa. Molly se irritava especialmente com a rejeição às mulheres e às minorias. Não lhes havíamos conferido o mesmo número de assentos de que dispunham na antiga Comissão Supervisora, e ao vermos que se recusavam a fazer escolhas entre si, excluímos não apenas os representantes do Da'wa Iraque de Abu Akil (sob a alegação de que era controlado pelo Irã), mas também Abu Maytham, o corpulento comandante do Badr. Esperávamos que nenhum deles protestasse por meio de seus partidários armados.

Molly encerrou a reunião dizendo:

— Lembrem-se, vocês desprezaram o poder político em 1920 e sofreram por isso desde então. Agora é sua oportunidade de participar. Não a desperdicem.

No dia 10 de dezembro, Saddam Hussein foi encontrado e detido por soldados norte-americanos, e milhares de pessoas em Amara comemoraram, disparando suas armas para o ar. Um homem soltou uma granada de propulsão a foguete e eu fui advertir os trabalhadores que construíam nossos novos alojamentos no pátio de que podiam ser atingidos por alguma bala perdida. Mais tarde, um dos irmãos sobreviventes de Abu Mustafá, o religioso, foi morto acidentalmente por tiros das comemorações. No final daquele dia, dois meses antes do anúncio final da composição do Conselho e um mês depois da chegada de Molly à província, chegamos a um acordo sobre os que seriam incluídos e as consultas terminaram. Em inúmeras reuniões com outros grupos — líderes de escritores e sindicalistas, lojistas e funcionários públicos — negociamos direitos humanos em troca de segurança e segurança em troca de popularidade e trocamos tudo isso por um governo que fosse amistoso para com a Coalizão. Queríamos construir uma província iraquiana forte e independente, entregando recursos financeiros e armas a seus líderes e não sabotando suas decisões; também queríamos proteger os direitos humanos. Como em relação a qualquer governo após uma guerra em qualquer lugar, de Maysan ao Afeganistão, escolhemos os menores males. Acreditando que não poderia haver futuro sem segurança e que não poderia haver segurança sem um governo forte, batalhei para incluir no Conselho os homens mais poderosos. Outros, que achavam que o apoio aos poderosos constituiria apenas uma perigosa medida de curto prazo e que a segurança duradoura somente poderia derivar de valores liberais, preferiam representantes mais amenos, porém mais esclarecidos. Insisti na idéia de que não haveria um Estado permanente sem segurança de curto prazo. Mas esses debates teóricos eram raros; em vez de nos entregarmos a deliberações sobre sacrifícios morais ou complexos paradoxos, nossa tendência era misturar os grupos de forma mais ou menos intuitiva: alguns que tinham poder, outros que dispunham de apoio popular, alguns que defendiam valores liberais e outros que nos apoiavam.

Na província vizinha de Muthanna, a CPA formou um Conselho com quatro grupos de dez pessoas. Em Maysan, os quarenta integrantes resultaram de quatro grupos de sete: sete xeques tribais, sete prefeitos distritais, escolhidos por meu método preferido, o sorteio; sete partidos políticos e sete representantes religiosos, mais alguns dos que desejávamos. Estes últimos entraram na obscura categoria de representantes "instruídos e esclarecidos" e englobavam o presidente do sindicato local de professores, o idoso xeque Ismail, que tinha sido amigo de Mr. Grimley, um jovem ativista e advogado muito ambicioso, chamado Ali Hammod, e finalmente Riyadh Mahud, o irmão do Príncipe dos Pântanos. Essa categoria se destinava a proporcionar assentos a figuras locais respeitadas, mas que não se enquadravam claramente em nenhum dos grupos, a fim de equilibrar as facções. Mas esse Conselho seria capaz de evitar a desagregação da província e eleger um bom governador?

Poeta

> Os homens devem ser ou afagados ou esmagados, porque são capazes de vingar-se das pequenas injúrias, mas não das que são muito graves. Por isso, qualquer prejuízo causado a um homem deve ser feito de tal maneira que não haja necessidade de recear sua vingança.
>
> Maquiavel, *O príncipe*, capítulo 3

Havia dois principais candidatos a governador: Kadim, o desarrumado e calvo comandante islâmico do Badr, que havia passado dez anos ou mais no Irã, treinando com a Guarda Revolucionária, e Riyadh, o irmão do príncipe. Durante os três meses anteriores nós havíamos enfraquecido a posição da família dele, frustrando a tentativa do príncipe de nomear o chefe de polícia e o governador, impedindo que ele enchesse o Conselho com seus partidários, dando ostensivamente poderes a seus rivais islamitas, deixando de lado seus conselhos sobre contratos e evitando que ele controlasse os empregos e os entregasse a seus amigos; em vez disso, nós passamos a controlá-los. Riyadh nos considerava agora, e ao que parecia especialmente a mim, como o principal obstáculo para que assumisse o poder. Um dos políticos islamitas deu a entender que ele estaria disposto a vingar-se de forma terrível, caso se tornasse governador. Mas sua nomeação não estava sob nosso controle, pois o governador seria eleito pelo Conselho.

Certa tarde fui de carro ao *mudhif* de um dos amigos de Riyadh, o xeque Hatem, chefe da tribo Bahadil. Em vez de construído com os juncos do pântano, o *mudhif* desse xeque era um comprido bangalô de cimento, rodeado de tamareiras, a 100 metros da estrada principal. Embora já tivesse mais de 80 anos, o xeque veio quase correndo me receber no portão, trajando um manto de tecido quase transparente de lã de Najafi. Seu sobrinho, o xeque Ismail, de 70 anos, sorria ao lado dele, com um manto de lã de camelo muito bem cortado. Ao saudar-me, o velho xeque disse:

— Hoje não é um dia adequado para queixar-me de que os militares britânicos construíram seu acampamento em minhas terras e do fato de que não tenho guarda-costas para proteger-me, embora muitas vezes eu tenha sido ameaçado por ser amigo da Coalizão. Hoje sou apenas seu anfitrião.

Ele tinha nascido antes que o Iraque existisse, quando Amara era uma simples cidade de província do império otomano. Lembrava-se do dia em que fora caçar patos com o explorador britânico Thesiger, em 1953, ocasião em quem seu bom amigo Faleh morrera. Essa tinha sido a segunda tragédia para o pai de Faleh, o mais importante xeque da tribo Albu Muhammad. O xeque acabara de deserdar seu outro filho, privando-o de sua proteção, porque o rapaz tinha assassinado a madrasta; esse filho fora igualmente assassinado no bosque de tamareiras diante de nosso escritório. O xeque chorava enquanto os vendedores ambulantes cantavam: "Como podes chorar por um filho que deserdaste?" Cinqüenta anos depois ainda cantavam a mesma canção.

Quando aquelas mortes tinham acontecido, meu anfitrião já era avô. Enquanto seu sobrinho, o xeque Ismail, somente recordava Mr. Grimley, ele já era nascido em 1916, quando, entre os funcionários políticos britânicos das províncias gêmeas de Maysan e Dhi Qar, estavam Thomas e Philby, os primeiros estrangeiros a cruzar a "Área Vazia"[1] e que mais tarde se tornaram os indivíduos mais poderosos por trás do trono independente de Omã e da Arábia Saudita. Também já era nascido quando os britânicos mandaram Leachman,

---

[1] Nome dado ao grande deserto localizado no sul da península da Arábia (*N. do T.*).

Aubrey Herbert e Lawrence da Arábia de Amara a Kut a fim de negociar as condições de rendição da guarnição nesta última cidade, que estava morrendo de inanição. Herbert era o bisavô de meu antecessor, o major Melotte da Guarda Irlandesa, e falava fluentemente a língua otomana. Por duas vezes lhe ofereceram o trono da Albânia. Leachman, oficial político em Amara, ficou famoso por suas viagens solitárias entre os beduínos: "Era capaz de executar a tiros um membro de uma tribo diante de seus companheiros, e ninguém se erguia contra ele." Mas a missão em Kut fracassou e a guarnição se rendeu no dia seguinte. Muitos dos 38.600 soldados britânicos que tinham morrido na conquista e na perda de Kut estavam enterrados no cemitério de Amara. Perguntei a meu anfitrião o que sabia daqueles acontecimentos.

— Nada, eu era ainda bebê — respondeu ele.

— Mas sem dúvida seu pai lhe contou alguma coisa a respeito...?

— Não; acho que não sou tão velho quanto pareço.

Em Amara ninguém falava sobre a Primeira Guerra Mundial. Tampouco falavam sobre a guerra Irã—Iraque de 1980-88, quando a linha de frente era em Maysan, na qual muitos dos líderes políticos modernos haviam lutado contra seu próprio país, ao lado dos iranianos, e cujas centenas de milhares de mortos — inclusive meninos que desejavam se tornar mártires caminhando em campos minados e recrutas que lutavam entre nuvens de gás — eram muito mais recentes e eram pessoas conhecidas. Mas todos ainda falavam sobre o coronel Leachman, que tinha sido encarregado de assuntos políticos em Amara e morrera em Faluja no início da revolta de 1920. O xeque que o matara com um tiro pelas costas se tornou herói nacional e seu neto era agora uma das principais figuras da insurreição sunita, na qual Faluja ainda era um símbolo principal de resistência.

O xeque Ismail, sobrinho de meu anfitrião, disse com muita seriedade:

— Não nos deixe, Seyyed Rory. Se partir, tudo entrará em colapso. Precisamos do senhor.

Talvez por ser tão idoso e solene, sua lisonja quase me convenceu. Senti-me culpado porque tinha acabado de ouvir dizer que eu poderia ser transferido para Nassíria. Maysan era agora uma província cada vez mais bem governada, que tinha boas relações com Bagdá. Nassíria tinha mais do dobro da população de Maysan, um pequeno escritório da CPA e uma presença militar italiana que em geral não se ocupava da política local. O Ministério do Exterior britânico achava que lá eu seria mais útil. Eu sentia saudades pouco racionais de meus primeiros dias na função, que, na verdade, foram trabalhosos e cheios de responsabilidades, mas me recordava deles como mais simples, menos burocráticos e mais pessoais. Talvez também minha vaidade estivesse ferida pelo fato de que Molly era perfeitamente capaz de dirigir muito bem o escritório de Amara sem minha ajuda. De qualquer forma, a autonomia e o desafio que me esperavam em Nassíria eram atraentes, mas eu me preocupava em deixar o xeque desamparado. Esperava que tivéssemos escolhido os conselheiros adequados e que eles fossem capazes de melhorar as coisas depois que partíssemos.

Em seguida o tio recitou alguns poemas, segundo a tradição dos árabes dos pântanos, versos de tradução quase impossível, a não ser em versos livres e imperfeitos:

"Dois vestidos tinha ela e um terceiro vermelho;
Eram tão finos que através
De suas dobras eu podia ver
A tatuagem em sua cintura
Numa larga faixa azulada."

Imaginei que a tatuagem na cintura das mulheres de Maysan fosse menos profunda do que antigamente. Afirmaram-me, porém, que se eu conhecesse melhor o árabe clássico, perceberia as profundas ambigüidades e as referências ousadas. O xeque não tinha escrito muitos versos desde que completara os 80 anos, mas naquele poema ele parecia querer dizer que preferia as mulheres à guerra e à política. Comentei que o poema me recordava um dos últimos versos de Yeats: "Por que motivo eu devo prestar atenção/ na política da Rússia ou da Espanha/ se estou vendo aquela jovem ali de pé?" Não recitei corretamente o poema e o velho xeque talvez tenha percebido o sentido apenas vagamente, mas riu-se polidamente quando Riyadh apareceu.

O irmão do príncipe olhou-me de relance, como se tivesse ficado surpreso ao me ver ali, e em seguida lavou os braços na bacia antes de entrar. Estava com os dois filhos, e eu perguntei como estavam. Ele respondeu brevemente e chamou os dois meninos para perto de si. Depois de comermos laranjas douradas, ele disse:

— Então, xeque Hatem, vejo que está procurando fazer amizade com Seyyed Rory. Mas a ocupação vai acabar e ele irá logo embora. Esqueça-se dele. Esqueça os britânicos. Quem vai ficar aqui somos nós.

Depois riu-se, mas ninguém o imitou. Ignorando Riyadh, o xeque Hatem aproximou-se de mim com frascos de perfumes parisienses e disse:

— Nunca esqueceremos os britânicos aqui.

Em seguida, espalhou a colônia em meu rosto, em meus braços e também em minha jaqueta.

Nossos sucessores

> Embora baste um único homem para fundar um governo, aquilo que fundou não durará por muito tempo se depender somente dele; será duradouro quando estiver sob os cuidados de muitos e esses desejarem preservá-lo.
>
> Maquiavel, *Discursos*, livro 1, capítulo 9

Nos dias imediatamente anteriores à primeira reunião de nosso novo Conselho da Província, os xeques repetiram a ameaça de matar seus rivais, o grupo do conselho alternativo evitou encontrar-se conosco e os partidos ligados ao Irã se declararam dispostos a renunciar em solidariedade a seus amigos excluídos. Não obstante, quando Molly e eu entramos na sala do Conselho, havia 39 conselheiros presentes, e ao tomarmos nossos lugares, o último deles — Seyyed Sattar, religioso sadrista — adentrou o recinto. Eu já tinha cumprimentado a todos individualmente, menos a ele, apertando a mão calorosa e seca do xeque Rahim e ouvindo as palavras nervosas e corteses do xeque Muhammad Abbas, as sugestões murmuradas pelas três representantes do sexo feminino e o riso do prefeito de Maimuna, que parecia um urso. Agradou-me a solenidade deles, que escondia sua ansiedade.

À nossa direita ficava a facção do príncipe; os líderes islamitas se sentaram à esquerda. Na primeira fila, estavam os religiosos e os xeques; os prefeitos jovens, as mulheres e os tecnocratas se acomodaram nas filas de trás. Esse arranjo, que não fora planejado, recordava tanto as divisões parlamentares ocidentais (conservadores à direita, radicais à esquerda) quanto os códigos iraquianos de precedência mais tradicionais. Eu conhecia bem aquelas pessoas. A maioria já tinha matado alguém; todos tinham perdido parentes próximos. Alguns queriam um Estado plasmado segundo a Arábia do século XVII e outros pretendiam algo semelhante aos sistemas tribais pré-islâmicos, ainda mais antigos. Alguns recebiam recursos do serviço secreto iraniano; outros vendiam petróleo no mercado negro local, chefiavam quadrilhas de proteção, saqueavam pertences governamentais e contrabandeavam drogas. A maioria tinha ligações com firmas construtoras que auferiam lucros imensos enganando-nos. Dois eram primos-irmãos e seis vinham de uma única tribo; alguns já tinham tentado assassinar outros. Esse grupo duvidoso, no entanto, continha e equilibrava todas as facções políticas mais poderosas da província, e eu achava que se alguém era capaz de manter a segurança, seriam justamente eles.

Depois que todos tomaram uma pequena xícara de café escaldante, o religioso de voz grave, xeque Rahim, fez um longo discurso sobre a natureza da liberdade, o Islã xiita e o governo soberano, os últimos duzentos anos da história do Iraque e a importância do serviço público. O presidente do conselho alternativo falou depois, também longamente, a respeito da harmonia. Três câmeras gravavam a reunião, e, embora os xeques prosseguissem com suas arengas e um deles deixasse que o telefone celular tocasse bem alto com música *pop* libanesa antes de atender, os oradores se apresentaram como fundadores de um Estado, enchendo a retórica com o tom grave que poderia ter servido a um discurso de Thomas Jefferson.

Seyyed Sattar, representante sadrista, foi quem finalmente silenciou a tagarelice dos xeques. Começou citando um versículo do Corão e depois anunciou, com voz trêmula:

— Este Conselho é ilegal. Está envenenado com a presença da Coalizão. Estão todos proibidos de fazer o juramento.

Olhei em volta da sala, esperando que alguém o contestasse, mas ninguém o fez.

— Seyyed Sattar — comecei a dizer —, é preciso ter paciência.

— Mr. Rory nos diz que tenhamos paciência — prosseguiu ele. — Ele se vangloria de tudo o que a Coalizão fez por nós. Tudo? Na verdade, ela nada fez. Permitam-me recordar a promessa de gastar 12 milhões de dólares em geração de eletricidade. Luzes para toda a província. Vejam esta sala. Este é o Conselho da Província, e falamos no escuro.

Dois ou três riram. Alguns, mais próximos de mim, bateram com as línguas no céu da boca, como se achassem leviana a acusação.

— Não eram 1.200 nem 12 mil, mas 12 milhões de dólares. Mas o que fizeram com esse dinheiro?

Três membros do conselho alternativo, chefiado pelo líder de Al Qala, vestido de terno marrom e sapatos engraxados de couro de crocodilo, assentiram com a cabeça e olharam para mim como se eu tivesse dissipado os milhões destinados à eletricidade em uma noitada em Las Vegas. Dois outros falavam ao mesmo tempo em altas vozes e eu ouvia fragmentos do que diziam.

— Regras e procedimentos... ofício do Mártir... ocupação.

Respondi:

— Nós recuperamos 220 escolas dentre quatrocentas...

— Onde? — gritou o religioso.

Sattar, que eu esperava fosse capaz de trazer o apoio dos sadristas ao Conselho, estava, ao contrário, disposto a destruí-lo.

Levantei a voz acima da dele.

— Ali fora há uma represa para irrigação, já terminada, que custou um milhão de dólares. E o projeto de eletricidade de Buzurgan já estaria pronto...

— Isso tudo é mentira...

Abu Mustafá, homem de negócios e místico, levantou-se.

— *Sallu Allah Muhammed* — entoou ele, sua voz límpida chegando a um suave *crescendo*, e depois de uma pausa, acrescentou: — *wa Ali Muhammed.*

Essa saudação era a forma tradicional de acalmar uma discussão. Houve um silêncio e em seguida quarenta vozes repetiram em coro:

— *Allah huma salli allah Muhammed* — fizeram uma pausa e num tom de *stacatto* completaram: — *wa ali Muhammed.*

Silêncio. O xeque "moderado" Rahim, que recebera dinheiro para sua mesquita e muitas vezes nos apoiava, foi quem se levantou, e eu tive a esperança de que ele restaurasse a harmonia solene dos primeiros discursos.

— Gostaria — começou ele — de registrar minha objeção à afirmação de Bremer de que a lei Sharia não deve ser a base da Constituição. Este país é islâmico.

Naquele dia, ao que parecia, ele era islamita e não democrata. Molly olhou para mim. Ela nunca confiara nele.

— Sim, este país é islâmico, mas não é o Irã — gritou um homem corpulento do outro lado da sala. Os que estavam perto dele riram.

— O que quer dizer com isso? — perguntou o orador.

— Ele não quer dizer nada — resmungou o religioso, que como todos os demais tinha entendido a insinuação de que os islamitas eram espiões iranianos.

Os xeques não fizeram discursos públicos. Eram homens idosos, a maioria não chegara ao fim da escola secundária, e como davam grande importância à sua posição social e conheciam suas deficiências oratórias não queriam se expor a um debate com políticos instruídos, de classe média. O juiz que estava à minha direita chamou Abu Miriam, o comandante de milícia ligado ao Irã, para que fizésse o juramento de fidelidade. Este olhou para Sattar, do outro lado da sala, porque o religioso tinha dito que o juramento era ilegal. Sattar murmurou alguma coisa. Alguém gritou para que ele falasse mais alto. O religioso ficou em silêncio. Abu Miriam caminhou por sobre o tapete até a tribuna, colocou a mão direita no Corão e com voz clara leu a promessa de servir ao Conselho e ao povo. Quando os líderes sadristas moderados se encaminharam pelo corredor central para também fazer o juramento, Seyyed Sattar saiu da sala; os demais 39 conselheiros foram empossados. Molly e eu ficamos satisfeitos; havíamos incluído todas as principais facções políticas, tribos e minorias religiosas; nenhuma figura importante que tivesse credibilidade fora excluída; tínhamos dividido os sadristas, ainda que os tivéssemos acolhido todos; as diversas facções que haviam lutado entre si após a morte do chefe de polícia agora faziam parte do Conselho, em equilíbrio mútuo.

Depois da reunião Abu Mustafá apareceu em meu gabinete, saudando-me com um sorriso rápido, porém mais discreto do que o normal, e ajeitou o elegante manto em volta do corpo. Queria falar sobre nosso sucessor — o novo Conselho.

— O único problema — comentou ele — é que o Conselho foi escolhido por você e Molly; não foi eleito por nós.

— Você acha que conseguimos equilibrar as diversas facções?

— Equilibrar? Ora, sim, você equilibrou bem — disse ele, observando-me cuidadosamente. — *Hafiz te shayan waghabit anka a'shia.*

A fim de não ofender meus sentimentos, o intérprete traduziu assim: "Você se lembrou de algumas coisas e esqueceu outras"; mas a palavras de Abu Mustafá eram a citação de um trecho de um poema que começa dizendo: *Kul li'men ye'dai fi'elmi felsafetan*, que significa:

Diga àquele que afirma conhecer filosofia
Que aprendeu de memória algumas coisas mas esqueceu muitas.

Partidas

> O povo escolhe os magistrados melhor do que o príncipe, porque nunca é possível convencer o povo de que é bom nomear para cargos públicos gente perversa e de hábitos corruptos — coisa de que é fácil persuadir um príncipe de mil maneiras.
>
> Maquiavel, *Discursos,* livro 1, capítulo 58

Na reunião seguinte, pedimos aos novos conselheiros que elegessem os dirigentes da província. A maioria dos discursos relativos ao cargo era assim: "Meu nome é Ali. Venho de uma família bem conhecida em Amar. Todos conhecem meu pai. Trinta pessoas de minha família se tornaram mártires nas mãos de Saddam Hussein. Lutei como *mujahid* contra o antigo regime. Tenho diploma da escola secundária e quero servir à província. Peço seu voto."

Abu Mustafá foi eleito vice-presidente do Conselho e o xeque Rahim ficou com o cargo de vice-governador. Havia seis candidatos ao posto de governador. O mais experiente era um general reformado, imediatamente rejeitado sob a alegação de ser baathista. O orador seguinte era um homem baixote que fez um discurso curto, a maior parte em inglês, dizendo:

— Sou grato à Coalizão, amo Londres e Winston Churchill — enquanto piscava o olho para Molly e para mim.

A votação foi secreta. O juiz começou exibindo a urna vazia para mostrar que não havia trapaça. Cada conselheiro era chamado separadamente, entrava numa sala lateral, colocava duas cruzes na cédula da eleição para governador e em seguida a introduzia na urna. As cédulas foram desdobradas uma a uma e em seguida apuradas. Houve uma abstenção, quatro votos seguidos para Riyadh, irmão do Príncipe dos Pântanos, e depois cinco em favor do líder do SCIRI que penteava os cabelos para esconder a parte calva da cabeça. Em seguida, mais um para cada um e depois, para minha surpresa, dois votos para o homem que gostava de Churchill. A disputa ficou apertada entre o príncipe e os partidos islamitas. Presumivelmente, as mulheres, os representantes das minorias e o xeques tribais preferiam Riyadh, e os religiosos, o Da'wa e o SCIRI apoiavam Kadim.

Finalmente, Ryiadh foi eleito governador, e a pequena vantagem foi creditada ao apoio dos sadristas. Se tivéssemos dado seis assentos aos partidos ligados ao Irã ou reduzido o número de mulheres e representantes das minorias, provavelmente ele teria perdido. Riyadh era agora o nosso sucessor e o responsável, durante os 12 meses seguintes, pelo governo da província, pela reconstrução da economia e pela prevenção da guerra civil naquela região pobre, destroçada e frágil. Queríamos que ele organizasse um governo que fosse não somente forte — o governo de Saddam tinha sido forte —, mas também democrático no sentido mais amplo: melhor para os iraquianos e ao mesmo tempo estável e amistoso para conosco.

Riyadh caminhou para a mesa diretora com um sorriso levemente discreto e esperou que Molly e eu lhe déssemos o lugar. Para meu alívio, Kadim, o candidato derrotado do SCIRI, olhou para mim e sorriu, aparentemente aceitando o resultado.

O método de escolha do governador tinha sido curioso, considerando que poderíamos simplesmente ter nomeado o governador por nossa conta ou ter realizado uma eleição geral. Em vez disso, tínhamos organizado um conselho "representativo" e deixado que esse corpo elegesse Riyadh, que não era o preferido nem por nós e nem pelo povo. O governador ideal seria alguém que pudesse trabalhar com todos os elementos daquela sociedade dividida, acalmasse as tribos, se aproximasse dos sadristas, fizesse alianças com os partidos ligados ao Irã e conquistasse autoridade por meio de cautela e ações judiciosas, transcendendo o faccionalismo e criando uma identidade unificada para a província. Riyadh não era o homem para essa tarefa — talvez não houvesse ninguém à altura dela —, mas Molly e eu esperávamos que ele fosse pelo menos um parceiro adequado e um sucessor firme. Era competente como administrador, com vinte anos de experiência no serviço público, respeitado pelos diretores dos ministérios e apoiado pela maioria dos conselheiros; tinha poder por causa da milícia do irmão e excelentes contatos em Bagdá. Suas opiniões eram seculares, modernizadoras e tecnocráticas; não iria entregar a província nem aos islamitas e nem ao Irã, embora tivesse de fazer acordos com os influentes representantes dessas facções no Conselho. Como nós, desejava segurança e crescimento econômico, e nós o reconhecíamos publicamente como nosso sucessor. Sabia que em seis meses deixaríamos o país para sempre e que naquele intervalo tínhamos recursos com os quais podíamos ajudá-lo.

Eu não estava de acordo com os coordenadores dos governos das províncias vizinhas, que se sentiam fatalmente prejudicados pelo planejamento deficiente, pelas missões mal definidas, pelos recursos insuficientes e pelo pouco apoio. Achava que nossas equipes pouco numerosas, nossa identidade fluida e nosso relativo isolamento eram conseqüência inevitável da invasão e, na verdade, representavam uma vantagem. Gostava de trabalhar sem interferência de Bagdá e de Londres; nossa equipe já tinha adquirido experiência e era flexível e ativa; tínhamos boas relações com as demais partes do sistema e éramos capazes de obter mais recursos do que conseguíamos administrar e gastar. Se fracassássemos agora em assistir Riyadh na construção de um governo eficaz, não seria por causa de falta de organização ou de bom planejamento central, mas sim devido a problemas locais de relacionamento.

Convidei o governador recém-eleito a vir ao meu gabinete. Queria felicitá-lo pela eleição e mostrar-lhe, pela primeira vez, todos os detalhes do orçamento e programas da CPA em Maysan, explicando que dali em diante trabalharíamos juntos para escolher os projetos e procurar seguir sua orientação quanto à aplicação dos recursos.

Acentuei que minha intenção era proporcionar-lhe um orçamento volumoso e inteiramente independente. Riyadh olhou-me inquisitivamente e passou a mão pelo rosto fatigado e rugoso. Para minha surpresa, sorriu e disse:

— Finalmente podemos começar.

Em seguida, recordou-me que a segurança estava na base de todos os nossos problemas e aos poucos revelou a intenção de assumir o controle total da polícia, organizar um serviço secreto de inteligência, proibir manifestações, mandar prender um jornalista que o havia criticado e expulsar do Conselho os adversários sadristas.

Ouvi horrorizado aquelas propostas ilegais e quando ele terminou, sugeri tranqüilamente que cuidássemos do desenvolvimento econômico e não da segurança. A fisionomia dele ficou impassível e havia suspeita em seus olhos. Afirmou com veemência que não fazia sentido ser governador a menos que conseguisse estabelecer um ambiente de segurança. Rechaçou todos os meus argumentos contrários, interpretando-os como um insulto pessoal a ele ou como tentativa de solapar sua autoridade e dar relevo a seus inimigos.

Confiança

> Mas se não confiares em teus súditos, poderás ofendê-los ao dares a perceber que não confias, seja por seres débil e covarde ou por seres desconfiado.
>
> Maquiavel, *O príncipe*, capítulo 20

Eu tinha esperança de que as coisas melhorassem na primeira reunião conjunta entre o recém-eleito governador, o novo Conselho da Província, os diretores dos ministérios e os prefeitos. Os governadores da Coalizão estavam estabelecendo estruturas políticas diferentes nas diversas províncias, porque Bagdá ainda não tinha definido as competências legais e os orçamentos para as autoridades locais. Nas primeiras semanas em que estive sozinho, eu dissera aos funcionários que seguissem a lei municipal de 1968. Em Nassíria, John Bourne publicou um esboço inicial da nova proposta de Bagdá sobre competências interinas, embora esse texto estivesse sendo radicalmente revisto.[1] Molly preferia que o Conselho fosse um cor-

[1] Todos os líderes eram novatos em seus cargos e tinham de acumular experiência e aprender a assumir responsabilidades. A Zona Verde queria dar aos conselheiros locais poderes para demitir os diretores dos ministérios. Eu me opunha a isso há muito tempo, porque achava que somente poderia causar confusão, contra-ordens, corrupção e nepotismo. Os ministérios — único elemento de governo que funcionava — eram repartições federais, dirigidas a partir do centro. A proposta de Bagdá, portanto, daria aos conselheiros poder esporádico sobre ministérios que não lhes eram subordinados — seria,

po consultivo até que Bagdá promulgasse a lei sobre competências interinas. Quaisquer que fossem os poderes formais dos Conselhos, no entanto, eu estava resolvido a confiar aos funcionários nossa autoridade e nossos recursos financeiros até que se tornassem completamente autônomos.

Eu e Molly queríamos que a reunião conjunta entre os Conselhos e os ministérios apresentasse ao governo os problemas do povo. A primeira reunião foi dedicada à educação, e o diretor de Educação fez um relato sobre as duzentas escolas que havíamos reequipado, e eu mostrei mapas e cópias de todos os nossos programas futuros. Minha participação era apenas como observador, a fim de mostrar que quem mandava agora era o novo governo do Iraque. Sentei-me a um lado da sala, deixando a Riyadh a cabeceira da mesa.

Imaginava que os prefeitos iriam discutir a localização exata das escolas e insistir em zonas que tivéssemos deixado de lado, mas eles ficaram em silêncio durante a apresentação e ao término se levantaram, um por um, para pedir licenças de porte de armas e controle da polícia local. Aquilo me decepcionou. Achei que devido ao fato de que a parte principal de suas rendas vinha do controle do mercado negro de óleo diesel e gasolina por meio dos postos locais de abastecimento, eles preferiam armas a escolas.

Em seguida começaram a discursar, criticando a Coalizão. O novo prefeito de Ali Al Sharji, que substituíra o prefeito adjunto, meu amigo, que tinha sido assassinado, e que bem poderia ter sido o mandante do crime, bradou:

— Vocês nada fizeram por nós. Nem sequer temos óleo nesta província.

O governador voltou-se para mim, pedindo que eu respondesse. Eu disse que as queixas já não deviam ser dirigidas a mim, mas sim ao Ministério do Petróleo.

---

na verdade, um poder sem responsabilidade. Eu preferia dar aos Conselhos orçamentos independentes para projetos municipais. Bagdá parecia estar se aproximando dessa idéia, mas ainda não nos tinha locado recursos financeiros e, enquanto isso, ainda continuavam a preparar reformas ambiciosas na estrutura dos governos locais.

— Mas o que foi que vocês fizeram? — insistiu o prefeito.

Respondi, hesitando, que tínhamos acabado de importar novas bombas da Suíça.

— Como sempre, Seyyed Rory promete — disse ele. — Mas quando serão instaladas?

— Já estão instaladas e a refinaria está produzindo mais combustível disponível por galão do que qualquer outra refinaria do Iraque...

— O óleo era apenas um exemplo — interrompeu o governador. — Conselheiro, prometo que quando Seyyed Rory e a CPA tiverem ido embora, nós conseguiremos realizar alguma coisa.

— Seyyed Rory, o programa de 2.500 postos de trabalho não é suficiente — disse o xeque Rahim. — Ainda há muita gente desempregada.

— E que tal conseguir mais policiais? — perguntou o religioso Abu Mustafá.

— Mais escolas em Al Kheir — disse o prefeito de Al Kheir.

— Pavimentação em Beni Hashim; o povo está se rebelando em Beni Hashim; vocês não fazem nada por nós — disse Seyyed Issa, jovem prefeito dos *mudhifs* dos árabes dos pântanos de Beni Hashim.

No dia anterior ele tinha estado em meu gabinete conversando amavelmente, agradecendo o programa de empregos em Beni Hashim e a decisão de construir com seu povo um novo *mudhif* no centro de Amara.

— Nossos salários são um insulto — dizia ele agora. — Não é possível que sejamos voluntários.

Embora estivessem sendo pagos, os salários eram de apenas sessenta dólares por mês, menos do que pagávamos em nosso programa de empregos para trabalhadores não-qualificados.

— Concordo — disse eu. — Já levei o assunto ao Ministério. Estamos esperando a resposta.

— Isso é mentira — disse o xeque Rahim, que às vezes era meu aliado. — Falei com o Ministério. Disseram que estão esperando por você.

— Vocês não nos dão poder — disse outro prefeito. — Não temos carteiras de identidade e nem licenças de porte de armas. Não definiram nossa competência nem a do governador, deixam os saqueadores em liberdade pelas ruas...

Ao final da reunião, o governador me convidou a tomar um café. Era o primeiro convite daquele tipo. Ele me mostrou a multidão aglomerada no portão e me perguntou por que eu não mandava dispersá-la. Respondi que era uma questão primordialmente militar e sugeri que o assunto fosse levantado com o general britânico, que vinha visitá-lo naquele dia.

— Já falei no assunto — disse ele, com desprezo. — Se você preferir ignorá-lo, o problema é seu.

Depois da reunião, o líder do conselho alternativo me chamou de parte. Disse que havia se recusado a atender à ordem da organização do Mártir Sadr para retirar-se do conselho e que cortara todas as relações com Muqtada.

— Disse a eles que se eu tivesse de escolher entre Seyyed Hassan e Miss Molly, escolheria a ela.

Ele tinha se envolvido em um episódio de corrupção com a organização Sadr para roubar dinheiro do governo, mas disse que agora se arrependera e que iria fazer uma confissão pública. Assegurou-me de que a organização estava perdendo apoio e que depois de sua defecção ela ficaria inoperante. Eu estava contente por tê-lo incluído em nosso Conselho, mas não sabia se ele realmente poderia contar com seus seguidores ou se teria perdido a credibilidade ao juntar-se a nós. E também não sabia o que faria o Conselho.

À tarde Riyadh me pediu cinqüenta dólares para consertar a janela de seu gabinete, que tinha sido destruída em uma manifestação recente. Embora ele fosse o governador, seu salário era de apenas 450 dólares mensais e Bagdá ainda não havia decidido atribuir aos governadores um orçamento independente. Não apenas ele estava impossibilitado de iniciar projetos e contratar funcionários, mas tampouco sequer podia comprar lápis. Por causa de uma pequena quantia — uns 2 mil dólares mensais, em comparação com os 100 bilhões que tínhamos gasto com a invasão, estávamos alienando nosso principal parceiro e sucessor. Se ainda fosse outubro, quando eu estava sozinho, eu me sentiria tentado a dar-lhe uma verba de 2 mil dólares mensais retirados de nossos próprios recursos e diria:

— O senhor não precisa me pedir essas coisas. O senhor é o governador. Fique com o dinheiro; faça o que quiser com ele; compre doces para os visitantes, conserte seu carro, arrume as janelas.

Mas eu já não estava sozinho. Os regulamentos financeiros da CPA não nos permitiam atribuir salários e verbas para as autoridades; o dinheiro devia ser usado em construções e equipamento. Se fôssemos investigados por mau uso de verbas, a responsabilidade seria de Molly.

Naquela ocasião, fui procurar o supervisor financeiro. Ele levantou os olhos do teclado do computador, irritado.

— Sim?

— Poderia me dar cinqüenta dólares para consertar a janela do governador, por favor?

— Ele não tem orçamento para isso?

— Não — respondi —, segundo a lei de 1968...

— Cinqüenta dólares parece ser muito dinheiro para consertar uma janela — tornou ele. — Tem certeza de que é isso mesmo?

Saí e encontrei um engenheiro iraquiano. Perguntei quanto custaria uma janela.

— Trinta e cinco dólares — foi a resposta.

Voltei ao supervisor.

— Perguntei a um engenheiro iraquiano. Ele disse que cinqüenta dólares são adequados para uma janela.

— Bem, ele não vai ganhar a janela agora. O governador foi muito desagradável conosco na semana passada. Diga a ele que ficará para a semana que vem.

O supervisor voltou a seu teclado.

Regressei a meu gabinete, tirei cinqüenta dólares de minha carteira e entreguei-os ao governador. Riyadh pôs o dinheiro no bolso, com raiva.

Um perito norte-americano em democracia veio de Bagdá a fim de dar instrução ao Conselho local. Desenhou um retângulo a um lado de uma lousa branca, representando o Conselho, e abaixo dele quatro outros retângulos verticais, que representavam as subcomissões.

— Ele está desenhando um cachorro — disse um xeque.

— Será que voltamos à escola primária? — perguntou outro.

— Somos uma civilização antiga — disse um religioso —, e eles nos tratam como canibais do Congo.

— Bem-vindos à nova democracia — disse o perito. — Eu já vi outros como vocês. Já os encontrei em Camboja. Já os encontrei na Rússia. Já os encontrei na Nigéria.

À menção da Nigéria, dois dos xeques se levantaram e saíram da sala.

Novo chefe

> Assim como as leis são necessárias para a manutenção dos bons costumes, também é necessário que haja bons costumes para que as leis sejam respeitadas.
>
> Maquiavel, *Discursos,* livro 1, capítulo 18

Nada, no entanto, enraiveceu mais o governador do que a busca de um novo chefe de polícia. No regime anterior, o governador — que costumava ser um general e primo de Saddam — nomeava o chefe de polícia e era responsável pela segurança. O assassinato de Abu Rashid, no entanto, nos fizera ver os perigos de impor um chefe controvertido, apoiado apenas por uma facção. A fim de assegurar uma base de apoio mais ampla, havíamos organizado com o conselheiro policial britânico um sistema mais "progressista", segundo o qual o chefe de polícia seria escolhido e nomeado pela Comissão de Segurança Pública, perante a qual seria responsável.

Recebemos 120 propostas de participação na Comissão de Segurança Pública, que eu e Molly examinamos, junto com o coronel. Conseguimos incluir um xeque eminente do Sudão que tinha ficado de fora do Conselho, mas não foi possível convencer o representante da tendência iraquiana do Da'wa a aceitar um assento. Ofendêramos os líderes das manifestações, Seyyed al-Musawi e Seyyed Wathiq, ao não os escolhermos; ofendêramos os islamitas ao fazer questão de que o governador, e não Abu Miriam, presidisse as reuniões; ofendêramos o governador ao dizer que deveria ser a Comissão como um todo, e não ele individualmente, que nomearia e controlaria o chefe de polícia; e ofendêramos a Comissão ao restringir suas atribuições. Nem sequer tínhamos tentado incluir os sadristas.

Todo aquele sistema de uma Comissão de Segurança Pública não tinha respaldo legal, como o novo governador não se cansava de repetir. O Conselho da Província não tinha autoridade constitucional sobre a polícia. Bagdá queria que as nomeações dos chefes de polícia fossem centralizadas pelo Ministério do Interior. Em nenhuma das demais províncias existiam Comissões de Segurança Pública. Em suma, nós a tínhamos inventado, com base no curioso modelo das comissões de polícia britânicas.

Quinze homens, todos com experiência militar ou policial, se candidataram ao posto de chefe de polícia. Cada um apresentou por escrito um longo plano para ser examinado, e seis foram entrevistados pela Comissão. A votação final produziu três candidatos: o general-de-brigada Sabih, idoso chefe de polícia que usava meias de seda e que agora, para nossa surpresa, era apoiado pela facção do Príncipe dos Pântanos (aparentemente o príncipe se esquecera de que se tinha oposto a ele dois meses antes, chamando-o de "baathista e fraco"); um juiz ainda de meia-idade que tinha sido chefe de polícia na juventude e que algumas pessoas consideravam ousadamente íntegro e outras prodigiosamente corrupto; e Abu Maytham, comandante do Badr, que em geral se vestia de negro e a quem havíamos excluído do Conselho da Província.

Este último, islamita que passara mais de dez anos no Irã trabalhando com a Guarda Revolucionária por intermédio de Badr, afirmava ter sido oficial das forças especiais do exército de Saddam e que fora demitido por ser seu adversário político. Seus registros militares revelaram que havia pertencido ao ramo da logística e que tinha sido suspenso por insubordinação e por ausentar-se do posto sem licença. O coronel o chamava de "oficial assistente das forças especiais fornecedoras de lápis". Não obstante, era o candidato mais carismático e confiante. As pessoas tendiam a vê-lo com bons olhos porque nós o havíamos excluído do Conselho da Província, embora ele tivesse tido papel importante na região. Também achavam útil haver alguém que contrabalançasse a facção do governador e do Príncipe dos Pântanos. Por isso Abu Maytham foi quem recebeu o maior número de votos da Comissão.

Mandamos os três nomes a Bagdá junto com cartas da Comissão que explicavam os detalhes da votação, e uma semana depois ficamos sabendo que o ministro do Interior aprovara o comandante do Badr e ex-fornecedor de lápis para o posto de chefe de polícia. O expediente formal de nomeação vindo do Ministério do Interior foi endossado pelo Conselho da Província e anunciado publicamente. O governador protestou aos gritos que aquilo significava que as brigadas do Badr ligadas ao Irã passavam a controlar o aparelho de segurança. Molly ficou preocupada e ressaltou que duas semanas antes havíamos excluído Abu Maytham do Conselho em parte devido a suas ligações com o Irã, mas concordou comigo em que não havia outra opção a não ser apoiar a nomeação. Se Abu Maytham fosse vetado, seus grupos de milicianos, que já eram mais fortes do que a polícia e estavam insatisfeitos com a eleição de Riyadh, teriam desafiado o Estado. O chefe de polícia poderia agora utilizar a força do Badr por meio de canais oficiais para restaurar a segurança, e tanto a Coalizão quanto a Comissão de Segurança Pública forneciam um contrapeso para as atividades do chefe.

Levou algum tempo até que Abu Maytham conseguisse um uniforme; era corpulento demais para os tamanhos padronizados e foi preciso chamar um alfaiate de Bagdá. Mas ele começou imediatamente a trabalhar e no final da primeira semana já tinha realizado um ataque bem-sucedido contra o mercado de armamentos de Al Amara. Enquanto isso, Riyadh e o príncipe disseram ao ministro do Interior que Abu Maytham era espião iraniano e o convenceram a cancelar a decisão e mandar de Bagdá um ofício nomeando um novo chefe de polícia. Essa decisão contrariava diretamente os partidos políticos xiitas, o Conselho da Província que havia endossado a nomeação, as forças da Coalizão e nós. Molly escreveu imediatamente ao imediato de Bremer, a quem ela conhecia bem, e eu escrevi a Sir Jeremy Greenstock, representante britânico em Bagdá. Bremer organizou uma reunião com o ministro do Interior.

Quando o chefe de polícia recém-nomeado chegou de Bagdá e tentou entrar na chefatura, foi imediatamente cercado por policiais que ameaçaram matá-lo. Magnanimamente, Abu Maytham ofereceu salvo-conduto, mas não seu cargo. O chefe nomeado refugiou-se no acampamento militar britânico. Acompanhei-o em algumas caminhadas nos fins de tarde e fiquei sabendo que era natural de Bagdá, com bom grau de instrução e profundos preconceitos contra os árabes dos pântanos e as "províncias selvagens" como a de Maysan. Aceitara o cargo com muitas reservas e agora estava louco para voltar para sua casa. Disse que achava Abu Maytham um bom candidato ao cargo, rogou pragas contra todos, desde o Príncipe dos Pântanos até os islamitas, e voltou para Bagdá.

O general britânico informou que, no uso de seus poderes quanto à segurança, confirmava a nomeação de Abu Maytham. O imediato de Bremer, estimulado pelo telegrama de Molly, visitou o ministro do Interior e mandou-o desistir da oposição a Abu Maytham — ato enérgico, no momento em que estávamos transferindo o poder ao governo iraquiano. O ministro do Interior recuou, mas recusou-se a mandar novo ofício nomeando Abu Maytham. Dessa forma, este agiu como chefe de polícia durante os 12 meses seguintes sem ter sido formalmente nomeado, e o governador, sentindo-se cada vez mais impotente e traído, recusava-se a tratar com ele.

Encarreguei um dos oficiais de assuntos civis de reformar o antigo bazar otomano coberto no centro da cidade. Ele examinou o lugar, consultou lojistas, propôs arrasar algumas ruas, criar esgotos e substituir as fachadas modernas do mercado por tijolos mais tradicionais. Eu queria erguer um portão no mercado como presente permanente da CPA a Amara, para que ficasse pelo menos um marco duradouro de nossa presença. Debatemos o assunto com o governador, mostramos fotos de portões tradicionais de mercados desde o Egito até o Kuwait e sugerimos um concurso para o projeto arquitetônico. O governador voltou no dia seguinte com um projeto de um arco de concreto, revestido de ladrilhos modernos de banheiro e com iluminação feérica. Novamente tivemos de decidir se devíamos acatar o governador. Tomamos a decisão contrária à dele, e o portão jamais foi construído.

O príncipe estava em Bagdá havia algum tempo, tratando de política nacional. Certa noite, porém, quando eu estava em casa de Ahmed para jantar, ele apareceu. Sorrindo graciosamente, todos se levantaram ao ouvi-lo perguntar, com sua voz suave, como estava a saúde dos presentes.

Mais tarde houve danças, e depois que dancei, ele me fez sinal para aproximar-me, tirou o manto de seda bordada a ouro e deu-o a mim de presente. Vesti-o; ele mandou buscar um conjunto completo de roupas em sua casa e também as deu a mim. Passamos o resto da noite sentados lado a lado, envergando nossos mantos.

Ao saber que eu estava sendo transferido para Nassíria, o príncipe deu uma festa para comemorar minha partida. Não me convidou. Ouvi dizer que ele comentou com os convidados que eu tinha sido o principal obstáculo ao seu poder em Maysan, que ele estaria livre para agir depois que eu partisse e que minha saída salvaria a província dos iranianos. Na época, senti-me lisonjeado por essa queixa e fiquei orgulhoso por ter sido um contrapeso para o príncipe.

Mas quando relembro meu tempo em Amara, o que recordo não são os projetos, não são as duzentas escolas reequipadas, os 10 mil empregos criados, o programa de recuperação rural, as barragens, a eletricidade, a cooperação com os ministérios, o equilíbrio entre as diferentes facções no novo Conselho da Província ou a nomeação de um chefe de polícia enérgico. O que lembro é a maneira com que tratamos da manifestação de janeiro.

Morte no muro do escritório

> Se o governante for capaz de conservar seus súditos unidos e leais, não deve se preocupar em granjear reputação de crueldade; pois punindo muito poucos ele será, na verdade, mais misericordioso do que aqueles que, descuidadamente, permitem o surgimento de distúrbios, com as mortes e saqueios resultantes.
>
> Maquiavel, *O príncipe,* capítulo 27

9-11 DE JANEIRO

No início de janeiro, juntou-se uma multidão com cartazes na rua que separa o escritório do governador de nossas instalações, cantando: "Morte ao governador." Muitos deles vinham de Beni Lam — rivais da tribo Albu Muhammad, à qual pertencia o governador — protestando, com certa dose de razão, que Riyadh estava entregando cargos a seus parentes. Os líderes da manifestação diziam também que tinham tido a promessa de 8 mil empregos no novo Corpo de Defesa Civil do Iraque. Parecia ser uma versão mais numerosa de demonstrações anteriores. Alguns sorriam e acenavam para nós; a maioria dirigia o olhar para o prédio do governador. Havia jornalistas à margem da multidão.

A polícia não tinha experiência no controle de manifestações de massa e ainda se sentia fraca devido ao assassinato e aos motins frustrados, além das disputas sobre quem seria o chefe da corporação. Riyadh, que se cercara de uma facção de policiais dissidentes, na qual havia colocado parentes para suplementar os cem primos de Abu Rashid, insistia para que dispersássemos a multidão e declarássemos um toque de recolher. Isso era exatamente o que um administrador colonial britânico recomendaria e exatamente o que não queríamos fazer. Tínhamos certa simpatia pela multidão e nosso apreço pelo governador estava se dissipando. Cada encontro com ele se transformava agora em uma confrontação. Já não se interessava em nos visitar para falar sobre desenvolvimento; as acusações que fazia contra jornalistas e políticos rivais pareciam cada vez mais paranóicas e ele aproveitava todas as oportunidades em público para afirmar que éramos uma perda de tempo. A demonstração era uma reunião semilegal, e não desejávamos dispersá-la por meios violentos, especialmente diante de jornalistas. Para nosso alívio, naquela tarde a multidão foi se dispersando sem incidentes.

Na tarde seguinte, juntou-se outra multidão, e novamente Riyadh veio nos pedir que a dispersássemos. Respondemos:

— Essa gente tem direito à liberdade de reunião e à liberdade de palavra. Não viemos aqui para restaurar o Iraque de Saddam. — Acrescentamos, pomposa e tolamente: — Sr. governador, na Grã-Bretanha, freqüentemente há 10 mil pessoas fazendo manifestações do lado de fora do Parlamento.

— Isto aqui é o Iraque, e não a Grã-Bretanha — replicou Riyadh. — Eles não entendem de demonstrações pacíficas; vocês têm de mandá-los embora. — Recusamos, e ele voltou para seu escritório.

Alguns dos rapazinhos começaram a atirar pedras. Um homem idoso estava de pé com a bicicleta, entre a multidão e os guardas do governador, visivelmente sem pertencer a nenhum dos lados, somente observando. Os manifestantes faziam o tradicional som ululante, cantando e assobiando. Um homem ergueu um retrato de Saddam, outro o atirou ao chão, um terceiro gritou que deviam atacar os partidos políticos, alguém o derrubou.

O governador tinha começado a construir um muro em volta de seu prédio e os tijolos jaziam pela rua, fornecendo um suprimento conveniente de projéteis. Alguns dos manifestantes tinham o rosto embuçado, mas a maioria não procurou ocultar sua identidade:

Seyyed Wathiq Al-Battat caminhava pomposamente diante deles, com seu turbante e roupas de religioso, o líder local dos ex-*fedayin* falava em um telefone celular e eu reconheci um homem de barba aparada e *keffieh* vermelho ao pescoço, que pertencia a um dos conselhos alternativos dos sadristas. Olhamos um para o outro e ele fez um gesto raivoso em minha direção: era claro que não havíamos silenciado os conselhos alternativos ao dar a seus líderes três assentos no Conselho da Província. Felizmente não havia ali nenhuma das tribos que havíamos ofendido e nenhum dos membros dos partidos iranianos. Molly pediu aos políticos ligados ao Irã que mandassem as pessoas voltarem para casa. Eles tentaram fazê-lo, mas foram alvejados com tijolos. Riyahd, porém, afirmava que os iranianos haviam contratado os manifestantes.

Perto de mim estava um jovem soldado britânico que havia servido na Irlanda do Norte.

— Eu simplesmente abriria fogo a acabaria com eles — murmurou o rapaz, com raiva.

Recebi alguns dos líderes da manifestação — gente pobre, calçada com sapatos de ginástica — para ouvir suas queixas. Um exigiu que o governador renunciasse, outro felicitou "nossos irmãos em Ramadi" por haverem matado norte-americanos. Respondi, numa torrente retórica:

— Quem queriam que fosse o governador? Você? Ou você? E por quanto tempo? Até que outra multidão voltasse amanhã?

Enquanto o intérprete gaguejava a tradução de minha fala, ouviu-se o som áspero do fogo de uma metralhadora, e eu levei os líderes da manifestação até o centro do prédio, que era mais seguro, onde eles ficaram meio envergonhados e cercados pelo resto de nosso pessoal civil.

Lá fora, pelo que fiquei sabendo, um dos manifestantes tinha avançado e lançado um objeto que explodiu enquanto ele se afastava correndo. A guarda de segurança do governador recuou, a multidão se adiantou e a polícia particular de Riyadh abriu fogo, alguns atirando diretamente contra o povo. Cerca de vinte homens foram atingidos e dois manifestantes morreram junto ao portão de nosso escritório. Eram as primeiras mortes em uma manifestação desde que eu chegara à província.

Molly e eu fomos imediatamente ao encontro do coronel e ordenamos ao governador e seus guardas que fossem embora. Estávamos horrorizados porque eles haviam atirado contra a multidão. Os soldados britânicos concordaram em montar guarda ao prédio do governador. De vez em quando os soldados avançavam em falange, protegidos pelos escudos para motim, a fim de fazer a multidão recuar até a encruzilhada, caminhando desajeitadamente devido ao peso dos coletes à prova de bala e da roupa de malha. Na maior parte do tempo simplesmente ficaram parados durante aquela longa tarde. Eu observei três jovens soldados de pé, sozinhos, por trás de seus escudos de plástico, diante de um grupo que poderia ter mil pessoas, a maior parte atirando pedras contra eles. Ficaram ali parados durante vários minutos enquanto as pedras se amontoavam a seus pés, sem se mover nem um centímetro.

Então, um grupo de jovens na esquina do mercado começou novamente a atirar granadas improvisadas. Um menino de casaco vermelho e um homem de camiseta surrada e turbante branco agitavam as mãos no ar e saltavam a cada explosão. Dois dos soldados foram feridos pelas granadas. Um iraquiano de casaco azul, que não gesticulava e saltava como os demais, apareceu várias vezes na esquina, lançando granadas. Vi-o ser alvejado na cabeça por um atirador do exército.

Durante um momento depois do tiro, os homens se espalharam pelas ruas laterais e em seguida se reagruparam em grande quantidade. Agora os militares estavam atirando balas de borracha, ao todo 350. Não os vi perder a paciência e nem atacar, mas pelo menos cinco iraquianos foram mortos naquele dia, a maioria próximo a nosso portão.[1]

---

[1] Dois anos depois, no entanto, em 2006, foi divulgado um vídeo, aparentemente daquele dia de manifestações, mostrando soldados britânicos arrastando iraquianos para fora da multidão e espancando-os. As imagens foram exibidas em todo o mundo e os soldados foram submetidos à corte marcial.

Ao cair da tarde, a multidão começou a voltar para casa e os militares "desescalaram a situação", reduzindo sua presença no local. Não eram muito numerosos na província e os soldados precisavam voltar ao acampamento para descansar. Pouco depois do crepúsculo, Molly e eu começamos a receber visitas. Abu Mustafá disse que um grupo havia entrado no prédio do governador e o estava saqueando. Molly me pediu que ligasse para o coronel e o avisasse. Ele assegurou que eu estava enganado e que seus homens controlavam perfeitamente o local. Meia hora depois, Abu Mustafá voltou para perguntar o que tínhamos feito para proteger o edifício e acrescentou que a multidão estava arrasando a farmácia na rua adjacente. Aparentemente, os soldados britânicos observavam tranqüilamente, erguendo os polegares ao vê-los transportar a mobília. O coronel disse que ia verificar com o comandante da companhia e ligou de volta, afirmando que se tratava apenas de um boato.

Ao receber uma chamada da subestação elétrica nos arredores da cidade, dizendo que estava sitiada por um grupo de homens armados, liguei para a sala de operações. A resposta foi que tinham sobrevoado a subestação num helicóptero e que não tinham visto tiroteio. Nova chamada da subestação me informou que homens armados haviam entrado nos prédios da periferia. Pedi a um dos comandantes de companhia que mandasse uma patrulha. Os militares se irritavam com meus telefonemas.

Ao voltar ao acampamento naquela noite, uma chuva fria caía sobre os alojamentos de prédios de cimento e batia nas paredes de plástico dos sanitários portáteis. Curvados contra o vento, soldados envoltos em capas impermeáveis marchavam aceleradamente para a cozinha.

Pilhagem

> O que faz com que [o governante] seja desprezado é ser considerado inconstante, frívolo, afeminado, pusilânime e hesitante; o governante deve evitar o desprezo como quem evita um recife.
>
> Maquiavel, *O príncipe,* capítulo 29

Na manhã seguinte, encontramos uma cápsula de morteiro de 62mm do lado de fora do muro que delimitava nossas instalações. Mandei um e-mail a nossos superiores e expliquei que Molly, o coronel e eu havíamos estado em contato com os líderes da manifestação. O texto concluía: "Uma multidão de no máximo quinhentas pessoas não representa a opinião dos 850 mil habitantes da província."

Depois de redigir essa frase otimista, atravessei a rua em direção ao gabinete do governador com Molly e alguns dos majores do batalhão. À luz do dia via-se que as janelas tinham sido quebradas, as portas forçadas a pontapés e o equipamento de informática e a mobília roubados — não apenas da área ocupada pelo governador, mas também da clínica que ficava do outro lado da rua, diante das novas instalações do Conselho da Província.

Perguntei ao comandante da companhia como podia ter acontecido aquilo, com os soldados britânicos montando guarda ao prédio. Ele me recordou que seus homens tinham sido gravemente feridos durante a tarde e disse que não desejava ser colhido em uma briga entre o governador e o povo. Tampouco desejava criar uma escalada na situação, fazer inimigos desnecessários e causar maior ressentimento contra a Coalizão matando iraquianos. Acrescentou que, em sua opinião, o público britânico não acharia que valesse a pena perder a vida de um soldado a fim de proteger um prédio vazio. Não tinha mais nada a dizer, pois não lhe interessava explicar uma decisão militar a um civil.

Encontramos o governador em seu gabinete, sentado à grande escrivaninha, presumivelmente demasiado pesada para que os saqueadores a levassem, olhando as janelas quebradas e rodeado pela maior parte dos componentes do Conselho da Província. Pelo menos daquela vez o grupo do príncipe e os islamitas estavam juntos, mas não havia ninguém do conselho alternativo.

Alguém lia em voz alta um trecho de um panfleto feito pelos manifestantes e assinado pelos conselhos alternativos.

> Condenamos o crime dos baathistas, que mataram inocentes em uma manifestação pacífica em defesa de seus direitos (...) denunciaremos os nomes das pessoas que cometeram esse crime covarde e os entregaremos à justiça. A Coalizão usurpou todos os direitos (...) faremos de nossos corpos explosivos que abalarão o antigo reino britânico.
>
> Exigimos empregos, eletricidade, a dissolução da milícia do Príncipe dos Pântanos, uma nova eleição para nomear outro governador e que as seguintes pessoas sejam entregues à justiça.

Os nomes eram o do Príncipe dos Pântanos e o do governador.

— Essas pessoas falam coisas sem sentido — disse o governador em voz baixa, tensa e fatigada. — Não conseguem chegar a um acordo nem entre si mesmos. É impossível sequer conseguir que façam uma reivindicação coerente. Declarei estado de emergência — prosseguiu ele. — Demiti o atual chefe de polícia e assumirei essa função. Chamei o Corpo Iraquiano de Defesa Civil para ajudar a restaurar a ordem na cidade. Não serão permitidas novas aglomerações.

O som de cânticos que vinham do pátio lá fora demonstrava que cerca de 150 manifestantes haviam se reunido novamente junto ao portão e provavelmente estávamos confinados do lado de dentro. Os gritos e slogans dificultavam prestar atenção à voz baixa do governador. Esperamos que ele terminasse e em seguida Molly e eu lhe recordamos que ele não tinha competência para demitir o chefe de polícia, chamar o CDC e proibir manifestações.

— Então renunciarei ao cargo de governador. De que adianta ser governador? Não tenho poderes.

Estava muito zangado.

Meus colegas militares ainda acreditavam que a reação do governador tinha sido exagerada ao abrir fogo contra a multidão e que nós tínhamos agido exemplarmente, com moderação e evitando uma escalada de violência. Os iraquianos que estavam na sala, porém, discordaram. Para eles, nós tínhamos fracassado em nosso dever de dispersar a multidão e éramos, portanto, diretamente responsáveis pelas cinco mortes e pela pilhagem da cidade.

— A manifestação foi uma conspiração proposital — disse Abu Muslim.

Abu Ahmed afirmou que um conhecido seu tinha recebido quinhentos dólares de um agente de Saddam Hussein para que participasse da demonstração. Abu Mustafá pediu a prisão do jovem religioso Seyyed Wathiq por ser um "perigoso revolucionário"; uma semana antes, os dois estavam juntos em meu gabinete.

O xeque Rahim gritou:

— Os militares britânicos estão procurando propositalmente levar o Conselho da Província a um conflito com o povo e estimular uma guerra civil. Eles são os responsáveis por tudo o que está acontecendo. A pilhagem foi feita pelos soldados britânicos... Eles próprios derrubaram as portas. E quem roubou o equipamento de informática foram eles.

Chegara minha vez de demonstrar raiva. Fiz isso em parte para defender o major britânico e mostrar que, apesar de minhas críticas no dia anterior, eu ainda estava do lado dos militares.

— O senhor viu a dignidade e o comedimento que os militares demonstraram durante toda a tarde, depois que sua polícia abriu fogo contra a multidão. E ainda diz que somos ladrões?

A sala inteira se zangou com meu tom de voz, ainda que não entendesse o que eu dizia.

— Como explica as marcas de botas nas portas? — perguntou o xeque Rahim. — Posso mostrar-lhe as marcas e mostrar-lhe fotografias: são marcas de botas militares britânicas.

Eu não tinha idéia, mas arrisquei:

— Se isso aconteceu, e não tenho motivos para acreditar que tenha acontecido, os soldados estariam procurando salas trancadas ou buscando pontos de observação. Não roubaram o equipamento.

O xeque Aziz gritou:

— Seyyed Rory pensa que pode nos assustar mostrando-se zangado. Não nos deixaremos intimidar. Rejeitamos essa ocupação.

O xeque Aziz sempre dera a impressão de nos apoiar.

O Conselho se enraivecera porque não tínhamos protegido o prédio. A reação autoritária que desejavam — que para seus membros era tão instintiva quanto para um administrador colonial à antiga — não era instintiva para nós. Tínhamos dificuldade até mesmo para imaginar certas medidas. Quantas pessoas desarmadas estaríamos dispostos a matar a fim de defender um prédio ministerial? Estaríamos dispostos a aceitar baixas em nossas tropas para dispersar uma multidão? Ou para defender uma repartição pública contra saqueadores?

Já haviam passado dez meses desde que a pilhagem em Bagdá prejudicara a reputação da Coalizão — desastre que muitos comentaristas atribuíram a deficiências de planejamento, tropas insuficientes e comando inadequado. Em Amara, no entanto, onde tínhamos traçado planos, nos havíamos preparado durante meses e contávamos com muitos soldados bem treinados e experientes em controle de multidões na Irlanda do Norte. Havia ocorrido nova pilhagem em parte porque achávamos que as propriedades materiais eram menos importantes do que vidas, e também porque não éramos capazes de definir as circunstâncias nas quais estaríamos dispostos a matar iraquianos ou a arriscar as vidas de nossos soldados. A ocupação não é uma ciência, mas sim uma profunda arte, que só pode ser aprendida pela experiência.

Finalmente o governador tocou no assunto.

— E por que seus soldados não protegeram o prédio da multidão? Os senhores mandaram minha força de segurança retirar-se, desfizeram a barreira policial e tomaram a responsabilidade pela prédio. Como, então, deixaram que a multidão entrasse e saqueasse tudo?

Um de nós respondeu:

— Governador, é melhor que alguns equipamentos sejam roubados do que mais pessoas morram.

Ele replicou:

— O que está dizendo? Deixaria que uma multidão enfurecida invadisse seu escritório e saqueasse seu equipamento?

Não tínhamos resposta. Naturalmente mataríamos a tiros qualquer pessoa que tentasse invadir nossas instalações. O governador saiu daquele encontro certo de que não estávamos dispostos a darlhe o mesmo nível de proteção que tínhamos para nós. Dali em diante, desapareceu qualquer esperança de cooperação.

Parte Quatro

Nassíria

9 de Março a 12 de Maio de 2004

Muitos imaginaram principados e estados que nunca foram vistos e nem sua existência foi conhecida. No entanto, a maneira pela qual os homens vivem é tão diferente da maneira pela qual deveriam viver que um governante que não faça aquilo que em geral é feito, mas persista em fazer o que deveria ser feito, acabará reduzindo seu poder em vez de conservá-lo.

Maquiavel, *O príncipe,* capítulo 15

Chegadas

O forasteiro é líder em terra estrangeira.

Provérbio sumeriano de Ur, c. 2000 a.C.

9 DE MARÇO

Parti de Amara para Nassíria numa tarde quente e seca de março, resolvido a aplicar minha experiência em uma nova província. Já estava no Iraque havia sete meses. O carro estava cheio com minhas roupas, um tambor de argila e pele de peixe dado por Gordon e um quadro da ONG tcheca, além de uma pipa em forma de caixa que Molly me dera de presente de Natal e que, no dia seguinte, eu tinha soltado no ar em cima do telhado de nosso prédio, junto com o Príncipe dos Pântanos. Passamos pela piscina vazia, que finalmente os contratistas iriam encher, pela mansão do príncipe às margens do rio, por ruas quase vazias por causa da sesta, por um menino de bicicleta que acenou para nós, por trabalhadores em um de nossos projetos de emprego, seguindo mais além para o campo, pelas pontes bombardeadas, e por olhares desconfiados das pessoas na poeirenta rua principal de Maimuna.

Tinha havido uma calmaria na violência desde as manifestações de 10 de janeiro, embora na véspera de minha partida o batalhão tivesse sido apanhado num tiroteio ao sul de Amara. Parecia uma escaramuça entre a tribo do Príncipe dos Pântanos e os grupos de milicianos ligados ao Irã. Três iraquianos morreram e alguns soldados britânicos ficaram feridos.

Uma hora depois chegamos a uma estrada por sobre uma extensão de água e entramos em minha nova província de Dhi Qar através de um lago, onde vi juncos e homens de pé em botes. Dos alagadiços passamos a campos esporádicos de trigo, seus penachos de um verde pálido pouco mais altos do que os restos amarelos e negros da colheita do ano anterior.

Em nosso caminho havia mais de um episódio da história militar: a linha da avançada do general Gorringe em 1916 e a do Corpo de Fuzileiros Navais dos Estados Unidos em 2003. Mais tarde, conversei com Nate Fick, cuja impressão de minha nova província tinha sido do alto de um veloz *Humvee* sem blindagem, pertencente a seu pelotão de reconhecimento de fuzileiros navais. Nate tinha visto as cidades maiores a pouca distância de Nassíria — Gharraf, Qalat, Qalat Sukkur — em grande parte abandonadas pelas populações locais e ocupadas por milhares de milicianos *fedayin* com roupas civis, que lançavam morteiros e granadas de propulsão a foguete. Em Nassíria ele havia ficado detido na margem do Eufrates, observando os helicópteros de evacuação médica que retiravam fuzileiros navais feridos; vinte deles tinham morrido num tiroteio. Surpreendidos por uma emboscada em Al Gharraf, no norte da província, os fuzileiros de Nate atiraram várias salvas de granadas contra os prédios dos dois lados da estrada. Em Qalat Sukkur, verificou-se que os que prepararam a emboscada eram guerrilheiros estrangeiros, cada qual portando passaporte sírio com carimbo iraquiano de entrada no país datado de uma semana antes. Mas já havia passado quase um ano. Embora pobres, as ruas aparentemente estavam tranqüilas.

Chegamos às paredes rachadas e aos lotes de terreno cheios de fezes que formavam os arredores de Nassíria e tomamos um desvio em direção ao Eufrates. Havia duas pontes principais; uma maior, prolongando a estrada, que dava para o centro da cidade; e outra menor, próxima ao prédio onde um homem-bomba tinha matado dez *carabinieri* italianos. O edifício ainda era uma casca vazia. Passamos pela repartição pública principal, que Nate tinha visto ser demolida por foguetes; restava apenas uma fachada frágil de ladrilhos coloridos e uma escultura que celebrava o levante iraquiano de 1920 contra os britânicos. Representava um oficial inglês que levava um tiro na nuca. O terreno ao lado do rio e da estrada era uma extensão moribunda de areia úmida e poças fétidas de plástico sujo. Em Amara muitas estradas eram adequadas; a maioria dos prédios estava intacta; havia avenidas de árvores maduras e parques ao longo do rio; já não era preciso fazer fila para conseguir gasolina, e desde o início do programa de empregos as ruas estavam em geral limpas. Mas em Nassíria tudo estava sujo e centenas de carros faziam fila em cada posto de gasolina.

Passamos por uma estátua da rainha Puabi da Suméria — as folhas de álamo ou abeto tinham caído da coroa dela — e por uma escultura rachada de uma harpa de Ur, chegando a um espelho de água junto ao hospital principal. Paramos em uma barreira cujo guarda iraquiano ergueu a trave, permitindo-nos passar para um caminho de terra por trás de um muro de concreto. No terreno rebaixado à nossa esquerda, delimitado por uma cerca de arame farpado e acima do qual viam-se casebres ilegais e cambaleantes, estava o pátio que nos servia de escritório. Paramos uma vez mais em um portão interno e saltamos do veículo em um parque de reboques onde havia contêineres marítimos, uma fileira de carros blindados e dois tanques italianos. Indicaram-me um trailer e um chuveiro, que eu deveria compartilhar com um médico italiano. Descarreguei minha bagagem. O tambor de argila e o quadro tinham se quebrado durante a viagem.

Olhei através do arame farpado para a sujeira e as casas improvisadas de tijolos inclinados. Após alguns minutos, os fossos refletiram o que uma geração anterior poderia ter chamado de "o suave fluxo de um pôr-de-sol úmido". As lâmpadas de halógeno se iluminaram, abastecidas por geradores barulhentos, e a areia adquiriu uma coloração alaranjada. Durante alguns instantes, evoquei uma imagem de gente que vivia assim na Grã-Bretanha: em conjuntos ermos, comendo alimentos enlatados em trailers, com todas as posses investidas em equipes de guarda-costas, veículos blindados, arame farpado e torres de vigia, a fim de proteger-se da maligna vastidão além da cerca. Em seguida ouvi ruído de tiroteios em algum lugar ao sul do acampamento, as lâmpadas halógenas se apagaram e caminhei até o escritório.

Projetadas contra os muros internos do pátio de nossas instalações viam-se as silhuetas de figuras vestidas com os rígidos coletes à prova de balas e capacetes arredondados. A equipe de guarda-costas circulava pelo recinto em grupos dispersos, ladrando ordens nos rádios portáteis e pastoreando os civis para que se protegessem. Todas as luzes tinham sido apagadas, nossas armaduras nos faziam sentir calor e nas salas só havia lugar em pé. Todos estavam demasiadamente apreensivos para poder manter uma conversação adequada. Fiquei irritado. Um grupo de refugiados da ONG norte-americana RTI — homens obesos, seminus, que arrastavam sacolas — aglomerava-se numa das salas, todos parecendo muito nervosos. O tiroteio tinha começado nas dependências ocupadas por eles e um dos guardas tinha ficado ferido.

Finalmente, consegui convencer os guarda-costas de que quem tinha de "dar fim ao tiroteio" era eu. Não era verdade, pois eu tinha acabado de chegar e não conhecia ninguém em Nassíria, mas preferia mostrar a cara. Atravessei o pátio junto com Toby, o encarregado de assuntos políticos, em direção à sala principal de telefonia. Em Amara teríamos imediatamente entrado em contato com o Príncipe dos Pântanos, os líderes dos partidos islamitas e os sadristas, convocado tantos dentre eles quanto possível, mandado que cessassem fogo e disponibilizado uma força britânica de reação rápida. Mas as coisas não eram feitas dessa maneira em Nassíria. O relacionamento com os militares italianos não era dos melhores, e por motivos semelhantes tampouco era possível pressionar os líderes políticos locais; Toby nem sequer conhecia os números dos telefones celulares da maioria deles. Portanto, na verdade, tudo o que podíamos fazer era esperar o fim do tiroteio. A escaramuça finalmente cessou quatro horas depois, quando uma patrulha de *carabinieri* apareceu para investigar. Os italianos informaram que os tiros tinham começado por iniciativa de uma organização denominada Grupo de Segurança dos Cidadãos (GSC).

* * *

Tive dificuldade em conciliar o sono naquela noite. Assim como Maysan, Dhi Qar era principalmente xiita, tinha sido oprimida por Saddam, a população da região sul era de árabes dos pântanos e a província sofria grande influência das numerosas milícias sadristas e ligadas ao Irã. Tinha, porém, o dobro da área de Maysan; praticamente não tinham havido obras de desenvolvimento; as forças italianas quase não saíam do acampamento; o Conselho da Província ainda não fora formado, e embora muitos dos partidos políticos fossem os mesmos que existiam em Maysan, seus líderes eram diferentes e muitas vezes seus programas eram também diferentes. Dhi Qar possuía uma classe trabalhadora urbana mais atuante e uma tradição política mais longa: ali tinham nascido o Partido Baath e o Partido Comunista Iraquiano. A maioria dos soldados do antigo exército provinha dali. A soldado Jessica Lynch havia sido resgatada pelas Forças Especiais dos Estados Unidos durante a invasão no hospital que ficava além da extensão alagadiça de terreno adjacente a nossas instalações (embora os médicos nos asseverassem repetidamente que ela tinha sido protegida e bem-tratada). O Eufrates era menos sujeito a enchentes do que o Tigre, e as terras aráveis irrigadas circundantes eram mais férteis, e por isso as primeiras cidades do mundo tinham sido erguidas em suas margens 5 mil anos antes. Pela mesma razão, os chefes tribais de Dhi Qar estavam entre os mais ricos do Iraque. Havia um dúzia de tribos principais, em comparação com as duas de Maysan, e seus xeques freqüentemente moravam em palácios antigos de considerável esplendor.

Eu queria realizar tanto quanto conseguira em Maysan, ser mais generoso para com os islamitas e apoiar mais o governador. Queria que o Conselho da Província fosse poderoso, desejava fazer projetos de desenvolvimento que atendessem à população e organizar uma polícia robusta. Tínhamos passado seis meses em Maysan com a assistência de uma competente equipe de assuntos civis. Em Dhi Qar não havia uma equipe assim e faltavam somente três meses e meio para a entrega do poder.

Reunião matinal

As cidades não se saúdam, mas os homens, sim.

Provérbio sumeriano de Ur, c. 2000 a.C.

10 DE MARÇO

Em Nassíria não era preciso gastar meia hora para ir da cama para o trabalho, e por isso na primeira manhã bastou sair do reboque e correr ao andar de cima para a reunião das 8h30. No pátio passei por um grupo de guardas filipinos de segurança, que sorriram. Ao contrário dos soldados britânicos que montavam guarda ao portão em Amara, aqueles eram funcionários civis. Era a primeira vez que muitos deles se viam fora das Filipinas.

Em Amara, eu tinha começado minha missão como único civil num acampamento militar, enfrentando de manhã o uniforme militar dos componentes da equipe de assuntos civis. Aqui, todos se vestiam à paisana. Na cabeceira da mesa estava a nova coordenadora de governo, Bárbara Contini, sucessora de John, cuja equipe ainda estava por ali. Além do médico italiano, havia três engenheiros, o vice de Bárbara, de nome Jeremy, um gerente das instalações, funcionários administrativos, políticos e de imprensa, encarregados de projetos e finalmente os assessores de segurança e de polícia. Todos eram civis: norte-americanos, britânicos ou italianos. Havia ainda uma advogada dinamarquesa jovem, vinda de Basra e que estava de visita.

Quando entrei na sala, Harry Boyle, o gerente de instalações, natural de Glasgow, com chapéu celta e short de jogador de futebol, explicava seus êxitos como técnico da equipe de Nassíria a Jay, homem corpulento que vinha da Cornualha e já tinha sido submarinista, guia de canoagem e funcionário de uma ONG na Albânia e era agora o encarregado dos projetos. O início da reunião da manhã demorou porque muitos chegaram atrasados.

Brian, oficial de inteligência da Força Aérea norte-americana, em posição descansada, vestindo jaqueta de cor havana e com as pernas compridas estendidas diante de si, relatou o tiroteio da noite anterior entre o Grupo de Segurança de Cidadãos e a polícia. Explicou que depois dos pesados bombardeios em Nassíria, vários grupos de islamitas haviam organizado milícias nas ruas. A Coalizão chegara à conclusão de que era impossível dispersar ou ignorar essas milícias, de modo que tinha formado um corpo denominado Grupo de Segurança de Cidadãos (GSC), a fim de regulá-las e controlá-las. Nove representantes de cada um dos nove principais grupos de milicianos islamitas tinham sido colocados no GSC, que recebeu de nós um escritório e equipamento básico. Sua função era dar apoio à polícia: os integrantes do GSC não tinham autorização para atirar em ninguém, mas podiam dar informações à polícia e efetuar detenções. Essa solução tinha sido aprovada e financiada por autoridades importantes da Coalizão. No topo da organização estava Abu Jasim, ex-combatente da resistência que era também cidadão holandês, após dez anos de exílio na Holanda.[1]

Compreensivelmente, a polícia detestava a existência dessa organização paramilitar. Por sua vez, o GSC achava que a polícia nada

[1] Abu Jasim era aparentado com o xeque Muhammed Baqr Al-Nasiri, sacerdote idoso e ilustre que tinha sido o principal aliado da Coalizão na província desde a invasão — uma espécie de equivalente religioso do Príncipe dos Pântanos — e que, assim como o príncipe, parecia ser muito poderoso, mas na verdade estava cada vez mais desacreditado aos olhos do público — em parte devido à sua aproximação com a Coalizão.

mais era do que um grupo de baathistas incompetentes. Dois dias antes de minha chegada a Nassíria, Brian tinha visitado o GSC e encontrou, no porão do prédio que ocupavam, um prisioneiro que tinha sido torturado. Sua recomendação foi que o GSC fosse dispersado.

Na tarde de minha chegada, um elemento do GSC tinha discutido com um policial em um posto de checagem, a polícia iraquiana avançara contra o prédio do GSC e naquele ponto o tiroteio se iniciou. Durante as quatro horas seguintes, o GSC matou cinco policiais e feriu muitos mais. A polícia não matou ninguém do GSC, mas quando os *carabinieri* chegaram, o GSC se rendeu e alguns de seus membros foram presos e em seguida torturados pelos policiais enraivecidos. Os homens do GSC ainda estavam presos e tanto a polícia quanto o GSC exigiam vingança: o primeiro por causa do "ataque sem provocação" e a polícia por causa dos companheiros mortos.

O momento não podia ser pior. O embaixador Bremer tinha acabado de declarar em uma conferência de imprensa que a Coalizão nada tinha a ver com os grupos de milicianos e que todos eles tinham sido dispersados. De repente a imprensa ficou sabendo que em Nassíria nós tínhamos financiado uma milícia que estava matando policiais. Bárbara me pediu que acalmasse Bagdá.

Desci e encontrei o pátio do lado de fora de meu gabinete cheio de viúvas, operários desempregados e construtores que procuravam obter contratos. Ninguém tinha marcado entrevista. Em Maysan, os guardas do portão recebiam instruções para impedir a entrada de pessoas que não tivessem marcado com antecedência, exceto visitantes importantes. Comecei a perceber que em Nassíria os guardas ou se recusavam a permitir a entrada do governador ou deixavam que qualquer pessoa entrasse.

Roubei um pedaço de pão da cantina e entrei na sala de TV para fazer uma torrada e café. Terminado o café, passei ao meu novo gabinete — uma sala apertada que tinha a metade do tamanho da anterior em Amara e um sofá roxo de veludo desbotado. A primeira mensagem de meu e-mail vinha de Bagdá e era de "alta prioridade", perguntando se tínhamos dado apoio à milícia, quando a dispersaríamos e se tínhamos "argumentos defensivos para a imprensa".

Respondi delicadamente que os "acontecimentos de 9 de março mostraram claramente a todos a necessidade de integrar os partidos políticos na vida democrática e fortalecer a polícia". Achei que a expressão "vida democrática" agradaria Bagdá.

Ao terminar meu e-mail, um iraquiano franzino e barbado, de terno romeno brilhante, entrou em meu gabinete. Pareceu surpreso ao ver um rosto desconhecido. Imaginei que os demais tivessem se recusado a recebê-lo e que ele tinha sido empurrado para mim. O homem olhou em volta de minha sala acanhada sem mostrar reprovação. Não ficou surpreso ao ver que a Coalizão funcionava em salas apertadas de concreto, com paredes descascadas e mobília barata. Parecia nervoso.

— Seyyed Rory, o senhor tem de reabrir o escritório do Grupo de Segurança de Cidadãos — disse ele, após se apresentar como Abu Jasim, comandante do GSC.

— Acho que depois do que aconteceu ontem à noite isso não será possível — retruquei.

Abu Jasim insistiu, dizendo que o GSC possuía redes de inteligência sem rival e era a única esperança para a manutenção da segurança na província.

— O mais importante, porém — acrescentou ele —, é que preciso de 15 mil dólares.

— Por quê?

— Para pagar a dívida de sangue às famílias dos policiais mortos. Se eu pagar, eles soltarão os homens do GSC que estão presos.

— Mas os homens do GSC mataram cinco policiais — disse eu. — Precisam ser julgados.

— Eles não cometeram nenhum crime. Se alguém atacar sua casa, o senhor não se defenderá com tiros? Todos têm o direito de defender suas propriedades com armas.

— Não quando os que tentam entrar são da polícia — respondi.

— Mas nós também somos a polícia.

— Não, não são — insisti.

— Seja como for, a questão não é essa. Provavelmente a culpa é das duas partes. Mas o problema é que os xeques das tribos dos policiais mortos juraram *Gauma* contra mim. A tribo inteira quer se vingar de mim e ninguém me defenderá se eu não pagar imediatamente. Se não houver pagamento, será como um incêndio na província. Por isso o senhor tem de me dar o dinheiro.

— Eu? Por que motivo a responsabilidade é minha? — perguntei. — Vocês mataram os policiais e agora querem que eu pague indenização?

O homem saiu sem levar o dinheiro.

A cantina onde eu tomava café era gerida por uma subsidiária da companhia Halliburton. Ocupava um único trailer de metal onde só cabia a metade dos funcionários de cada vez e servia hambúrgueres com gosto de papelão em pratos de plástico. Os cozinheiros, todos do sul da Ásia, trabalhavam em um recinto atravancado, não faziam o tipo de comida que gostavam de preparar e não pareciam estar contentes.

Meu primeiro visitante depois do café foi um homem de meia-idade, representante do Hizbollah-Iraq, ramo do partido do Príncipe dos Pântanos em Nassíria. Ele contou que tinha passado dez anos no Irã e apoiava a lei Sharia. Em Maysan, o partido do príncipe tratara de distanciar-se tanto do Irã quanto dos islamitas. Eu ia ter de rever meu esquema de partidos políticos para adaptá-lo à realidade de Dhi Qar. O representante me disse que eu precisava reabrir o GSC, porque seu partido fazia parte do grupo.

Recordei-lhe que o GSC tinha torturado um prisioneiro.

Ele se curvou para a frente antes que eu acabasse de falar e disse, com um sorriso:

— Seyyed Rory, a Coalizão também tortura gente.

— Não, nós não fazemos isso — respondi, zangado, procurando convencer-me a mim mesmo.

— Seyyed Rory, o senhor não está entendendo. Como é possível fazer um prisioneiro falar sem torturá-lo? — O homem ergueu as mãos e olhou para o intérprete, que concordou com a cabeça. — O senhor acha que eles vão contar o que precisamos saber simplesmente porque são bonzinhos?

Aquilo foi demais para mim. Respondi que a tortura era ilegal e pedi que se retirasse. Aparentemente o intérprete não transmitiu minha desaprovação, porque o representante do partido sorriu condescendentemente, disse esperar que eu me lembrasse do que tinha dito e que gostaria de voltar a ver-me, em seguida caminhou despreocupadamente para a porta.

Na mesma tarde eu e Toby nos reunimos com os partidos islamitas que desejavam ser incluídos no novo Conselho da província. Senti-me transportado de volta a Amara, quatro meses antes. O encontro foi no escritório do assistente do governador porque os partidos se recusavam a vir ao prédio da CPA. Nossos interlocutores eram um engenheiro de ar sério pertencente à ala mais moderada do partido sadrista e dois jovens da facção mais extremada.

Toby tinha procurado selecionar muitos dos candidatos por meio de minieleições com ONGs femininas, reuniões com tribos e sindicatos. Mas os partidos políticos se recusavam a concordar com a partilha do poder, e agora Toby se via obrigado a decidir quantos assentos daria aos sadristas, aos partidos islamitas ligados ao Irã e aos partidos seculares.

Os sadristas declararam fazer questão de obter a maioria dos assentos no Conselho da Província, mas Toby respondeu em árabe coloquial, procurando esclarecer as motivações deles; quando as exigências se tornavam demasiadamente extremas, ele os provocava cortesmente; quando eles ameaçavam desistir de participar, Toby os lisonjeava para que deixassem de lado a ameaça; e quando os argumentos não eram razoáveis, ele demonstrava claramente sua decepção e raiva. Fiquei impressionado — e creio que eles também — com a combinação de árabe da Jordânia e charme e sinceridade californianos que Toby exibia.

Minha função era explicar nossas opções. Em Amara, eu tinha aprendido a ser tão claro e firme quanto possível. Afirmei que o Conselho deveria representar o máximo de grupos e não procurar reproduzir uma eleição nacional. Poderíamos acolher duas facções sadristas, mas não uma nova subdivisão entre o Fodala e o Fadhile

— o "partido da virtude" e o "partido virtuoso" — e deixei claro que não desejava ver os religiosos separados dos partidos políticos. Eles falaram em vinte nomes de partidos e eu expliquei por que somente três seriam úteis. Acusaram-nos de preconceito contra os sadristas e eu concordei. Deram-me duas razões para crer que a SCIRI era ligada ao Irã, e eu acrescentei outras dez. Nesse momento, Toby fez um resumo de quanto se havia avançado e propôs um compromisso. Terminamos chegando a um acordo. Haveria mais islamitas e representantes de sindicatos no Conselho do que tinha sido o caso em Amara, e isso me pareceu uma boa coisa.

Mais um governador

> Ganha e conserva a confiança de teu líder. Sempre que puderes, aumenta seu prestígio diante de outros a tuas expensas. Jamais recuses ou impeças os planos que ele apresentar, mas faz com que sempre sejam comunicados inicialmente diretamente a ti. Aprova-os sempre e depois de elogiá-los modifica-os ligeiramente, fazendo com que as sugestões partam dele até que estejam de acordo com tua opinião. Ao chegar a esse ponto, solidifica a decisão dele, mantém o controle de suas idéias e estimula-o tanto quanto possível, porém secretamente, para que ninguém, a não ser ele próprio (e mesmo assim não muito claramente), perceba tua pressão.
>
> T. E. Lawrence, Artigo 4 de 27 Artigos, 1917

11 DE MARÇO

Em meu segundo dia em Nassíria, quando entrei na sala de Toby, vi-o curvado sobre a escrivaninha, as mangas da camisa arregaçadas e rodeado de papéis, gritando com um homem de terno marrom muito justo. O homem também gritava com ele.

Toby me apresentou. O homem era o governador de Dhi Qar. Como a conversa parecia haver esgotado toda a energia, convidei-o a almoçar comigo na cantina.

Ao chegar com o governador e dois de seus guarda-costas, percebi que a cantina já ia fechar. Várias pessoas me olharam com agressividade, aparentemente por não acharem que eu devia levar um iraquiano à cantina. Eu falava um pouco da língua nepalesa e consegui pedir aos empregados que não trancassem a porta; mas pelo jeito não seria possível conseguir um prato quente. Em vez disso, os guarda-costas do governador conseguiram um sortimento de frutas, refrigerantes e biscoitos com sabor de queijo.

Os guarda-costas se acomodaram do outro lado da sala e, como o governador falava bem inglês, foi possível conversar livremente. O pai dele, Baddr Rumaiath, tinha sido um grande líder guerrilheiro, conhecido como o Senhor dos Pântanos. Ao combater contra os britânicos, ele cavalgava com 25 de seus filhos.

Resolvido a não repetir o erros cometidos em Amara e sabendo que tinha muito pouco tempo, afirmei ao governador que lhe iríamos instituir imediatamente uma verba para as despesas de seu gabinete, uma secretária particular e um secretariado para os ministérios e Conselhos das Províncias. Eu achava que se ele não dispusesse de poder político e financeiro, não seria capaz de exercer autoridade na província.

Recolhi os restos do almoço — as cascas de banana e de laranja, as embalagens vazias de biscoito e as garrafas de refrigerante — e, equilibrando-as na bandeja, encaminhei-me para a porta, pensando como ia fazer para financiar tudo aquilo.

— Obrigado — disse o governador, abraçando-me e beijando-me.

Naquela tarde visitei um conselho distrital junto com Toby. Fomos de carro durante uma hora e meia, atravessando planícies e estradas que cortavam os alagadiços, até chegar a um conjunto de modestos prédios de concreto à margem de um afluente do Eufrates. Embora ainda estivéssemos em meados de março, fazia muito calor, e a poeira, o reflexo forte do sol nos muros caiados e as ruas vazias por causa da hora da sesta prenunciavam a chegada do verão. Estacionamos na rua, atravessamos um pátio cheio de moscas e entramos em uma sala escura com móveis pesados. Deram-nos água da bica em copos sujos de vidro e Toby iniciou uma longa e detalhada exposição em árabe sobre os procedimentos eleitorais.

Nos últimos cinqüenta anos não tinham havido eleições livres no Iraque, nem recenseamento e registro de eleitores que fossem confiáveis, tampouco acordos sobre regras eleitorais e educação para os votantes. A CPA havia evitado organizar eleições cedo demais, porque "na Bósnia as eleições extemporâneas produziram partidos políticos inadequados e divisões sectárias". Tinha chegado um e-mail de Bagdá dizendo que "desde o momento da invasão concordamos em que não deveria haver eleições no Iraque no futuro previsível". Enquanto os Conselhos fossem nomeados por nós, e indiretamente também os governadores, tínhamos a possibilidade de limitar seus poderes e intervir caso achássemos que suas políticas eram demasiadamente autoritárias, ou islamitas, ou com tendência a confrontações. Se os conselhos fossem eleitos, perderíamos o controle.

Toby tinha concordado em nomear o Conselho da Província, assim como tínhamos feito em Maysan, mas desobedecera a Bagdá no que respeitava aos conselhos distritais e organizara eleições em 15 distritos. Pretendia realizar mais uma no distrito que estávamos visitando. As eleições que organizava eram toscas, com listas de eleitores compiladas a partir de cartões de racionamento (as listas não eram precisas e levavam a discussões sobre os locais de residência).

Eu achava as eleições perigosas e desnecessárias num momento em que Dhi Qar parecia estar atrasada em relação a Maysan. Enquanto em Amara havíamos empreendido centenas de projetos com orçamentos de milhões de dólares, nada nesse sentido tinha sido tentado em Nassíria, ou pelo menos nada que tivesse sido registrado segundo o sistema de contabilidade da CPA. Os militares italianos faziam muito menos patrulhas do que seus correspondentes britânicos, e em muitas regiões da província raramente aparecia alguém da Coalizão. Não havia reuniões semanais de coordenação com os diretores dos ministérios, a polícia tinha comando deficiente, era incompetente e malquista. Nosso escritório precisava resolver seu relacionamento com o Grupo de Segurança dos Cidadãos, que assassinava policiais. Não havia base de dados sobre as estruturas tribais e os partidos políticos locais; o sistema de vigilância dos portões mal funcionava, nem sempre era possível contar com tradutores, era preciso reservar meios de transporte com 24 horas de antecedência e tínhamos dificuldade em convencer diversas personalidades locais a visitar nosso escritório. Eu achava necessário tratar de todos esses problemas antes de pensar em novas eleições, mas Toby e eu estávamos de acordo em que era preciso dar mais poder aos órgãos colegiados.

Bagdá ainda não confirmara as competências dos governos locais. O orçamento central do governo iraquiano era ainda minúsculo comparado com os recursos controlados diretamente pela CPA — os bilhões de dólares, confiscados de Saddam ou do programa de "petróleo por alimentos", eram gastos pelos funcionários da CPA e generais da Coalizão. Os 18,3 bilhões adicionais para desenvolvimento eram administrados e alocados pelos Estados Unidos e não pelo governo iraquiano. As forças da Coalizão freqüentemente passavam por cima dos chefes locais de polícia e se recusavam a fornecer-lhes armas.

Havia bons motivos para tudo isso: faltava competência ao governo iraquiano e existia muita corrupção; os 18,3 bilhões vinham dos contribuintes norte-americanos e a polícia iraquiana poderia usar as armas pesadas para cometer crimes, ou para intimidação ou simplesmente vendê-las aos rebeldes. Os políticos locais muitas vezes eram violentos, criminosos e fanáticos. Dentro de três meses, no entanto, transferiríamos a soberania. Nossa proposta não era a de administrar um governo colonial. Enquanto nos recusássemos a conferir credibilidade a nossos sucessores por meio de eleições, recursos financeiros e forças poderosas de segurança, eles não seriam capazes de criar um Estado viável. Por isso, desobedecendo às instruções de Bagdá, Toby estava realizando eleições e eu pretendia dar ao governador e seus colegas um orçamento significativo e independente. Os iraquianos precisavam ter status, dinheiro e poder para tomar decisões legais e fazer nomeações. De que outra forma poderiam tornar a província segura?

O sábio da Assembléia

Esses caniços, esses juncos secos — quando se incendeiam, parecem descer dos céus.

Provérbio sumeriano de Ur, c. 2000 a.C.

12 DE MARÇO

Meu primeiro visitante matinal foi o diretor de arqueologia, um homem alto de pouco mais de 40 anos, de rosto chupado. Trouxe de presente um livro sobre a religião sumeriana.

— Agora que o senhor chegou — disse ele — pode ajudar a conseguir remuneração para os guardas dos sítios arqueológicos. Mr. John Bourne os vem sustentando há meses. Os chefes de polícia são fracos. Milhares de policiais não aparecem para trabalhar. O líder sadrista Ali Zeidi assumiu o controle das cidades do norte. Seyyed Rory, todos os sítios sumerianos estão sendo saqueados ao longo do caminho de Gilgamés, de Larsa a Umma. Com 1.200 dólares por mês seria possível contratar duzentos guardas.

Respondi que talvez pudéssemos encontrar recursos para isso e prometi que procuraria os veículos e armas que aparentemente estavam à espera dele em Bagdá. Parecia uma pena que aquele amável historiador tivesse de transformar-se em comandante de uma unidade paramilitar.

Ele falou um pouco sobre a terceira dinastia de Ur, em cuja região estavam localizadas as modernas províncias gêmeas em torno de Nassíria e Amara. Constantemente descobria documentação administrativa em escrita cuneiforme que sobrevivera em tábuas de argila agora despedaçadas. Havia algumas de mais de 4 mil anos, mas os problemas da administração das províncias não pareciam ter mudado. Shulgi, rei de Ur, enviara uma carta a um funcionário aconselhando-o a conferir poder e autoridade totais a um dos chefes da região dos pântanos e a não tentar modificar suas decisões:

> O homem que mandei para trabalhar contigo não é teu subordinado e não receberá ordens de ti. Como podes ignorar o que ele conseguiu com o próprio esforço?
>
> Se não fizeres com que meu Sábio da Assembléia se sinta tão importante quanto eu, se ele não tiver autoridade para nomear e destituir um governador, e não matar ou cegar alguém, se não elevar seus favoritos acima dos demais, como poderá dar segurança às províncias?
>
> Se me amares verdadeiramente, não te tornarás seu inimigo; quero que ambos se entendam: assegurem os alicerces das províncias — isso é urgente!

Os esforços de Shulgi não tiveram êxito. Ele confiava muito em um dos seus principais comandantes, que parece haver-se voltado contra o rei. Na invasão subseqüente, o governo de Ur foi derrubado e seus tesouros, saqueados.

Em seguida, subi ao andar superior para visitar Bárbara Contini, a coordenadora de governo. Quando entrei, ela ergueu os olhos e disse:

— *Amore*, finalmente você veio me visitar — fazendo um gesto para que me sentasse ao seu lado. Sentei-me, e ela segurou meu antebraço com seu belo braço e suas unhas perfeitamente laqueadas de vermelho. Era uma das poucas funcionárias que conseguiam manter o glamour em uma zona de guerra. Mais tarde, quando tivemos de evacuar nossos beliches por causa de uma rajada de morteiros, ela surgiu com os olhos maquiados e enrolada num quimono, como uma Madame Butterfly já madura. O quimono e o japonês fluente que falava eram lembranças dos muitos anos que passara trabalhando em uma agência aeroespacial no Japão. Dali, por meio dos misteriosos canais da política italiana — dizia-se que ela tinha relações estreitas com o partido da extrema direita —, fora nomeada para dirigir um escritório internacional na Bósnia.

"Amore" era sua expressão favorita. Usava-a para saudar a todos, desde seus próprios funcionários até os sacerdotes iraquianos. A equipe de guarda-costas e os militares britânicos a adoravam; quem não gostava dela eram as demais mulheres da CPA e os homens que tinham trabalhado com seu antecessor em Nassíria. Os iraquianos pareciam estimá-la e divertir-se com suas explosões emocionais e atitude maternal.

Expliquei o que estávamos procurando fazer com o GSC e propus que estabelecêssemos um órgão mais inócuo — um conselho consultivo ou algo assim — para que os ex-comandantes de milícia não se sentissem completamente excluídos.

— Confio em você. Tanto quanto posso dizer, você pode tomar decisões por mim... Não preciso saber os detalhes.

Debatemos a forma de gastar 10 milhões de dólares. Bárbara e eu tínhamos sido chamados a nossas funções a fim de assegurar que muitos projetos oficiais estivessem terminados antes da entrega da soberania. Ela queria ter certeza de que os projetos receberiam publicidade adequada nos meios de comunicação. Mencionou doações extraordinárias que tinha recebido de firmas italianas e relacionou projetos de abastecimento de água no valor de 4 milhões de dólares, que tinha muito interesse em terminar. Comecei a argumentar que o dinheiro poderia ser usado num plano de empregos para 3 mil pessoas, e ela disse:

— Ouça, *Amore*, se você acha que vale a pena fazer isso, vamos fazer. Você tem total independência para organizar e implementar seus próprios programas.

Fiquei radiante. Queria usar essa oportunidade para transferir programas imediatamente aos iraquianos. Não queria que ficássemos dirigindo tudo durante 16 horas por dia até o último dia e então apagar as luzes. De qualquer forma, em Nassíria, ao contrário de Amara, não tínhamos nem recursos nem pessoal para dirigir tudo sozinhos. Comentei que estava decidido a construir com o governador iraquiano de Dhi Qar um nível de confiança que não fora possível obter em Amara. Bárbara concordou e depois pediu a um soldado italiano que nos trouxesse café expresso. O café demorou vinte minutos, mas veio com uma cobertura espessa de espuma, como caramelo.

Naquela tarde, joguei pingue-pongue com o vice-governador iraquiano. Ele elogiou os esforços de Toby para organizar a eleição. Anteriormente eu tinha ouvido a mesma coisa de alguns dos tradutores. Comecei a perceber que todos gostavam das eleições organizadas por Toby. Em geral o resultado era a escolha de homens de pouco mais de 30 anos, tecnocratas que não eram políticos e tinham diplomas de engenharia de boas universidades. Enquanto em Maysan todos nos criticavam por selecionarmos os conselhos, ali o processo era transparente e os conselhos tinham mais legitimidade.

O vice-governador me perguntou se era verdade que os cidadãos dinamarqueses estavam sendo evacuados. Respondi que provavelmente esse era o caso.

— Nesse caso, eu gostaria de ser evacuado. Sou cidadão dinamarquês.

Redargüi que ele era o vice-governador e não poderia ir embora. Ele me venceu no pingue-pongue.

Em seguida tomei uma cerveja com Franco Corbani, engenheiro italiano de 60 anos. Franco era o mais antigo funcionário do escritório; estava ali havia tanto tempo que ninguém se lembrava para que função tinha sido contratado. Sua identificação mencionava "Projetos Especiais". Franco queria me convencer a financiar uma avenida arborizada de 5 quilômetros de comprimento que atravessaria o centro de Nassíria, como o bulevar Haussmann de Paris, e terminaria na margem do rio em um "Palazzo Italia". Contou-me que quando era jovem tinha sido comunista e vivera em Cuba.

— Quando Castro formou seu ministério, chamou todo mundo e perguntou: "Quem entende de educação?" Um homem respondeu: "Eu fui professor, camarada." Castro respondeu: "Você vai ser o ministro da Educação. Quem é economista?" Che levantou a mão. "Você, Che, será o ministro da Economia." Mais tarde perguntamos a Che: "Por que você disse que era economista?" "Economista?", surpreendeu-se ele. "Pensei que ele tinha perguntado quem era comunista." Che foi governador do Banco de Cuba durante 18 meses.

Alguns outros vieram se juntar a nós, e Jay, o funcionário de projetos, natural da Cornualha, contou que Franco tinha chegado para uma reunião matinal no mês anterior dizendo haver descoberto um objeto estranho entre o chuveiro e a saboneteira quando estava lavando a cabeça no banheiro do trailer.

— Fomos todos olhar — continuou Jay —, e quero me foder se não era um obus de morteiro enfiado na parede do banheiro a menos de um metro do beliche. Alguém o havia disparado e o projétil atravessara o teto.

Todos já tinham ouvido aquela história antes, mas ainda riam; imaginavam Franco, com os olhos cheios de sabão, tentando ajustar a água quente girando a barbatana do rabo de um obus de morteiro. Assim terminou meu terceiro dia em Nassíria.

Mudhif

Depois de urinar no mar, a raposa disse:
— O mar inteiro está cheio de meu xixi!

Provérbio sumeriano de Ur, c. 2000 a.C.

13 DE MARÇO

Tratei de introduzir algumas das coisas que pareciam ter funcionado bem em Maysan. Estabeleci as bases de um plano de emprego para 3 mil pessoas, procurei todos os partidos políticos e documentei-os, escrevi um relatório de quarenta páginas sobre as tribos de Dhi Qar, organizei a seleção de um novo chefe de polícia, remanejei os funcionários do escritório, ajudei Toby a escolher os membros do Conselho da Província, tratei de motins e manifestações diante de nossas instalações e tirei uma licença. Os *carabinieri* e a polícia iraquiana chegaram atrasados no primeiro dia da inscrição para os empregos, e eu encontrei uma multidão impaciente do lado de fora do portão. Passei duas horas organizando-os em três filas, suplicando que tivessem paciência, acalmando os mais idosos, fazendo brincadeiras, tirando gente agitada das filas. Depois de ter passado meses encerrado em um acampamento, rodeado de seguranças, agradava-me o contato físico com a multidão. Um pequeno grupo de militares britânicos especialistas em assuntos civis se juntou a nós e assumiu a responsabilidade pelos projetos de reconstrução.

Dois de seus integrantes, especialmente — Ginnie e Sam —, eram sistemáticos, rápidos e eficientes e permitiram que nos concentrássemos nos aspectos políticos. Consegui fazer algumas coisas que não tinha feito em Maysan: financiar o serviço de proteção arqueológica para a preservação dos sítios sumerianos e preparar um tabuleta para visitantes, explicando a história do zigurate de Ur.

Também encomendei a Abu Mthenna, que havia construído os *mudhifs* de Beni Hashim, a construção de mais dois em Nassíria. O menor deles foi erguido junto ao portão, para que os visitantes pudessem esperar sem precisar humilhar-se ficando na rua ao sol. Quanto ao maior, na margem do Eufrates, pedi que ele copiasse o *mudhif* há muito desaparecido do chefe Majid Bin Khalife, da tribo Albu Muhammad, usando uma foto de 1953, porém em escala mais ampla. A estrutura resultante tinha 33 metros de comprimento e 25 colunas de cada lado. Creio que foi o maior *mudhif* já construído.

Saí com Ginnie, tenente engenheira britânica, para observar a construção. Abu Mthenna e quatro de seus parentes tinham cortado e reunido um monte de juncos, fazendo cinqüenta feixes, cada qual com 10 metros de comprimento e cujo diâmetro era o suficiente para que um homem o pudesse abraçar. Escavaram duas fileiras de 25 buracos, nos quais os feixes foram colocados para servirem de pilastras, com as lâminas mais altas de pé como pontas de lanças. Cada coluna era amarrada com faixas horizontais que mantinham o feixe preso.

Eu e Ginnie encontramos um obus de morteiro não detonado na cova para as fundações e tivemos de esperar até que a equipe italiana de proteção contra explosivos o retirasse. Depois disso, Abu Mthenna prosseguiu a obra. Subindo em escadas ele encurvou o topo das colunas duas a duas, trançando-as juntas, de forma a transformá-las em arcos de uma abóbada. O espaço entre cada arco foi preenchido com colchões de junco. Na parte frontal da edificação, havia duas colunas para a entrada, ladeadas por outras duas mais baixas em forma de cone. Na fachada, duas vigas em diagonal serviam para a sustentação. Em duas semanas ele construiu um recinto que duraria vinte anos e poderia conter centenas de pessoas. A estrutura ficava ao lado de um parque público, como símbolo da cultura tradicional, e pedimos propostas para a criação de uma casa de chá na parte interna.

Continuei a ajudar Toby no projeto do Conselho da Província e assim nos tornamos mais amigos. Nessa altura eu já tinha conhecido diversos membros de seus conselhos eleitos. Alguns eram corruptos, muitos eram dominados por tribos específicas, mas possuíam uma legitimidade a que os conselhos nomeados não poderiam aspirar. Eu estava começando a compreender que a demora em realizar eleições não iria produzir conselhos mais moderados. Na verdade, o atraso somente serviria para solapar o governo transitório e dar mais força aos partidos islamitas. Deveríamos ter realizado eleições em todo o Iraque. Concordei em organizar uma para Toby, em um dos distritos que ainda faltavam. Até mesmo Bagdá parecia estar mudando de idéia: nas conferências de imprensa, seus funcionários começavam a elogiar as eleições de Toby, e ele já tinha aparecido na primeira página do *Washington Post*.

Ajudei igualmente na formação de uma Comissão de Segurança Pública, calcada na de Maysan, e nela incluí Abu Jasim, o controvertido líder da milícia já dispersada do Grupo de Segurança dos Cidadãos, que ele próprio afirmava ser valiosa fonte de informações. "Nem uma folha cai nesta província sem que eu fique sabendo." O presidente da Comissão era Seyyed Faris, importante líder tribal e religioso do sul. Havia também um homem metido até o pescoço com as quadrilhas de ladrões de automóveis e de saqueadores, mas que diziam conhecer melhor do que ninguém o mundo do crime. A função da Comissão era supervisionar a polícia e elaborar um plano de policiamento em colaboração com o chefe de polícia.

Seus membros, porém, se consideravam superpoliciais. Queriam ter porte de armas e privilégios extraordinários, além de poder dar ordens aos policiais quando julgassem necessário.

— Vocês não são policiais — expliquei. — Não podem dar ordens aos agentes da polícia. Vocês são apenas uma comissão supervisora que proporciona ao público a possibilidade de acompanhar o trabalho com transparência.

— O senhor vai ver o quanto precisará de nós — disse Seyyed Faris. — Esta província é pequena. Sabemos tudo o que acontece aqui.

Pedi que prestassem atenção nos rebeldes e terroristas.

— Claro que sim. Por que acha que desde novembro não houve atentados? Foi por nossa causa.

Ali Zeidi

> Numa cidade sem cães, a raposa manda.
>
> Provérbio sumeriano de Ur, c. 2000 a.C.

25 DE MARÇO

Durante minhas primeiras três semanas em Nassíria realizamos três eleições municipais, nomeamos um novo chefe de polícia, dispersamos a milícia da GSC, tratamos com êxito de uma enchente do Eufrates, terminamos a inscrição de 50 mil pessoas para nosso programa de empregos (quase cinco vezes mais do que em Amara) e gastamos um milhão de dólares com uma nova estrada e quase 2 milhões na construção de novos prédios para os Conselhos. Mas estes permaneceram à mercê da milícia sadrista, especialmente em Al Rafai, cidade de 150 mil habitantes na região norte da província. O conselho de lá tinha sido eleito no mês de setembro anterior. Toby achou que a eleição tinha sido válida e estava decidido a fazer com que houvesse apoio para esse novo órgão, mas a milícia sadrista da cidade tinha boicotado a eleição e agora se ressentia por ter sido excluída do poder. O conselho fundou um cibercafé e os sadristas se queixaram de que o local estava sendo usado para navegar em sítios pornográficos e que os conselheiros tinham recebido dinheiro para assinar o contrato.

O líder sadrista entrara nos escritórios do Conselho com alguns capangas armados e obrigou o presidente a renunciar sob ameaça de morte. Toby o convencera a retomar as funções. Os sadristas então bombardearam o cibercafé, invadiram o depósito do Conselho, aparentemente roubando artigos destinados à ajuda humanitária, e mandaram cartas a todos os membros ameaçando-os de morte.

Era um teste não apenas para as eleições de Toby, mas também para a ordem política no sul. Seríamos capazes de transferir o poder a um governo iraquiano forte ou iríamos deixar que meia dúzia de milícias fanáticas controlassem as cidades das províncias?

A polícia iraquiana se recusava a agir, embora a cidade contas se com quase quatrocentos policiais e os milicianos nunca fossem mais do que seis. Os italianos mandaram uma patrulha investigar: o jovem comandante da milícia sadrista e seus amigos atiraram granadas de propulsão a foguete contra os soldados e estes se retiraram rapidamente. Dali em diante, a Coalizão nunca mais entrara na cidade. O sítio arqueológico sumeriano de Umma, que ficava próximo, foi saqueado. A cidade estava agora fora de controle. Havia boatos de que as milícias a usariam como base para preparar ataques contra a Coalizão em outras partes do país. Toby ficou furioso com os italianos por não haverem prendido o comandante das milícias.

— Tenho certeza de que podemos dar conta desse problema — disse eu. — Por que não convocamos uma reunião dos xeques e pessoas influentes e fazemos com que eles concordem em entregar os líderes das milícias e apóiem o Conselho?

— Xeques? Eu não vim aqui para organizar um Estado feudal.

— Precisamos trabalhar para encontrar uma solução política.

— Eu sou capaz de trabalhar para encontrar uma solução política — explodiu ele. — Mas estou completamente enfastiado por ter de fazer tudo isso. Essa não é minha função. Por que os italianos nunca fazem nada? Por que sou sempre eu quem tem de sair para consertar as coisas? Bastaria que eles mandassem uma patrulha.

— Isso é verdade, Toby. Mas nós vamos encontrar uma solução juntos.

— Pode ser — disse ele. — Mas não me fale disso agora. Nos últimos três dias devo ter dormido apenas umas três horas. Não posso tratar disso neste momento. Estou tentando organizar um novo Conselho, ou esta província irá por água abaixo.

Na semana seguinte, fui a Al Rafai. Fiquei sabendo que tinha havido falhas na eleição, que o Conselho eleito provavelmente era corrupto e que os próprios membros haviam atirado bombas nas casas de dois sadristas e atacado a sede da organização. Não obstante, nossa reputação estava ligada ao apoio dado ao Conselho e aquele teste era vital para o futuro dos demais Conselhos na província.

A culpa pelos ataques foi atribuída a uma "Comissão de Coordenação de Partidos Políticos de Al Rafai". Eu nunca tinha ouvido falar em tal Comissão. Afirmava-se que "Khazeh Hamid e Turkey Lahmud" eram suas principais figuras. Eu tampouco ouvira falar deles, mas todos concordavam em que no centro dos distúrbios estava um jovem religioso sadrista chamado xeque Ali Zeidi. Era ele quem tinha atacado o escritório do Conselho e lançado as granadas contra os italianos. Eu tinha esperança de tratar com ele por intermédio das duas tribos principais de Al Rafai, a Chueilat e a Beni Rikaab.

Viajei a Al Rafai em companhia de Bárbara e de um tradutor corpulento cujo pai era agricultor no distrito. Por ser de origem local, o tradutor dizia ser conhecedor das tribos de Al Rafai, mas parecia pouco saber sobre elas. Fora o primeiro da família a completar a escola secundária, mas sua carreira anterior como professor de inglês num ginásio fora interrompida ao ser preso pelo partido Baath e torturado no prédio fronteiro a nosso escritório. Tinha levado choques elétricos e amaldiçoara os torturadores. Estes o advertiram de que se não se calasse seria morto, e ele repetira a maldição. Acabara sendo solto, mas seu trabalho como nosso tradutor era o primeiro emprego que conseguira em vários anos. Os colegas diziam que suas faculdades mentais tinham ficado prejudicadas. Ele não procurava esconder seu ódio ao "imperialismo britânico e norte-americano".

Nos arredores de Al Rafai, onde o oficial de fuzileiros navais Nate Fick havia impedido um ataque aéreo contra um prédio que elementos locais afirmavam ser um quartel-general do Baath, havia tráfego de veículos e pessoas nas ruas. Não víamos sinais de combates recentes. Saímos da cidade atravessando campos secos numa planície erma e chegamos a um grupo de prédios. Havia um trator, uma máquina beneficiadora e uma Mercedes grande e preta ao lado de uma estrutura de cimento de um pavimento, que parecia ser o escritório de um canteiro de obras. Entramos numa sala estreita e escura de chão de cimento nu e ali tiramos os sapatos. Ouvia-se o som de crianças correndo e um ruído como de panelas batendo umas nas outras. Como de costume, os guarda-costas iam na frente, de armas em punho. Entraram pela porta principal e pararam de repente.

Ao entrarmos atrás deles, vimos uma sala de cerca de 30 metros de comprimento, de teto baixo e janelas compridas. Havia umas cem cadeiras à Luís XV, com braços entalhados e pintados, estofadas de seda azul-clara, arrumadas ao longo das paredes. Os tapetes de seda eram macios sob nossos pés calçados de meias, e pequenas fotos em preto-e-branco mostravam árabes em trajes de montaria, em plataformas ou em jardins onde havia oficiais britânicos e membros da realeza iraquiana. As fotografias iam até o ano de 1956, quando ocorrera a revolução. Mas a sala era nova e a família ainda tinha recursos. O tradutor murmurou que o xeque continuara a receber a visita de Saddam naquela sala e tinha sido recompensado. Se isso de fato acontecera, as fotografias de tais ocasiões haviam sido retiradas.

Um homem franzino e moreno vestido de *dishdash* nos indicou com um gesto que nos sentássemos na parte mais distante da sala e depois saiu, voltando com uma bandeja de bebidas. Ficamos sentados em silêncio. Em seguida, outra porta se abriu e o xeque Arkan Hairullah entrou na sala. Caminhava lentamente, com passos cuidadosos, envolto em seu manto. Seus olhos pequenos eram de um azul intenso. Levantamo-nos para cumprimentá-lo.

Ele falou, sussurrando:

— *Ahlan wa sahlan bikum*. "Bem-vindos, excelências."

— Bem-vindo, excelência — dissemos nós.

— Bem-vindos excelências — repetiu ele.

Em seguida nos sentamos e pronunciamos aquelas palavras mais algumas vezes. Ele mantinha a cabeça, o pescoço e os ombros imóveis, de maneira pouco natural, mas suas mãos tremiam. Parecia sofrer do mal de Parkinson.

Comecei dizendo que tínhamos vindo nos apresentar, por termos ouvido falar dele e de sua ilustre família. Ele acenou com a cabeça. O tradutor fez menção de acender um cigarro. Bárbara achava falta de educação fumar durante as reuniões. Olhou para ele com raiva, mas o homem a encarou. Estendi a mão, tocando-lhe o braço, e ele guardou o maço de cigarros, retomando a tradução.

O xeque apontou para um retrato do avô, que tinha lutado contra os britânicos na Primeira Guerra Mundial. A pintura em estilo ligeiramente primitivo daquele homem de cabelos encaracolados, com um manto que já não se usava mais, evocava uma época bastante diversa, quando os membros da tribo Chueilat ainda eram ao mesmo tempo proprietários de terras e beduínos, possuidores de muitos cavalos. Sendo uma das duas tribos mais numerosas de Al Rafai, os Chueilat tinham exercido papel de destaque durante a Primeira Guerra Mundial, alternando seu apoio entre os otomanos e os britânicos.

Ele falou de parentes seus que eram médicos em Londres. Descreveu o antigo castelo deles, que ainda estava de pé no centro da cidade de Al Rafai. Mostrou-me uma pintura de parentes com o príncipe herdeiro em um dos balções do castelo, na década de 1930. Receava ter de demoli-lo algum dia. Sugeri que poderíamos cooperar para restaurá-lo e transformá-lo em um museu; era o único exemplar de arquitetura não religiosa do século XIX que ainda permanecia de pé na província. Ele duvidava de que ainda houvesse artesãos capazes de recuperar os balções de madeira entalhada e as partes de gesso.

O intérprete puxou novamente o maço de cigarros, colocou um na boca e fez menção de acendê-lo. Novamente Bárbara fez um gesto para que ele o guardasse. O tradutor olhou-a durante um momento e em seguida rasgou violentamente o maço em dois pedaços, ergueu na mão os cigarros partidos e jogou-os no cinzeiro. O xeque desviou os olhos.

Afirmamos ao xeque que iríamos construir uma clínica em sua região. Depois, Bárbara e eu explicamos que o Conselho eleito em Al Rafai estava sendo ameaçado pela organização Sadr e que precisávamos do apoio dele. Pedimos sua opinião sobre o Conselho. Ele respondeu que ficara surpreso porque ninguém o informara a respeito da eleição na ocasião em que ela ocorrera. Mesmo assim, prometeu fazer o possível.

— Podemos dizer isso ao presidente do Conselho?

— Sim. Diga a ele que venha me visitar e eu lhe darei a proteção de minha tribo.

Resolvido aquele ponto, fomos almoçar com ele em uma mesa posta com peixes de 70 centímetros de comprimento, potes de berinjelas doces assadas, montes de arroz com açafrão, pedaços de carne de carneiro e frangos assados inteiros. Todos tiveram de provar ao menos um pouco de peixe, um pouco de ave e um pouco de carne.

O xeque principal de uma tribo não é simplesmente o filho mais velho do xeque anterior; na verdade, é escolhido pela tribo segundo sua linhagem, sua riqueza e seu caráter. Por isso é possível que primos herdem a posição, em vez de filhos. Não havia dúvida de que o xeque Arkan Hairullah era o principal potentado dos Chueilat. Era evidentemente mais rico e mais poderoso do que qualquer outra pessoa, e somente seus primos mais versados em genealogia murmuravam que seu bisavô havia afastado ilegitimamente o bisavô deles, que a maior parte de suas terras tinha sido adquirida por meio de chantagem e chicanas jurídicas que chocaram até mesmo os britânicos e que tecnicamente a tribo Chueilat nada mais era que um clã da confederação Humeid.

A tribo Beni Rikaab, que visitei em seguida, não tinha um xeque principal conhecido. Ismail, filho mais velho do último grande xeque, tinha vindo me visitar anteriormente para pedir a restituição de suas terras. Durante a última década, morara com o filho de 18 anos em Londres e o trouxera consigo. O filho era um jovem alto, de lábios vermelhos brilhantes, muito bem-apessoado e aparentemente tinha consciência disso. Embora vestisse os mantos tribais, parecia ter por baixo *jeans* de seiscentos dólares. Taleb, o irmão mais moço, não estava disposto a conceder-lhe a liderança e por ser mais maquiavélico conseguira construir uma posição para si próprio. Enquanto isso, o tio de ambos, de nome Chlage, embora de saúde delicada, ainda estava vivo e era considerado pela maioria do povo de Al Rafai como o principal xeque, sendo seu herdeiro e representante o filho Yunus. Teoricamente, a passagem do tempo, o desempenho e a riqueza de cada xeque e a preferência da tribo determinariam qual daqueles primos surgiria como dominante. Mas as estruturas tribais já não eram o que tinham sido anteriormente, e imaginei que a questão jamais seria resolvida.

Eu já tinha estado com Ismail no escritório e visitara a casa de Chlage e Yunus na semana anterior. Agora queríamos visitar Taleb. Este era muito mais conhecido dos membros do partido em Bagdá do que qualquer de seus irmãos e primos. O embaixador italiano, que estava em Bagdá havia cinco anos, o havia recomendado especialmente a mim como um homem civilizado e poderoso, de disposição favorável à Coalizão. Tínhamos pedido sua ajuda, e ele prometera mobilizar a cidade em apoio ao Conselho. Ofereceu-se também para manter a segurança em todo o distrito se lhe proporcionássemos dinheiro e armas.

A casa de Taleb ficava numa rua estreita no centro de Al Rafai e era muito menor do que as de seus primos. A cidade era essencialmente controlada pelos sadristas. Por isso levamos uma equipe extra de guarda-costas e os militares italianos estacionaram tanques na praça a fim de nos proteger. Taleb, homem esbelto de óculos Polaroid, beijou Bárbara quando descemos; era a primeira vez que eu via um iraquiano beijar uma mulher no sul do país. Havia trinta iraquianos de meia-idade sentados em uma sala apertada. Taleb sussurrou que os havia convidado a fim de resolver o problema com Ali Zeidi, o líder dos sadristas.

Bárbara começou exprimindo gratidão a todos. Recordou-lhes a eleição do Conselho e disse que contava com todos para apoiá-lo e não se deixar intimidar por Ali Zeidi.

Mas, para nossa surpresa, um a um os homens declararam que o Conselho deixara de ser aceitável e que formariam o seu próprio sistema. Objetamos. Nesse momento, Ali Zeidi, o homem que queríamos mandar prender, entrou na sala. Tinha pouco menos de 30 anos e, como muitos dos religiosos sadristas, vestia um manto de tecido escuro de boa qualidade. Todos se levantaram para saudá-lo. Ele se sentou e nos disse que o Conselho atual era composto de criminosos e que estava contente por haver concordado com a orientação do xeque Taleb de aboli-lo.

— Xeque Ali Zeidi, não concordamos com isso — falei, em tom zangado. — Nós apoiamos o Conselho eleito e continuaremos a apoiá-lo contra qualquer pessoa que o ameace.

O xeque Taleb interveio.

— Bárbara, lamento não ter tido tempo para prepará-la de maneira adequada, mas realmente o atual Conselho não é bom. De qualquer forma, seu mandato expirou. Formaremos outro Conselho e eu estou disposto a ser o presidente. Já escolhemos os novos representantes entre os presentes nesta sala. Quando vocês partirem hoje, haverá um novo Conselho apoiado por Ali Zeidi. Mas vamos esperar um momento para que cheguem os alimentos, porque preparamos um banquete especial para você. Depois conversaremos mais.

O xeque Ali Zeidi voltou-se para os presentes e falou sobre as iniqüidades da Coalizão e a importância de permanecer afastado de suas estruturas.

Levantei-me e fiz um sinal para Bárbara. Disse que não estávamos dispostos a ouvir aquelas palavras de um homem como Ali Zeidi, que tinha atacado civis desarmados e lançado granadas de propulsão a foguete contra soldados da Coalizão. Ato contínuo, saímos. Todos se levantaram. Recusar uma refeição é um insulto grave. Na porta, eu disse ao xeque Taleb que não tínhamos gostado de ser convidados a uma armadilha e que não pretendíamos encontrá-lo novamente. Partimos em nossos veículos pelas ruas, esperando encontrar um multidão de sadristas enraivecidos, mas a cidade estava tranqüila e eu acreditava que Ali Zeidi não ousaria nos atacar em Nassíria.

De volta ao escritório, Bárbara demitiu o tradutor por causa do incidente dos cigarros. Ele saiu gritando:

— Nós voltaremos para pegar vocês. Não descansaremos enquanto vocês não forem expulsos desta província.

Caminhei com ele até a porta e ele parou, tomou-me a mão e disse:

— Rory, você precisa estudar E. M. Forster. É a única maneira de compreender nossas culturas. — "Basta estar ligado." — Saiu à rua, voltou-se e gritou novamente: — "Basta estar ligado."

Polícia

> Não deixes de cumprir teu juramento, porque se não o fizeres eu próprio juro da mesma forma voltar e procurar-te para castigar-te, ainda que te escondas como um lagarto (...). Sou o valoroso Don Quixote de la Mancha, que corrige as injustiças, vinga e repara as queixas.
>
> Cervantes, *A ameaça de D. Quixote,* livro 1, capítulo 4

MARÇO

Ali Zeidi ainda estava em liberdade e o Conselho se escondera. Resolvi tentar novamente usar a polícia. Esta continuava a fracassar em toda a província: os sadristas faziam freqüentes emboscadas contra as forças da Coalizão, atacavam caminhões que transportavam combustível e seqüestravam pessoas em toda parte. Os iraquianos queriam que quadruplicássemos o número de policiais, erguêssemos postos de controle a cada 100 metros, fornecêssemos lançadores de granadas aos policiais e organizássemos mais redes de coleta de informações. Até aquele momento, havíamos recusado instituir o que nos parecia ser um "Estado tipo Saddam" e nossos assessores policiais continuavam a insistir em que a solução não estava na quantidade, mas sim no treinamento. Mas ainda não haviam organizado o "serviço de polícia leve e inteligente" com o qual sonhavam.

Estimulei o governador a convocar uma reunião televisionada de todos os chefes de polícia da província e sentei-me ao seu lado na ocasião. Tínhamos os nomes de mais de cem policiais corruptos, que tinham colaborado com Sadr ou que eram importantes no partido Baath. Mais 1.500 já tinham passado da idade ou não estavam desempenhando adequadamente suas funções. O Ministério do Interior, no entanto, não havia organizado nenhum mecanismo para demitir policiais e não existiam arranjos para colocar pessoal em disponibilidade e nem planos de aposentadoria.

O governador começou censurando os policiais e considerando-os inúteis.

— Os chefes de polícia de Al Gharraf, Al Rafai e Suk-ash-Shuyukh e seu assistente Rahim Abu Ali fracassaram completamente na manutenção da segurança em suas cidades. O senhor, capitão Basem, roubou um caminhão reboque na estrada diante de dez testemunhas.

Um homem se levantou para defender os acusados.

— Ah, é o capitão Qusay — disse o governador —, chefe de Assuntos Internos. Então, não há problemas na polícia?

— Eu não disse que não havia problemas — respondeu o policial.

— Bem, se há problemas, por que motivo o senhor deixou de fazer queixas e relatórios para a CPA ou para o Conselho da Província sobre o mau comportamento da polícia durante os últimos três meses? Isso tem algo a ver com sua posição anterior no partido Baath ou talvez com suas ligações de negócios?

O capitão sentou-se novamente, com ar zangado. O governador disse aos policiais que em Al Islã ele havia expulsado da cidade um religioso sadrista radical simplesmente apelando para os xeques tribais. Concluiu o discurso dizendo aos policiais que não deviam ter medo de morrer no exercício do dever porque um policial que morresse em serviço seria um *shahid*, ou mártir, com entrada garantida no céu. A idéia não pareceu entusiasmá-los muito.

Os chefes de polícia se levantaram um a um. O de Al Rafai fez um discurso especialmente ousado, exaltando sua própria coragem e suas realizações. O governador interrompeu:

— Quantos homens fazem parte de seu efetivo?

— Trezentos e vinte.

— Então por que não havia ninguém no posto policial quando visitei Al Rafai na semana passada?

— Isso é mentira.

— Está me chamando de mentiroso? — redargüiu o governador.

— E por que — interrompi eu —, se o senhor é tão heróico, o sadrista Ali Zeidi consegue com seis homens derrubar o Conselho, dominar sua cidade, e o senhor nada faz para impedi-lo?

— Nós o impediremos — rosnou o chefe de polícia – , e se alguém disser que sou covarde, lutarei com ele sem armas. Não é minha culpa se tudo está confuso. Se a polícia é mal treinada e mal equipada, a culpa é sua, Seyyed Rory.

— Está bem — tornei eu. — Vou dizer uma coisa séria. Tenho certeza de que o senhor tem razão, é principalmente por minha culpa e por culpa da Coalizão. Cometemos muitos erros. Nao lhes demos armas suficientes e nem treinamento adequado; não entregamos o equipamento que prometemos e não mantivemos a segurança. Tudo isso é verdade. — Não era comum eu fazer esse tipo de confissão, e todos estavam olhando para mim. — Mas a questão é: o que vocês vão fazer? Já está muito tarde. Em poucas semanas iremos embora. Se não conseguirem agora o que precisam, provavelmente nunca o obterão. Então, o problema é de vocês. Para ser franco, não estou muito otimista quanto a este lugar. Podem falar e queixar-se o quanto quiserem, mas eu vou embora. A questão é: que tipo de sociedade vai existir aqui depois de junho?

"Já vi tudo isso antes nos Bálcãs — continuei. — Este mês, membros do Conselho eleito foram atacados e torturados em seus escritórios, caminhões de combustível foram seqüestrados na estrada principal, houve raptos de pessoas, granadas foram atiradas nas ruas de Rafai, sítios arqueológicos foram saqueados em Umma, tivemos ataques de morteiros contra as instalações da CPA e agora criminosos atacaram o posto de gasolina em Al Gharraf e soltaram todos os presos. Desse jeito, se eu voltar daqui a seis meses, vou encontrar não uma grande guerra civil, mas sim um colapso com combates em cada subdistrito, brigas de diferentes grupos de milicianos, partidos políticos, facções religiosas, tribos e criminosos, todos se matando entre si; o governo central em ruínas e os serviços não mais entregues ao povo. Vocês são os únicos que podem impedir isso. Precisam assumir o monopólio da violência. Precisam afirmar sua autoridade. — Minha voz tremia ligeiramente. — Não adianta discutir mais de quem é a culpa e nem apresentar desculpas. Eu vou embora. Vocês precisam colaborar com o governador e assumir o controle.

Ecos das fronteiras

> A privação do privilégio de compartilhar na defesa e administração do país inquieta os habitantes da Mesopotâmia. É verdade que a prosperidade aumentou, mas quem se preocupa com isso, quando a liberdade está no outro prato da balança? Aguardaram e apreciaram as boas-novas de nosso mandato, porque acharam que significava autogoverno para si próprios. Estão agora perdendo as esperanças sobre nossas boas intenções.
>
> T. E. Lawrence, carta ao *The Times*, 22 de julho de 1920

28 DE MARÇO A 4 DE ABRIL

Em uma reunião em Basra no início de abril, ficamos sabendo que a situação no sul estava ficando menos estável. Ao descrever o panorama em Nassíria, falei dos problemas com a milícia do GSC e do ataque de Ali Zeidi contra o Conselho formado por Al Rafai. Não obstante, acrescentei, finalmente tínhamos conseguido fazer com que o programa de desenvolvimento funcionasse bem, organizado outras eleições bem-sucedidas e nomeado um Conselho da província aparentemente eficaz.

Falando em nome de Amara, Molly trouxe novidades mais inquietantes. Depois que parti, a Dra. Kefiyah, chefe do centro feminino de Bagdá, continuara a ignorar cartas ameaçadoras recebidas dos partidos islamitas. Certa manhã, um veículo se aproximara quando ela caminhava para o escritório. Dois pistoleiros apearam, mandaram que os colegas que estavam com ela se afastassem e a assassinaram na calçada. Os culpados não tinham sido apanhados. Três partidos islamitas assumiram a responsabilidade. Também tinha havido ataques com morteiros às instalações em Amara, e Molly parecia cada vez mais insatisfeita com o Príncipe dos Pântanos. Mas os religiosos moderados como Abu Mustafá e até mesmo o xeque Rahim continuavam a demonstrar apoio e parecia possível levar adiante os demais aspectos da vida.

Molly continuava a empreender centenas de projetos de desenvolvimento. Financiara a revista de Ali e uma biblioteca para o intelectual Abu Muslim; seu novo vice começara a reformar os Conselhos Distritais. A piscina finalmente fora enchida, embora pouco depois tivesse sido esvaziada novamente quando um soldado norte-americano em visita, no dia seguinte à inauguração, mergulhara na parte rasa e ficara paraplégico. Uma reunião de árabes dos pântanos tinha sido realizada com êxito no gigantesco *mudhif* que tínhamos construído do outro lado do rio diante de nosso escritório.

As coisas estavam muito piores em Kut, na fronteira norte de Amara e Nassíria, onde Mark Etherington, que viajara comigo para o Iraque, era o governador para a Coalizão. Seu escritório tinha sido atacado por milícias do movimento sadrista. Os soldados ucranianos que o protegiam tentaram fugir e ele tivera de mandar seus guarda-costas atravessarem os carros blindados no portão para impedir que escapassem Os guarda-costas mantiveram fogo defensivo durante horas, enquanto Bagdá se esforçava por reagir. Mark conseguiu deixar as instalações num helicóptero de combate e foi para o acampamento militar. No dia seguinte, tendo resolvido ir por terra a Bagdá, foi atacado nos arredores da cidade. A blindagem do veículo resistiu aos tiros e a equipe conseguiu voltar ao acampamento. Em outras partes do Iraque, seis estrangeiros tinham sido seqüestrados e um civil britânico fora morto próximo a Bagdá.

Depois da reunião, o coordenador regional nos advertiu de que tinha sido tomada uma decisão e que a confrontação com os sadristas já era inevitável. Os Estados Unidos, especialmente, achavam que tínhamos sido muito complacentes com eles. O coordenador, no entanto, não sabia em que momento Bremer pretendia agir, embora ele já viesse falando em tomar uma atitude há seis meses.

Em 29 de março houve uma manifestação com 3 mil participantes do lado de fora do escritório em Nassíria. Os líderes que vieram falar comigo eram pessoas com quem eu já tinha estado várias vezes antes. Eram sadristas destacados: um advogado chamado Jawad, barbudo e vestido com *dishdash* branco, e um homem cujo nome era xeque Muwayad. Embora estivéssemos fazendo esforços para prender Ali Zeidi, pretendíamos incluir aqueles homens no Conselho da Província. Jawad sentou-se e entregou-me um panfleto que não consegui ler. Pedi que ele o lesse alto e ouvi a tradução. O texto tinha três páginas, que ele leu em tom monótono:

— "Finalmente a máscara caiu do rosto de serpente dos Estados Unidos, o grande Satã, e seus parceiros no trio: a Grã-Bretanha, o pequeno Satã, e Israel. Agora vemos a verdadeira natureza do imbecil Bremer e do asno Rory Stewart...

Dei uma risada.

— Acho que não preciso ouvir o resto — disse eu.

Eles me olharam um tanto inquietos.

— Em que posso ajudá-los? — continuei.

— Viemos protestar contra o fechamento de nosso jornal em Bagdá. Vocês falam em liberdade de expressão e depois fecham nosso jornal. Isso nunca aconteceria em seu país.

Eu não sabia que o jornal sadrista tinha sido fechado e nem tinha idéia do motivo apresentado. Mesmo assim, defendi a decisão.

— Liberdade de expressão não significa liberdade para caluniar e nem para incitar o ódio religioso. — A julgar pelo texto que tinham lido, imaginei que os sadristas tivessem feito ambas as coisas. — Na Inglaterra nós também fechamos jornais — prossegui, sem ter muita certeza do que dizia. — Mas vou examinar o assunto. O que vocês querem que façamos?

— Vocês são agentes de uma ocupação perversa. Vieram aqui para nos roubar.

— O que exatamente querem que façamos? — repeti. — Vamos partir daqui a 12 semanas e transferiremos todo o poder ao governo iraquiano. Preferiam que partíssemos amanhã? Estamos realizando projetos de desenvolvimento. Querem que os interrompamos? O que querem?

Eu estava até me divertindo com a dialética, mas talvez devesse procurar ver as coisas pela perspectiva deles. Eles tinham entrado em um acampamento da Coalizão, correndo o risco de ser presos. Eram jovens, mais jovens do que eu, tratando com uma autoridade pouco conhecida. Um era religioso e o outro era advogado, o que normalmente lhes assegurava certa deferência. Eu não tinha permitido que lessem o manifesto redigido com tanto cuidado e agora insistia em saber o que queriam.

O que queriam exatamente? Não sabiam. Não queriam que partíssemos imediatamente e nem que abandonássemos os projetos. Não, as queixas eram mais antigas: oposição ao imperialismo e aos infiéis em terras muçulmanas; a convicção de que não deviam ser governados por estrangeiros; a certeza de que o Ocidente muitas vezes agia de má-fé; a suspeita de que o petróleo tinha a ver com aquilo tudo — todas eram queixas válidas. Mas a quem poderiam dirigi-las? Como poderiam articulá-las? Haviam organizado demonstrações, eram porta-vozes das milhares de pessoas do lado de fora que esperavam algum resultado. Afirmei que tinha gostado deles e que tivera prazer na reunião. Eles retribuíram os elogios. Despedimo-nos com sorrisos. Achei que o assunto estava terminado.

Dois dias depois, quatro contratistas civis norte-americanos foram arrancados de seus carros por uma multidão enfurecida e dois de seus cadáveres chamuscados e mutilados foram pendurados nas ruas de Faluja.

No dia 3 de abril parti em licença por uma semana. Naquele dia, Yacoubi, um dos principais porta-vozes de Muqtada Sadr, foi preso por soldados norte-americanos. Em 5 de abril as instalações da CPA em Kut foram atacadas e fechadas. Em Najaf, no setor espanhol, um ataque matou vinte iraquianos e quatro soldados salvadorenhos;

duzentas pessoas ficaram feridas.[1] Sete soldados norte-americanos morreram ao tentar restabelecer a ordem na "cidade Sadr", um subúrbio de Bagdá. E o diretor de saúde em Al Amara, a quem eu conhecia bem, disse à AFP que o grupamento de combate britânico tinha matado 12 pessoas e ferido 25 em Amara ao abrir fogo contra uma aglomeração de sadristas no mesmo dia. O belo *mudhif* que tínhamos mandado construir em Amara foi arrasado e incendiado.

O manifesto de Muqtada Sadr dizia: "Sou acusado por Bremer, um dos líderes do mal, de ser um foragido da lei. Se isso significa insurgir-se contra a lei da tirania norte-americana e sua imunda constituição para o Iraque, sinto-me orgulhoso disso e por esse motivo me rebelo." Na terça-feira de manhã, quando estava na Escócia, li notícias dizendo que 15 iraquianos tinham sido mortos e 12 italianos feridos perto de nosso escritório em Nassíria. O xeque Muwayad e Jawad, que tinham me visitado no escritório, estavam entre os líderes desse ataque. Um homem de negócios britânico de Nassíria tinha sido seqüestrado.

Interrompi minha licença na Grã-Bretanha e voltei com certa apreensão ao que acreditava ter-se transformado em zona de guerra. Minha equipe de segurança foi aumentada de quatro para seis homens e viajei com dois veículos de apoio para o caso de sermos emboscados. Enquanto atravessava a província, surpreendi-me ao ver que o comércio estava funcionando, as crianças voltavam da escola e havia poucos indícios de combates. Mas naqueles cinco dias nossas instalações tinham mudado muito. Havia agora uma muralha de sacos de areia diante da entrada do pátio e, do lado de fora de meu gabinete, pilhas de caixas de munição e garrafas de água. Os funcionários pareciam assustados e imediatamente me informaram que pretendiam pedir demissão. Os sadristas tinham ocupado as duas pontes principais que cruzavam o Tigre e os italianos não tinham conseguido impedi-los; todos os que tinham alguma experiência militar, inclusive nossa assessora jurídica dinamarquesa, ha-

[1] Os espanhóis já estavam de partida, após a morte de quase duzentas pessoas num ataque com explosivos em Madri no mês anterior.

viam estado montando guarda armada no telhado, esperando um ataque da milícia.

Toby estava especialmente zangado. Afirmava que os militares italianos não tinham planos de apoio e que o escritório estava em perigo.

— Na manhã de quinta-feira — disse ele —, disseram-nos que nos preparássemos para a "evacuação" de nossas instalações. Não sei por que querem fazer isso. Acho que foi porque dissemos a Bagdá que os italianos tinham abandonado a cidade. Levaram-nos em veículos blindados a 1,5 quilômetro de distância, até a base italiana, e ali nos abandonaram. Durante uma hora e meia não apareceu nenhum dos veículos italianos que tinham sido prometidos. Ficamos naquela base quase vazia, totalmente expostos ao público, arrastando-nos por baixo da cerca de arame farpado com nossos coletes à prova de bala. Foi um milagre não termos sido mortos. Chega. Vamos embora. Não vamos mais ficar aqui. Essa gente simplesmente não tem o controle da situação. É uma perda de tempo.

Para muitos funcionários, era a primeira vez que se viam expostos à guerra e à rebelião. Eu não tinha estado presente e procurei compreender o que acontecera quando os sadristas "tomaram" a cidade. Os membros da Coalizão estavam trancados nas instalações, observando do telhado os acontecimentos, ou pelas estreitas janelas de seus veículos blindados nas raras ocasiões em que saíam. Nossa equipe iraquiana, assim como a maior parte da população de Nassíria, tinha ficado em casa. A situação ficara tão perigosa que os jornalistas também se afastaram. Naquela ocasião, assim como mais tarde, a imprensa mundial não tinha conhecimento de que estávamos perdendo o controle de uma cidade de 600 mil habitantes. A antiga equipe de John — Jeremy, Jay e Toby — partiu num prazo de 15 dias.

Enquanto isso, Bremer e a Zona Verde estavam furiosos com os italianos. A imprensa italiana relatara que Bárbara Contini tinha tido uma reunião com o líder sadrista Aws Al-Khafagi e fizera comentários simpáticos ao movimento sadrista. Os norte-americanos ficaram horrorizados com as informações de que os italianos tinham concordado em sair de Nassíria sem qualquer atitude contra a organização sadrista. Os italianos negaram veementemente que isso tivesse ocorrido. Disseram ser diplomáticos, mas que sabiam ser agressivos quando necessário. Estavam, no entanto, sob pressão para provar à Coalizão sua capacidade de agir.

Raptado

> Os estrangeiros e os cristãos não são benquistos na Arábia.
>
> T. E. Lawrence, Artigo 11 de 27 Artigos, 1917

11-13 DE ABRIL

Depois de minha volta, minha prioridade passou a ser encontrar um homem de negócios britânico que fora raptado no início dos distúrbios. Gary Michael Teeley morava em Nassíria, mas tinha muito pouca relação conosco. Tinha feito a improvável afirmação de que viera ao Iraque para "montar uma firma de lavanderia". Os seqüestros haviam se tornado comuns: na mesma semana dois reféns alemães foram mortos no triângulo sunita, e três japoneses, bem como quatro italianos foram seqüestrados.

Para tentar resgatar Teeley, falamos com todas as pessoas que podíamos imaginar: o governador, o chefe de polícia, muitos xeques tribais e líderes políticos locais. Não tínhamos informações confiáveis sobre o lugar em que estaria sendo mantido, mas era razoável supor que os sadristas estavam implicados. Concentrei-me, portanto, no xeque Aws Al-Khafagi, religioso sadrista de Nassíria e jovem contemporâneo de Muqtada, amigo íntimo dele e ministro da Defesa em seu "governo alternativo". Aws estava incluído numa lista de pessoas a serem presas preparada em Bagdá. Mas por meio de intermediários ele negava ter qualquer ligação com o seqüestro, embora acrescentasse que alguns de seus seguidores tinham formado grupos dissidentes que já não estavam sob seu controle. A única forma de pressioná-lo era por meio das tribos, especialmente seu tio, o xeque Ahmer, principal xeque da tribo dele. Mas como eu poderia pressionar o xeque Ahmer?

Chamamos as principais figuras da província, ressaltamos a importância da segurança para o desenvolvimento econômico de Nassíria e introduzimos a ameaça da vinda de tropas norte-americanas para a cidade. O governador e os principais xeques de Amara me informaram haver convocado uma reunião para fazer com que o xeque Ahmer fizesse pressão no sobrinho. Deram a entender, sem afirmar, que poderiam fazer com que suas tribos se voltassem contra ele caso não cooperasse. Enquanto isso, nossos contatos na organização Sadr diziam que tudo estava sob controle. Na altura do sábado senti-me mais otimista.

Naquela noite, militares italianos entraram na sede da organização Sadr, no centro da cidade. Durante a operação, uma explosão destruiu o escritório. Os italianos não nos tinham posto a par de seus planos, mas imediatamente informaram a imprensa, dizendo que estavam tentando confiscar armas. Imaginei que estivessem querendo demonstrar ao comando norte-americano em Bagdá que eram capazes de agir contra os sadristas. Mas o gesto era curioso. Os sadristas tinham sido antecipadamente informados e o escritório da organização estava vazio.

Na manhã seguinte meu gabinete se encheu de raivosos líderes locais. Afirmavam que os sadristas só tinham se retirado de Nassíria porque os italianos tinham prometido não atacar. Agora acontecera aquilo. Os italianos, diziam eles, tinham colocado os explosivos e provocado a detonação depois de sair do prédio. Os líderes sadristas ameaçavam ocupar novamente a cidade. Exigiam que os italianos fizessem um pedido público de desculpas e que recuperassem o escritório. Diziam que o britânico seqüestrado poderia não ser solto. Pedi desculpas, embora não soubesse de nenhum acordo entre os sadristas e os italianos. Expliquei que Bagdá nos estava pressionando.

Uma hora depois, o governador telefonou e disse:

— Esteja em seu escritório em meia hora. Tenho uma surpresa para você.

Uma hora depois havia vinte iraquianos no portão e com eles um ocidental: estava pálido e com barba de uma semana, roupas mal cheirosas e olhos injetados, parecendo ter 50 anos de idade.

— Um presente para você, Seyyed Rory — disse o xeque da tribo Abude. — Não o entregaríamos a ninguém mais.

Eu queria que Teeley entrasse imediatamente, mas todos os que estavam no grupo pretendiam que eu agradecesse pessoalmente a cada um. Tentei fazer isso, mas omiti alguns. Ouvia os soldados italianos que se juntavam próximo a Teeley perguntando:

— Então, eles torturaram você? Estupraram você?

Suspendi os agradecimentos, ofendendo gravemente alguns dos chefes tribais, e levei o britânico para meu gabinete.

Sentado no sofá de veludo, ele pediu uma cerveja e cigarros. Disse que tinha sido detido no escritório sadrista e depois entregue ao xeque de Abude, dali ao governador e do governador a mim. Não tinha visto sinais de tropas da Coalizão. Ficara contente ao ver que o Ministério do Exterior britânico finalmente fazia o que devia. Estava grato a seus seqüestradores por havê-lo libertado. Tinha jurado que se lembraria deles, mas esquecera os nomes — achava que um fosse Ali e outro, Hussein. Se eu os visse, deveria agradecer-lhes. Respondi que faria o possível. Ele agora estava em segurança e nós o levaríamos ao hospital militar e depois o mandaríamos de volta à Grã-Bretanha.

Depois de tomar outra cerveja, ele falou de seu cativeiro.

— Tiraram a venda de meus olhos. Havia dois homens cobertos com lenços *keffiyeh*. Um deles encostou a arma em minha cabeça e disse que ia me matar. Lembro-me de ter procurado nos bolsos... Sabe, essas coisas que a gente carrega... como uma espécie de consolo, uma espécie de amuleto. O homem armou o rifle. Quando a gente ouve aquele som... de uma arma encostada na cabeça e pronta para disparar... ele chega a um nível muito mais profundo do que qualquer outro som, chega a algum lugar lá dentro do cérebro.

Dei-lhe um telefone por satélite e ele ligou para sua família. Suas primeiras palavras foram:

— Alô, o time do West Ham ganhou o jogo de futebol?

Com mais uma cerveja ele falou mais. Estava visivelmente perturbado e tendo dificuldade em manter a coerência, mas aos poucos também começava a transformar em anedotas experiências sombrias e perturbadoras. Perguntou se tinha aparecido muito no noticiário e acreditava que iria dar entrevistas. Depois falou mais sobre o cativeiro. Passamos uma hora conversando.

Eu havia chamado uma ambulância para levá-lo ao hospital militar italiano para que fizesse um *check-up*. A ambulância chegou, e ele entrou pela porta traseira, com um aceno final de gratidão. Mandei um e-mail a Londres, imaginando que o ministério gostaria de saber que ele estava em segurança. Depois fui de carro até a base.

Por alguma razão os italianos hesitaram em deixar-me entrar no acampamento; no hospital, um médico italiano me assegurou que Teeley estava bem, mas não me permitiu vê-lo.

Ao sair do hospital passei por uma mulher muito nervosa, vestida com uniforme militar britânico. Era perita em reféns. Tinha estado de prontidão em Tallil durante três dias. Por que eu não tinha entrado em contato com ela? Expliquei que ninguém me dissera que ela existia. Por que entregara Teeley aos italianos? Ele não devia ficar com os italianos, mas sim ir de avião diretamente para a base britânica em Basra. Respondi que já tinha feito o suficiente e que simplesmente queria que ele fosse para um hospital. Ela se virou e afastou-se furiosa.

Entrei na sala do general italiano, que estava mandando o ajudante telefonar para todos os principais canais de TV para organizar entrevistas em que ele anunciaria a libertação de Teeley. Um de seus oficiais colocou a mão em meu ombro e disse que o general estava muito ocupado e não podia me receber naquele momento. Um soldado italiano me afirmou que o general dera ordens explícitas para impedir que eu ou qualquer pessoa da CPA fosse vista em companhia de Teeley. Era por isso que tinha sido difícil para mim entrar na base e no hospital. De volta ao escritório recebi uma chamada dos britânicos dizendo que para efeitos de relações públicas era essencial que Teeley fosse levado para Basra naquela noite. Respondi que isso estava fora de meu alcance.

Recompensa a amigos

Quem mente sempre é mensageiro de lugares distantes.

Provérbio sumeriano de Ur, c. 2000 a.C.

13 DE ABRIL

Fui por terra a Shatra, a fim de agradecer ao grande xeque da tribo Abude, Ali Hussein Al Khayun, por sua ajuda na libertação do refém. Estacionamos em um jardim murado junto a algumas árvores tortas. A casa do xeque era famosa na província e era conhecida como "palácio britânico tradicional". Na verdade, era um prédio amplo de um único pavimento, feito de tijolos caiados, com piso de pedras polidas e tetos altos, sem decorações. A meia parede externa que o circundava, feita de pedra, e também as linhas curvas davam a impressão de ter sido construído na década de 1920. Assemelhava-se aos prédios erguidos pelos britânicos em toda a Índia para descanso dos funcionários, e imaginei ter sido projetada por algum engenheiro inglês do Departamento de Obras Públicas.

Na época da construção do prédio, o quartel-general de um funcionário político britânico, Betram Thomas, ficava localizado em Shatra. Depois disso, Thomas tornou-se um dos grandes exploradores do deserto da Arábia e recebeu a medalha de ouro da Real Sociedade de Geografia por um livro dedicado em parte ao registro das dimensões dos crânios de diversos povos árabes e pelo uso dessas medidas para especulações sobre sua origem étnica. Tinha sido designado para Shatra aos 24 anos e passara grande parte do tempo caçando com a ajuda de cães e realizando escavações arqueológicas amadorísticas. Durante o levante xiita de 1920, fora cercado por centenas de homens das tribos que faziam manifestação diante de sua porta e só se salvara devido à intervenção do avô do xeque Ali, que o levara às escondidas para um lugar seguro. Seis meses depois, voltara com ânimo mais moderado, dizendo que "a fim de obter o respeito dos árabes, o administrador deve demonstrar poder, decisão para exercer esse poder e genuína consideração pelo bem-estar do povo".

O xeque Ali entrou na ante-sala depois de me deixar esperando durante meia hora numa poltrona de espaldar vertical já um tanto esmaecida. Provavelmente queria demonstrar contrariedade porque eu não o havia tratado com o devido respeito no portão de nossas instalações quando ele entregara Teeley. O nobre potentado tinha 1,5 metro de altura, cabeça grande e rugosa e corpo franzino e encurvado. Na cobertura da cabeça usava uma bela faixa negra, mas na foto pendurada na parede o avô tinha uma faixa de ouro do triplo da largura. Convidou-me a almoçar, porém sem os sorrisos e gentilezas costumeiros. Parecia ter consciência de que era um dos principais xeques do Iraque e, ao contrário de muitos outros nobres de sua geração, era um homem instruído — na verdade, era advogado.

Mostrou-me um relógio britânico de bolso com a inscrição "ao Xeque Al-Khayun com grande respeito, general Wilson, 1922". Os presentes são parte importante da cultura iraquiana, mas os procedimentos financeiros já não nos permitiam recompensar a lealdade com objetos de ouro. Admirei o relógio e disse que sempre recordávamos o quanto sua família tinha feito por Bertram Thomas e a gratidão perene do governo britânico. Ele assentiu com a cabeça, olhando em volta da sala como se estivesse se sentindo um tanto enfastiado por ter ouvido as mesmas palavras mais de cem vezes antes. Agradeci pela libertação de Teeley.

— Eu colaborei com o governador — disse o xeque, com exatidão jurídica — para pressionar o líder sadrista xeque Aws por meio de seu chefe tribal. O xeque Aws é natural desta cidade; conheço o pai e o avô dele. Depois descobri onde ele estava sendo detido... logo a leste de Shatra... e descobri quem eram as pessoas que o guardavam. Chamei os seqüestradores para que viessem à minha presença e disse-lhes que o soltassem no sábado. Responderam que já o tinham vendido a outro grupo e não sabiam onde ele estava.

"Retorqui — prosseguiu ele —, aqui mesmo nesta sala, que os enterraria na areia até o pescoço se não o devolvessem. Na manhã seguinte trouxeram-no à minha casa. Liguei para o governador, levei-o ao escritório dele e o governador sugeriu que o levássemos ao senhor.

— Muito obrigado, xeque.

— O senhor não me agradeceu na ocasião. Não me convidou a entrar em suas instalações.

— Xeque, peço-lhe desculpas. Estava muito preocupado com Teeley e queria que entrasse logo em meu escritório.

— Teeley estava bem — disse o xeque, encerrando a conversa. — Ninguém tinha feito mal a ele.

Ao regressar ao escritório, a organização Sadr telefonou para dizer que, graças à pressão deles, Teeley tinha sido entregue aos xeques. Eu achava que os sadristas, na verdade, eram os raptores, mas agradeci mesmo assim. Depois recebi um chamado do primo e xeque da tribo do líder sadrista, que se declarou responsável por pressionar o primo. Agradeci também a ele, além dos dois iraquianos que tinham trabalhado com Teeley. O embaixador da Itália mandou uma mensagem dizendo que tudo tinha sido organizado por seu velho amigo o xeque Taleb da tribo Beni Rikaab — o mesmo que nos enganara na semana anterior. Em seguida liguei para o governador a fim de agradecer e informar que tinha conseguido verbas para um orçamento e para pagar uma secretária. Ele respondeu:

— Não agradeça, Seyyed Rory. Espero que você tenha recebido congratulações. Teeley foi um presente para você.

Não estava claro para mim de onde teria vindo a pressão decisiva para libertá-lo; aparentemente, havia quinhentas pessoas envolvidas. Tudo o que eu sabia era que ele tinha sido trazido pelos xeques e pelo governador até meu escritório, e não resgatado por tropas da Coalizão.

Na manhã seguinte, a primeira página do *Daily Telegraph* trouxe uma grande foto do general italiano apertando a mão de Teeley. O *Sun* informava: "Gary, 37, estava em grave estado de choque ao ser dramaticamente libertado de um bastião rebelde por forças italianas no Iraque, no domingo... Helicópteros italianos em patrulha viram rebeldes escapando do prédio e observaram a direção que seguiam em seus veículos. Após obter outras informações, entraram em um apartamento na parte norte de Nassíria e lá encontraram Gary, com as pernas amarradas. Os seqüestradores tinham fugido."

No dia seguinte uma carta reproduzida no *Sun* felicitava os italianos "pelo admirável trabalho feito no Iraque". Fiquei contente porque Toby já tinha partido. Aquilo não faria bem à sua pressão arterial.

Na altura do fim de semana (quando se informava que Gary estava negociando a venda dos direitos sobre sua história) houve nova reviravolta. "As tropas italianas receberam o crédito pela libertação de Gary Teeley", escreveu Christopher Leake, do *Mail on Sunday*, "mas este jornal foi informado de que sua libertação foi organizada por oficiais de elite da SAS britânica[1] que vestiam uniformes italianos para disfarçar seu envolvimento... quatro oficiais do 22º Regimento da SAS partiram secretamente de helicóptero para Nassíria durante a noite. Com rifles M16 de ataque e equipamento computadorizado para interceptar conversações telefônicas, a equipe estudou fotografias aéreas tiradas por um aeroplano espião norte-americano não tripulado do tipo Predator. Descobriram que Mr. Teeley estava sendo mantido prisioneiro num prédio vigiado por rebeldes. Um oficial que falava árabe foi responsável pelo êxito de sua libertação após seis dias de cativeiro... A equipe da SAS pedira uniformes italianos emprestados a fim de não destoar da cena

---

[1] SAS — *Special Air Service*: Serviço especial da força aérea britânica, geralmente utilizado para missões clandestinas e arriscadas. (*N. do T.*)

local, porque as forças italianas são as responsáveis pela região. No entanto, os líderes locais que estiveram com os oficiais sabiam que eram da SAS. A equipe tinha consciência de estar numa corrida contra o tempo para salvar Mr. Teeley, que seria morto dentro de 72 horas."

Alguém telefonou para congratular-me, achando que eu era o "oficial que falava árabe", e perguntou se era verdade que os elementos da Força Delta tinham se disfarçado de xeques iraquianos.

No mesmo jornal a ex-companheira de Gary, de nome Sharon, era entrevistada sob a manchete: "Gary é um impostor arrogante, egoísta e violento que me abandonou com os filhos pequenos". O quarto parágrafo terminava assim: "O que eu não sabia era que Gary estava tendo um caso com uma menina de menos de 20 anos, Lisa, que acabou indo para Dubai com ele." Lisa, conforme explicava o artigo, era a mãe do quinto filho de Gary, e Sharon estava em companhia do ex-cunhado depois que ele se separara da irmã de Gary.

Na noite da libertação de Gary, os italianos tinham-lhe dado tranqüilizantes, e para comemorar o êxito da conferência de imprensa com o general, os *bersaglieri*, com seus chapéus de plumas de avestruz, levaram o desgrenhado refém à cantina. Deixaram que tomasse quatro cervejas por cima dos tranqüilizantes e das outras quatro cervejas que tomara comigo. Ele ficou um tanto agressivo e foi preciso que a polícia militar o contivesse. Gostaria de tê-lo visto numa briga típica dos *pubs* britânicos na cantina italiana, mas nunca mais o vi. Ele embarcou às pressas num avião para Londres no dia seguinte.

Elementos estrangeiros

Que a serpente encontre seu covil, o escorpião sua toca na terra e a hiena seu caminho de fuga.

Provérbio sumeriano de Ur, c. 2000 a.C.

25 DE ABRIL

Dez dias depois da libertação de Teeley, quando eu estava sozinho na chefia interina do escritório (Bárbara tinha ido à Itália), fui despertado pelo barulho de uma explosão às 3 horas da manhã. Tão logo percebi que não estava sendo acordado por um terremoto na Indonésia, mas sim no Iraque sob fogo de morteiros, fiquei mais preocupado com o intervalo entre as explosões do que com as próprias detonações. Outro funcionário veio correndo ao meu quarto e agachou-se perto de mim. Falava calmamente e parecia controlar-se, mas tinha sujado as calças, e eu queria sair logo do quarto. Enquanto corríamos para o prédio principal, as sentinelas no telhado atiraram contra nós, mas erraram o alvo, aparentemente nos tomando por rebeldes na escuridão. O tenente Burti, nosso oficial italiano de ligação, foi com alguns homens na direção dos tiros, a fim de investigar a gritaria que se ouvia no portão. Voltaram carregando dois soldados italianos que tinham sido atingidos. Um deles tinha as pernas quase completamente seccionadas. Um grosso fio de sangue marcava seu rastro desde a entrada até a sala improvisada de primeiros socorros, onde o Dr. Pedrale, depois de rasgar-lhe as calças, o tratou com morfina. Pedrale era rápido e eficiente. Estancou logo o sangue. Gritei, pedindo uma ambulância. O fogo de morteiro cessou e conseguimos evacuar as sentinelas. Nenhum dos homens morrera, mas um deles estava paralisado da cintura para baixo. Quando a ambulância partiu, recebi um telefonema de um colega que estava no exterior e perguntou como iam as coisas. Expliquei e perguntei como ele ia.

— Estou exausto. É horrível. Você não sabe como as coisas estão difíceis aqui na Europa. Mal tenho conseguido dormir, tenho reuniões durante o dia inteiro e entrevistas na TV desde a hora do café-da-manhã. Estou acabado.

Mostrei comiseração.

— Obrigado, Rory, isto aqui é horrível. Mas vamos sobreviver, vamos sobreviver. Bem, queria pedir um favor a você. Quero ter certeza de que meu lugar está reservado neste vôo de Bagdá, tem uma caneta aí? E quero que você organize meu transporte para o aeroporto.

Durante um momento, tive vontade de descrever o pátio com o sangue que coagulava nos degraus da entrada, mas lembrei-me de que a Europa era muito longe dali e simplesmente anotei os detalhes do vôo antes de me despedir.

Achei melhor que os funcionários dormissem nos pavimentos de escritório do que nos trailers de alojamentos. Dentro das instalações havia projéteis não detonados e eu não queria que ninguém mais se ferisse. A decisão não foi bem recebida. Fui dormir ao lado de minha escrivaninha e quatro horas depois me acordaram para informar-me que três suicidas tinham entrado em postos policiais de Basra com caminhões cheios de explosivos. Uma das explosões atingira um ônibus com moças estudantes. Uma hora mais tarde, outro caminhão suicida entrou na academia de polícia de Zubayr. As primeiras informações davam a entender que tinha havido pelo menos quarenta mortos (trinta somente em um dos hospitais) e muitos (um relato falava em duzentos) feridos em Basra.

Naquela semana houve emboscadas contra soldados italianos em cinco cidades do distrito e nossas instalações foram atacadas duas vezes com granadas lançadas de foguetes, embora sem vítimas. Em outras regiões, Najaf estava sob controle de rebeldes sadristas e Kerbala se encontrava cercada. Um dos outros coordenadores de governo, um norte-americano, tinha mandado uma carta dizendo que negociar com os sadristas poderia nos facilitar a vida, mas seria uma traição ao povo iraquiano. Disse que se entrássemos com tanques no centro de Najaf seríamos recebidos com flores nas ruas: somente uma pequena minoria apoiava Muqtada.

No dia seguinte fui ao Conselho da Província, contrariando os desejos da equipe de guarda-costas. Quando cheguei, um dos representantes sadristas estava fazendo um discurso criticando a brutalidade da Coalizão. Interrompi a fala dizendo que esses ataques contra a CPA não ajudavam ninguém e que eu precisava da cooperação do Conselho para encontrar os criminosos. Houve um silêncio embaraçoso e depois eles prosseguiram com assuntos processuais. Pedi que a Comissão de Segurança permanecesse no recinto após a reunião.

— O senhor precisa nos dar recursos, Mr. Rory — disse Seyyed Faris. — Somente nós somos capazes de controlar a segurança na província. Conhecemos esta cidade. Ninguém pode entrar nem sair sem o nosso conhecimento. É uma cidade pequena: sabemos tudo o que acontece aqui.

— Sem dúvida — concordou Abu Jasim, usando sua expressão preferida — dizem que nenhuma folha cai nesta província sem que tomemos conhecimento.

Eu não tinha dormido bem e minha paciência já não era grande.

— Realmente? — disse eu. — Uma folha? E um morteiro? Um de meus homens perdeu as pernas ontem à noite com um tiro de morteiro. Têm alguma idéia de quem possa ter disparado?

— Alguém de fora da província, Mr. Rory, tenho certeza.

— Isso ajuda muito — observei.

— Não somos policiais — disse um deles, recitando solenemente —, não devemos dar ordens aos policiais; somos simplesmente uma comissão supervisora que proporciona transparência para o público.

— Muitíssimo obrigado — disse eu, levantando-me para sair. Quando cheguei ao alto da escada, houve um tiro dentro do prédio. Meu guarda-costas atirou-se ao chão, eu olhei em volta sem saber bem o que fazer e em seguida deitei-me ao lado dele. Naquele momento ele tentou deitar-se em cima de mim. Os árabes, que não fizeram nenhum movimento para se proteger, ficaram olhando com ar de pena. Levantei-me e limpei o pó da roupa. Alguém explicou que um dos seguranças do governador tinha puxado o gatilho, esquecendo-se de que a arma estava carregada.

No escritório encontrei Adnan, um advogado experiente, à minha espera. Ele negou que os sadristas tivessem participado dos ataques recentes. Disse que a organização Sadr não tinha motivos para atacar a Coalizão num momento em que as negociações em Najaf iam caminhando bem. O xeque Aws Al-Khafagi, líder sadrista, queria muito uma reunião com a CPA. Tinha insistido com seus homens para que se retirassem do centro de Nassíria, embora enfrentasse bastante oposição, e eles não haviam atacado quando os italianos destruíram o escritório da sede com explosivos. Finalmente, acrescentou que, mesmo no pior momento da confrontação, o escritório da organização Sadr em Dhi Qar nunca tinha recorrido a um ataque terrorista noturno com lançamento de granadas contra as instalações da CPA. Disse ainda que o ataque fora primitivo e que o uso de armas automáticas após as granadas era "um exibicionismo inútil" demasiado amadorista para os sadristas.

— Então quem é o responsável? — perguntei. — O xeque Ali Zeidi?

— Não, não. Claro, ele poderia ter atacado a Coalizão em Rafai, mas não aqui. De qualquer maneira, já não faz parte da organização

Sadr. Retirou-se quando seu irmão morreu combatendo a Coalizão na ponte de Nassíria. Chamou Al-Khafagi de "covarde".

— Então quem foi?

— Isso é simplesmente parte da campanha nacional terrorista, como os ataques nas regiões sunitas. Fazem com que pareça ter sido obra dos sadristas, para obrigar vocês a enfrentá-los. Mas, na verdade, foi perpetrado por *fedayin* baathistas. — Pausa. — Ou então pela al-Qaeda. — Pausa. — Ou pela Síria. — Pausa. — Ou pelo Irã.

Volta à Zona Verde

> O palácio um é lugar escorregadio, que engana quem não o conhece.
>
> Provérbio sumeriano de Ur, c. 2000 a.C.

ABRIL A MAIO

Durante todo esse tempo prosseguia o ciclo normal de reuniões em Bagdá e Basra. Em minha visita a Bagdá em abril, os colegas da embaixada britânica me receberam de maneira educada, porém irônica. Um deles disse:

— Aí está o Príncipe dos Pântanos de Amara a Nassíria — e todos riram. Estavam mais ligados ao Conselho de Governo e às Nações Unidas e não eram muito favoráveis à idéia de que diplomatas britânicos administrassem províncias. Perguntei o que achavam de nossas políticas e um diplomata experiente respondeu:

— Daqui a dois anos, quando reexaminarmos o que estamos fazendo agora, veremos um histórico de experimentações contra-intuitivas que não deram certo.

Numa reunião com Bremer, o coronel encarregado de planejamento estratégico observou:

— O que estamos querendo fazer é lançar algumas das bases filosóficas de um plano... Iniciar uma jornada de descoberta a fim de construir uma implementação mais coesa de planos e políticas nas cinco regiões principais.

Um governador norte-americano perito em assuntos árabes, que gostava de usar chapéus de abas largas e de quem se dizia que levava consigo dois revólveres, disse:

— Não se trata apenas de um conflito militar, mas sim de um conflito ideológico. Temos de nos entrosar com a islamização e o socialismo árabe, senão estaremos construindo nada mais do que uma ditadura bem sustentada.

O encarregado do planejamento estratégico respondeu com um discurso sobre "análise dos hiatos das melhores práticas" e privatização.

Um dos governadores norte-americanos de uma região sunita lisse:

— Se nossa intenção era desestabilizar o país, não podíamos ter feito melhor. Estamos criando uma hemorragia: abolindo o exército, abrindo as fronteiras, destruindo a economia.

Durante a pausa para o café, um jovem funcionário me disse que iriam instruir as agências de desenvolvimento para que cessassem as atividades em Amara e Nassíria e se concentrassem em nossa vizinha Samawah.

— Mas isso não faz sentido — explodi. — Somos muito mais pobres do que Samawah. Você já esteve em nossa província?

— Não preciso ir lá. Tenho dados.

— Dados?

Disse a ele que os dados estatísticos não eram confiáveis e que nossas províncias eram muito pobres.

— Não é verdade. O desemprego em Samawah é muito maior.

Respondi que três em cada quatro pessoas em Nassíria estavam desempregadas, que estávamos à beira de uma guerra civil e que algumas de nossas favelas se pareciam com as da Índia rural.

— Não vou dar atenção ao que você diz. Já o conheço. Você é um entusiasta de sua província e tem seus motivos para querer recursos financeiros. Talvez o homem que está em Samawah não seja tão bom advogado. Por isso vou confiar nos dados que tenho. É melhor ter alguns dados do que não ter nenhum.

Respondi que aquilo era bobagem.

— Então como acha que devemos distribuir os recursos?

Sugeri que nos reunisse a todos em torno de uma mesa, fizesse perguntas sérias, deixasse que justificássemos nossos pedidos, ouvisse nossa argumentação, conhecesse melhor nossas personalidades, contivesse os que fossem mais veementes e chegasse a uma decisão. Acrescentei:

— Não se pode resolver problemas com números. Não importa contar quantas pessoas morreram; o importante é saber como e por que morreram e quem as matou, e para isso são necessários agentes políticos. Não existe uma relação exata entre seus índices e a política. Pode ser que seja preciso dar mais dinheiro a uma região mais rica se houver risco imediato de guerra civil; pode ser que...

— O que você está propondo é complicado, impreciso e imperfeito — interrompeu ele. — Sempre haverá idéias preconcebidas. Por isso usamos algarismos.

Felizmente, no entanto, continuamos a receber nossas verbas.

Bremer nos pediu que "comunicássemos e promovêssemos a Lei de Transição Administrativa". Sua equipe política principal em Bagdá parecia ter se dedicado especialmente a tratar com os vinte membros do Conselho de Governo, aplacar a ira de Washington e redigir essa Lei de Transição Administrativa (LTA), que serviria de Constituição provisória. Deveria ser um documento providenciado pelos iraquianos, mas estes tinham tido pouco controle sobre o processo, que não proporcionava oportunidades reais para debate ou participação do público. A LTA tinha sido redigida primordialmente por norte-americanos e em seguida empurrada ao Conselho de Governo numa sessão que durou a noite inteira.

Bremer achava que a LTA se tornaria parte importante do novo Iraque — um orgulho para a identidade nacional, assim como a Constituição dos Estados Unidos era parte central da identidade da nação. Eu não estava tão convencido disso, talvez pelo fato de vir de um país que não possui constituição escrita. A constituição iraquiana de 1968 era muito boa em teoria. O problema foi sua implementação. Não adianta inscrever direitos humanos em documentos se o xeque, o líder do partido ou o policial da vizinhança continuar usando violência contra os cidadãos.

Quando organizamos uma reunião dos conselhos municipais a fim de explicar a LTA, os participantes se mostraram contrários à afirmação de que a Sharia seria "uma", mas não "a" fonte da legislação. Zangaram-se ao saber que bastaria o veto de três províncias para impedir a vigência da futura Constituição, qualificando esse dispositivo de "veto curdo". Queriam que os Conselhos das Províncias tivessem maiores poderes. Outras províncias fizeram objeções semelhantes. O aiatolá Sistani, supremo líder xiita em Najaf, apresentou muitos desses pontos, mas não foi possível debatê-los porque o documento já estava finalizado e não podia ser modificado.

Compareci a uma reunião com um dos principais políticos iraquianos que tinham trabalhado na LTA. Ele morava nos Estados Unidos desde jovem e vestia terno cinza e grandes abotoaduras de jade. Começou a falar com surpreendente pronúncia de classe alta, que o fazia parecer um aristocrata de Boston dos anos 1950.

— Não temos uma história como a da Iugoslávia, uma história de conflitos pessoais.

Eu tinha ouvido iugoslavos que diziam a mesma coisa.

— O Iraque tem sido uma nação desde o século I. Apesar dos "caprichos e voluntarismos" [pronunciou esta última palavra de maneira afetada] de Saddam, nossa história é de liberalismo. Nem não-integrados, nem sectários e nem não-liberais. Temos de recuperar nosso passado liberal e voltar a exercê-lo.

Os outros estrangeiros em volta da mesa assentiram.

O homem falou de seu interesse específico na igualdade de gênero, nos que buscavam asilo político e na proteção das organizações da sociedade civil, concluindo, com um sorriso amplo:

— Não é o demônio, mas sim Deus, quem preside aos detalhes.

— Obrigada — disse a funcionária do Departamento de Estado que o havia apresentado. — Espero que os presentes tenham prestado atenção a esse impressionante debate. É por isso que sou otimista em relação ao Iraque. Tendo ouvido essas palavras, não parece uma ironia estarmos querendo ensinar democracia aos iraquianos?

Estado de Direito

> A irmandade se baseia nas palavras de uma discussão. No banco das testemunhas, a amizade se torna visível.
>
> Provérbio sumeriano de Ur, c. 2000 a.C.

10 DE MAIO

No início de maio, em Nassíria, eu estava lendo um telegrama de Bagdá sobre "programas para a sociedade civil" quando Ali Abdullah Salman, um dos conselheiros eleitos de Ar Rifa'i, veio me contar que tinha sido seqüestrado e torturado. Enquanto esperava uma reunião, ele tinha adormecido na biblioteca de Ar Rifa'i. Fora acordado por trinta homens armados. Somente quatro usavam máscaras, e ele reconheceu os demais. Eram chefiados pelo sadrista Ali Zeidi. Levaram-no à antiga sede do partido Baath na rua principal de Shatra, agora ocupada pelo escritório da organização Sadr. Foi posto em uma cela escura, com os olhos vendados, e ali lhe aplicaram choques elétricos. Finalmente o libertaram às 5 horas da manhã seguinte. Chamei Pauline, a assessora jurídica dinamarquesa, que liderou as perguntas. Ali era uma excelente testemunha, claro e preciso.

— Quer instaurar um processo jurídico? — perguntei.

— Para que acha que vim aqui? Houve quem quisesse me convencer a não dar queixa. Meu irmão foi ameaçado por três homens armados. Minha família e os xeques tribais tentaram convencer-me a retirar a queixa. Mas eu quero construir uma sociedade baseada no império da lei.

Fiquei olhando para ele, procurando compreender sua motivação. A polícia era inoperante em Ar Rifa'i. Se os sadristas o perseguissem, ninguém iria protegê-lo.

— E o senhor tem os detalhes?

— Tenho tudo e muito mais. As pessoas que me raptaram foram o xeque Sattar Al Jaber e Said Haider Makhtouf, que estavam armados com pistolas, Salman Al Ghadwan, Muhammed Khadum Mohi e Sayed Asiz Mohen, que tinham rifles e granadas, além de Ali Zeidi, que comandava o grupo e também portava uma pistola. Eram da organização Sadr e do 15º Shabaan. Levaram-me num Caprice preto com a tampa da mala cinzenta e placa Dhi Qar 7116.

— Fez a denúncia à polícia?

— Sim. Eles não queriam receber a queixa, mas eu insisti e finalmente um dos policiais a registrou. Em seguida, me mandaram fazer um exame médico. O relatório do médico comprovou que eu tinha sido torturado. Em seguida fui ao juiz de investigação. Ele também hesitou em tomar meu depoimento, mas finalmente fez uma convocação às pessoas que me seqüestraram e eu a levei de volta à polícia. Depois disso, nada mais aconteceu. Nem a polícia e nem o judiciário em Ar Rifa'i pretendem agir, ou porque têm medo dos sadristas ou porque os apóiam. Vou lhe mostrar as marcas em meu corpo.

Pedi a Pauline que saísse da sala e ele me fez ver algumas pequenas contusões no ombro, que eu não tinha como interpretar. Conforme relatou, já haviam se passado três semanas. Lamentei o ocorrido e agradeci a ele.

Segundo Pauline, todos os passos adequados tinham sido dados. Ela recomendou que eu transferisse o caso para uma jurisdição diferente — ou ao tribunal de Bagdá ou ao Tribunal Criminal Central do Iraque "usando sua competência segundo a Ordem da CPA nº 13, parte 18, item 2, alíneas d e f, intitulada "atos dirigidos a desestabilizar as instituições e processos [e] situações em que o autor em um processo criminal não tenha possibilidade de obter julgamento justo em tribunais locais". Pelo menos o conselheiro e a assistente jurídica ainda confiavam no sistema judicial.

Quando vi na TV que prisioneiros iraquianos tinham sido torturados em Abu Ghraib, quase pedi demissão. Sempre me considerara um realista, mas achava que estávamos na posição de dar um exemplo e que poderíamos dar lições de democracia e direitos humanos aos iraquianos.

Eu teria reagido com mais indulgência se acreditasse tratar-se de um incidente isolado, mas compreendi que sempre soubera, sem confessar a mim mesmo, que tais coisas aconteciam. Durante um momento fiquei pensando se seria somente um fenômeno norte-americano, mas sabia que os britânicos poderiam ter feito as mesmas coisas; qualquer exército seria capaz disso se não fosse estritamente controlado. A cultura militar freqüentemente desrespeitava as regras a fim de obter resultados, certo grau de rudeza suscitava admiração e muitas dessas coisas aconteciam nos trotes feitos com calouros.

Reconheci as atitudes e o sentido de humor daqueles que tinham tirado as fotos. Recordei-me de ter estado com grupos de homens que se riam vendo fotos de iraquianos mortos e filmes de helicópteros atirando em multidões. Senti vergonha. Mas gostava de meu trabalho e não via por que abandoná-lo faltando somente dois meses; portanto, não me demiti. Os iraquianos praticamente não fizeram comentários sobre o assunto, e pela primeira vez eu compreendi que eles sempre imaginaram que nós fazíamos essas coisas e nunca tinham acreditado em minhas afirmações sobre direitos humanos e Estado de Direito.

A semana foi surpreendentemente tranqüila para nós, mas os relatórios de situação estavam cheios de notícias de ataques contra outras equipes da CPA nas províncias. Na segunda-feira, um soldado holandês foi morto em Samawah, e em Baqubah houve um atentado à bomba contra a comitiva de veículos do governador;

na terça, ocorreu um tiroteio no centro de Kerbala e uma patrulha italiana foi atacada na cidade de Suq-Ash-Shuykh, no sul de nossa província; na quarta, a milícia sadrista tomou a principal chefatura de polícia em Najaf e lançou 15 salvas de morteiro contra a base da Coalizão. Na quinta, houve uma explosão na embaixada da Alemanha em Bagdá, mais combates em Kerbala e uma emboscada contra o veículo de um funcionário civil da CPA em Anbar.

Minhas preocupações eram mais corriqueiras. Meu último e-mail na quinta-feira solicitava sugestões sobre como pagar por quilo de lixo lançado no monturo. Não obstante, as coisas estavam evidentemente esquentando, de modo que fiquei em Nassíria quando Bárbara viajou para participar da conferência dos coordenadores em Bagdá, na sexta-feira. Nossos problemas começaram naquela noite.

Parte Cinco

Partidas

11-15 de Maio de 2004

Ó cidade, teus ritos foram afastados de ti, teus poderes se transformaram em poderes alheios.

Lamento para Urim, c. 2000 a.C.

A força de reação rápida

> Mercenários e forças auxiliares são inúteis e perigosos (...) porque são desunidos, ambiciosos, indisciplinados e traiçoeiros (...) fracos e covardes quando enfrentam inimigos decididos, não temem a Deus e nem mantêm alianças com os homens.
>
> Maquiavel, *O príncipe*, capítulo 12

11 DE MAIO

Estava eu no alto do zigurate de Ur com o ministro da Arqueologia quando alguém de meu escritório ligou para dizer que a milícia sadrista tinha ocupado a ponte principal. Pedi à equipe de segurança que nos levasse de volta usando a ponte menor. Ao chegar ao escritório, encontrei o governador na sala de reuniões. Ele me tomou a mão assim que entrei, falando depressa.

— Eu estava em meu gabinete. Alguns deles entraram no primeiro pátio com metralhadoras PKC e rifles AK47. O chefe de polícia estava comigo.

O chefe de polícia tinha pedido reforços e o governador descera para falar com os milicianos sadristas, mas eles agrediram o guarda-costas. O governador indicou com um gesto o homem, cuja mão estava envolta em ataduras ensangüentadas.

— Em meu gabinete há 15 policiais e seus veículos, mas a polícia fugiu. O exército Mehdi tomou os cinco carros da polícia e está percorrendo a cidade com eles. Como não veio ninguém da polícia para nos ajudar, saímos pelo fundos. Eles atiraram em nós na ponte, mas não acertaram. Vim para cá; meu gabinete foi ocupado pela milícia sadrista.

Sugeri ao governador que passasse a noite em nosso escritório, mas ele tinha pressa em partir e voltar para sua casa na região tribal. Fui com ele até o portão. Ao regressar, um dos tradutores me informou que os sadristas estavam reunidos fora dos postos de polícia e tinham tomado todas as pontes sobre o Tigre. Isso significava que estávamos separados dos militares italianos, cujo acampamento ficava ao sul do rio. Não havia tropas da Coalizão na parte norte da província. Durante as últimas semanas tínhamos procurado fazer planos para esse tipo de situação. Tínhamos verificado o número de soldados. Pedi relatórios atualizados sobre nossos suprimentos de comida, munição, água e combustível. Os funcionários informaram que os estoques durariam três ou quatro dias. Os italianos disseram que uma força de reação rápida poderia chegar até nós em vinte minutos. Liguei para lá e pedi que a força viesse imediatamente.

Depois liguei para todas as pessoas que pude e que estivessem ligadas à organização sadrista, inclusive os xeques e funcionários que tinham ajudado no episódio do seqüestro de Teeley. Poucos atenderam o telefone e os que o fizeram foram evasivos. Chamei os chefes das equipes de segurança. Em nossas instalações estava minha equipe de seis guarda-costas, chefiada por Geoff Mabberly, que se reformara recentemente, após 22 anos na infantaria britânica, além de Paul, policial neozelandês, seis norte-americanos encarregados da segurança do perímetro e seus auxiliares filipinos e mais um pelotão de soldados italianos — ao todo, cerca de sessenta homens armados pertencentes a três organizações diferentes.

Havia 14 civis, inclusive uma equipe italiana de TV que ia passar o dia conosco; Pauline, a assessora jurídica dinamarquesa, de 28 anos; Charlotte Morris, encarregada de assuntos sociais de Basra; e John Layfield, o encarregado de assuntos políticos em exercício após a partida de Toby. Mandei que os civis ficassem em meu gabinete na sala adjacente a fim de proteger-se do fogo de morteiros, porque não tínhamos abrigos subterrâneos, e dei instruções para que cobrissem as janelas com colchões e travesseiros. Informei-os de que a Força de Reação Rápida estava a caminho, abri uma garrafa de vinho, distribuí bolachas de aveia e geléia da gaveta de minha escrivaninha e liguei o computador num canal de música. A única peça em meu laptop era *Così Fan Tutte*; todos riram, como se estivessem participando de um piquenique num auditório de ópera ao ar livre. Eu teria preferido gaita-de-fole.

Às 6h20, duas colunas de fumaça negra surgiram a sul-sudoeste do prédio da CPA. Pareciam estar próximas a um dos principais postos de polícia e uma torre de caixa d'água.

— Lá se vai seu *mudhif* — disse Joe, o comandante norte-americano da segurança.

Dei uma risada, um tanto embaraçado.

Às 6h30 as sentinelas viram duas picapes se aproximarem e delas desembarcou um homem um quarteirão a leste de nós. Pouco antes do crepúsculo, houve duas explosões fortes dentro de nossas instalações, uma rajada de tiros de armas leves e dez minutos depois outra explosão forte. Dali em diante, os tiros foram quase constantes. As primeiras salvas de morteiro que caíram dentro de nosso perímetro feriram dois dos guardas filipinos. Nós os trouxemos para dentro e os deitamos em meu gabinete. Geoff me chamou do lado de fora, gritando por cima do ruído dos tiros que os italianos tinham abandonado as armas no telhado porque estavam preocupados com os morteiros. Eu disse aos guarda-costas norte-americanos e britânicos que fossem recuperar as armas enquanto eu falava com o comandante italiano. Quando o encontrei, ele afirmou que se tratava "simplesmente de uma retirada estratégica" e mandou seus soldados voltarem ao telhado.

Pedi a um dos funcionários civis da CPA que saísse do prédio comigo a fim de consertar nosso servidor, que tinha sido atingido por um tiro de morteiro, mas ele se recusou. Não era soldado e não via motivo para sair ao ar livre. Consegui fazer o servidor voltar a funcionar sem precisar sair do prédio. Durante as duas horas seguintes os ataques se tornaram mais precisos. Às 10 horas os sadristas trouxeram com muita elegância três morteiros até a entrada de nossas instalações, deflagrando a 5 metros de nosso portão uma forte explosão que atingiu as sentinelas no pátio e destruiu as salas de registro e computadores. O resultado foi o fim de minha comunicação por e-mail com Bagdá. Em torno da meia-noite, a Força de Reação Rápida ainda não tinha chegado. Os morteiros estavam aparentemente sendo disparados de uma escola, orientados por alguém colocado no telhado do hospital próximo. Continuei a alternar-me entre os guardas de que dispúnhamos e o grupo de civis. Compreensivelmente, estes últimos já não acreditavam em minhas promessas de que a Força de Reação Rápida estava "a caminho". Assegurei que os italianos compensariam a impontualidade com uma distribuição de pão de alho grátis. Às 2 horas os soldados italianos que estavam conosco lançaram um projétil antitanque contra o edifício próximo. Houve uma breve calmaria e em seguida o ataque recomeçou.

A Força de Reação Rápida finalmente chegou, sete horas depois de nosso chamado, mas não atacou as posições dos morteiros. Em vez disso, evacuaram os guardas filipinos feridos e voltaram diretamente ao acampamento italiano. Os sadristas concluíram que tínhamos abandonado as instalações e dez minutos depois reiniciaram o bombardeio com granadas e morteiros. Os carros blindados italianos que estavam em nosso perímetro não foram usados contra os atacantes. O ponto mais perigoso era o telhado, onde os soldados que guarneciam as metralhadoras e as sentinelas tinham pouca proteção contra os projéteis. Uma das guaritas foi destruída, mas felizmente estava vazia no momento. Os atacantes não conseguiram atingir o pátio central com os morteiros, o que sem dúvida teria matado muitos de nós. À primeira luz da manhã, Geoff calculou que tínhamos recebido 34 tiros de morteiro e 59 granadas de propulsão a foguete. No entanto tínhamos apenas dois feridos e ninguém morrera.

Pedi que alguém fizesse café enquanto eu tentava organizar a sala de computadores. Para minha surpresa, o servidor tinha resistido à explosão. Isso significava que seria possível fazer o sistema de e-mail voltar a funcionar, caso tivéssemos energia elétrica. Saí do prédio com mais algumas pessoas para ligar o gerador de emergência. O ar fresco da manhã dava uma sensação agradável, mas tínhamos de caminhar devagar, evitando projéteis não detonados. As ruas estavam silenciosas, a não ser pelo ruído ocasional de alguma ambulância iraquiana chegando para recolher feridos do lado de fora do perímetro. Aparentemente as metralhadoras que tínhamos no teto haviam causado baixas durante o ataque. Junto com os guarda-costas, contei as garrafas de água de que dispúnhamos. Havia uma grande pilha de pequenos frascos de plástico, cada qual com um terço de litro, mas, na verdade, tínhamos somente dois litros por pessoa, o que não era muito para um dia num clima como o do Iraque. Ou o consumo tinha sido muito rápido ou eu fora mal informado. Os italianos prometeram trazer mais água dentro de uma hora.

A maioria dos civis agora tentava dormir. Fui ao meu trailer, tomei uma chuveirada, fiz a barba e vesti um paletó, na esperança de que no caos e destroços à nossa volta essa roupa desse uma impressão de normalidade. Mandei um e-mail perguntando por um contrato de construção hidráulica, sem mencionar o ataque. Subi ao telhado e não vi veículos nem pessoas nas ruas. Ali recebi uma chamada do vice-governador dizendo que numerosos homens armados do Jesh-e-Mehdi caminhavam livremente pelo centro da cidade. Todas as lojas estavam fechadas, assim como as escolas. Meus *mudhifs* tinham sido arrasados e incendiados.

Na reunião com as equipes de segurança, os homens me recordaram a dificuldade de defender nossas instalações porque ficava em um oco cercado por prédios mais altos que protegiam os rebeldes enquanto nos alvejavam. A menos que recebêssemos reforços, os rebeldes acabariam por isolar-nos num dos ângulos de nosso prédio com o fogo dos morteiros e invadir-nos atravessando a cerca de arame farpado para nos matar à queima-roupa. Frisaram que, após a diversão da noite anterior, os sadristas chamariam gente dos arredores para compartilhar da festa. Respondi aos líderes das equipes que pressionaria a organização sadrista e evacuaria os demais civis.

Ao telefone, os chefes sadristas afirmaram que não podiam controlar a multidão. Disseram que os atacantes vinham de fora da cidade e não tinham autorização dos líderes em Nassíria.

Liguei para Assad, o playboy de cavanhaque Ghuzzi em cuja casa eu tinha almoçado na semana anterior. Dizia-se que ele era um dos principais dirigentes da organização sadrista.

— Seyyed Rory, precisa abandonar suas instalações. Todos vocês, esta noite — disse ele.

Respondi que não abandonaria a sede da CPA e que nós éramos responsáveis pela província e pela cidade. Pedi que avisasse seus amigos para que não atacassem "ou muita gente vai morrer". Tinha a esperança de ser convincente.

— Seyyed Rory, eu gosto de você. Acredite. Precisa sair daí gora.

— Assad...

A comunicação foi cortada e não consegui mais recuperá-la.

Um dos tradutores ligou pedindo desculpas por não vir trabalhar. Disse que uma das posições dos morteiros ficava em um edifício ao lado do prédio em que morava. Deu-nos a localização exata e nós fizemos o cálculo da posição. Afirmou que se os italianos invadissem o prédio, capturariam muitos dos líderes sadristas que tinham organizado o ataque. Informamos os italianos, dando as características do prédio e as entradas e saídas. Eles prestaram muita atenção, assentiram e tomaram notas. Esperei um vitória, mas eles nada fizeram.

Mandei um e-mail a Bagdá:

> Para que possamos estar seguros em nossas instalações precisamos de patrulhas agressivas que dominem o terreno e evitem os morteiros. A chamada Força de Reação Rápida chegou sete horas depois que fomos informados de que estavam a caminho (...) Precisamos de apoio aéreo para anular os morteiros (inclusive imagens térmicas e aviões não tripulados) e, o que é mais importante, uma verdadeira FRR baseada nestas instalações, porém fazendo patrulhas agressivas do lado de fora. Tivemos muita sorte porque nossos atacantes dispunham de pouca munição para os morteiros.

Pouco depois esse e-mail chegou ao conhecimento dos italianos, que o consideraram um grosseiro insulto à sua honra nacional. Recebi três e-mails de Bagdá criticando-me por haver insultado um parceiro da Coalizão. O comandante da guarda italiana veio me dizer que o general exigia um pedido de desculpas. O comandante era um homem de bem. Tinha mostrado coragem e calma durante o ataque. Quis organizar patrulhas, mas foi impedido de fazê-lo. Aparentemente Berlusconi achava que, se houvesse mais perda de vidas, a Itália seria obrigada a retirar-se da Coalizão. Mas o comandante afirmou que a orientação tinha mudado e que eles seriam mais ativos no futuro. Pediu-me que lhe desse outra oportunidade. Concordei em escrever uma nota dizendo que a FRR tinha chegado tarde por ter-se atrasado na ponte. Eu não podia saber se isso era verdade ou não, mas tive de agir como se fosse.

Recebi um e-mail de Bagdá instruindo-me a evacuar as instalações e fechar o escritório imediatamente. Achei que não deveria sair de lá, mas concordei em evacuar o restante dos funcionários civis. Minha redação burocrática ficou ainda mais pomposa depois de uma noite em claro:

> Caso sejamos obrigados a encerrar completamente nossas operações por causa de um pequeno grupo de extremistas, mandarei um sinal político de preocupação. Creio ser politicamente (e até mesmo moralmente) importante para nós manter nossas instalações em funcionamento.

Alim se ofereceu para ir buscar o querosene necessário para o gerador e para o sistema de esgotos. Foi uma atitude muito corajosa. Ele ia dirigir por uma cidade controlada pelos milicianos sadristas, que poderiam matá-lo por colaborar conosco; mas sem energia não poderíamos recarregar os telefones por satélite, que eram a última possibilidade de comunicação. Dei a ele dinheiro de minha carteira e disse que pagaríamos cem dólares ao homem que fazia a manutenção do gerador para que viesse até nossas instalações. Normalmente pagávamos cem dólares por mês. Não encontramos as chaves do caminhão. Quebrei uma das janelas e Alim fez a ligação direta para dar a partida no motor. Abrindo o porta-luvas, encontrou as chaves. Enrolou o rosto num *keffiyeh*, colocou uma pistola no banco do carona e saiu.

Enquanto isso, os iraquianos a quem telefonávamos continuavam a demonstrar pessimismo. Normalmente surgiam muitos voluntários prontos a servir de mediadores e não faltavam propostas de acordos, talvez às vezes rápidas demais. Mas naquele caso os líderes tribais disseram estar impotentes e o governador, que costumava ser o primeiro a procurar uma saída, disse ser impossível qualquer negociação. O vice-governador chegou a ser quase grosseiro, como se já não valesse a pena perder tempo conosco.

Cabul

> Sem dúvida me parece melhor ser impetuoso do que cauteloso.
>
> Maquiavel, *O príncipe*, capítulo 25

12 DE MAIO

As poucas granadas lançadas de foguetes contra nós não feriram ninguém. Duas horas depois, Alim voltou com o querosene e o homem da manutenção do gerador. Contou que as pessoas que encontrara na rua tinham dito acreditar que os milicianos sadristas estavam trazendo armas mais pesadas e mais gente e que esperavam ter mais êxito contra nosso escritório naquela noite. Isso parecia plausível. Chamei o governador e o chefe de polícia. Ambos se recusaram a vir, pois, segundo disseram, seriam mortos no caminho. Os tradutores e os encarregados da limpeza também se recusaram a vir.

Mas Salman Duffar, do pequeno partido 15º Shaaban, de Dhi Qar, veio até nós. Recebi-o no portão junto com o prefeito de Nassíria, Seyyed Ibadi. A tarde estava muito quente. Ambos entraram, apertaram minha mão, aceitaram de bom grado a revista no portão e olharam em volta para ver o que restava das instalações que conheciam. Os morteiros tinham rasgado cicatrizes cáqui nas paredes caiadas, havia crateras no piso e vidraças estilhaçadas nas janelas. O pequeno *mudhif* tinha pegado fogo.

Passamos cuidadosamente por entre os sacos de areia da entrada e por uma dezena de soldados curvados sobre suas armas, dormindo no pátio. Os visitantes viam em cada rosto barbado os efeitos da noite anterior.

Paramos diante da porta de meu gabinete e convidei-os a entrar com um gesto.

— *Enta daifi.* Os senhores são os hóspedes.

— *Enta awalin.* Os senhores primeiro.

Passei para o lado esquerdo deles.

— *Allah Yamin.* Deus está à direita. — disse eu. Eles riram e entraram.

Eu tinha tentado rearrumar a sala de uma forma que desse a impressão de normalidade, mas era evidente que tinha acabado de servir de dormitório. Consegui, no entanto, oferecer aos visitantes um pouco de chá.

O comandante da guarda italiana se juntou a nós, assim como John Layfield, novo encarregado de assuntos políticos. Salman Sheriff Duffar tinha passado a infância em Shatra, terra natal do baixinho xeque Ali Hussein Al Khayun. No início da década de 1990, entrara para a organização 15º Shaaban, que na época era uma célula rebelde secreta apoiada pelo Irã e mais tarde reivindicou a autoria da tentativa de assassinato de Uday, um dos filhos de Saddam, ocasião em que uma bomba destruiu metade de uma das ruas mais ricas de Bagdá, deixando Uday gravemente ferido. Algumas pessoas diziam que Salman tinha detonado a bomba. Outros negavam, dizendo que as principais figuras da conspiração tinham sido mortas por agentes de Saddam. Ninguém contradizia relatos de que depois que Salman escapara para o Irã, Saddam havia torturado e matado seis de seus irmãos, aparentemente à procura dele.

Eu não tinha idéia de que tipo de pessoa ele poderia ter sido antes da chacina de sua família. Agora era um homem reservado, propenso a longos discursos ligeiramente pedantes e de vez em quando abrilhantados por um sorriso discreto. A barba era bem-aparada e ele sempre usava óculos de lentes grandes e ternos bem-cortados, um pouco largos para seus ombros franzinos. Seus maneirismos lembravam mais um professor de escola primária de Edimburgo do que um famoso guerrilheiro iraquiano. Somente a camisa — abotoada no pescoço e sem gravata — e as expressões teológicas em sua fala denotavam o tempo que ele havia passado no Irã.

— Falamos com a organização sadrista — disse Salman Duffar. — Eles propõem um acordo. Se os italianos concordarem em retirar todos os soldados destas instalações e nunca mais voltarem à cidade de Nassíria, os ataques cessarão. Se permanecerem aqui, eles atacarão com armamento pesado esta noite e temo que isso seja fatal.

Dei uma risada. Olhei para Seyyed Ibadi, que sorriu nervosamente e em seguida desviou o olhar.

— Estou falando sério — disse Salman. — O senhor sabe que não estamos do lado deles. Mas conversamos com eles. Essa é a única opção.

Eu sabia que alguns membros de seu partido tinham ligação com os sadristas e que ele falava em nome deles.

— Estou decepcionado — disse eu. — Trabalhamos juntos durante meses. Como pode vir aqui para representar as opiniões dessa gente? Sabe que estamos tentando trazer investimentos para cá e que vamos entregar o poder ao governo iraquiano dentro de cinco semanas. O que é isso? Há muita gente morrendo, a cidade está sendo destruída. Como pode deixar de ver isso?

— Não há nada que possamos fazer. Ninguém pode controlar essa gente. Está fora de nosso alcance — disse Seyyed Ibadi.

— Não estamos dizendo que vocês tenham de retirar-se — tornou Salman. — Os civis podem ficar no escritório e continuar a fazer seu trabalho. Simplesmente não deve haver soldados italianos. Eles devem voltar a Tallil e nunca mais entrar na cidade.

— Isso é inaceitável — redargüi. — Não posso confiar em nenhum acordo com os sadristas. Deixe-me recordar os acontecimentos desta semana. Domingo passado os sadristas disseram que se os italianos libertassem o xeque Muwayad haveria paz para sempre, e eles o soltaram. Na terça-feira, eles atacaram um comboio italiano nos arredores de Suk-Ash-Shyukh e disseram que se os italianos saíssem da cidade haveria paz eterna; os italianos saíram. Ontem, sexta-feira, eles nos atacaram em Nassíria e agora nos dizem que se os italianos se retirarem de Nassíria a paz será duradoura. Como podemos confiar neles? Não se deterão até que estejamos todos mortos.

— Espere um momento, Rory — disse o comandante italiano. — Vamos tentar entender o que eles estão dizendo. É possível um acordo? Poderíamos talvez nos retirar de Nassíria durante dois ou três dias?

— *Mish mumkin.* Impossível. Terão de sair da cidade para sempre para que haja paz eterna — disse Salman.

— Peço desculpas — disse eu. — Meu colega italiano e eu precisamos sair para conversar em particular por um instante. — Sorri para os iraquianos e disse que voltaríamos logo.

Levei o italiano para o ar livre, apoiando-me na sacada do balção.

— Eles acham que estamos debilitados e fugindo. Fazem uma "última exigência", prometendo paz se a aceitarmos e depois atacam novamente e fazem mais exigências. Foi isso — acrescentei, sentindo-me cada vez mais pomposo — o que nos aconteceu em Cabul em 1842. Primeiro, os afegãos nos disseram que se nos retirássemos da cidadela para o acampamento haveria paz eterna. Assim fizemos. Em seguida, disseram que se saíssemos do país eles garantiriam nossa segurança e não nos atacariam. Nós partimos e eles massacraram o exército inteiro... 14 mil soldados... um por um, enquanto se retiravam. Isso é o que acontecerá aqui. Continuarão a fazer exigências até ficarmos completamente isolados neste recinto sem proteção armada e então invadirão e nos matarão a todos. Se aceitarmos isso, estaremos mortos.

Senti-me ridículo ao evocar Cabul e falar em resistir até o fim. Mas acreditava no que estava dizendo e o italiano não tergiversou. Voltamos para a sala.

— Então? — perguntou Salman Duffar.

— Como disse antes — respondi —, somos o governo legítimo desta província. Estou aqui para servir aos interesses do povo iraquiano e não vamos sair daqui. Sua proposta é humilhante, porque temos 3.500 soldados italianos contra no máximo cem milicianos que estão lá fora. É perigosa porque não posso manter meus funcionários aqui sem uma força de proteção. E não tem valor, porque não posso confiar na organização sadrista.

— Então, será a guerra — disse Salman Duffar.

— Com todos os diabos, é a guerra — disse eu. — E a reunião está terminada. Obrigado.

Eles se levantaram, apertaram cuidadosamente minha mão e se dirigiram para a saída. Enquanto caminhavam para o portão, vi o comandante italiano que os seguia, dizendo:

— Esperem um segundo.

Enquanto ele os acompanhava, telefonei para Bagdá e disse que em hipótese nenhuma poderia ser permitida a partida dos italianos de Nassíria. Repeti que estava disposto a ficar e dar aos italianos uma última oportunidade de defender o escritório, mas iria evacuar meus funcionários civis.

Recebi um e-mail relatando as conclusões da reunião a que Molly e Bárbara estavam assistindo em Bagdá e na qual Mark fazia palestras sobre as lições aprendidas com o ataque contra suas instalações em Kut. Uma circular trouxe-nos o discurso final de Bremer. Ele tinha dito:

> Receberemos com prazer durante as próximas duas semanas idéias sobre como obter maior apoio do público para o governo interino (...) estamos começando a construir um ímpeto importante apesar dos problemas de segurança que enfrentamos. Pessoalmente, sou otimista em relação ao Iraque. É um país rico em capacidades e povoado por gente que se orgulha dele. Tem tudo para ser um grande país. Vamos dar tudo o que podemos nesta corrida e nos encontraremos novamente em junho.

Em nossa versão específica da corrida, eu estava reunindo os civis a fim de prepará-los para a evacuação. Geoff, comandante da equipe de guarda-costas, puxou-me para um lado e disse:

— Ouça, Rory, se os italianos não estiverem no controle da cidade, a evacuação será muito perigosa. Estes veículos não têm blindagem contra granadas lançadas por foguetes. Não posso deixar que os civis sejam evacuados sem termos certeza de que os italianos controlam a cidade.

Concordei com ele.

Os carros blindados italianos chegaram no meio da tarde. Enfureci-me ao ver que tinham esquecido de trazer água. Tínhamos somente um litro por pessoa. O comandante saltou dos veículos, gritando:

— *Andiamo*. Vamos embora. Vamos entrar nos carros. Vamos partir.

Pedi um minuto para organizar as coisas. Ele respondeu que não havia tempo.

Segurei-o pelo braço.

— Os senhores estão controlando a cidade agora? — perguntei.

— Claro, claro. Controlamos a cidade. Toda a cidade. Não há problemas.

— Não há sadristas nas ruas?

— Nenhum mesmo. Controlamos tudo. O pessoal precisa se apressar.

— Escute, o senhor sabe que se não for assim, essa gente vai ser morta dentro dos carros.

— Não há problema, vamos pela ponte menor. É segura. Acabamos de atravessar a cidade. Vamos embora agora. — Sacudiu o braço para libertar-se de mim.

Geoff perguntou:

— Acredita nele?

— Talvez — respondi, mas ambos sabíamos que eu não acreditava no que estava dizendo. Depois ele observou que ambas as opções eram ruins. Os sadristas tinham visto que não tínhamos condições de defender o prédio. Aquela noite ia ser tão difícil quanto a anterior. Era preciso retirar os funcionários. Não achava que eles agüentariam mais uma noite.

— Quero que você compreenda que tenho minhas reservas. Fiz o que era possível para tentar estabilizar a situação do ponto de vista da segurança. Você é testemunha. Os italianos responderam. A decisão é sua.

Repeti que tinha escolhido a melhor opção.

O pessoal da CPA parecia estranhamente vulnerável em fila no pátio, carregando suas bolsas volumosas e com os feios capacetes enfiados na cabeça. Estávamos todos exaustos. Uma pessoa chorava. Três se ofereceram pela última vez para ficar. Franco, o ex-comunista de 60 anos, disse:

— Sei que sou apenas um velho, mas prefiro ficar aqui com você, meu amigo, se houver algo que eu possa fazer. Já usei armas antes e posso lembrar depressa.

Agradeci. Franco apertou minha mão.

— Sim, pensei nisso. E de todos nós, nosso amor... e muito obrigado.

Ele me abraçou. Rezei para que estivesse com a razão ao mandá-los atravessar uma cidade cheia de granadas, mas não disse nada a eles.

Ajudei a levar a bagagem para os carros blindados e a carregá-los. O comandante italiano repetiu que o caminho era seguro. Não acreditei. Os funcionários entraram nos carros, cinco em cada um, de costas para as paredes de metal, as bolsas no colo.

Minha última visão foi de Charlie Morris com o capacete azul e um cacho de cabelos louros sobre o rosto, sorrindo vagamente e acenando, e em seguida a rampa se fechou. Depois só o que eu via era a cabeça do comandante e do motorista surgindo nas torres. O comandante gritou uma ordem e o carro blindado deu marcha à ré. Geoff e eu nos afastamos enquanto o veículo abalroava um muro, derrubando cerca de um metro. O comandante rosnou "*Che cazzo*", curvou-se e deu um tapa na orelha do motorista, acertando o capacete. O carro saltou para a frente e arrancou um pedaço do arame farpado, que ficou enrolado na lagarta. Geoff e eu corremos, fazendo sinais frenéticos, e fizemos o possível para retirar o arame.

O carro atravessou o primeiro portão, seguido pelos outros quatro. Ficamos observando enquanto eles passavam pela alameda por trás do muro numa nuvem de poeira, faziam uma pausa diante da barreira externa e em seguida dobravam a esquina, desaparecendo.

De repente, ouvimos tiros. Geoff correu para o telhado. Os italianos tinham caído numa emboscada da milícia. Metralhadoras disparavam de todos os lados. Os civis, amontoados como sardinhas na parte traseira dos carros, nada podiam ver. As balas batiam nos flancos de metal dos veículos e o artilheiro italiano disparava seus pentes de munição, respondendo aos tiros. Então, um dos carros recebeu um impacto forte. O flanco entortou, mas não se rompeu. Tinha sido uma granada. O veículo parou e em seguida, miraculosamente, voltou a mover-se. O comboio dobrou outra esquina e não o vimos mais. Durante vinte minutos acompanhamos seu caminho pelo som das metralhadoras. Eu só pensava que tinha tomado uma decisão que resultaria na morte de 15 funcionários. Os tiros cessaram. Um dos civis chamou pelo telefone. Tinham chegado à base aérea em Tallil, fortemente defendida. Tinham sido os piores 25 minutos da vida deles, mas estavam ilesos e a salvo. Fosse o que fosse que viesse a acontecer naquela noite, agora só havia soldados e ex-soldados em nossas instalações.

Alguns dos guardas filipinos me pediram licença para usar o telefone por satélite para ligar para casa e informar as famílias de que estavam bem. Somente consegui deixar que cinco deles chamassem, porque a bateria estava baixa e eu não tinha certeza de que iríamos poder recarregá-la.

A última coisa que eu queria ver era o e-mail que me esperava em meu gabinete. Vinha do chefe do Estado-Maior em Basra. Dava a entender que eu havia exagerado o perigo da noite anterior e causado preocupação desnecessária em Bagdá.

> Minha preocupação muito viva contém não pouco aborrecimento (...) Os italianos nos mantiveram constantemente informados de suas intenções e, de maneira ponderada, nos parece que trataram com eficiência a situação (...) Compreendo perfeitamente que de sua perspectiva aquelas horas foram muito desagradáveis e assustadoras (...) Também, de sua perspectiva, o auxílio demorou muito a chegar. Espero que compreenda, entretanto, que a reação italiana, assim como a nossa, tem de ser avaliada ponderando os riscos e os resultados.

Mandei um relatório a Bagdá atualizando as informações sobre os funcionários e sobre a situação de nossos suprimentos. Depois, escrevi ao chefe do Estado-Maior, em tom amigável, reiterando que não tinha tido a intenção de insultar os italianos, mas encarecendo a necessidade de mandar apoio aéreo naquela noite. Em seguida, redigi um relatório de situação com o propósito de aplacar os italianos, dirigido a todas as capitais das províncias do Iraque.

Reprise

> O povo se insurgia contra o Senado e o Senado contra o povo; a população corria desnorteada pelas ruas, fechando as lojas e saindo em massa das cidades.
>
> Maquiavel, *Discursos,* livro 1, capítulo 4

12-14 DE MAIO, 2004

Caiu a noite. Três horas se passaram. Pouco depois das 9 horas em Basra recebi um novo e-mail sucinto do chefe do Estado-Maior, que me dizia estar sendo informado de tudo pelos italianos. Estava contente por saber, por intermédio deles, que a situação na província naquela noite tinha sido "calma" e "tranqüila" e esperava que eu tivesse podido descansar. Dizia ainda que a situação estava muito pior em Amara. Respondi imediatamente, dizendo que a situação não estava especialmente "calma" e "tranqüila". Nas últimas duas horas tinham sido disparadas vinte salvas de morteiro contra a CPA, seis das quais explodiram dentro de nosso perímetro, as últimas duas a 20 metros de nosso prédio, ao lado da cozinha. A Força de Reação Rápida ainda não se movera. Concluí, no entanto, dizendo ter certeza de que "os italianos estão mantendo o Estado-Maior perfeitamente a par da situação e de sua reação à ameaça".

A equipe de guarda-costas estava no telhado havia duas horas, atirando contra os rebeldes. Não recebi resposta do chefe do Estado-Maior. Alguém me entregou uma arma, mas a devolvi porque preferia concentrar-me em obter apoio de Bagdá. Reuni novamente os chefes das equipes no pátio. Geoff leu as anotações de um bloco:

— Nos últimos trinta minutos recebemos uma salva de morteiro de 81mm na esquina nordeste, duas do lado de fora do perímetro, três granadas de propulsão a foguete no beiral do telhado e mais alguns tiros de morteiro de 60mm na alameda fronteira, o que me faz pensar que eles ainda têm um observador no telhado do hospital para orientar os tiros.

— Os guardas do portão estão bem? — perguntei.

— Ferimentos leves.

— O que foi que atingiu a sala de computadores?

— Provavelmente um tiro de morteiro de 82mm, acredito.

— Pode vir comigo? — Entramos na sala de computadores. Do lado de dentro havia mais silêncio do que fora, mas não muito. A sala ainda estava juncada de pedaços de plástico e madeira partidos. — Parece que passou pelo aparelho de ar-condicionado.

— Então pode ter sido uma granada e não um morteiro. Vamos ver se amanhã podemos encontrar o projétil.

Voltamos ao pátio. Houve um ruído surdo e alguém gritou:

— Lá vem bala.

Tratamos de nos proteger. Geoff continuou a dar informações.

— Pelo barulho, este parece ter sido maior do que 82mm, mas eles erraram o alvo outra vez. Estão tentando nos isolar, prender-nos em um canto do prédio para depois invadirem atravessando o arame farpado. Aí vai ser corpo a corpo. Por isso temos de manter a metralhadora .50 no telhado.

— Senhor, agora precisamos de apoio aéreo — disse um dos norte-americanos. — Um helicóptero de combate os dispersaria num instante. Não temos de ficar agüentando essa merda. É fácil destruir uma posição de morteiro. Eu mesmo poderia comandar a porra do ataque, caso os italianos não queiram.

Dei uma risada.

— Algo mais?

— Não.

— Está bem — conclui. — Então, depois das 23 horas tivemos um tiro forte de morteiro na esquina nordeste, outros de 60mm na alameda da frente, o que pressupõe orientadores, e quatro granadas, inclusive a que acertou a sala de computadores. Um guarda do portão ferido. Nenhum morto. Todos os demais estão ilesos. Ação: precisamos de uma patrulha ou de apoio aéreo imediato a fim de destruir as posições dos morteiros. Vou tratar de conseguir ajuda militar dos norte-americanos agora.

A rede de telefones celulares estava fora de ação e não tínhamos conseguido recuperar a conexão pela internet. A única maneira de me comunicar com Bagdá era por meio de um telefone do satélite Thuraya. Para isso era necessária uma "linha reta de visão no céu" — isto é, estar do lado de fora. Por isso mandei meus relatórios vestido com a armadura à prova de balas e capacete. Do outro lado da linha em Bagdá a subchefe de Andy Bearpark, Tash, provavelmente tinha mais problemas do que eu naquela noite: estava recebendo chamadas simultâneas sobre ataques semelhantes em Amara, Samawah, Kerbala e Najaf, enquanto eu procurava conseguir promessa de apoio aéreo.

Mais uma vez me parecia difícil convencer os italianos a passar à ofensiva a partir de nossas instalações. O comandante, que tinha prometido "desta vez vamos reagir, não vamos ficar parados levando tiros", estava cada vez mais nervoso. Não conseguia me explicar por que a FRR continuava a recusar-se a destruir a posição dos morteiros. Próximo da meia-noite, Bárbara Contini chamou pelo telefone militar da conferência em Bagdá. Prometeu falar até com Berlusconi, se fosse necessário, para fazer com que o general italiano mandasse a FRR agir.

Subi ao pavimento superior e cheguei no meio de uma discussão entre o comandante italiano e o oficial norte-americano que chefiava a equipe de segurança. Estavam os dois em uma sala na qual um buraco redondo na vidraça e uma marca na parede mostrava que o artilheiro do GRC tinha errado o alvo por pouco. O italiano finalmente concordara em mandar sua unidade blindada à rua para atacar a posição do morteiro, mas queria que os guardas filipinos abrissem os portões da entrada externa.

— Nada disso — dizia o norte-americano. — Meu pessoal não tem vestimenta de proteção. Veja onde está esse portão. Fica na extremidade da alameda iluminada, a 150 metros de nosso recinto. Eles têm observadores de todos os lados. Meus guardas vão ficar expostos ao fogo e vão ser dizimados pelos rebeldes, caso tentem fazer isso.

— Alguém tem de abrir os portões — dizia o italiano —, e não quero que meus soldados deixem os veículos. Quero que saiam daqui e continuem até o fim, sem ter de parar.

— Vocês mesmos terão de abrir o portão.

— Não é o nosso trabalho — disse o italiano. — É um trabalho para vocês e os filipinos. É para isso que vocês estão aqui.

— Isso é suicídio — replicou o norte-americano.

Talvez por estar sem dormir durante duas noites ou por achar que não estava fazendo o suficiente, pensei em oferecer-me para abrir o portão, mas compreendi que isso seria ridículo. Agradeci a todos e sugeri que os italianos fornecessem algumas armaduras aos sentinelas filipinos. Estes poderiam proteger-se atrás dos veículos blindados enquanto avançavam, de maneira que ficariam expostos apenas durante alguns segundos.

O norte-americano protestou, mas eu disse que pelo menos daquela vez concordava com os italianos. Era uma missão para a equipe de segurança. Conversamos em particular por um minuto. Ele concordou com a idéia. Comuniquei aos italianos e ficamos esperando a unidade blindada entrar em ação e acabar com o ataque. O objetivo era atacar as posições dos morteiros pela retaguarda e dispersar os rebeldes. Achávamos que somente uma meia dúzia de sadristas estariam operando os morteiros e que o poder de fogo dos italianos era muito superior. Em outras partes do país, era um procedimento rotineiro. Em Amara, quando surgiam morteiros, os britânicos despachavam imediatamente uma patrulha de combate. Em conseqüência, raramente os rebeldes conseguiam disparar mais de quatro salvas em uma noite e nem corrigir a direção dos tiros, porque tão logo atiravam eram obrigados a fugir. Nós, por outro lado, estávamos inermes. Na noite anterior tínhamos sido atingidos por cerca de cem projéteis e granadas de propulsão a foguete e novamente quase pelo mesmo número de tiros até agora.

Observamos do telhado a ação dos blindados italianos. Primeiro, um dos guardas filipinos, vestido de armadura, correu do portão pela longa alameda, coberto pelo fogo que fizemos do telhado. Abriu o portão externo enquanto a coluna de blindados se aproximava e fechou-o novamente depois que os carros passaram. Quando o filipino chegou de volta à guarita de concreto, a coluna italiana avançava pela rua principal, atirando para dois lados. O ruído era incrível e deve ter aterrorizado quem estivesse na rua. A coluna chegou à rotunda, a 500 metros de distância; ouviu-se um silvo do rádio, uma mensagem apressada. Nesse momento a coluna deu a volta à rotunda e dirigiu-se de volta para nossas instalações. O filipino correu pela alameda para reabrir o portão. Os sadristas atiraram do teto do hospital. A sentinela se agachou por trás dos carros blindados enquanto passavam. Em seguida levantou-se rapidamente, fechou o portão e correu de volta, meio agachado, fazendo ziguezagues. Chegou logo depois dos italianos, que já iam desembarcando e entrando no prédio. Os guardas norte-americanos e britânicos olhavam uns para os outros.

Um deles disse:

— Você acredita nesta merda? — Olhou para o relógio — Os caras foram até a rotunda atirando para todos os lados, sem mirar em nada, deram a volta e voltaram. Trinta segundos. Ficaram lá fora durante trinta segundos.

Foi a última vez que os italianos saíram de nossas instalações naquela noite. Logo que voltaram os tiros de morteiro recomeçaram.

A essa altura as equipes britânica e norte-americana de segurança já tinham perdido todo o respeito por seus colegas italianos. Alguns dos soldados italianos eram corajosos: nós já os tínhamos visto expor-se ao fogo dos morteiros para recolher camaradas feridos, e muitos deles queriam atacar os rebeldes. Mas seus chefes não estavam dispostos a avançar contra as posições dos morteiros.

Um norte-americano corpulento, de barba negra, cujo apelido era "Euro", veio falar comigo depois da meia-noite, rindo muito. Tinha estado no telhado durante horas, exposto ao fogo direto. Perguntei o que estava acontecendo.

— Bem, Rory — disse ele —, aquela merda lá no telhado é muito divertida. Ou os italianos atiram em tudo o que vêem, e acabo de vê-los atirar num carro que passava na rua, ou não fazem nada. É uma bagunça. Eu estava lá em cima e um desses putos dos sadristas veio correndo com um lançador de granada. Gritei para o italiano que tinha a metralhadora .50: "Atire nele!" O italiano ficou parado. O puto do sadrista disparou e o tiro pegou no muro. Uma merda de explosão. O iraquiano se escondeu na esquina e logo voltou com outro lançador de granadas, a uns 100 metros de nós. Gritei de novo para o italiano: "Atire nele!" E o homem da metralhadora ficou quieto. O iraquiano soltou outra granada, que acertou um de nossos veículos. Bang. O carro explodiu em chamas. Corri pelo telhado e empurrei a merda do italiano. Ele dizia: "Hei, hei." E eu gritava: *Navy Seal*![1] e agarrei a metralhadora. Foi aí que entendi o problema. Ele tinha feito uma pilha de sacos de areia tão alta que só podia atirar para o ar, em ângulo de 45 graus.

Na cacofonia da batalha, cada calibre de arma tinha sua própria voz: um guincho rápido, um golpe seco, um ronco contínuo e, ocasionalmente, um gigantesco rugido, representado pelos 7.62mm dos atacantes, os 5.56mm dos guardas, a metralhadora .50 no teto, as granadas de propulsão a foguete, os foguetes antitanque e os três diferentes calibres dos morteiros. Nenhum de nós tinha ouvido um barulho tão alto antes.

Os morteiros e as granadas chegavam com pequenos intervalos e de três direções. O que mais nos enraivecia era que os rebeldes tinham estabelecido uma posição de morteiro em um telhado a 300

---

[1] *Navy Seals* (literalmente "Focas da Marinha") é uma unidade da Marinha britânica especializada em operações secretas. (*N. do T.*)

metros de nosso prédio e lançavam projéteis contra nós impunemente.

Nao era comum que um exército ocidental moderno se visse exposto a fogo de morteiro durante várias horas, pois normalmente uma patrulha, aeronaves ou artilharia cuidariam da situação, anulando a posição dos morteiros. Nenhum de nós — nem mesmo soldados que já serviam havia 22 anos — tinha sido obrigado a aceitar passivamente esse tipo de bombardeio antes. Em termos históricos, era muito pouca coisa — algumas centenas de salvas e duas noites em claro dificilmente podiam ser consideradas chocantes. Ninguém parecia paralisado pelo que estava acontecendo. As informações das sentinelas e dos guarda-costas chegavam sem problemas, as ordens seguiam normalmente seu curso e os relatórios de situação eram claros. Mesmo assim, eu me sentia satisfeito por não precisar mais tranqüilizar os funcionários civis.

Os soldados no telhado mantinham os atacantes a distância, ninguém tentou atravessar a barreira de arame farpado e nenhum de nós foi morto pelo fogo inimigo. No entanto, muitos iraquianos morreram. Lá pelo fim da noite começou a ficar evidente que os rebeldes ainda eram mais incompetentes do que nós. Estavam começando a atirar morteiros com fusíveis de ação retardada e estranhas cápsulas de alumínio — qualquer coisa que pudessem conseguir — e quando o ataque cessou, já perto da madrugada, imaginamos que a munição deles havia acabado. Aparentemente não tinham pensado que poderiam atirar contra nós indefinidamente. Por isso, em vez de trazer milhares de salvas e morteiros mais pesados, coisa que os sadristas possuíam em províncias vizinhas, para nos enterrar nos destroços do prédio, provavelmente juntaram o que estava disponível e utilizaram tudo o que tinham.

Houve um tiro de morteiro cerca de 7h15 da manhã, o primeiro em mais de meia hora, e em seguida houve novamente silêncio. Saí para inspecionar as instalações e convoquei uma reunião para avaliar os danos. Precisávamos do caminhão do esgoto. Nossas fossas rasas estavam começando a transbordar e isso ia nos fazer ficar doentes. Havia cápsulas de granadas espalhadas por sobre o cascalho. Os morteiros tinham feito buracos nos tetos do refeitório e de alguns quartos. Dois homens da GRC encontraram estilhaços enterrados nos colchões de suas camas. Um dos tiros de morteiro havia destruído completamente nossas possibilidades de obter energia elétrica da rede principal. A água já não saía das torneiras porque isso dependia de uma bomba elétrica e o gerador tinha parado de funcionar durante a noite. Como não era possível dar descarga, as latrinas estavam horrendas. Consertamos o gerador, mas como o combustível era pouco, proibi o uso de ventiladores, aparelhos de ar-condicionado e iluminação durante o dia. Os italianos ainda não tinham trazido a água e eu me arrependi de não ter pedido a Alim que trouxesse um pouco.

Minha única conclusão possível, após uma segunda noite em que os italianos haviam deixado de lado a defesa das instalações, era que tinham ordens de não entrar em combate. Nassíria parecia uma cidade fantasma. Todos estavam trancados em suas casas, a não ser os milicianos sadristas, que desfilavam ostensivamente, dançando nas ruas, e alguns policiais aparentemente ligados aos sadristas. Precisávamos de um compromisso imediato de apoio aéreo constante ou de soldados dispostos a agir ofensivamente. Eu queria que viesse uma companhia norte-americana ou britânica, pois de outra forma teríamos de fechar as instalações, já que era impossível trabalhar. Normalmente aos domingos recebíamos uma multidão de pessoas que vinham tratar de diversos assuntos: assinávamos contratos, preparávamos eleições, impulsionávamos novos projetos de desenvolvimento. Mas nos últimos dois dias não tinha vindo ninguém. Até mesmo os tradutores não apareciam no escritório. Não fazia sentido mantê-lo aberto, com esgotos que transbordavam e fogo de morteiro, pois a cidade estava inerte e não tínhamos como trabalhar. Procurei explicar a Bagdá que precisávamos de apoio militar suficiente para expulsar os atacantes e restabelecer a vida normal da cidade:

> Se conseguirmos apoio, este posto poderá prosseguir e completar programas de desenvolvimento num total de 12 milhões de

dólares, administrar nosso plano de criação de 5 mil empregos, continuar a reforma extremamente necessária da polícia e preparar uma transição digna e construtiva para um governo iraquiano dentro do prazo de sete semanas.

Enquanto isso, Bárbara havia chegado de helicóptero à base italiana. Mandei algumas mensagens aconselhando-a a não vir para o escritório. Às 10h15 houve uma rajada de metralhadora vinda da ponte e em seguida os *carabinieri* a atravessaram em seus veículos, dos quais desembarcaram correndo ao entrar em nosso recinto. Todos estavam excitados pelo tiroteio que tinham acabado de experimentar ao passar pela ponte. Um deles tinha ficado ferido. A porta de um dos carros blindados se abriu e Bárbara desceu. Um dos militares do GRC ficou tão horrorizado ao ver mais um civil chegando ao escritório depois dos perigos da evacuação dos demais que, para minha surpresa, começou a chorar.

A tarde foi calma. Novamente nos asseguraram que teríamos apoio aéreo. O ataque noturno começou com salvas de morteiro, não contra nós, mas sim contra a base italiana. A mira tinha melhorado, e na primeira salva mataram um soldado. Os italianos abandonaram o acampamento. A milícia sadrista tinha trazido um operador de câmera, que os filmou entrando alegremente na base, encontrando veículos, rações e até mesmo um pouco de munição. Em seguida, instalaram os morteiros no próprio acampamento e começaram a nos alvejar novamente. Depois de duas noites de treinamento, acertaram as primeiras cinco salvas, com grande precisão, na esquina nordeste de nossas instalações. Já fazia 65 horas que eu não dormia e por isso fiz uma inspeção final com os comandantes do perímetro, mandei um relatório de situação a Bagdá, pedi para ser acordado dentro de meia hora e deitei-me.

Quando estava fechando os olhos, ouvi um barulho que parecia alguém chutando uma bola de futebol contra minha porta. Tentei não dar atenção, mas novamente ouvi o ruído de uma bola que quicava no concreto e novamente batia na porta. Achei que aquilo era o cúmulo: os italianos não serviam para nada e quando eu tentava dormir um pouco, começavam a chutar bolas contra minha porta. Realmente furioso pela primeira vez em três dias, corri para fora, mas o pátio estava deserto. Não estava suficientemente desperto para perceber que era muito estranho um silêncio total após horas de bombardeio. Deitei-me novamente e tão logo fechei os olhos, ouvi outra vez o mesmo ruído. Novamente abri a porta e desta vez o barulho prosseguiu. Subi correndo ao telhado, e lá descobri a origem — uma aeronave de combate AC-130 Spectre, um avião Hércules voando em círculos, com equipamento de imagem, que permitia à tripulação enxergar os rebeldes em seus morteiros, e com um canhão de 40mm capaz de destruir uma a uma suas posições de 3 mil metros de altitude.

O fogo de morteiro cessou completamente. O avião ficou sobrevoando o local a noite inteira, e eu fui dormir ouvindo o barulho de seu canhão, que matava os rebeldes em suas posições e enquanto procuravam fugir. Um tradutor reconheceu um dos religiosos sadristas que jazia morto na rua. Na manhã seguinte, quando acordei, a cidade estava em pleno funcionamento, com todas as lojas abertas e os tradutores e encarregados da limpeza novamente vindo trabalhar. Um único avião acabara com os rebeldes — ou o que quer que fossem. Liguei para Bagdá e disse que se pudessem nos garantir apoio aéreo, nós seríamos capazes de manter a cidade e o escritório funcionando.

Após nos haverem evitado durante vários dias, os principais figurões da cidade apareceram em massa. Apressaram-se em exprimir seu horror agora que a milícia tinha se retirado, cansada de três dias de combate e com muitos mortos e 14 milicianos gravemente feridos pelo avião de combate. Muitos voltaram para suas casas fora da cidade. Queixaram-se de que o Colégio de Ciências e parte do museu tinham sido saqueados, além de casas particulares na rua Zeitun. Cinco mil livros da biblioteca do museu haviam sido queimados. As escolas tinham sido obrigadas a fechar durante aquele período crucial que antecedia os exames finais.

Bárbara propôs uma marcha em apoio à paz. O presidente do Conselho da Província recusou a idéia. Disse que não viria ninguém e que o SCIRI aproveitaria a oportunidade para lançar um ataque violento contra os sadristas. Bárbara falou da reputação de coragem e resistência de Dhi Qar e ofereceu recursos financeiros para apoiar a manifestação.

O Conselho respondeu que faria uma manifestação na manhã seguinte e ofereceu-se para dar uma declaração condenando os sadristas. Durante um momento parecia que estávamos prestes a recuperar o controle, e Bárbara esperava que isso fosse suficiente para convencer a Zona Verde a manter nosso escritório aberto. Mas era tarde demais: chegou uma ordem definitiva de Bagdá mandando fechar o posto.

Passei a manhã com as equipes do GRC destruindo toda a documentação, amontoando o equipamento de informática e colocando granadas incendiárias ao redor da pilha, prontas para o momento em que finalmente abandonássemos o escritório. Depois entramos nos trailers para recolher os objetos de maior valor. Não tínhamos as chaves; portanto derrubamos portas e arrombamos janelas com extintores de incêndio, divertindo-nos bastante. Em seguida enfiei o que podia de minhas próprias coisas numa bolsa, olhei pela última vez para meu alojamento e juntei os meus pertences ao restante das bagagens que aguardavam a evacuação.

Pouco antes da chegada do caminhão, um dos homens do GRC veio até mim e agradeceu a "verdadeira liderança", mas os heróis eram eles. Tinham guarnecido as metralhadoras no telhado, mantendo os atacantes a distância, observaram o fogo inimigo e fizeram sugestões sobre patrulhas e apoio aéreo. Durante todo aquele tempo estavam em seu elemento: tranqüilos, racionais, com a cabeça no lugar. Todos juntos somavam uns duzentos anos de experiência militar e sabiam muito mais a respeito disso do que eu. Eu só precisava sorrir, ficar calmo, reuni-los a cada meia hora e ouvir suas opiniões, esclarecê-las, resumi-las e mandar as sugestões a Bagdá. Pouco mais tarde, ouvi um general canadense dizer que os membros das equipes de segurança eram mercenários em cuja lealdade não era possível confiar. Respondi que aqueles homens, contratados para suas funções, haviam arriscado a vida guarnecendo metralhadoras que tinham sido abandonadas por soldados. Cem homens como aqueles poderiam ter restaurado a ordem na província.

Talvez previsivelmente, às 8 horas da noite não havia sinal do comboio prometido para a evacuação. Tampouco às 10. Finalmente, às 11h15, o comboio apareceu. Embarcamos todos e partimos, desta vez sem tiros batendo na blindagem dos veículos, e pouco depois da meia-noite telefonei para Bagdá a fim de informar que tínhamos chegado em segurança a Tallil.

Dias finais

> Muitos ainda acham que os assuntos do mundo são de tal forma governados por Deus que controlá-los está acima da capacidade humana.
>
> Maquiavel, *O príncipe*, capítulo 25

15-30 DE MAIO

Meus dias finais no Iraque foram de caos. A companhia militar britânica que estava de prontidão para substituir os italianos em Nassíria foi impedida de cumprir a missão. Aparentemente, Berlusconi considerara humilhante entregar a outro país a capital da província. Seria uma confissão de que os italianos não eram capazes de desempenhar suas funções, e nesse caso eles abandonariam a Coalizão. Ninguém desejava perder o terceiro maior contingente militar. Por isso, não nos foi possível voltar ao escritório. Meus superiores acharam que qualquer que tivesse sido o trabalho realizado, não valia a pena que morrêssemos por ele. Isso parecia ser uma afirmação bastante deprimente sobre nossa seriedade em relação à ocupação. Protestei, dizendo que minha missão era governar uma província com 2 milhões de habitantes, mas não recebi resposta.

Em vez disso, abrimos uma modesta base temporária em um antigo campo iraquiano de treinamento no deserto entre Nassíria e o zigurate de Ur. Enquanto isso, nossas antigas instalações foram completamente saqueadas. Minha intenção era entregá-las ao Conselho da Província, e esse tinha sido o acordo. Mas em vez de receber um prédio em bom estado, com equipamento de informática e de cozinha, o Conselho ficou com uma casca vazia e bombardeada. O vice-governador, que se recusara a ajudar-nos durante o ataque, veio me visitar. Consegui o que ele queria — um programa de treinamento para seus funcionários —, mas disse que ele tinha se comportado de maneira vergonhosa.

Grande parte da documentação fora destruída na evacuação. Perdemos pelo menos uma semana de progresso nos programas, e Ginnie e Sam trabalharam 17 horas por dia a fim de completar as prestações de contas de quase 10 milhões de dólares. Um coronel britânico em Basra disse que isso era trabalho para civis e mandou que parassem. Argumentei que já não tínhamos funcionários e que aquela era a única maneira de finalizar as atividades na província. Ele respondeu que isso era problema meu e que os militares não estavam no Iraque para juntar os cacos. Fui obrigado a apelar ao general para que ambos prosseguissem. Quis pagar o último mês de salário aos tradutores e encarregados da limpeza, mas Basra recusava-se a liberar recursos até o fim do mês, quando todos já teriam ido embora. Fiquei preocupado porque, se seguisse a orientação deles, os funcionários locais nunca mais seriam pagos, e novamente tive de levar o pedido aos escalões superiores.

Durante as semanas seguintes todos foram partindo um a um, até que de todo o nosso grande grupo de civis só restávamos eu e Bárbara. Um contratista iraquiano veio me ver, afirmando que devíamos a ele 100 mil dólares por um projeto de tratamento de água. Verifiquei que ele havia recebido o primeiro pagamento quatro meses antes de minha chegada a Nassíria e que tinha construído a usina, mas faltava a documentação adequada. Procurei alguém que tivesse estado lá quando o contrato fora feito, mas todos foram evasivos. Acabei preenchendo e assinando um formulário no qual me declarava "funcionário responsável pelo compromisso não autorizado". Inicialmente não encontrei ninguém disposto a assinar para efeito de corroboração.

Em seguida nos retiramos para a parte italiana da base de Tallil. Passei alguns fins de tarde com os pára-quedistas dos *carabinieri* e com soldados das forças especiais italianas e aprendi a estimá-los. Eles haviam construído seus próprios fornos para assar pizza. Quando não me alimentava de pizza, freqüentava o refeitório geral. O café-da-manhã era decepcionante para um britânico — biscoitos secos e um *croissant* enrolado em plástico. O almoço e o jantar eram magníficos.

Na última semana eu tentava resolver se pedia truta cozida ou vitela junto com a massa quando vi — e todos os soldados italianos também — uma bela loura vestida à paisana entrar no refeitório. Para pegar meus talheres de plástico, eu tinha de passar junto dela. Para minha surpresa, ela me sorriu. Devolvi o sorriso, meio acanhado. Em seguida ela disse: "Rory!" — e eu me lembrei de quem era ela.

Eu conhecera Marie-Hélène no Uzbequistão, quando tinha 25 anos. Tínhamos passado uma semana viajando juntos e eu passara a maior parte do vôo de volta à Escócia escrevendo versos sobre ela. Mas meus e-mails não tiveram resposta, e eu acabei parando de escrever. Agora ela estava com o namorado, Micah Gerren, que eu não conhecia. Estavam fazendo um documentário sobre pilhagem de sítios arqueológicos centrado em meu amigo Abdul Amir, o diretor de arqueologia de rosto chupado que citava textos em escrita cuneiforme. Ao contrário de mim e até mesmo da maioria dos jornalistas no Iraque, ambos viajavam completamente sem proteção pelo país, procurando fazer-se passar por árabes, embora nenhum dos dois falasse bem a língua. Não pareciam perceber que os riscos que corriam eram muito maiores do que o impacto que poderia ter o documentário.

Na rua, em Bagdá, Micah tinha comprado um novo DVD feito pela organização sadrista. O título era *O ataque contra a CPA em Nassíria*. A organização tinha editado e distribuído o filme em uma semana. Começava com longos sermões religiosos de Sadr II e depois mostrava os milicianos correndo pelas ruas em torno de nossas instalações, agitando Kalashnikovs. Poucos procuravam ocultar o rosto e reconheci diversos que tinham ido ao meu gabinete. Depois apareciam preparando as posições dos morteiros e atirando contra nosso prédio. Um dos artilheiros quase ficou sem a cabeça ao tentar olhar para dentro do cano depois de colocar o projétil, mas, fora isso, eles pareciam estar se divertindo muito. O operador de câmera mostrava constantemente nosso teto com a bandeira iraquiana meio caída. O filme terminava com os sadristas invadindo a base italiana, inspecionando os suprimentos abandonados e atirando seus morteiros contra nós a partir da base. Sem dúvida era mais divertido ser rebelde do que ser policial iraquiano. Micah, Marie-Hélène e eu jantamos juntos, interrompendo a refeição somente quando uma das tendas dos italianos pegou fogo.

Fora da base havíamos perdido a autoridade. Os políticos afirmavam que os líderes atuais da polícia tinham colaborado com os atacantes sadristas. Nos dias em que estávamos cercados, o major Dakhil, comandante do norte de Nassíria, fora visto patrulhando com a milícia sadrista vestido com um *dishdash* preto, já tendo tirado o uniforme. O major Ali, do Centro de Controle do Crime, passara os últimos dois dias tomando chá com os sadristas e emprestou-lhes os carros de patrulha.

Escrevi um discurso para a TV no qual dizia: "Povo de Nassíria, cabe a vocês escolher. Este é o seu país. Querem ser governados por um grupo de pistoleiros analfabetos que ridicularizam sua polícia, fecham seu comércio e suas escolas e destroem sua economia ou preferem aproveitar o futuro? A escolha é de vocês."

O diretor da empresa estatal de televisão, que era custeada pela CPA, negou-se a transmitir o discurso. Ordenei que ele o fizesse. Ele voltou a recusar. Mandei que os italianos o prendessem. Eles não acataram a ordem. A essa altura, estava claro que não tínhamos mais poder para fazer cumprir nossa vontade. E já que a Coalizão não conseguia manter a ordem, eu queria instalar no poder iraquianos capazes de fazê-lo.

Estimulei o Conselho da Província e o governador a escolher cinqüenta novos oficiais para a polícia. O presidente do Conselho concordou em demitir o chefe de polícia em exercício e nomear em seu lugar o comandante das brigadas Badr, ligadas ao Irã. Era um homem grande, forte, ex-oficial das forças especiais do exército.

Embora eu tivesse simpatia pelos grupos ligados ao Irã, compreendi o perigo de colocar muitos deles em posições de autoridade. O governador pertencia agora ao Badr, assim como o vice-governador de Basra, que estava em exercício do governo, e o chefe de polícia de Amara. Se nomeássemos para chefe de polícia de Nassíria um membro do Badr, esse grupo ligado ao Irã e a sua milícia armada teriam a supremacia em quatro províncias meridionais. Mas no caso de Dhi Qar, eu achava que agora aquele homem era o único capaz de tomar o controle efetivo da polícia. Por isso indiquei seu nome ao Conselho da Província. Mas, para minha surpresa, depois de aparentemente apoiar a nomeação, o Conselho o rejeitou, pressionado pela organização sadrista.

Escrevi uma carta cheia da grandiosa verborragia das resoluções da ONU, cheia de carimbos oficiais, dizendo que "no exercício de minha autoridade... etc.", o chefe era ele. O Conselho o rejeitou novamente. Eu disse ao novo chefe que simplesmente entrasse no gabinete e assumisse o controle. Ele aceitou com relutância e o Conselho da Província bloqueou a confirmação formal de Bagdá. Fiquei imaginando quanto tempo ele iria durar no cargo.

Ali Zeidi

> Minha casa, fundada por pessoas virtuosas, foi derrubada como se fosse uma cerca de jardim.
>
> Lamento para Urim, c. 2000 a.C.

1-28 DE JUNHO

Nesse ínterim eu precisava retomar vários assuntos que tinham sido deixados de lado durante o ataque com morteiros. O mais importante era o problema pendente com o xeque Ali Zeidi em Al Rafai e especialmente o caso do conselheiro que ele havia torturado. Pedi ao governador que presidisse uma reunião de todos os líderes de Ar Rifa'i: xeques tribais, professores, ministros do governo da província, o chefe de polícia e os pregadores das mesquitas. O xeque Taleb, o maquiavélico potentado da tribo Beni Rikaab, era um deles.

A reunião ocorreu no espaçoso gabinete do governador. Comecei dizendo:

— Isso é um episódio humilhante para Ar Rifa'i. Esta é uma cidade de 100 mil habitantes que tem um Conselho eleito democraticamente. Eleito por seus cidadãos. Mas o xeque Ali Zeidi, com um punhado de jovens amigos, consegue entrar na sede do Conselho, expulsar os conselheiros, raptar e torturar um deles, desfraldar flâmulas na fachada e depois se retirar. A polícia local, que conta com quase quatrocentos membros, nada fez.

Houve uma pausa. Um dos religiosos mais idosos disse·

— Proponho uma nova eleição para um novo Conselho.

— Isso não adianta — respondi. — O xeque Ali Zeidi simplesmente atacará o novo Conselho e tudo se repetirá. Vamos, xeque Taleb — prossegui —, há meses o senhor vem dizendo que se tivesse os recursos necessários seria capaz de manter a segurança em Ar Rifa'i. Eis sua oportunidade. De que precisa? O que posso proporcionar-lhe?

— Não posso responder pelo xeque Ali Zeidi. Ele não pertence à nossa tribo.

— Não obstante, xeque Taleb — continuei —, 45% da população de Ar Rifa'i é de sua tribo e mais 40% do povo, obedece ao xeque Arkan, da tribo Chueilat. Os dois juntos controlam 85% da população. Sem dúvida, conjuntamente, têm força suficiente para agir contra o xeque Ali Zeidi.

— Não, lamento muito — disse o xeque Taleb. — Somente podemos tratar com nossas próprias tribos.

Falei sobre impunidade e sobre o Estado de Direito e concluí:

— Os senhores vão deixar um homem de pouco mais de 20 anos governar sua comunidade, lançar granadas pelas ruas e torturar membros do Conselho? E não vão fazer nada?

— Seyyed Rory — disse o professor. — O xeque Ali Zeidi teve uma vida difícil. O pai morreu quando ele era pequeno, e o irmão foi morto em combate. Ele é um pouco desequilibrado. Não poderíamos esquecê-lo?

O problema não era que não compreendessem minhas palavras sobre justiça e o império da lei. Compreendiam que Ali Zeidi tinha cometido um crime, mas ninguém queria assumir a responsabilidade. Embora fosse jovem e violento, Ali Zeidi era religioso, e isso lhe dava direito a um certo respeito. A organização Sadr era perigosa. Nenhum deles acreditava em nossa capacidade de dar-lhes proteção. No Afeganistão sempre havia alguém — às vezes três pessoas — que batia no peito e dizia ser o chefe. Em Nassíria, naquele momento, ninguém desejava poder político. Nem mesmo o xeque Ali Zeidi.

Fiz uma última peroração grandiosa propondo um acordo: primeiro eles prenderiam Ali Zeidi e em seguida eu organizaria uma eleição. Assim demonstrariam sua coragem, nós mostraríamos que éramos razoáveis e Ar Rifa'i recuperaria a dignidade e a ordem. Por um momento pareceu-me que tinham se convencido. Houve sorrisos e gestos entusiásticos de assentimento enquanto eles ponderavam essa nova idéia heróica.

— Nós o prenderemos, Seyyed Rory — disse um xeque —, e em seguida faremos eleições.

Mas nunca o fizeram.

No último mês alguns êxitos ficaram aparentes. Um deles foi a chegada de grande quantidade de equipamento para os municípios — em parte comprados pela CPA e em parte doados por empresas italianas — que Bárbara distribuiu em uma grande cerimônia no centro da cidade. O segundo foi o plano de empregos que finalmente decolara, com homens vestidos de guarda-pó enchendo as ruas. A primeira atividade foi pintar de cor-de-rosa os antigos tanques de guerra que tinham ficado em parques como lembrança. Finalmente, também conseguimos fornecer maiores recursos para os vigias e para o zigurate de Ur. Comentei com o diretor de Arqueologia que o líder sadrista continuava a afirmar que não tinha motivos para pedir desculpas pelos distúrbios. Ele respondeu: "Os jumentos não sentem mau cheiro e não se lavam com água e sabão." Era um provérbio de 4 mil anos encontrado em um dos fragmentos de Ur.

Também houve o Projeto de Fundo de Educação Vocacional do Príncipe de Gales, no Sindicato Trabalhista. O príncipe tinha lido um artigo sobre minha atividade em Amara e mandara-me uma carta sugerindo que fornecêssemos treinamento e oportunidades para jovens desempregados do sexo masculino, retirando-os da influência dos grupos de milicianos. Procuramos o sindicato e os Filhos de Dhi Qar, uma organização não-governamental composta de profissionais liberais de classe média. Juntos, organizamos um programa que inscrevia 250 rapazes por mês, ensinava carpintaria, esportes e melhoria da alfabetização, além de um pouco de informática, colocando-os ainda em contato com conferencistas visitantes e idéias da sociedade civil. Todo o equipamento pesado de carpintaria foi comprado por nós.

Era um projeto dispendioso, mas provavelmente o melhor que eu já vira. Nassíria adotou a idéia, os meios de comunicação árabes noticiaram o projeto, todos os líderes locais foram visitá-lo e fizeram discursos; o sindicato, que estava um tanto marginalizado, encontrou um novo objetivo. Quando fomos visitar o projeto, encontramos uma grande tabuleta que dizia: "Instituto de Treinamento Príncipe Charles." Os diretores do programa tinham mandado colocar a placa espontaneamente e o presidente do sindicato expulsara pessoalmente algumas pessoas que protestavam contra a menção britânica. Os rapazes (com o nome "Charles" bordado nos guarda-pós) se mostravam alegres, ativos e competentes e já se preparavam para o aprendizado dos ofícios de carpintaria e construção.

Finalmente, fui visitar meu maior *mudhif*. Tinha sido um de nossos primeiros projetos de alta visibilidade. Muitos pais levavam os filhos para visitá-lo. Muitos o consideravam um símbolo importante de nosso respeito pela cultura tradicional e uma forma de recompensar e preservar os conhecimentos originais que possibilitavam sua construção.

Naquela construção específica, Abu Mthenna havia criado janelas nas fachadas, usando feixes diagonais de talos de junco. Vistos de fora pareciam opacos, mas por dentro o sol os transformava numa parede de losangos escuros, que emolduravam 157 círculos de luz branca e brilhante na janela pentagonal mais elevada. Numa longa tarde eu contei os painéis de luz em cada janela: nas inferiores, 13 fileiras de 12 painéis cada, encimadas por 11, 9, 7, 5 3 e 1 triângulo equilátero No total, 801 círculos de luz.[1]

---

[1] Isso porque também havia sete fileiras de 12 em cada um dos retângulos e mais quatro no encontro com o teto abobadado.

Mas os sadristas o tinham incendiado. Restava apenas um retângulo negro de grama queimada na beira do parque. Era difícil acreditar que uma catedral pudesse desaparecer tão completamente.

Últimos dias em Amara

> Inúmeros exemplos na história antiga demonstram a dificuldade de que um povo acostumado a viver sob o governo de um príncipe consiga preservar sua liberdade posteriormente, se por acaso a obtiver...
>
> Maquiavel, *Discursos,* livro 1, capítulo 16

Nós, isto é, a Autoridade Provisória da Coalizão, fizemos a transferência da soberania ao governo iraquiano em 28 de junho de 2004. Em Amara não houve cerimônia formal de transferência. Tampouco em Kut. Até mesmo em Bagdá foi uma solenidade apressada e discreta. O caos tinha se instalado em Amara enquanto estávamos sitiados em Nassíria. Durante semanas Molly e sua equipe tinham sido alvejados todas as noites, embora a rápida reação britânica impedisse os atacantes de disparar mais de três ou quatro salvas antes que fossem obrigados a fugir. O Príncipe dos Pântanos tinha se aliado à organização sadrista, ao que parece esquecendo seu desejo anterior de exterminá-los. Agora ambos eram simplesmente aliados nacionalistas contra as brigadas Badr ligadas ao Irã. O príncipe foi fazer uma visita a Muqtada em Najaf, com ampla publicidade, e quando Bremer protestou, ele renunciou à sua cadeira no Conselho de Governo em Bagdá.

Na manhã de sexta-feira em que estávamos recebendo as cargas de morteiro em Nassíria, as tropas britânicas em Amara foram avisadas de que uma emboscada estava sendo preparada em Majar, no sul de Amara. Fizeram uma operação contra-emboscada, mataram vinte homens, feriram gravemente outros nove e levemente mais oito. Os cadáveres foram levados para a base britânica em Abu Naji.

Na manhã seguinte, o governador Riyadh, irmão do Príncipe dos Pântanos, afirmou que os britânicos tinham executado vinte prisioneiros na base. O Príncipe dos Pântanos disse publicamente que não apenas as forças britânicas tinham matado os prisioneiros em Abu Naji, mas, além disso, asseverou que vira pessoalmente os olhos deles arrancados — uma queixa característica do príncipe. Ameaçou organizar uma manifestação contra a CPA. Médicos dos hospitais da cidade deram entrevistas aos meios de comunicação em língua árabe dizendo que sem dúvida os cadáveres tinham sido executados durante a noite e que suas mãos haviam sido decepadas.

O coronel britânico mandou os cadáveres ao necrotério do hospital de Majar. Esperava poder demonstrar que não tinha havido execuções nem mutilações. O chefe de polícia de Majar, que pertencia ao Badr, foi ao necrotério encontrar o príncipe, que o acusou de haver prevenido a Coalizão sobre a emboscada e responsabilizou-o pela morte daqueles homens, que eram da tribo do príncipe. Houve uma discussão acalorada, que terminou com ambos sacando os revólveres. O chefe de polícia recebeu um tiro mortal. Muitos disseram que o foi governador Riyadh quem o matou.

O Conselho da Província dividiu-se em duas facções: uma de islamitas ligados ao Irã, inclusive os religiosos moderados; e a outra do Príncipe dos Pântanos e os sadristas. A CPA pressionou para que fosse expedido um mandado de prisão e Molly anunciou que Riyadh estava suspenso das funções de governador. Em seguida, em 28 de junho, Molly transferiu o poder ao Conselho da Província e fechou o escritório da CPA em Amara. Recebi e-mails dos religiosos moderados Abu Mustafá e Abu Muslim, pedindo ajuda. Já não tínhamos, no entanto, competência legal para intervir. Riyadh expulsou do Conselho os partidos ligados ao Irã e os religiosos moderados, fez um acordo com os sadristas e convenceu o ministro do Interior a anular o mandado de prisão. A província estava agora em plena insurgência contra a Coalizão. O grupamento britânico de combate sofreu um número maior de ataques do que qualquer outra unidade militar britânica desde a guerra da Coréia. Muitos rebeldes foram mortos. Vi fotografias de cadáveres de iraquianos estendidos junto à piscina ainda vazia. Os britânicos afirmaram ter demonstrado aos iraquianos que era possível derrotar os rebeldes. O grupamento de combate seguinte achou que não fazia sentido defender nosso prédio no centro da cidade. O cachorro Tigris foi levado para a Grã-Bretanha como mascote do regimento. As instalações foram abandonadas, entregues à polícia iraquiana e saqueadas. Alguns iraquianos consideraram isso um avanço. Outros disseram que a milícia sadrista tinha expulsado os britânicos.

Entrega

Meus poderes me foram retirados.

Lamento para Urim, c. 2000 a.C.

28 DE JUNHO

Em Nassíria a cerimônia de transferência da soberania foi realizada no zigurate de Ur. Eu recebi as pessoas, levei-as a seus lugares e em seguida coloquei-me ao fundo. Bárbara e três generais ficaram no palanque, diante das câmeras de TV. Procurei o restante da equipe e lembrei-me de que todos já tinham ido embora. Atrás de mim, sentados nas cadeiras, estavam conselheiros, funcionários da polícia e o diretor de Arqueologia, que olhava a nova tabuleta que mandáramos pintar para o zigurate. Eu via as costas de Bábara enquanto ela lia devagar, em inglês com sotaque italiano, o discurso que eu tinha redigido para ela:

— Governador, membros do Conselho da Província, xeques, líderes, general Stewart, general Spagniolo, general Dalzini, colegas, sucessores, amigos. Esta noite, no zigurate de Ur, estamos no centro da primeira civilização do mundo.

"A 100 metros de nós jazem tábuas em caracteres cuneiformes, escritas em um alfabeto inventado aqui há 5 mil anos, 85 gerações antes que qualquer pessoa na Itália, na Grã-Bretanha ou nos Estados Unidos tivesse começado a escrever.... Pouco adiante estão o mais antigo tribunal do mundo e a casa em que nasceu Abraão. Neste lugar surgiu o homem civilizado, o fundamento de nossa vida urbana e de nossa filosofia.

Através dos hiatos na primeira fila eu via diante de nós os músicos e uma fileira de soldados a cavalo. As jaquetas dos uniformes eram justas e seus rostos, acima dos laços das gravatas, estavam avermelhados por causa do calor. As flâmulas azuis nas pontas das lanças panejavam à brisa, mas as hastes de 3 metros pareciam ancoradas em cimento.

Saddam também tinha realizado cerimônias na Babilônia e em Ur. E também tinha invocado o passado da Suméria. Estávamos no pátio anterior do zigurate, na base do único conjunto de degraus. Ali era a encruzilhada da antiga estrada que levava ao porto com a que seguia para o tribunal e o palácio. Dezenas de milhares de pessoas deviam ter passado por ali a cada ano, desde a primeira construção no sítio do zigurate em 3000 a.C. No entanto, praticamente nada sabíamos sobre a teologia daquele templo e nem sobre as cerimônias ali realizadas.

Voltei-me e vi o vice-governador sadrista que me olhava de seu lugar. Ergueu-se levemente, colocou a mão no peito e fez uma pequena reverência para mim. Lembrei-me de nossa última discussão e ainda estava zangado com ele. Coloquei a mão no peito e respondi à saudação.

Bárbara continuava, lenta e cuidadosamente, falando numa língua um tanto estranha. Zeidi fazia a tradução, frase por frase. Eu não o ouvia bem e não podia saber se a tradução era fiel ou não.

— A experiência de trabalharmos juntos nos transformou a todos: italianos, britânicos, iraquianos ou norte-americanos, todos levaremos conosco um pouco dessa experiência, um pouco desse entendimento. Nunca mais seremos os mesmos.

"Aqui, entre os tijolos coloridos do zigurate, unidos há 4 mil anos com a argamassa desses dois poderosos símbolos de seu país, os juncos dos alagadiços e o betume do petróleo, quero agradecer a todos...

Quando todos aplaudiram, Bárbara voltou-se e me chamou para subir ao palanque. Os generais se afastaram um pouco para que eu me colocasse entre ela e o governador. Bárbara perguntou se eu queria dizer alguma coisa. Sacudi negativamente a cabeça. O governador começou a fazer seu discurso. Agradeceu a Bárbara e a mim pelo muito que tínhamos feito pela província, acrescentando que era um grande dia, mas também um dia difícil.

Ao terminar, a banda militar do Regimento de Pára-quedistas começou a tocar, eu fiquei em posição de sentido e os três generais bateram continência. Em meio à poeira do ar e à luz do fim da tarde, as trompas tocaram claramente três notas e em seguida o resto da banda se juntou a elas acompanhando o ritmo dos gestos do regente. Eu tinha assistido à transferência de Hong Kong no estádio da cidade em 1997 e pensei que era estranho organizar uma cerimônia solene para a entrega de uma colônia após nossa curta estada, o cerco de nossas instalações, nossa retirada e o encerramento de nossos programas inacabados. No entanto a platéia iraquiana parecia estar à vontade, como se também quisessem participar do fim de um império. A banda militar tocava um concerto para trompete do século XVIII. A música, nem alegre nem triste, nem triunfante nem modesta, parecia adequada a um intervalo. O governador estendeu-me a mão, mas não apertou a minha; apenas segurou-a levemente.

A primeira peça musical chegou ao fim. Houve uma pausa. Os oficiais italianos se adiantaram a fim de nos levar aos degraus do zigurate. O governador cedeu o passo ao general Stewart, que disse:

— Não, este é o seu dia, governador. — Acabaram subindo os degraus lado a lado. Os trompetes soaram novamente, e nós passamos a caminhar ao ritmo da música, um tanto desajeitados. Dos dois lados da escadaria e até o topo havia lanceiros, os olhos fixos para a frente, em posição de sentido, as lanças diante de si.

Eu caminhava ao lado de Seyyed Ibadi, presidente do Conselho de Nassíria, e perguntei como ele se sentia.

— Estou muito triste, Seyyed Rory — disse ele. — Estou preocupado. Tudo vai entrar em colapso. Observe. O senhor não compreende o quanto esses grupos são perigosos. Sua partida é um grande erro. Ainda é muito cedo. Em poucas semanas vai começar uma guerra civil e os italianos não poderão fazer nada. Este dia é muito triste para todos nós.

O governador tinha murmurado palavras parecidas.

Despedi-me de Marie-Hélène e Micah. Aconselhei-os a ter cuidado ao viajar sem escolta; as coisas estavam ficando mais perigosas. Disse a Micah que não gostaria de ligar a TV na CNN e vê-lo dizendo:

— Peço aos soldados norte-americanos que saiam do Iraque. — Sugeri que ele colocasse uma armadura no pescoço, para evitar ser decapitado. Ele riu..

Seis semanas depois Micah apareceu na televisão, ladeado por homens armados e com o rosto envolto em *keffiyehs*, pedindo a retirada das tropas norte-americanas. Tinha sido seqüestrado em Nassíria pela milícia sadrista, que ameaçava decapitá-lo em 48 horas. Marie-Hélène coordenava um ampla campanha para obter sua libertação, usando todos os contatos e tipos de pressão ao seu alcance. Telefonei para todos os meus conhecidos em Nassíria. O governador e Adnan, representante da organização Sadr, juraram que tudo acabaria bem: "Ele vai ser solto amanhã." Mas eu achei que os iraquianos mentiam somente para me tranqüilizar. No dia seguinte ao seqüestro de Micah, Georges Malbrunot, o correspondente do *Figaro* que tinha estado comigo na piscina em Bagdá, também foi seqüestrado. Micah foi libertado dez dias depois e Georges ficou preso durante nove meses. Em seguida Marla, a jovem californiana que compartilhara o quarto comigo na primeira noite em Bagdá, morreu na explosão de uma bomba na beira da estrada.

Naquela ocasião eu não sabia o que iria acontecer com meus amigos, mas achava que Seyyed Ibadi tinha razão e que a província iria fatalmente afundar mais ainda. Quaisquer que fossem as eleições, qualquer que fosse a quantia despendida em projetos de desenvolvimento, aquele território não teria um governo que funcionasse. A polícia ficaria impotente, os funcionários continuariam corruptos e os espancamentos, estupros e assassinatos se tornariam corriqueiros. Os serviços públicos não funcionariam. Não haveria segurança. A influência dos serviços de inteligência estrangeiros aumentaria. As quadrilhas vendedoras de proteção cresceriam. E por entre os prédios de Nassíria, agora iluminados por algumas lâmpadas incertas nos postes, assim como por toda a província, eu esperava uma guerra civil contínua — não entre facções amplas, mas sim entre pequenos grupos localizados, que eram ao mesmo tempo máfias, tribos e partidos políticos —, violência que nem a polícia nem os italianos tinham condições de controlar e que o povo não tinha como impedir.

Depois de percorrer o perímetro da plataforma do zigurate, as autoridades desceram novamente os degraus, no sentido norte. Eu permaneci no topo e observei-os descer em direção aos fotógrafos e às câmeras de TV. Voltei-me para o leste e vi o poço, com a marca da enchente do Dilúvio bíblico. Voltei-me novamente para o sul, para a cozinha dos norte-americanos e alguns dos abrigos subterrâneos de Saddam. Virando-me para a direita, olhei para a esfera vermelha do sol que descambava para a linha do horizonte no deserto ermo.

Adnan Sherife, o vice-governador Abbas, Salman Duffar e Asad também tinham subido ao topo e estavam de pé, suas silhuetas recortadas contra o céu pálido. Dois helicópteros militares passaram voando próximo a eles, soltando foguetes coloridos para assinalar a entrega. Os homens me olharam e sorriram para mim enquanto eu me aproximava deles. Os helicópteros sumiram ao longe e nós ficamos de pé naquela plataforma a 30 metros de altura, com o deserto lá embaixo e o sol descambando no horizonte: Salman, cujos seis irmãos tinham sido mortos por Saddam e que vivera no exílio no Irã; Abbas, cidadão dinamarquês, ligado ao partido Da'wa; eu; Adnan, que tinha sido funcionário público durante o regime anterior; além de Asad, que gostava de beber e era mulherengo, mas tinha ligações com a organização Sadr, adversária dos demais e de mim. Eu achava que poucos dentre eles estariam vivos no próximo ano. Mesmo assim, ali estávamos juntos, como velhos amigos em um piquenique. Eles me abraçaram e me beijaram, rindo como se tudo fosse uma grande piada que todos conhecíamos.

Perguntaram como eu estava e eu fiz o mesmo. Nunca tinham estado antes no topo do zigurate, que ficara fechado no tempo de Saddam e também estava fechado agora, por localizar-se dentro da base aérea. Perguntaram-me se havia alguma coisa dentro da estrutura. Respondi que era maciça e não oca como uma pirâmide e tirei um dos tijolos do topo. Peguei uma lâmina cinzenta de junco da argamassa e dividi-a em pedaços longitudinais, dando um a cada um e explicando que tinham cerca de 4 mil anos de idade, aproximadamente da época do rei-poeta Shulgi.

Quando já estava quase escuro, sugeri que descêssemos. Asad, que tinha sido um dos líderes do ataque contra nossas instalações, disse:

— Vamos todos sentir sua falta. Todos na província conhecem e admiram você. Sabemos que trabalhou com muita dedicação. Você é nosso herói.

— O que está dizendo, Asad? Então por que estava atirando morteiros e tentando me matar, cinco semanas atrás?

— Ah, Seyyed Rory — respondeu ele com um sorriso —, aquilo não teve nada de pessoal.

Palavras finais

> Nanna, cujo olhar penetrante perscruta os corações, purifica diante de ti o povo que sofreu duras tempestades... Nanna, em tua cidade reconstruída poderás ser louvada como mereces.
>
> Lamento para Urim, c. 2000 a.C.

2005-2006

Em 30 de janeiro de 2005, dia das eleições iraquianas, sete meses após a transferência de soberania, estive novamente com Abu Mustafá, que me saudou em idioma farsi, para recordar-me que o Príncipe nos acusara de sermos espiões iranianos. Não estava curvado e nem coxeava, mas parecia pálido e seu turbante de religioso estava enrolado na cabeça, em vez de envolvê-la num nó apertado.

— *Shlonak,* xeque? — perguntei.

— *Al hamdullilah.*

— Como vai a segurança, xeque?

— *Inch' allah,* tudo vai bem.

— Lamento seu acidente.

— *Shukran.*

— Já se sente recuperado?

— *Al hamdullilah.*

— O que aconteceu?

— Eu ia saindo da mesquita no mercado de Amara e dois pistoleiros estavam de tocaia. Estava escuro, porque não há energia elétrica — ele piscou um olho, pois ainda me culpava pela falta de eletricidade em Amara. — Atiraram em mim. Três balas, aqui, aqui e aqui. — Indicou com o dedo três pontos do lado direito do estômago.

— Sabe quem foram os responsáveis?

— Não, não sei. Tenho boas relações com todos.

Embora nos conhecêssemos há 18 meses, ele não me diria mais do que isso. Eu tinha de conjeturar se o atentado fazia parte de uma briga de gângsteres, vingança por algum assassinato que ele tivesse instigado, se tinha ligação com o serviço secreto iraniano ou se era simplesmente um ataque dos sadristas ou do Príncipe.

— Talvez — admitiu ele — tenha sido por causa de meus ataques contra a corrupção.

A Coalizão tinha entregado 2 milhões de dólares diretamente ao Conselho da Província para despesas com desenvolvimento local. Abu Mustafá disse que o Conselho tinha roubado o dinheiro. O Conselho replicou que ele tinha subtraído dezenas de milhares de dólares recebidos da Coalizão para estabelecer cibercafés, comprar e distribuir roupas aos pobres durante o Ramadã e reequipar sua mesquita. Ia agora receber dinheiro de uma agência de desenvolvimento para organizar e dirigir um "projeto de participação política" destinado a dar maior visibilidade à Constituição nas regiões rurais. Eu fiquei contente em saber que haveria recursos para isso. Ele ainda tinha convicções políticas islâmicas populares e moderadas, defendia a liberdade de imprensa, aceitava os resultados eleitorais e condenava a violência.

— Apesar dos tiros, você ainda está sorrindo — observei.

— Sempre continuaremos a sorrir, aconteça o que acontecer — respondeu ele, sorrindo ainda mais. — O futuro — prosseguiu — será pacífico, *inch' allah.*

Em seguida, como se só então se lembrasse, ergueu o dedo indicador, ainda manchado da tinta indelével da votação daquela manhã, e curvou-o duas vezes.

Quando voltei a Amara em março de 2005, para assistir à reunião do novo Conselho da Província democraticamente eleito, que deveria escolher o novo governador, quase não encontrei registros de nossos projetos e iniciativas. Nenhum dos estrangeiros que estavam em Amara tinham sido meus contemporâneos ou de Molly. A Infantaria Ligeira, que lá estivera no meu tempo, tinha sido substituída pelo Regimento Real da Princesa de Gales, e este pelos Guardas de Gales, que, por sua vez, estavam prestes a ceder lugar ao Regimento Staffords, com a Guarda de Dragões Reais Escoceses já informada de que seria a unidade seguinte. O governo da província teria tratado com sete diferentes grupamentos britânicos de combate ao longo de dois anos. A maioria dos soldados nem sequer sabia da existência de uma presença civil anterior na província. O novo grupamento dizia que antes de sua chegada praticamente não tinha havido atividades de desenvolvimento. Dava a entender que tinham sido eles os primeiros a dar apoio aos ministérios iraquianos, dedicar-se a projetos de desenvolvimento em grande escala, resolver o problema das filas nos postos de gasolina e gerir programas de emprego.

Além dos "moderados" Abu Mustafá, Abu Muslim e Abu Ivan, este do Partido Comunista, nenhum dos figurões do antigo Conselho havia sido reeleito. O Príncipe dos Pântanos era membro da Assembléia Nacional em Bagdá. O irmão, ex-governador, não apareceu para a nomeação do sucessor. Não havia representantes cristãos, sunitas ou sabianos. Tampouco havia xeques ou prefeitos das cidades da zona rural, os novos políticos não tinham grande interesse nos assuntos do campo. As novas regras asseguravam que um quarto da representação fosse composta de mulheres, mas todas elas vestiam a *abaya* negra completa e não falavam. Alguns dos membros gritaram com minha colega britânica por não ter coberto a cabeça. As pessoas pareciam menos dispostas a aproximar-se da Coalizão. Procurei chegar perto de Seyyed Issa, o jovem prefeito da aldeia de Bani Hashin, na região dos pântanos, mas ele não fez sinal de reconhecer-me.

Um grupo, que se dizia independente — mas no qual na verdade havia sadristas importantes e tinha sido apoiado pela milícia Sadr —, havia recebido o triplo dos votos do partido mais numeroso seguinte. O homem que me comparara a Hitler era agora membro do Conselho. Tinha comandado muitos dos ataques contra tropas britânicas. Os grupos do SCRII/Badr ligados ao Irã eram o segundo partido, e a facção do Príncipe dos Pântanos tinha sido eliminada no nível da província. O chefe da organização Sadr — político jovem e instruído da ala política e não armada do movimento sadrista na cidade fora da lei de Majar, onde os soldados da Real Polícia Militar tinham sido executados e onde tinha ocorrido a emboscada — era candidato a governador. Os outros candidatos eram gente excêntrica e desconhecida que vinha das ruas: nenhum daqueles que podiam ser candidatos sérios se apresentou.

O sadrista foi eleito com 90% dos votos. Em seu discurso de posse o novo governador sadrista de Maysan fez questão de não se referir aos estrangeiros que estavam na platéia. Em um mês demitiu os antigos diretores dos ministérios, chamando-os de baathistas, e substituiu-os por seus próprios partidários. Anunciou que não permitiria mais que a polícia iraquiana fizesse patrulhas conjuntas com as forças da Coalizão. O número de ataques contra a Coalizão aumentou.

Em Nassíria, o governador meu amigo foi substituído por um elemento das brigadas Badr ligadas ao Irã, e um comandante do Badr foi eleito na província meridional de Muthanna. Os comandantes do Badr tinham passado vinte anos no Irã como agentes a soldo do serviço secreto iraniano. Em Basra, outro sadrista, da ala mais moderada chamada Fadhile, foi eleito governador. Na mesma semana, os estudantes de engenharia da universidade de Basra organizaram um piquenique. A milícia sadrista os atacou porque jovens de ambos os sexos participavam juntos. Alguns dos estudantes foram raptados; uma mulher foi morta na calçada com um tiro porque estava usando *jeans*. O governador de Basra defendeu a ação da milícia, dizendo que o piquenique tinha sido "decadente".

Quando terminou a eleição em Maysan, o coronel britânico perguntou minha opinião. Estávamos no pátio entre o gabinete do governador e o nosso antigo escritório, onde os novos membros do Conselho haviam entrado em rebelião um ano antes. Respondi que era um remendo. Achei que os sadristas tinham intimidado todos os líderes que tinham credibilidade para convencê-los a não se candidatar.

— Remendo? — disse ele, zangado. — Nada disso. O governador é um tecnocrata moderado, razoável e inteligente. Faz campanha contra a corrupção.

Fiquei surpreso ao ver que os militares, que anteriormente me consideravam demasiado próximo dos sadristas, agora insinuavam que eu tinha preconceitos contra eles. Os oficiais que estavam junto com o coronel pareciam tão zangados quanto ele. Acreditavam no novo governador e o haviam apoiado.

— Antes de serem eleitos, todos dizem que vão combater a corrupção — respondi.

— Ele é sincero — disse o coronel. O tradutor iraquiano assentiu enfaticamente com a cabeça. — Sei porque você está criticando. Seu antigo Conselho desapareceu: um Conselho de xeques decrépitos e religiosos que roubaram centenas de milhares de dólares, como o xeque Rahim.

— O xeque Rahim nos defendeu contra a multidão quando este grupo e o próprio novo governador nos atacaram com morteiros. Esse partido quer nos expulsar.

— E se eles quiserem que partamos, ficarei muito contente em ir embora. Você está simplesmente envergonhado por causa de seu Conselho, e tem motivos para isso. Todos sabem que o Conselho que você escolheu em Amara era corrupto. Inútil. Completamente desacreditado.

No início do ano 2006 os sadristas, o Da'wa e os partidos ligados ao Irã obtiveram quase todos os votos no sul e a maioria dos assentos nos novos parlamentos nacionais. O sul do Iraque estava ocupado pela Coalizão, mas não era controlado por ela. A maioria dos habitantes do sul achava que a ocupação era ilegal. Somente a toleravam porque achavam que a presença de soldados nas bases poderia impedir uma guerra civil. Os iraquianos hesitavam em confiar em nós ou em colaborar conosco. Por causa dessa falta de cooperação tinha sido difícil para a Coalizão realizar tudo o que esperava conseguir com os bilhões de dólares de ajuda para o desenvolvimento e quase não recebera reconhecimento de seus esforços. Apesar dos milhares de soldados e das dezenas de milhões de dólares investidos em serviços essenciais, apesar de muitos projetos de reconstrução importantes, apesar de programas ambiciosos de treinamento de policiais e desenvolvimento de boas práticas de governo, a Coalizão tinha tido um impacto político mínimo no sul do Iraque.

Minhas previsões na cerimônia da transferência de soberania não tinham se realizado. Grupos incipientes de gângsteres não estavam se enfrentando em cada cidade. Os efetivos da polícia tinham quadruplicado, conseguido armas mais pesadas e trazido certo grau de segurança mediante pontos de checagem a cada 500 metros de estrada. Os grandes grupos de bandidos das tribos tinham perdido poderio. Havia muito menos seqüestros de veículos e de pessoas e muito menos contrabando, e tampouco havia quadrilhas para vender proteção às lojas de Basra. O Estado funcionava. As únicas duas forças que permaneciam à margem da lei eram as milícias Badr ligadas ao Irã e os sadristas, mas mesmo essas agora faziam parte do governo eleito. A liderança controlava seus adeptos.

O sul do Iraque era uma democracia, embora não se pudesse presumir que esse termo tinha exatamente o mesmo significado com que era empregado na Grã-Bretanha ou nos Estados Unidos. Tinha havido eleições, mas o governo pouco se interessava e pouco respeitava os direitos humanos. Em muitos aspectos assemelhava-se ao do Irã, embora não fosse controlado pelos religiosos.

Não era o tipo de Estado que a Coalizão tinha pretendido criar. Durante mais de 14 meses de governo direto, até a entrega da soberania, a Coalizão procurara evitar o surgimento daquele Estado. A Coalizão se recusara a permitir que a Sharia fosse considerada na Constituição como fonte da legislação. Tinha investido nas minorias religiosas e nos centros femininos, apoiado as regiões rurais e os grupos de árabes dos pântanos, sustentado financeiramente organizações da sociedade civil e criado "órgãos representativos" que pretendiam refletir uma visão do Iraque como uma sociedade tolerante e "moderna". Esperávamos ter criado oportunidade para que grupos progressistas se organizassem e governassem. A administração liderada pelos Estados Unidos tinha se recusado a tratar com a milícia sadrista e combatera a prolongada campanha rebelde desse grupo, além de procurar limitar o número de assentos destinados ao Badr nos Conselhos das Províncias. Depois partimos, e nosso sonho desmoronou: em duas eleições os partidos islamitas obtiveram praticamente todos os assentos, tanto nas províncias quanto em âmbito nacional. Os xeques rurais, as classes médias "liberais" e as minorias religiosas em grande parte desapareceram do governo. O novo Estado era reacionário, violento, intolerante com as mulheres e minorias religiosas e sem disposição para cooperar com a Coalizão. Os novos líderes provinciais tinham passado negro e aliados duvidosos; seguiam e obrigavam a seguir um código social estreito, além de ignorar as regiões rurais.

Alguns iraquianos ficaram horrorizados com seus novos governantes, muitos dos quais tinham passado vinte anos como agentes secretos do Irã e não possuíam outra instrução além daquela do seminário teológico. Vários se assustaram tanto que trataram de deixar o Iraque. No entanto a maior parte da população do sul votou nos islamitas e compartilhava de sua visão de uma sociedade mais religiosa, moral e tradicional, além das suspeitas de "decadência e colonialismo ocidentais". Tinham orgulho de ser iraquianos e muçulmanos xiitas. Poderiam não gostar da brutalidade de seus novos líderes e suspeitar de suas ligações com o Irã, mas os consideravam preferíveis à Coalizão.